Günter Helmes

Robert Müller:
Themen und Tendenzen seiner publizistischen Schriften (1912-1924)

Günter Helmes

Robert Müller:
Themen und Tendenzen seiner publizistischen Schriften
(1912-1924)

Mit Exkursen zur Biographie und
zur Interpretation der fiktionalen Texte

LITERATURWISSENSCHAFT

Helmes, Günter:
Robert Müller: Themen und Tendenzen seiner publizistischen Schriften (1912-1924).
Mit Exkursen zur Biographie und zur Interpretation der fiktionalen Texte

1. Auflage 1986 | 2. unveränd. Auflage 2011
ISBN: 978-3-86815-536-5
© IGEL Verlag Literatur & Wissenschaft, Hamburg, 2011
Umschlaggestaltung: Franziska Kutzick
Alle Rechte vorbehalten.
www.igelverlag.com

Printed in Germany

Igel Verlag Literatur & Wissenschaft ist ein Imprint der Diplomica Verlag GmbH
Hermannstal 119 k, 22119 Hamburg
Printed in Germany

Die Deutsche Bibliothek verzeichnet diesen Titel in der Deutschen Nationalbibliografie.
Bibliografische Daten sind unter http://dnb.d-nb.de verfügbar.

Die vorliegende Arbeit wurde in leicht veränderter Form vom Fachbereich 3 - Sprach- und Literaturwissenschaften - der Universität/Gesamthochschule Siegen als Dissertation angenommen.

Für die finanzielle Unterstützung dieser Arbeit danke ich der Universität/Gesamthochschule Siegen und der Studienstiftung des deutschen Volkes.

Herrn Prof. Helmut Kreuzer und Herrn Prof. Helmut Scheuer danke ich für beständige aufmunternde Anteilnahme, Förderung und Kritik.

Den Mitarbeiterinnen und Mitarbeitern des Literaturarchivs in Marbach und der Universitätsbibliothek Siegen danke ich für ihr Entgegenkommen bei meinen zahlreichen Sonderwünschen.

Frau Inge Klein besorgte die manuskripttechnische Bearbeitung mit Geduld und Sorgfalt.

Mein besonderer Dank gilt meiner Familie und meinen Freunden, die auf vielfältige Art und Weise zum Abschluß dieser Arbeit beigetragen haben.

London, im März 1986

FÜR

CAMILLA ELISA LIBUSCHKA

INHALTSVERZEICHNIS

0.	VORWORT	S. 1
1.	ROBERT MÜLLER - BIO-BIBLIOGRAPHISCHE HINWEISE. VERSUCH EINER ANNÄHERUNG.	S. 5
1.1.	EXKURS I. FIKTIONALE TEXTE UM 1920.	S. 25
1.1.1.	DAS INSELMÄDCHEN.	S. 25
1.1.2.	ARENA.	S. 27
1.1.3.	DER BARBAR.	S. 29
1.1.4.	CAMERA OBSCURA.	S. 32
1.1.5.	FLIBUSTIER.	S. 36
1.1.6.	ZUSAMMENFASSUNG.	S. 39
1.2.	EXKURS II. THEORIE DES SCHREIBENS, LITERATURKRITIK, LITERATUR ALS WARE.	S. 41
1.2.1.	THEORIE DES SCHREIBENS.	S. 41
1.2.2.	LITERATURKRITIK.	S. 49
1.2.3.	LITERATUR ALS WARE.	S. 60
2.	DIE "ZERSTÖRUNG DER VERNUNFT". NIETZSCHE, RASSENTHEORIE, SOZIALDARWINISMUS. KRIEGSEUPHORIE 1914 UND ANTIMILITARISMUS.	S. 73
2.1.	NIETZSCHE.	S. 73
2.2.	RASSENTHEORIE UND SOZIALDARWINISMUS.	S. 77
2.3.	KRIEGSEUPHORIE 1914 UND ANTIMILITARISMUS.	S. 81
3.	ROBERT MÜLLER: ZIVILISATIONSKRITISCHE ASPEKTE.	S. 87
3.1.	1912 - 1915. WAS ERWARTET ÖSTERREICH VON SEINEM JUNGEN THRONFOLGER?	S. 87
3.2.	1915 - 1916. MACHT. PSYCHOPOLITISCHE GRUNDLAGEN DES GEGENWÄRTIGEN ATLANTISCHEN KRIEGES.	S. 92

3.3.	1916. ÖSTERREICH UND DER MENSCH. EINE MYTHIK DES DONAU-ALPENMENSCHEN.	S. 97
3.4.	1917. EUROPÄISCHE WEGE. IM KAMPF UM DEN TYPUS.	S. 100
3.5.	1917 - 1920.	S. 105
3.6.	1920. BOLSCHEWIK UND GENTLEMAN.	S. 110
3.7.	1920 - 1923.	S. 112
3.8.	1923 - 1924. RASSEN, STÄDTE, PHYSIOGNOMIEN.	S. 116
4.	ROBERT MÜLLER: KULTURGESCHICHTLICHE UND KULTURKRITISCHE ASPEKTE.	S. 120
4.1.	1912 - 1915. WAS ERWARTET ÖSTERREICH VON SEINEM JUNGEN THRONFOLGER?.	S. 120
4.2.	1916. ÖSTERREICH UND DER MENSCH. EINE MYTHIK DES DONAU-ALPENMENSCHEN.	S. 133
4.3.	1917. EUROPÄISCHE WEGE. IM KAMPF UM DEN TYPUS.	S. 140
5.	DIE POLITISCHE THEORIE DES AKTIVISMUS: KURT HILLER UND ROBERT MÜLLER.	S. 145
5.1.	VORBEMERKUNG.	S. 145
5.2.	EXKURS III. KURT HILLER.	S. 146
5.3.	ROBERT MÜLLER: POLITISCHE THEORIE.	S. 173
5.3.1.	1912 - 1915. WAS ERWARTET ÖSTERREICH VON SEINEM JUNGEN THRONFOLGER?.	S. 173
5.3.2.	1915. MACHT. PSYCHOPOLITISCHE GRUNDLAGEN DES GEGENWÄRTIGEN ATLANTISCHEN KRIEGES.	S. 182
5.3.3.	1915 - 1918. POLITIK ALS REALITÄTSFLUCHT.	S. 193
5.3.4.	1918 - 1920.	S. 198
5.3.5.	1920. BOLSCHEWIK UND GENTLEMAN.	S. 212
5.3.6.	1920."DER KREIS DES AKTIVISMUS. EIN DIALOG VOM AKTIVISTISCHEN CHARAKTER."	S. 221
5.3.7.	1920 - 1924.	S. 227

6.	FEUILLETONISTIK UND ESSAYISTIK ALS LITERATUR ZUR THEORIE UND PRAXIS DES "DOPPELSTILES".	S. 232
6.1.	"APOLOGIE DES KRIEGES".	S. 234
6.2.	<u>BOLSCHEWIK UND GENTLEMAN.</u>	S. 242
7.	ZUSAMMENFASSUNG. ROBERT MÜLLER UND DIE "ZERSTÖRUNG DER VERNUNFT".	S. 254
8.	SCHLUSSBEMERKUNG. DIE EXPRESSIONISMUSFORSCHUNG UND ROBERT MÜLLER: EINE PROBE AUFS EXEMPEL.	S. 264
8.1.	DIE EXPRESSIONISMUSFORSCHUNG.	S. 264
8.2.	ROBERT MÜLLER ALS PROBE AUFS EXEMPEL.	S. 273
8.3.	ÜBER DIE VERGESSENHEIT ROBERT MÜLLERS.	S. 278
9.	ANMERKUNGEN	S. 285
10.	LITERATURVERZEICHNIS	S. 343

0. VORWORT

In "Germania germanicissima. Zum präfaschistischen Arierkult um 1900" weist Jost Hermand darauf hin, daß die "gralshaft-imperialistische Germanen-Mythologie" im Wien vor 1914 ihre "fanatischste Ausprägung"[1] erlebt habe. Hermand nennt Namen wie Jörg Lanz von Liebenfels (Pseudonym für Adolf Lanz), Guido von List und Georg von Schönerer, Namen, die in der heutigen Diskussion um die ideologischen Wegbereiter des Faschismus allenfalls im zweiten oder dritten Glied stehen, die aber als Transformatoren der Ideen der eigentlichen Repräsentanten der "Zerstörung der Vernunft" in ihrem lokalen Umfeld von Bedeutung sind.[2] In den Umkreis präfaschistischen Denkens in Wien im ersten Viertel des 20. Jahrhunderts gehört auch, zumindest zeitweise und im Sinne einer objektiven Geschichte der "Zerstörung der Vernunft", der Wiener Expressionist und Aktivist Robert Müller (1887 - 1924). Einige biobibliographische Bemerkungen zu Müller und, in zwei Exkursen, Interpretationen zu den wichtigsten fiktionalen Texten sowie Hinweise auf den Literaturtheoretiker und -kritiker Robert Müller finden sich im ersten Kapitel dieser Arbeit, die sich zum Ziel setzt, eine interessante Figur des literarischen Lebens in Wien zwischen 1912 und 1924, die sowohl als Essayist und Autor exotistischer, utopistischer und zeitbezogener Romane als auch als Literaturmanager weitreichende Beachtung fand (u.a. bei Musil, Th. Mann, K. Kraus, Döblin, Flake), stärker ins literarhistorische Bewußtsein zu rücken.[3]
Mein Erkenntnisinteresse erschöpft sich jedoch nicht in dem freilich stets vorläufig bleibenden Versuch, unsere literarhistorischen Kenntnisse über eine Personengeschichte zu vervollständigen. Vielmehr kommt Müller auch - abgesehen vom literarästhetischen Interesse, das im Zusammenhang dieser Arbeit nicht im Zentrum steht - m.E. in verschiedener Hinsicht paradigmatische Bedeutung zu.
Wie in der Zitierung der "Zerstörung der Vernunft" schon angedeutet, gehört Müller in eine ideologische Konstellation, die u.a. über eine Amalgierung der Denkansätze eines Nietzsche, eines Darwin, eines Gobineau, de Lagarde und eines H. St. Chamberlain zu einer rassistisch-nationalistischen, kriegerischen und imperialistischen "Weltanschauung" gelangt. Eine problemorientierte

Skizzierung der Denkinhalte der Vorgenannten im 2. Kapitel dieser Arbeit und Bemerkungen zur intellektuellen Atmosphäre bei Kriegsausbruch 1914 und während der Kriegsjahre werden am Ende erlauben, die spezifische 'Vermittlungsleistung' Müllers zu kennzeichnen.

Müller nimmt aber andererseits, beeinflußt durch einschneidende persönliche Erfahrungen im Ersten Weltkrieg und durch den Ausgang dieses Krieges selbst (Oktoberrevolution, Zerfall der K.u.K.-Monarchie und Niederlage Reichsdeutschlands, die s.g. Novemberrevolution etc.) nach 1916 verstärkt Vorstellungen linker politischer Bewegungen und Gruppierungen in sein Denken auf. Der Titel eines Essays, Bolschewik und Gentleman (1920), weist dies programmatisch aus.

Müller ist damit einer jener für die Sozialgeschichte der expressionistischen Intelligenz und der 20er Jahre nicht unbedeutenden "linken Leute von Rechts" oder auch "rechten Leute von Links"[4] und nimmt in dieser Hinsicht in Österreich - wenigstens für kurze Zeit - eine Rolle ein, wie sie in Deutschland etwa Ernst Jünger spielte.

Zum dritten versteht sich Müller weniger als Dichter oder Romancier denn als "schreibender Politiker".[5] Selbst seine fiktionalen Texte weisen häufig argumentative, essayhafte Züge auf. Damit bevorzugt er Aussageformen, die im Urteil Paul Raabes seit den Kriegsjahren eine Dominanz über die Dichtung gewannen:

"Aufs Ganze gesehen aber war die Literatur stärker als die Dichtung. Es war die große Zeit der Programme und Manifeste, der Aufrufe und Konfessionen."[6]

Aus pragmatischen Gründen, vor allem aber aufgrund der in dieser Arbeit auch vertretenen These, daß es zum Verständnis des Expressionismus als einer kulturellen Gesamterscheinung, einer Bewegung[7] geboten ist, deren literarischen Teil nicht um wesentliche Äußerungsformen wie Essay, Kritik, Manifest und Programm zu verkürzen, werde ich mich im wesentlichen auf die Diskussion der nicht-fiktionalen Texte Müllers beschränken. Für diesen Gegenstandsbereich werde ich mich auf die ideologiekritisch verfahrende Herausarbeitung der weltanschaulichen Grundpositionen Müllers konzentrieren (Politisches Denken, Zivilisationskritik, kulturhistorische und kulturpolitische Überlegungen). Die betreffenden Ausführungen finden sich in den Kapiteln 3 bis 5.

Viertens war Müller "Aktivist", Vertreter einer meist informellen Gruppe politisierender und politisch engagierter Intellektueller, die die Übernahme gesellschaftlicher und politischer Macht durch eine Elite propagierten und auch zu betreiben versuchten. Im Urteil Kurt Hillers, des Herausgebers der Ziel-Jahrbücher und führenden Kopfes des reichsdeutschen "Aktivismus", war Müller der bedeutendste Vertreter des "Aktivismus" in Österreich und sein "ungemein geschätzter österreichischer Zwilling".[8] Freilich gibt es erhebliche Unterschiede, konzipiert doch Hiller seine Elite als eine "Aristokratie des Geistes"[9], während Müller rassistisch-biologistisch argumentiert und definiert. Eine vergleichende Darstellung dieser beiden aktivistischen Konzeptionen, die ein Exkurs zu Kurt Hiller im 3. Kapitel dieser Arbeit eröffnet, wird nicht allein unsere Kenntnisse über das bislang von der Expressionismusforschung zu wenig beachtete Phänomen "Aktivismus" erweitern, sondern möglicherweise dazu beitragen, ein neues Licht auf den Expressionismus selbst zu werfen. Immerhin gelangte Müller selbst zu dem erstaunlichen Urteil, der "Aktivismus" habe sich "für den Expressionismus geopfert".[10] Dieses Urteil eines 'Insiders' widerspricht dem immer noch wichtigsten Forschungsbeitrag über das Verhältnis von Expressionismus und "Aktivismus", der in den beiden Ismen "feindliche Brüder" sehen zu können glaubte.[11]

Schließlich sind Müllers Texte unter poetologischen und wirkungsästhetischen Gesichtspunkten zu beachten. Mit seinen fiktionalen Texten, vor allem mit dem Roman Tropen (1915), weist Müller auf Schreibmuster voraus, die im deutschen Sprachraum durch Namen wie Broch und Musil zu allererstem Rang gelangt sind. In seinen Essays und seiner Feuilletonistik, die hier vor allem zur Diskussion stehen, schafft Müller durch die Verbindung von vorgeblicher Wissenschaftlichkeit und extremer Mythisierung, durch die Personalisierung "objektiver gesellschaftlicher Kräfte und Institutionen"[12] und durch die Verwendung unterschiedlicher Sprach- und Argumentationshaltungen eine literarische Form, die die Geschichte des Essays bereichert und eine Ergänzung und Verfeinerung der zur Verfügung stehenden literaturwissenschaftlichen Theorieansätze provoziert. Kapitel 6 dieser Arbeit wird dies näher belegen.

In Kapitel 7 werde ich die angesprochene spezifische Vermittlungsleistung Robert Müllers in einer Zusammenfassung der Kapitel 2 - 5 kennzeichnen.

In einem Schlußkapitel wird zu zeigen sein, welchen Stellenwert die an Robert Müller gewonnenen Erkenntnisse in Bezug auf die bisherige Expressionismusforschung haben. Abschließend wird der Frage nachgegangen, warum Robert Müller schon wenige Jahre nach seinem Tode nahezu gänzlich aus dem literarhistorischen Bewußtsein verschwand.

Zu meiner Verfahrensweise merke ich generell an, daß ich Robert Müller in z.T. ungewöhnlich ausführlicher Weise selbst zu Wort kommen lasse. Zum einen liegt der Grund dafür in meiner Ansicht, daß sich ein Autor da, wo er präzise und ausdrucksvoll formuliert, am sprechendsten selbst _darstellt_. Zum anderen sind die Texte Robert Müllers heute auf dem Buchmarkt nicht greifbar. Daran wird sich nach meiner Einschätzung auf absehbare Zeit aus Rechtsgründen wenig ändern. Ausführliche Zitierungen sind unter diesen Umständen auch ein Angebot an den Leser, den Autor "aus erster Hand" näher kennenzulernen. Zu den Kapiteln, die die weltanschaulichen Grundpositionen Müllers nachzeichnen (Kapitel 3 - 5), sei bemerkt, daß ich der Chronologie der Texte folge. Mit Blick auf historische Einschnitte und positionsmäßige Veränderungen bei Müller werde ich Zäsuren setzen. Innerhalb der so entstehenden Unterkapitel gruppiere ich die Vielzahl der ausgewerteten Texte nach thematischen Schwerpunkten und signifikanten Reizwörtern. Im Mittelpunkt stehen immer die großen Essays der Jahre 1914 bis 1923. Die zahlreichen kleineren Arbeiten werde ich dort, wo es sich anbietet, den zentralen Texten zuordnen.

1. ROBERT MÜLLER - BIO-BIBLIOGRAPHISCHE HINWEISE,[1] VERSUCH EINER ANNÄHERUNG.

Das Kapitel hat die Aufgabe, die Biographie Müllers in dem für uns relevanten Maße zur Kenntnis zu bringen, die wichtigsten Veröffentlichungen, vor allem die nicht weiter thematisierten fiktionalen Texte vorzustellen und mit den wichtigsten zeitgenössischen Rezeptionsdokumenten und aktuellen wissenschaftlichen Interpretationsversuchen bekanntzumachen.
Robert Müller wird am 29. Oktober 1887 in Wien geboren. Über die Herkunft der Familie und das soziale Umfeld, in dem er aufwächst, wissen wir wenig. Mütterlicherseits ist er skandinavischer Abstammung.[2] Von 1898 bis 1906 besucht er das Piaristengymnasium im 8. Bezirk, scheitert allerdings in der Abschlußklasse und legt die Maturitätsprüfung erst im darauffolgenden Jahr am Gymnasium in der Gäblergasse ab. Im Wintersemester 1907/08 schreibt er sich an der Universität Wien für die Fächer Philosophie, Kunstgeschichte und Germanistik ein. Die letzte Inskription datiert vom 16. April 1909 für das anstehende Sommersemester. Die folgenden zwei Jahre liegen nach meinem Dafürhalten im Dunklen.
Werner J. Schweiger berichtet in seinem biographischen Abriß[3], Müller sei Ende 1909 von seiner Tante Marie Herzfeld, der Frau des Chefredakteurs des New York German Herald William Emmert, nach New York geholt worden und habe dort vorübergehend als Reporter gearbeitet. Er habe dann als Matrose auf einem Frachter und später als Steward auf einem Passagierschiff angeheuert und so Nord-, Mittel- und das nördliche Südamerika bereist. Zeitweise habe er sich als Cowboy auf einer mexikanischen Ranch verdingt.[4]

Diese Angaben konnten von mir weder bestätigt noch widerlegt werden. Es scheint jedoch, als habe sich Müller, der Zeitgenossen gerne das Bild eines 'Hans Dampf in allen Gassen' vermittelte, durch eine entsprechende Darstellung dieses Lebensabschnitts selbst zum Mythos stilisieren wollen. In "Frontleute" heißt es beispielsweise in der Anrede an den Leser: "Du kennst mich als Sportsmann, hältst mich für unternehmungslustig, abenteuerlich und bunt. Ob ich es bin, will ich dahingestellt sein lassen."[5]

Zwar handeln einige fiktionale Texte auf nord- und südamerikanischen Schauplätzen (<u>Tropen</u>, <u>Das Inselmädchen</u>, <u>Der Barbar</u>), doch läßt dies keine biographischen Rückschlüsse zu. Naheliegender ist die Vermutung, daß die gewählten Schauplätze (z.B. die Tropen) als Metaphern für kulturhistorische, anthropologische und utopistische Konzeptionen stehen.[6]
Um 1912 publiziert er unter dem Pseudonym Ole Bert (vgl. Anm. 2).
Von 1912 bis 1914 ist Müller literarischer Leiter in der Studentenverbindung "Akademischer Verband für Literatur und Musik in Wien". Er organisiert u.a. den letzten öffentlichen Auftritt Karl Mays und bereitet das Ereignis literarisch im <u>Brenner</u> vor.[7]
Im gleichen Jahr folgen weitere Veröffentlichungen im <u>Brenner</u> und der vom "Akademischen Verband" herausgegebenen Zeitschrift <u>Der Ruf. Ein Flugblatt an junge Menschen</u>, darunter eine erste, dem phantastischen Bereich zuzurechnende Erzählung[8], mehrere Gedichte, eine als "Ode" bezeichnete Kurzerzählung[9] und im Heft "Krieg" des <u>Ruf</u> ein Beitrag mit dem Titel "Apologie des Krieges". Müller erklärt hier den "Krieg" zur "Königsorganisation aller Organisationen" und ruft Österreich und Deutschland am Vorabend des Ersten Weltkrieges zum Kampf um die Weltherrschaft auf.
Im November 1912 plant Müller zusammen mit Heinrich Nowak[10] die Herausgabe einer Zeitschrift mit dem Titel <u>Das Zeitalter. Das Halbmonatsorgan unserer radikalen Jugend</u>, die aber, obwohl für Januar 1913 angekündigt, nicht erscheint.
Seit Juli schreibt er für die von Hermann Meister in Heidelberg herausgegebene Zeitschrift <u>Saturn</u> und seit September auch für die <u>Schaubühne</u>. Im Oktober d.J. ist Müller Schriftleiter des 5. Heftes des <u>Ruf</u> und selbst mit einer Hommage an Hermann Bahr[11] und einem Aufsatz zum Verhältnis von National- und Staatsgedanke vertreten. Müller bestreitet entschieden, daß die nationale Idee ein "Anrecht auf ihre Gültigkeit als staatliches Produktiv"[12] habe und wendet sich damit gegen nationale Emanzipationsbestrebungen im Vielvölkerstaat Österreich - Ungarn.
Das Jahr 1914 bringt erste größere Arbeiten. In der einzigen Nummer seiner Zeitschrift <u>Torpedo. Monatsschrift für großösterreichische Kultur und Politik</u> erscheint als Sonderdruck unter dem Titel <u>Karl Kraus oder Dalai Lama. Der dunkle Priester. Eine Nervenabtötung</u> ein Pamphlet gegen Karl Kraus.[13] Müller äußert den

zählebigen Verdacht, Karl Kraus' Haß auf die Presse sei einzig der Haß des verhinderten Journalisten. Kraus sei kein "unmoralischer", sicherlich aber ein "ungesunder Typus" und zudem ein "Schismatiker des Liberalismus"[14], ein Liberaler, der sich nur antiliberal gebe. Hans Heinz Hahnl und Jens Malte Fischer[15] kommen in dem Urteil überein, daß Müllers Pamphlet zwar sachlich in etlichen Punkten nicht haltbar sei, dennoch aber in der Anti-Kraus Literatur eine Sonderstellung einnehme, nicht zuletzt durch eine sprachliche Virtuosität, die ihrem Gegenstand (Kraus) angemessen sei.

Fischer betont, Müller habe eine "Psychopathologie des 'homme inconnu'", des verkannten Genies, das sich an der Welt "verblutet"[16], geliefert. Für Müller repräsentiere Kraus eine Mischung aus zwei psychopathischen Typen (vgl. M. Nordau, Entartung), aus dem " W e l t v e r b e s s e r e r " und dem " G e h e t z t e n "[17]. Er sei vom Typus des " v o r n e h m e n   O b s z ö n i k e r s " im Gegensatz zum " g e n i a l e n   E r o t i k e r "[18].

Die Erzählung Irmelin Rose. Die Mythe der großen Stadt, die ebenfalls 1914 im Saturn-Verlag Hermann Meister erscheint, findet nur wenig Beachtung.[19] Die Erzählung kontrastiert die Idylle des Landlebens (im Bild eines "Rosengartens" gefaßt) mit der sensationslüsternen, entpersönlichten, technisch-molochhaften Atmosphäre einer modernen Stadt. Irmelin Rose, von Müller in schwülstig-anzüglicher Manier gezeichnet, zieht die Begierde nach "Leben" in die Stadt, wo ihr ein Verkehrsunfall zum Verhängnis wird. Stilistisch in sich gebrochen, hat die Erzählung doch ihren literarischen Reiz und ihre literarhistorische Stellung, zeugt doch Müllers Stadtbeschreibung von einer Wahrnehmungsweise und sprachlichen Ausgestaltung, die in ihrer angstbeladenen Wollüstigkeit als zeittypischer Beitrag zum intellektuellen Problemfeld "Zivilisation" und Zivilisationskritik zu lesen ist.

Nennenswertes Rezeptionsmaterial fehlt auch zu Müllers erstem großen politischen Essay Was erwartet Österreich von seinem jungen Thronfolger, obwohl er, freilich in zensierter Form[20], 1915 eine zweite Auflage erfährt. In diesem Essay formuliert Müller ein politisches Programm und fordert vor allem für Österreich die radikale Beschränkung der Machtbefugnisse der Volksvertretung.

Müller wendet sich damit gegen demokratische bzw. parlamentarische Regierungsformen und fordert vielmehr, die Politik müsse in die Hände der "Zuchtgermanen" (das sind "Prinzen, Adelige und Geistige") gelegt werden.[21] Er selbst sieht sich als einen dieser "Zuchtgermanen", und so überrascht es nicht weiter, daß ihm seine politischen Forderungen nicht allein theoretische Maxime bleiben, sondern zu Handlungsnormen werden.

Am 5. September 1914 wird er auf eigene Bitte hin gemustert und wegen der Deformierung einiger Finger vorerst dem Ersatzbataillon zugeteilt. Obwohl für den aktiven Wehrdienst untauglich, kann er auf eigenes Betreiben dennoch schon im September den aktiven Dienst aufnehmen und zum Infanterieregiment Nr. 4 der Adakemischen Legion der K.u.K. Hoch- und Deutschmeisterei einrücken. Am 17. Januar 1915 kommt er als Pressegehilfe an den südwestlichen Kriegsschauplatz und nimmt dort im Juni an den Kämpfen bei Plava und Zagora am Isonzo und am Doberdo Plateau teil.[22]

Ihren unmittelbarsten literarischen Ausdruck finden die dortigen Erfahrungen und Erlebnisse in Beiträgen wie "Auf Vorposten", "Frontleute" und "Isonzobibel", die zwischen 1915 und 1916 in der Neuen Rundschau bzw. der Schaubühne erscheinen.[23] In dem Gedicht "Auf Vorposten" heißt es, im Kriege zähle nur das "Abenteuer meiner Seele", jedes "Vorwärts" sei ein "Inwärts-Exempel": "Läuterung und Kenntnis eigner Miene, raffinierteste Substanz der eigenen Seele, ists, was Dir der Krieg enthehle", dichtet Müller in lehrhaft-klassizistischer Manier.[24] In "Frontleute" setzt Müller die Arbeit des Soldaten mit der "Arbeit irgendeines Industriearbeiters" gleich, um ihr so den Schein "menschlicher, allzu menschlicher"[25] Tätigkeit zu geben. Er möchte den Krieg nicht "poetisieren", "dämonisieren" oder "romantisieren", er möchte "nüchtern" darstellen:

"Wir gehen am Beginn einer Woche in eine Fabrik, wir arbeiten im Wahnsinn rotierender Vernichtung, wir schaufeln, heben, stemmen, kurbeln und kontrollieren angstgespannte Ventile, Auspüffe - wir lösen uns in Schichten ab, schlafen verzweifelt (...), schwitzen, jagen und stemmen wieder - und sterben fabrikmäßig, plötzlich, fatalistisch, irgendwo, irgendwie in den Bereich der feindlichen Vernichtungsfabrik geraten, Objekt, Stoff, exponierter Bestandteil der eigenen Fabrik geworden."[26]

In der "Isonzobibel" geht Müller noch weiter. Er vergleicht die Situation des Frontsoldaten nicht allein mit der Mühsal, die "über die Friedensjahre und auf Ärmste verteilt ist, Proletarier und Ausgestoßene"[27], sondern mit der Zeit "biblischer Heimsuchung, alttestamentlichen Jammers": "Die Seele schrie, es gäbe einen Sinn zu dem allen, es müsse einen Sinn geben; wie und wo ist dieser Sinn?"[28]

Andeutend kann vorweggenommen werden, daß für Müller der Sinn dieses Krieges in der Genesis eines neuen Menschen liegt. Hier ist schon festzuhalten, daß Müller in den genannten drei Kriegsbeiträgen zum einen anthropologisch-individualistisch, nicht aber politisch-staatlich argumentiert, und daß er dadurch zum anderen den Krieg, den "nüchtern" zu beschreiben er vorgab, als Menschenbildner mythisiert. Sprachlich schlägt sich das einerseits in den Passagen nieder, die durch Analogisierungen menschliches Handeln seiner Ziel- und Zweckhaftigkeit berauben. Das Leben im Krieg erhält den Anstrich bürgerlicher Alltäglichkeit; vorgebliche Sachlichkeit erweist sich so als Phänomenologismus mit weitreichenden ideologischen Implikationen. Andererseits greift Müller aus dem sprachlichen Repertoir biblischer Metaphorik und schafft sich so eine Argumentations- und Legitimationsebene, die einen kritisch-analytischen Blick auf seinen Gegenstandsbereich verstellt. Mit Blick auf das Problemfeld "Zivilisation" fallen zum dritten, vor allem in "Frontleute", Parallelen zu Irmelin Rose auf. Die angstbeladene Wollüstigkeit, die für Irmelin Rose als charakteristische Umgangsform mit dem Zivilisationsexponat "Stadt" festgestellt wurde, findet sich in "Frontleute" auch mit Bezug auf menschliches Arbeiten in hochtechnisierten Produktionsformen.

Zwei andere Veröffentlichungen des Jahres 1915 sind konzeptionell von noch weitreichenderer Bedeutung als die drei genannten Kriegsbeiträge. Es sind der Essay Macht. Psychopolitische Grundlagen des gegenwärtigen Atlantischen Krieges und der Roman Tropen. Der Mythos der Reise. Urkunden eines deutschen Ingenieurs. Beide erscheinen bei Hugo Schmidt in München.

In dem Essay Macht, der vor den genannten drei Kriegsbeiträgen liegt, betont Müller, daß der Sinn des Lebens in unbedingter Kraftentfaltung und Machtfülle liege. Es gelte, auch Herr über die "me-

chanische Macht", d.h. vor allem "Technik" und "Krieg" zu werden.
Im Rahmen eines kulturpolitischen Utopismus fordert Müller eine
"Metaphysik" der Technik und des ihr zugrunde liegenden analytischen Denkens. Beide sind als Ausdruck vitalistischen Entfaltungswillens zu begreifen. Das Verhältnis von Politik und Psychologie
wird dahingehend bestimmt, daß Politik, zumal eine erfolgreiche,
immer die Folge überlegener rassischer ("Blut" = Physis u. Psyche)
Grunddispositionen sei. Dergestalt wird der deutsche Imperialismus
in seinem unmittelbarsten Ausdruck Erster Weltkrieg über eine Anthropologisierung der Politik gerechtfertigt. An seinem letztendlichen Erfolg läßt Müller keine Zweifel aufkommen.[29]

Der Roman Tropen ist zurecht als Müllers bedeutendstes Werk bezeichnet worden. Ihm wurde über die Jahrzehnte die meiste Aufmerksamkeit zuteil. Der Rezensent des Literarischen Echo Conrad Schmidt
gehört zu denjenigen, die dem Roman ablehnend gegenüberstehen. Wenn
dies, so wie es der Klappentext ausweise, "der Roman der deutschen
Zukunft" sei, dann müsse einem freilich um diese "Angst und Bange"
werden. Schmidt spricht von der "alles übergipfelnden phantastischen Willkür, mit der die Blindheit der Instinkte, zu Fieberträumen und Visionen gesteigert, als Grundwesen des Menschlichen hier
panegyrisch verherrlicht wird."[30]
Kurt Hiller betont für die Tropen die "unerhörte Kreuzung aus
Gauguin und einem Über-Freud, mit pantrigem Sportboy-Einschlag; oder
aus Nietzsche und Karl May."[31]
Und Alfred Döblin verweist (u.a. für die Tropen) auf den "Explosionsstil. Auf einer Seite passiert soviel, wie früher in ganzen
Büchern."[32]
Zusammengenommen sprechen diese Bemerkungen Eigenheiten des Romans
an, die dann in der wissenschaftlichen Auseinandersetzung mit Tropen auch immer wieder hervorgehoben werden.
Wolfgang Reif, der den Roman in seiner Dissertation zum exotistischen Roman im ersten Viertel des 20. Jahrhunderts als erster systematisch interpretiert und in einen größeren literaturgeschichtlichen
Zusammenhang stellt, erkennt als Thema des Romans den utopischen
Entwurf eines neuen Menschentypus.
Es sei der Reisestruktur auferlegt, die Entwicklung und den Entwurf
dieser Idee eines neuen Menschen hervorzubringen. Diese Aufgabe

mache eine spezifische Verschränkung von Darstellung und Reflexion erforderlich, die sich in der Form eines essayistischen Romans niederschlage.[33] Aus einem Vergleich der weltanschaulichen Grundthesen Robert Müllers und Jack Slims, der Hauptfigur der Tropen, lasse sich die Annahme ableiten, Müller habe sich in der Figur Slims selbst porträtiert.

Fragwürdiger erscheint Reifs These, in dem Roman Tropen komme die schizoide Persönlichkeitsstruktur Müllers "in einer ziemlich seltenen Deutlichkeit zutage, ohne daß das Werk deswegen als Produkt und Dokument einer Psychose abgetan werden könnte."[34] Die zweite Hauptfigur des Romans Brandelberger, die mit Slim eine "pseudointerpersonale Beziehung"[35] eingehe, stehe für Müllers wahres Selbst, während Slim Müllers "falsches Selbst-System" repräsentiere. Reif verweist darauf, daß das "falsche Selbst-System" Slim am Ende des Romans umkommt und zieht daraus eine Verbindung zu Müllers Selbstmord im Jahre 1924. Dieser Selbstmord sei der Versuch, "in einer letzten Tat sich selbst und seine Aktionen zurückzunehmen."[36]

Zum einen ist zu bedenken, daß ein Jack Slim in Müllers Roman Camera Obscura (1921) wieder als "Vortragsredner", "Gestalter telepathischer Veranstaltungen" und "berühmter Forscher" auflebt, in einer Vielfalt von Möglichkeiten also, die ihn als Erweiterung des ursprünglichen Jack Slim erscheinen lassen. Zudem tragen auch Figuren anderer fiktionaler Texte deutlich autobiographische Züge, ohne daß sie im Handlungsgeschehen den Tod erleiden.[37] Zumindest diesen Umständen müßte eine auch biographisch angelegte Ausdeutung des Romans Tropen Rechnung tragen.

Zum zweiten war Müller zum Zeitpunkt seines Selbstmordes in einer desolaten wirtschaftlichen Situation.[38] Die Umsetzung seiner weitreichenden verlegerischen, gesellschaftlichen und politischen Pläne erschien zudem gemessen an den realen historischen Entwicklungen ferner denn je. Das war auch Müller selbst bewußt.[39]

Ich sehe daher im angeblichen Selbstmord Müllers nicht die Entlarvung und Aufhebung des "falschen Selbst-Systems" (das impliziert ja Reifs These), sondern eher die Resignation angesichts einer gescheiterten wirtschaftlichen Existenz und angesichts der Erkenntnis, daß die eigene gesellschaftliche und politische Isolation auf absehbare Zeit nicht zu überwinden war.

Reif hat sicherlich recht, wenn er die "Tragik" Müllers in dem
Unvermögen sieht, "zur Analyse seines sozialen Standorts" vorzu-
dringen und der deshalb "von jeder effektiven Aktivität ausge-
schlossen bleibt."[40] Aber dieses Unvermögen ist nicht zwangsläufig als Ausdruck einer schizoiden Persönlichkeitsstruktur zu verstehen. Das Unvermögen Müllers ist nur ein Beispiel eines Mas-
senphänomens, das sich m.E. aus der Sozialgeschichte der Intelligenz in der zweiten Hälfte des 19. Jahrhunderts und der ersten
des 20. Jahrhunderts erklären läßt.[41]

Ingrid Kreuzer beschäftigt sich in ihrer Interpretation der Tropen vor allem mit den komplizierten Fiktionsstrukturen des Romans. Sie zeigt, wie Müller "mit verschiedenen Zeitdimensionen
und potenzierten Fiktionsebenen"[42] experimentiert. Das "Vorwort"
zu den Tropen, in dem Müller zunächst die Rolle des Herausgebers
eines Manuskriptes eines Ich-Erzählers mit dem Namen Hans Brandelberger über eine selbst erlebte Reise in die Tropen einzunehmen
scheine, leite den Binnenroman nicht nur ein, sondern biete auch
den Schlüssel zu dessen Entzifferung.[43] Doch übernehme dieses
"Vorwort" nicht nur die Aufgabe der Vortäuschung und Enthüllung
von Fiktionsstrukturen, sondern ermächtige den Leser auch zur
Entscheidung über die inhaltliche 'Wahrheit' des Romans: "Er
(der Leser; G.H.) wirkt aktiv bei der Vollendung von dessen Handlung mit und vollzieht den Romanschluß."[44]

Ingrid Kreuzer kommt zu dem Ergebnis, daß das tropische Milieu
des Binnenromans "nur den vorgestellten Erlebnisraum" bilde,
"in den sich ein entgrenztes Bewußtsein ergießen kann".[45] Das
Tropenerlebnis, das Brandelberger habe, finde daheim am Schreibtisch oder auf der "Couch der Analyse" statt. Seine Gedankengänge
seien durch einen "regressiven Biozentrismus" bestimmt; seine
Evolutionstheorie und mit ihr der Entwurf eines neuen Menschen
entspringe aus der paradoxen Analyse korrespondierender Polarisierungen wie Natur und Technik, Tropen und Kultur usw. Für
Brandelberger erkenne der Mensch die letzten Lebenswahrheiten
nicht mit dem Gehirn, sondern mit einem neuen Organ, "Phantoplasma" genannt. Dieses "Phantoplasma", ein Zwischending von
"Gehirn und Eingeweide", sei _das_ Charakteristikum des "neuen
Menschen".[46] In der Idee dieses "neuen Menschen" konzipiere

Brandelberger ein Übermenschentum, das entscheidende Komponenten aus der Retrospektive auf Darwin und Nietzsche beziehe und in der Betonung der sportlichen, durchtrainierten Erscheinung des "neuen Menschen" die Sportideologie der zwanziger Jahre vorwegnehme.[47]

Ingrid Kreuzers Analyse der Fiktionsstrukturen von Tropen macht deutlich, daß eine biographische Ausdeutung des Romans nur sehr begrenzt möglich ist, weil aus dem Roman selbst heraus nicht entschieden werden kann, ob der "Herausgeber" Robert Müller und mit ihm der Autor Robert Müller (beide sind nicht identisch) die Entwürfe Brandelbergers und Slims teilen. Erst wenn man Müllers nicht-fiktionale Texte mit Tropen vergleicht, werden Parallelen auffällig. "Regressiver Biozentrismus", ein Denken aus korrespondierenden Polaritäten heraus, Übermenschentum und Sportideologie sind u.a. auch wesentliche Kennzeichen der nicht-fiktionalen Texte Müllers. Und Müller teilt diese Eigenheiten nicht allein mit Slim, sondern auch mit Brandelberger. Es geht nicht an, Brandelberger und Slim im Sinne Reifs in ein "wahres" und ein "falsches Selbst-System" auseinanderzudividieren. Beide sind, gerade auch in der freilich fragwürdigen biographischen Projektion auf Robert Müller, gleichwertige Dialogpartner, Vertreter eines Typus, der auf dem Wege zu sich selbst ist. Brandelberger und Slim verkörpern Stufen dieser Selbstfindung, sind - weder "wahr" noch "falsch" - 'von einem Fleisch und Blut'.

Wie in meiner Analyse späterer fiktionaler Texte und der nicht-fiktionalen Texte deutlich werden wird, äußert sich für Robert Müller der "Neue Mensch" in charakteristischen Berufs- und Betätigungsfeldern, so beispielsweise im "Ingenieur", im "Sportsmann" und im "Forscher" bzw. "Abenteurer". Sie sind vorläufige, unfertige Realisierungen der gleichen psychischen wie 'logischen' Grundstrukturen des "Neuen Menschen" und nehmen zum Außer-Ich, das für Robert Müller mit der eigenen Körperlichkeit einsetzt, das gleiche modellhaft-konstruktive Verhältnis ein: Sie schaffen Wirklichkeiten, indem sie die erfahrbare und beschreibbare Wirklichkeit als Realität ignorieren und nach ihrer Idee neu zusammensetzen. Sie unterscheiden sich graduell in der jeweiligen Betonung von Trieb, Intuition und Ratio, die im "Neuen Menschen" selbst ihre vollendete Synthese fänden. Brandelberger ist

Ingenieur und Slim Abenteuerer und Forscher, zwar vorläufige, so
doch aber sich ergänzende Teil-Iche des "Neuen Menschen".

Im Herbst 1915 erleidet Müller durch eine Granatexplosion einen
traumatischen Nervenschock und wird vom aktiven Kriegsdienst befreit. Die Zeit von November 1915 bis April 1916 verbringt er in
der Nervenabteilung des K.u.K.-Kriegsspitals III in Wien. Nach
seiner Entlassung und Genesung wird er als Fähnrich der Reserve
zur Auslandsgruppe des Kriegspressequartiers versetzt und übernimmt bis zum März 1917 die Belgrader Nachrichten.[48] Er findet
damit die auch für Österreich - Ungarn typische Verwendung der Intellektuellen im Propagandaapparat (vgl. Musil, Polgar, Zweig
u.a.). Im April 1917 wird er wegen allzu großer Serbienfreundlichkeit aus Belgrad abberufen und als Referent für die englische
Presse im Kriegspressequartier eingesetzt. Zum 1. Februar 1918
erfolgt die Entlassung aus dem Heer.

In den skizzierten zweieinhalb Jahren erscheinen zahlreiche Veröffentlichungen: Literaturkritiken, Kulturbetrachtungen, Gedichte,
ein Schauspiel und zwei Essaysammlungen. Müller bespricht Karl
Peters' Afrikanische Köpfe und lobt den "ganz sachlich (en)",
"fast soldatischen Stil".[49] Müller fordert, Afrika müsse "durch
die kapitalistische, handels- und verkehrstechnische, soziale,
psychologische und elementare Eroberung des Kontinents"[50] auf die
europäische Entwicklungsstufe gestellt werden und läßt damit einmal mehr an seinen imperialistischen Zielsetzungen keinen Zweifel
aufkommen.

Otto Flake, Johannes V. Jensen, Gustav Meyrink, Kasimir Edschmid
und Franz Kafka stehen für Müller als Repräsentanten reiner
"Deutschheit". Es sei die "restlose phantastische Leidenschaft",
der Wille zum "alles kennen, alles besuchen, alles werden, alles
sein", was den "Deutschen" wesensmäßig ausmache. Der "Deutsche"
sei "Paniker".[51] Der Däne Jensen zeige jene Form der Phantasie,
die als "dichterisch gesteigertes Kombinationsvermögen" den Rahmen des empirisch Nachweisbaren verlasse. Er gehöre in die Reihe
der Kipling, Wells und Doyle. Meyrink, Edschmid und Kafka aber
schüfen neue Welten, kombinierten Alltagserfahrungen zu gänzlich
selbständigen Gebilden. Beide Arten der Phantasie vereinige Otto
Flake (Horns Ring), der daher auch der repräsentativste von allen

sei.[52]

Und Müller zeigt, daß auch er in diesen Kreis der "Phantasie" gehört: "Der Kampf der Geistigen um ihre Macht, der nach diesem Kriege, in dem sie in der Vereinzelung eine lächerliche und schlimme Rolle (von mir hervorgehoben; G.H.) gespielt haben, mit einer nie dagewesenen Schärfe und Opposition ausbrechen wird"[53], finde im Osten, in Rußland und China sein ideales Betätigungsfeld.[54] Dort könne dem "Grenzertum deutschen Geistes die tiefste und umfassendste Modernität gelingen."[55]

Sieht man einmal davon ab, daß sich Müller in diesem Beitrag auf sehr zweifelhafte Weise ein intellektuelles Umfeld schafft, das unter Berufung auf rassenpsychologische Merkmale als Legitimation eigener weltpolitischer Zielsetzungen dienen soll, so könnten die Zitierungen unkommentiert für sich stehen, enthielten sie nicht jene von mir hervorgehobene Zeile, die andeutet, daß für Müller die Phalanx der "Zuchtgermanen" aus Berufspolitikern von Stand und "Geistigen" aufgrund der eigenen Kriegserfahrungen offensichtlich nicht mehr besteht. Bei der Diskussion der weltanschaulichen Grundpositionen Müllers wird zu fragen sein, inwiefern die "Geistigen" eine "lächerliche und schlimme Rolle" gespielt haben. An dieser Stelle ist zunächst diese Aussage als markanter Einschnitt in Müllers politisch-strategischen Überlegungen festzuhalten.

Zu den hervorzuhebenden Kulturbetrachtungen Müllers im angesprochenen Zeitraum zählt "Die europäische Seele im Bilde", der Versuch einer kunstgeschichtlichen Einordnung des Expressionismus in die Kulturwelt seit etwa 1870. Müller unterscheidet zwei Epochen, die des s.g. "Naturalismus", der als "geistige Disposition (...) bis einschließlich des Futuristen" gehe, und den s.g. "Psychismus", der mit dem "Expressionismus" beginne. Noch der "Futurismus" vertrete eine "einteilende, dividierende Kunst und Lebensauffassung" und schaffe eine von "wissenschaftlicher Vivisektionslust, vom unbedingten logischen Vernunftwillen angeordnete Arbeit".[56] Der "Expressionismus" sei wesentlich "Erlebnis", in ihm erscheine die Natur nur "als Seele (...), nicht metaphysisch, sondern physiologisch, optisch, unmittelbar." Der "Expressionismus" sei nicht "Stil, sondern eine ethische und Vitalitätskategorie."[57] Müller versucht das an einem Vergleich "impressionistischer" und "expressionistischer" Literatur zu verdeutlichen.

"Impressionismus" sei deshalb noch Stil, weil er sich nur auf die Kürzung des "Technischen, des Grammatikalischen" beschränke. Beim "Expressionismus" sei der Gedanke selbst "von vorneherein perspektivisch verkürzt, summarisch artikuliert", er lasse "Selbstverständliches fallen" und sei so eigentlich "Simultanismus".[58]
Eine weiterführende Diskussion dieser Thesen Müllers findet sich in Exkurs II. Im übrigen ergäben sie ein eigenes Forschungsvorhaben.[59] Hervorzuheben ist schon an dieser Stelle Müllers These, der "Expressionismus" setze sich von anderen zeitgenössischen Kunstrichtungen vor allem dadurch ab, daß er unter dem Stichwort "Simultanismus" einen Erkenntnisvollzug favorisiere, der Erkenntnis zu einem Akt schöpferischer Phantasie, ja gar Willkür macht. Das Passive, das dem gewöhnlichen analytischen oder empirischen Erkenntnisvollzug eignet, wird von Müller für den expressionistischen Erkenntnisakt ausdrücklich verleugnet. Erkenntnis und Schöpfung erscheinen als Synonyme für ein und denselben Bewußtseinsvorgang.

Das Schauspiel Die Politiker des Geistes. Sieben Situationen ist Müllers einziger dramatischer Versuch geblieben. Hahnl weist darauf hin, daß Müller hier in der Figur des Protagonisten Gerhard Werner, der starke autobiographische Züge trage, zum einen seine Utopie der Herrschaft des Geistes über die Materie, der Versöhnung von Mystik und Verstand darstelle, um sie zum anderen durch die Figur des Ekkehard Meyer gleichzeitig in selbstkritischer Distanz zu ironisieren. Dieser Ekkehard Meyer wird als der berüchtigte Publizist und Herausgeber der "Kampfzeitschrift 'Geist'" vorgestellt und sei unschwer als Parodie auf Karl Kraus zu identifizieren.[60] Nach Hahnl geht in Die Politiker des Geistes die menschliche und gesellschaftliche Utopie Werners (und auch Müllers) in Erotik und schließlich in einem literarischen Kabarett unter.[61] Hahnl fragt abschließend, ob dies als "Zufall oder (als; G.H.) Symbol"[62] zu werten sei.
(Ich verweise in diesem Zusammenhang auf meine Ausführungen zu Robert Müller als Literaturtheoretiker und -kritiker in diesem Kapitel, vor allem auf Robert Müllers "Die Wiedergeburt des Theaters aus dem Geiste der Komödie".)

In dem Essay Österreich und der Mensch. Eine Mythik des Donaualpenmenschen (1916) rückt Müller weiter von seinen kulturhistorischen Positionen der Vorkriegszeit ab. Das Ideal des "Zuchtgermanen", das sich an dem Konstrukt eines vormals "reinen" Germanentums orientierte, wird zugunsten einer neuen synthetischen Rasse aufgegeben, die allerdings auch den Namen "die Germanen" trägt. "Slawen", "Juden", "Gallier" und "Tataren" sind für Müller die Rassen, die neben "Österreichern" und "Deutschen" in die Rassensynthese eingehen sollen. Der "reine Germanismus", so Müller, sei durch den jetzigen Weltkrieg "desavouiert" worden; an seine Stelle habe eine weniger rassenmäßige, dafür mehr kulturelle Auffassung zu treten, die er "Germantik" nennt. Auf die politischen Zielsetzungen Müllers haben diese konzeptionellen Änderungen Müllers jedoch keinen Einfluß. Müller hält daran fest, daß Österreich und Deutschland zu den beherrschenden Weltmächten werden müßten.[63]

In der Essaysammlung Europäische Wege. Im Kampf um den Typus (1917) unternimmt Müller den Versuch, einige der oben genannten Rassen näher zu charakterisieren. Müllers Aussagen stützen sich auf die Grundthese, daß "die europäische Seele" im Ganzen genommen "germanisch" sei und sich lediglich in einen "fränkisch-normannischen Westen und einen gotisch-slawischen Osten" teile. In Deutschland und England breite sich mit dem "Sächsischen" auf der "Mittelachse Europas" ein "verbindend nivellierendes Element" aus. Wird mit dieser Grundthese nicht die Rassensynthese, die Österreich und der Mensch formulierte, als Taschenspielertrick entlarvt? Das Festhalten an den außenpolitischen Zielsetzungen der Vor- und frühen Kriegszeit legt diese Vermutung nahe.

Müller äußert sich in dieser Essaysammlung auch zu Fragen der innerstaatlichen Organisation eines künftigen idealen Staatswesens und vertritt die Ansicht, daß sich erst auf der Grundlage eines perfekt organisierten, vollkommen technisierten "Maschinenstaates" ein "Musikstaat", d.i. ein irrationales Zusammenleben schöpferischer Individuen entwickeln könne.[64] Damit überträgt er sein schon zuvor formuliertes, kulturkritisch ausgerichtetes Programm einer "Metaphysik" der Technik und Rationalität unmittelbar in den politischen Bereich.

Über die Jahre 1918 bis 1924 unterrichtet uns Ernst Fischer in
dem von Helmut Kreuzer und mir herausgegebenen Sammelband zu
Robert Müller am gründlichsten. Zusammen mit Oskar Maurus Fontana,
Heinrich Nowak u.a. gründet Müller nach eigener Aussage[65] im Jahre 1918 eine Geheimgesellschaft mit dem Namen "Katakombe" (um
1920 erwägt Musil diesen Namen als Titel für den Mann ohne Eigenschaften, möglicherweise mit Blick auf die Parallelaktion und ihr
Zuviel an "Geistigkeit"), die breite Kulturprogramme entwickelt
und eine "Art Kartell im Wiener Zeitschriftenwesen" darstellt, indem sie "von den Blättern Der Anbruch, Das Flugblatt, Der neue
Daimon, Die Rettung und Die neue Wirtschaft wenigstens je einen
Vertreter" kooptiert. Um eine aktivistische Ideologie zu verbreiten brauchte man, so Müller, "eine fachliche Basis; und diese
sollte durch eine praktische Zusammenlegung der kleinen Zeitschriftenbetriebe und einen energischen und ingeniösen Vertriebsapparat gewonnen sein."[66] Offenbar konnten sich die Mitglieder
der "Katakombe" aber nicht auf ein gemeinsames Programm einigen;
die "Katakombe" zerfiel.

Zum 21. August 1919 wird im Wiener Handelsgericht eine "Literarische Vertriebs- und Propaganda-Gesellschaft m.b.H." angemeldet.
Geschäftsführer sind Robert Müller und sein Bruder Erwin, ein
Wirtschaftsfachmann. Die "Literaria" (so der spätere Name) setzt
sich dieselben Ziele wie die "Katakombe", versucht aber zunächst
als Geschäftsunternehmen Fuß zu fassen und verlegt "die geistige
Tendenz"[67] auf den erhofften Zeitpunkt wirtschaftlicher Konsolidierung. Als Geschäftsgebiet des Unternehmens wird der "Zwischenhandel mit Büchern und periodischen Schriften, also Barsortiment
und Zeitungs- und Zeitschriftengrosso"[68] festgelegt. Die Befugnis
zu Verlagstätigkeiten aller Art wird ebenfalls erteilt. Im Jahre
1921 kommt die Berechtigung zum Sortimentsbuchhandel hinzu. Innerhalb von zwei Jahren nimmt das Unternehmen eine beachtenswerte
Stellung im Wiener Literaturbetrieb ein. Es erscheint ein Literaria-Almanach (1921), der zum größten Teil von Robert Müller
selbst verfaßt wird und Aufsätze und Buchbesprechungen enthält.
In "Literaria. Keine Geschichte mit beschränkter Haftung" betont
Müller die "Notwendigkeit einer kompromißlosen Kommerzialisierung
des Unternehmens" und kündigt an, nun könne sich die "Literaria"
bald verstärkt aktivistischen Zielsetzungen widmen. Fischer betont,

daß das Auftreten der "Literaria" in der Öffentlichkeit tatsächlich eindrucksvoll gewesen sein müsse. So schreibt etwa Musil über die "Literaria": "Ziel ist, den Teufel durch Beelzebub auszutreiben und die Zustände der Literatur zu bessern, nicht indem man Zeitschriften gründet, sondern indem man den Betrieb beherrscht (...). Es ist ganz über Wien hinaus für die Literatur das weitaus interessanteste Unternehmen."[69]

Im Herbst 1922 hat die "Literaria" bereits die Dimension eines Konzerns erreicht. So weist beispielsweise das Börsenblatt darauf hin, daß die "Literaria" 1922 ca. 60 reichsdeutsche Verlage als Auslieferer für Wien vertrete, darunter Kiepenheuer, Rowohlt, Kurt Wolff, Erich Reiss, den Malik-Verlag und Ullstein.[70] Allerdings entfaltet das Unternehmen keine nennenswerte Verlagstätigkeit. Die Umsetzung der ideellen Zielsetzungen Robert Müllers bleibt aus. Darin dürfte der Grund zu sehen sein, warum er mit Wirkung vom 10. August 1923 aus dem Unternehmen ausscheidet.[71]

Am 9. Januar 1924 läßt Müller ins Wiener Handelsregister den "Atlantischen Verlag" eintragen. Er ist alleiniger Geschäftsführer und zahlt das Stammkapital des Verlags in Höhe von 200 Millionen Kronen bar ein - eine Summe, die nach Fischer damals ungefähr "dem Jahreseinkommen eines erstklassigen Buchhandelsangestellten" entspricht - und Müller gar nicht zur Verfügung steht.[72] Das von Müller entworfene Verlagsprogramm teilt sich in drei Reihen ein: Die literarischen und kunstkritischen Neuerscheinungen, Die neue Romanreihe Atlantis-Edition und Die aktivistische Bücherreihe.

Fischer bemerkt zu Recht, daß die Atlantis Edition auf einen breiten Publikumsgeschmack zielte und "im Rahmen des Gesamtkonzepts (...) wohl in finanzieller Hinsicht die tragende Säule" sein sollte.[73] Von den 30 Titeln, die in den drei Reihen angekündigt wurden, erschienen aber in der Tat nur vier, davon drei Titel der Atlantis-Edition und ein Titel der Aktivistischen Reihe.

Aus Otto Flakes Autobiographie Es wird Abend wird deutlich, warum Müllers Verlagsunternehmen schließlich scheitern mußte: Müller schätzte zum einen die wirtschaftlichen und monetären Verhältnisse in Österreich und Deutschland falsch ein; zum zweiten zog er seinen Verlag in einer Art und Weise auf, die Flake als "amerikanisch" bezeichnet, womit er auf die ruinöse Überdimensionierung

des Unternehmens verweisen will; zum dritten scheint Müller bei
der Zusammenstellung seines Programms, vor allem auch mit den tatsächlich erscheinenden Titeln keine glückliche Hand gehabt zu haben. Die Titel waren nicht dazu geeignet, das Unternehmen auf solide Füße zu stellen. Flake resümiert an anderer Stelle:

"Sein Wunsch war gewesen, so viel Geld in die Hand zu bekommen,
daß er einmal zeigen konnte, was er als verlegerischer Initiant
leisten könne. Nun, ich verschaffte ihm eine beträchtliche Summe,
mit der er den Atlantischen Verlag begann. Genauer: vorbereitete,
denn als er ein halbes Jahr später vom Leder ziehen sollte, hatte
er in seiner großzügigen Weise das Geld mit den Vorbereitungen
aufgebraucht. Wozu dann allerdings - es war 1924 - die Auswirkung
der fatalen österreichischen Frankenspekulation kam."[74]

Am 27. August 1924 begeht Müller Selbstmord. Fischer betont, daß
Müller "mit dem Entschluß, in das Geschäftsleben zu treten, die
existenzielle Hoffnung verband, in einer sich darin verwirklichenden Einheit von Geist und Tat das Leben ganz zu fassen, und
daß das Scheitern (...) des 'Atlantischen Verlags' nicht nur ein
finanzielles war und (...) ganz allein auf ihn zurückfiel". Müller
mußte aus diesem Scheitern eine "radikale Konsequenz" ziehen. Vieles spricht auch meiner Ansicht nach dafür, im Selbstmord diese
radikale Konsequenz zu sehen.[75]

Die im zuletzt skizzierten Lebensabschnitt entstandenen Arbeiten
Robert Müllers machen etwa 2/3 des Gesamtwerkes aus. In diesem
Zeitraum entstehen eine Reihe von fiktionalen Texten, die ich in
Exkurs I in ihren Grundzügen vorstelle. Viele nicht-fiktionale
Texte setzen sich mit literatursoziologischen, literaturtheoretischen und literaturkritischen Aspekten auseinander. Da diese
Texte im Hauptteil dieser Arbeit (Kapitel 3 - 5) nur beiläufig
diskutiert werden, stelle ich sie hier in Exkurs II zusammen mit
früheren Arbeiten über diesen Gegenstandsbereich vor.
Für die kulturhistorischen, zivilisationskritischen und politischen Texte gilt seit der Gründung der "Literaria" 1919 folgende
Tendenz:
Robert Müller äußert sich kaum zu politischen Tagesereignissen
und zeitrelevanten politischen Entwicklungen. Im Vordergrund

steht die Bewältigung des Ersten Weltkriegs, stehen Stellungnahmen zu den Themen "Krieg", "Militarismus" und "Pazifismus". Müller ist "für die Entfaltung der kriegerischen Tugenden und Tüchtigkeiten"[76], lehnt aber den Krieg selbst "als das heute unzulängliche und unlogisch-unpraktische Mittel"[77] ab, da er in der zwangsläufigen Form des "Militarismus" zu einer "Klapp-Griff-Abschnapp-Leiblichkeit"[78] und geistiger Verdummung führe. Der Krieg wird also aus Vernunftgründen, nicht aber aus "physischen und schon gar nicht aus sittlichen Gründen"[79] verworfen. Das Selbstbestimmungsrecht des Einzelnen wird "prinzipiell" als Widerlegung der staatlich verordneten Wehrpflicht herausgestellt.[80] Doch betont Müller auch die "geistige Sensation, die gerade dem Geistigen eine Selbstvernichtung seines Geistigen, ausgedrückt im 'Risiko' des Physischen (...) bedeuten kann."[81] Damit erinnert Müller noch einmal an jene von mir konstatierte angsterfüllte Wollüstigkeit, die in Irmelin Rose und in "Frontleute" im Umgang mit Zivilisationsphänomenen wie Stadt und hochtechnisierter Arbeit zum Ausdruck kam. Jetzt aber heißt es abschließend: "Die Mechanik des Krieges tötet die Emotion."[82] Für Müller wird der "Pazifismus" zu einer "positive(n), aufbauende(n) Arbeit": Der "Friede als Weltvorstellung" ist "nicht die Negation der Kriegswelt, sondern (...) ein geniales Projekt", "ein System tiefer Erregungen, ein psychologisches Kunstwerk" und eine "Demonstration gegen alle Lässigkeit und Faulheit im Menschen."[83] Aus der Perspektive Müllers sind Krieg und Frieden also keine korrespondierenden Polaritäten mehr. Ihre Differenz ist für ihn nicht qualitativer, sondern einzig taktischer Natur. Eine "Metaphysik" des Krieges über die Rückbindung des Ersten Weltkrieges an "kriegerische Tugenden und Tüchtigkeiten", an individuelle geistige Sensationen hat sich für Müller angesichts der Mechanik des hochtechnisierten und -organisierten realen Kriegsgeschehens als unmöglich erwiesen. An ihre Stelle tritt, um im Sprachbild zu bleiben, der Versuch einer "Metaphysik" des Friedens. Friede ist die taktische Verwendung der "kriegerischen Tugenden und Tüchtigkeiten", ist nicht Eigenwert, sondern im Verhältnis zum Krieg die für die Psyche des "Geistigen" zuträglichere Lebensweise. Der "Pazifist" Müller erweist sich so als verhinderter Krieger.

Nach dem Tod Robert Müllers am 27.8.1924 erscheinen Nekrologe und Würdigungen namhafter Zeitgenossen und Autoren.
Robert Musil läßt keinen Zweifel daran, daß sein Freitod im Zusammenhang mit seinen geschäftlichen Schwierigkeiten und grundsätzlich mit seinen Erfahrungen als Verleger gesehen werden muß: "Aber er, der das Leben liebte wie nicht bald einer, hatte sich zutiefst durchdrungen mit den Erfahrungen, die man mit dem Buch und Theaterstück als Ware macht, <u>und war gefangen in dem Gefühl, daß in der heutigen Zeit kein Schriftsteller eine Wirkung erreichen kann, die zu leben lohnt</u> (Hervorhebung von mir; G.H.)."[84]
"Alles, was er schrieb", könne man, "ohne es zu verkleinern, auch als eine leidenschaftliche Reportage bezeichnen"[85], als eine solche, die von den persönlichsten und immer im Wandel begriffenen Theorien durchsetzt gewesen sei. Robert Müller, so Musil, "dachte immerzu, aber er dachte niemals nach, weil ihm das 'Nach'-, das Hinterdreindenken, während die Welt davonrast, wie ein dummer Verlust vorkam."[86] Er sei "reinster Sturm und Drang" gewesen, ein solcher, der sich in Überzeugungen und Ansichten, nicht aber in "Gebärden der Leidenschaft" ausgetobt habe. Häufig habe "die Küche statt des Gerichts" gekocht. Robert Müller sei allerdings im Irrtum gewesen, wenn er sich selbst für einen "Theoretiker und Weltdenker" gehalten habe.[87] Robert Musil erklärt Müllers <u>Tropen</u> zu einem der besten (Bücher; G.H.) der neuen Literatur überhaupt, und wenn auch seine andere Prosa gegenüber diesem Roman abfalle, so sei dennoch "keine seiner Erzählungen ohne Genialität, jede von ihnen ist in einer neuartigen Weise angefaßt, alle sind sie auch im gewöhnlichen Sinne sehr unterhaltend, und jede ist voll von Stellen, an denen sich eine Fähigkeit sondersgleichen zeigt, mit dem kürzesten und kühnsten Strich den geistigen Charakter von Menschen, Landschaften, Vorgängen, Problemen so scharf auszudrücken, daß man ihre Körperlichkeit einatmet."[88]
Auch Otto Flake und Arthur Ernst Rutra melden sich zu Wort. Flake betont wie z.T. auch Musil zuvor, daß Robert Müller durch den unauflösbaren Widerspruch zwischen eigener, an amerikanischem Muster orientierter Verlagsgründung und der "chronischen Anämie der österreichischen Wirtschaft" gescheitert und zum Freitod getrieben

worden sei. Müller sei fest davon überzeugt gewesen, daß Wien "den Prototyp einer Stadt darstelle, in der aus Unterhaltungsbedürfnis und entmilitarisiertem Denken, also aus Masse und Geist zuerst eine europäische Form des Amerikanismus entstehen werde."[89] Diese Überzeugung habe ihn in dem Moment zugrundegerichtet, als er erkannt habe, daß Österreich die Stellung, die er ihm in seinen kulturkritischen und politischen Utopien zugewiesen hatte, nicht behaupten konnte. Seine "Tragik" sei es gewesen, schon in einer Zeit "geistig" führen zu wollen, "wo man erst nur politisch führen kann, lies: als demagogischer Spekulant auf Affekte."[90]

Arthur Ernst Rutra, seit 1918 Verlagssekretär in München und 1939 im KZ Dachau umgebracht, versucht zwischen 1924 und 1927 in einer Reihe von Publikationen das Andenken an Robert Müller zu bewahren. Robert Müller habe sein Leben lang "an der Scheidegrenze der Erdteile Posten" gestanden - "ein neuer Kolumbus, der einen neuen Erdteil zu entdecken gewillt" war, und der "den Europäern des alten Kontinents das neue Amerika, den Neu-Europäer - oder Neuropäer - seiner Traumwelt Atlantis geben wollte."[91] Er habe versucht, eine "Phalanx des Geistes", eine "aktivistische Armee" zu organisieren. Diesem Zweck habe der Atlantische Verlag gedient. Doch habe es keine "Phalanx des Geistes" gegeben, "nur die Kleinheit, Armut und Erdgebundenheit der noch lange nicht Gereiften".[92] Geld habe für Robert Müller nur die Rolle gespielt, sein Ziel, den Verlag und den "Bund der Geistigen" zu erreichen.

Im "Neuropäer" sei ein Mensch entworfen worden, der "einen musischen, elastischen, geistig und sinnlich gut aufmerksamen und aufgeweckten Typus" verkörpert habe, "einen von dem Bewußtsein für die Zeit, in der er lebt, durchdrungenen Zeitgenossen, dem der geniale Hauch einer konstruierten Maschine ebensowenig fremd sein soll wie das Gefühl für die Bedeutung einer geistigen Tat und den Wert einer tüchtigen sportlichen Leistung."

Nur aus diesen Forderungen seien die Essaybände, die zahllosen Zeitschriftenbeiträge und die Prosa Robert Müllers zu verstehen. Alle diese geforderten Eigenschaften habe Robert Müller aber nicht zu einer "phantastischen, unerfüllbaren Forderung für den Gegenwartsmenschen" gemacht, sondern er habe sie als entwicklungsfähige Charakteristika seiner Zeitgenossen und des Menschen überhaupt vorgefunden und beschrieben.[93]

Zum dritten Todestag erscheint unter dem Titel "Pionier und Kamerad" eine weitere Charakterisierung. Sie enthält Passagen, die zu einer Biographie Robert Müllers beitragen, seinen Platz im literarischen Leben Wiens bestimmen und so meine bisherigen Ausführungen ergänzen. Es heißt u.a.:

"Vor dem Kriege waren wir eine Gruppe junger Menschen, die im 'Akademischen Verband für Literatur und Musik' (...) für die Geltung neuer Dichtung und Kunst stritten. Der Reihe nach leiteten wir ihn: Sokal, Ullmann, Buschbeck, E.A. Reinhardt, Paul Stefan, Robert Müller und ich. Und alle trafen sich hier, als Gäste bald, die wir beriefen, oder als innerlich Verbundene - meist waren sie es alle: Trakl und Ehrenstein, Altenberg, Friedell und Viertel, Stefan Zweig und Felix Braun, Kokoschka, Schiele und Gütersloh. (...) Seit seiner Rückkehr aus Amerika war Robert Müller die Seele."[94]

Rutra verweist auf die zahlreichen Zeitschriften, die Robert Müller selbst ins Leben rief oder redigierte (Der Ruf, Torpedo, Pionier, Belgrader Nachrichten, Finanzpresse, Neue Wirtschaft, Der Strahl), auf seine verlegerischen Aktivitäten, auf seine Mitarbeit in verschiedenen Zirkeln und Geheimbünden (1916/17 Mitglied einer geheimen politischen Gesellschaft von Malkontenten, 1918 der Katakombe) und darauf, daß die grauenvollen Erlebnisse des Ersten Weltkrieges aus einem "fanatischen Abenteuer- und Kriegsanhänger einen radikalen Pazifisten" gemacht hätten. Von den Schlachten am Isonzo sei er mit der festen Absicht zurückgekehrt, bei einer eventuellen Wiedereinberufung sofort zu desertieren.[95]

Ich habe diese zeitgenössischen Erinnerungen[96] an Robert Müller hier abschließend unkommentiert zusammengefaßt. Sie sind Teile des "Versuchs einer Annäherung" an Robert Müller. Über ihren Aussagewert urteilen die sich anschließenden Interpretationen der fiktionalen und nicht-fiktionalen Texte.

1.1   EXKURS I

FIKTIONALE TEXTE UM 1920.

1.1.1. DAS INSELMÄDCHEN.

Die Novelle Das Inselmädchen (1919) erzählt etwa vier Monate aus dem Leben des Belgiers Raoul de Donckhard, der, als "Gendarmerieoffizier" der "internationalen Staatenliga für Kolonialkultur", im "Januar 19.." auf eine Insel in den Tropen berufen wird, "um die Eingeborenenunruhen zu dämpfen."[1]
Raoul de Donckhard wird als der prototypische Europäer seiner Zeit vorgestellt: "Er besaß (...) vom Stofflichsten bis zum Sublimsten, vom sportlichen Modeartikel bis zu einem Schatz geographischer Gelehrtheit und beträchtlicher körperlicher Eigenschaften alles, was ein Europäer besitzen kann, der den Äquator noch nicht kennt. (...) Er gehörte zu einem Typus, der sich allmählich im Westen Europas herausbildet und über den Norden nach Osten verbreitet. Dieser ist keltischer Herkunft und besteht in einem Gezeichnetsein (...) von einem zerebralen Kummer, der um die geistige Bewältigung materieller Probleme entsteht, und den man bei hochstehenden Kaufleuten, Ingenieuren, Kriminalpsychologen und Sportsleuten findet."[2] Er ist damit ein Repräsentant jenes Typus, der in allen fiktionalen Texten Robert Müllers von zentraler Bedeutung ist: Der Ingenieur Brandelberger in den Tropen, der Sportsmann Werner in Die Politiker des Geistes, Jack Slim als Kriminalpsychologe in Camera obscura, Olden/Schilder in Der Barbar und Scholef und Krumka als Kaufleute in Flibustier. Er ist zugleich Teil-Ich des Autors Robert Müller, der in sich alle diese Ausprägungen des neuen Typus zu vereinigen suchte.
Neben seiner offiziellen Mission verfolgt de Donckhard mit seinem Inselaufenthalt in den Tropen auch persönliche Ziele: "Bei allen seinen Gedanken begleitet ihn ein unausgesprochener Wunsch nach dem Urzustand", der in ihm als romantische Idee fortlebt: "Wie alle Weißen hatte sich Raoul die Tropen als eine exzessive und sittenlose Liebesidylle vorgestellt."[3] Seine eigenen topologischen und floristischen Beobachtungen führen jedoch zu einem

anderen, innerlich aber letztlich nicht akzeptierten Urteil: "Raoul sah ein, daß aus der Verwirrung und Beiläufigkeit des Durchbruchs (der Insel aus dem Meer; G.H.) nur eine einfache und harte Idee zur Gerechtigkeit führen konnte. Das neue Leben nahm seine Form vom Toten. Das Tote hatte ihn an dieser Landschaft inmitten schmiedender Hitze kalt bis in die Zunge werden lassen. Er unterdrückte seinen Ekel und anerkannte das Gerechte, das die Natur vorwollte."[4]

Diese Zerrissenheit zwischen Urteilskraft und dem Wunsch nach urzuständlicher Sinnlichkeit wird durch eine Affäre mit einer Eingeborenen verstärkt. Raoul sucht in ihr die "melanesische Seele" als Komplement der eigenen, ratio-bedingten Einseitigkeit: "Raoul staunte über Thli. Es war denkrichtig, anzunehmen, daß er sie verstand. Trotz ihrer Ungeheuerlichkeit und schwierigen Simplizität konnte sie nicht anders sein, als wie er sie dachte, ohne große Geheimnisse, simpel und ein kleines Ungeheuer, der Urmensch."[5] Aber indem er sich das Mädchen "entwickelt", scheitern sein Wunsch und seine Vorstellung von naturhaft-menschlicher Ursprünglichkeit: "D a s M ä d c h e n w a r v o n d e r R a s s e d e r K l i p p e."[6]

De Donckhard erkrankt an einem schweren Fieber und muß die Insel bald darauf verlassen, nicht zuletzt auch deshalb, weil er seine offizielle Mission nicht erfüllen konnte. Als er dem Mädchen später in einem Freudenhaus in Valparaiso wieder begegnet, Thli also auf fragwürdige Weise in den westlichen Zivilisationskreis eingetreten ist, kommt es selbst unter diesen Umständen zu keinem Verstehen: "Die Temperamente waren durch eine Kluft geschieden. (...) Sie würde den Weg ihres Bruders gehen. Eine Königsfamilie starb aus. (...) Der Urmensch, die Unvernunft der Natur, die Planlosigkeit, eine Rasse von Taubenmenschen mit Goldräderaugen stirbt aus."[7]

Im Scheitern Raoul de Donckhards, aber auch im Untergang des Inselmädchens verwirft Robert Müller jede Form des romantisch-rousseauistischen 'Zurück zur Natur'. Er wendet sich damit gleichzeitig gegen den Exotismus als zeitgenössische literarische Strömung, indem er, paradoxerweise, eine exotistische Erzählung schreibt.[8]

Naturgeschichte als Symbol von Menschheits- und Gesellschaftsgeschichte wird als ursprünglich eruptiv, dann aber nach einer

"Idee" handelnd dargestellt: "Die Natur (...) hatte diese Idee. (...) Die Natur hält auf Übergänge."[9] Damit werden für Robert Müller die Begriffe "Vernunft", "Entwicklung" und "Evolution" zu zentralen Kategorien von Geschichte überhaupt. Die Novelle Das Inselmädchen ist somit in dieser Leseart Theorie der Geschichte. Daß sie auch sprach-ästhetisch zu den anspruchvollsten Texten Robert Müllers gehört, mag ein abschließendes Zitat verdeutlichen:
"Über den Bruchrändern der bassinblauen Muschel der Bucht quoll malachitgrün das Meer, stand Augenblicke wie ein schartiger dikker Stein und zerspänte sich, bei näherem Hinsehen bewegt, in lange Kammspiralen, die tausendflächig geknittert verkräuselten, von einer unendlich walzenden Maschine aus der Unendlichkeit geschält. (...) Die Insel lag da, wie ein aufgeklapptes Gebiß auf einer Etagere; leer und scharf. Ein blauer Gaumen, unterwölbte sie die Muschel der Bucht."[10]

1.1.2. ARENA.

Gero von Wilpert definiert in seinem Sachwörterbuch der Literatur den Sketch als ein "dramatisches Bühnenspiel von wenigen Minuten Dauer, das die Handlungsmöglichkeiten nicht voll ausnutzt, sondern sie nur im Umriß "skizziert', um ihre Ergebnisse in einer wirkungsvollen, scharfzugespitzten und überraschenden Pointe (...) gipfeln zu lassen".[11]
Legt man diese Definition zu Grunde, dann ist Robert Müllers Arena (1920), von ihm selbst als Sketch bezeichnet, nicht allein die exakte Erfüllung dieser poetologischen Norm, sondern führt gar über sie, selbst normbildend, hinaus. Robert Müller scheint sich dessen bewußt gewesen zu sein, endet doch der zur Rede stehende Text mit dem Urteil: "Und so habe ich zwar vielleicht kein neues Zirkusunternehmen, aber einen neuen Typ Literatur erfunden, die geschriebene Arena, vollblütige Deskription, wir wissen, daß es Spaß war, aber der Sinn ist wirklich, er ist objektiv gemeinsam aus der Grenzexistenz von Leben und Traum."[12]

Der Text handelt auf fünf Ebenen: Autorreflexion, Wachzustand, Traum, und dieser wieder unterschieden in bewußten Beobachter und auf einer Art Kinoleinwand vorgestellte Wirklichkeit. Im Text selbst erscheinen diese Ebenen freilich in umgekehrter Reihenfolge, und da der Autor in allen fünf Ebenen als jeweils vollbewußtes Subjekt auftritt, ergibt sich für den Leser der aufregende Prozeß der Entfaltung verschiedener Bewußtseins- und Wirklichkeitsebenen, die schließlich in die Autorreflexion münden.

Der Großteil des Textes handelt von einer Eisenbahnfahrt des Autors mit seiner Familie, die schließlich in einem apokalyptischen Unfall endet, den allein der Autor überlebt. Im Vordergrund dieser Textebene steht aber nicht die Eisenbahnfahrt als solche, sondern stehen die Reflexionen des Autors, der diesen Unfall zwar im voraus weiß, ihn aber dennoch nicht verhindern kann.

Auf der zweiten Textebene wird sich der Autor dann bewußt, daß das, "was ich mit aller Aufmerksamkeit erlebt hatte, (...) nur eine moderne Vorstellung" war: "Ich wohne einem neuen Typ der Darstellung bei, halb Kino halb Theater, am ehesten einer Art stereoskopischen Films. Aha, das also ist die Arena 1980, die Methode, etwas zur Darstellung zu bringen. Vermittels einer seltsamen Vorrichtung werden auf einer Fläche (...) räumliche Vorgänge beliebig erzeugt. (...) Die Vorrichtung ist nichts Geringeres als eine Wirklichkeitserzeugungsmaschine. Der Zuschauer und -hörer wird zum Erleber."[13]

Dann aber werden Textebene 1 und 2 als Produkte eines dritten Bewußtseinszustandes entlarvt und in einem vierten aufgehoben: "Es ist überhaupt nur ein Traum. Ich habe eine Sensationsvorstellung in der Arena 1980, einer neuen Erfindung, geträumt."[14]

Es folgt die Erklärung, wie es zu diesem Traum kommen konnte und schließlich, als fünfte Ebene, die Überlegung, welche Schlüsse daraus für die literarische Produktion zu ziehen sind.

Robert Müller entdeckt den Traum als Sketch <u>innerhalb</u> der literarischen Form Sketch und potenziert damit die eingangs zitierten Textcharakteristika. Der Text ist "dramatisches Bühnenspiel" des Bewußtseins, die Bewußtseins- und Wirklichkeitsebenen im Text sind Bühnenspiele im Bühnenspiel.

1.1.3. DER BARBAR.

Der Roman Der Barbar (1920) greift schon in seinem Titel einen philosophischen wie literarischen Topos auf, der sich von Nietzsche bis zu Robert Musils Mann ohne Eigenschaften spannt und - unbeschadet der landläufig abfälligen Denotation - in dieser Tradition konnotativ positiv besetzt ist.[15]
Das Umschlagbild der Originalausgabe, auf das hier als erste Interpretationshilfe verwiesen sei, zeigt eine massige, in ihrer Hand- und Fußhaltung dennoch grazil, beinahe verunsichert und tastend wirkende Gestalt, die dem Leser in formlosem, zweckbestimmtem Gewand und mit gesichtslosem Gesicht entgegentritt. Die Gestalt, im Zentrum und Vordergrund des Bildes und alles Dargestellte deutlich überragend, wird zu ihrer Linken von einem angedeuteten Baum, zu ihrer Rechten von mehrstöckigen Wohnkomplexen begrenzt. Baum und Massenwohnstatt stehen, wie bereits an Irmelin Rose gesehen werden konnte, für Land und Stadt, und beide wiederum, als Ausdruck geokultureller Lebensräume, in der Konzeption Robert Müllers für das sinnlich-triebhafte und das technisch-rationale Vermögen des Menschen. Entsprechend heißt es gegen Ende des Romans: "Unter 'Barbar' ist ein sinnlicher und innerlicher Menschentypus zu verstehen, dessen eigene Kulturhöhe inkommensurabel zur gleichnamigen Erscheinung nach den Begriffen Amerika-Europas steht. Der Barbar versucht es, dieses in praktischen Gegenständen und ihrer Lebensökonomie ausgedrückte Weltgefühl nachzufühlen. Aus der Verschiedenartigkeit des Lebensrhythmus entsteht ein Konflikt, der sich im Individuum als ein Gefühl tragischen Ringens, in der sozialen Umgebung als Auslöser von Massenpaniken äußert."[16]
Doch anders als Irmelin Rose in der gleichnamigen Erzählung bewegt sich diese Gestalt, der Barbar, nicht vom Lande zur Stadt, sondern umgekehrt, aus der Stadt zum Lande hin. Beiden gemeinsam jedoch ist das Scheitern in der ihnen jeweils fremden Umgebung.

Der Roman hat zwei Teile und ist zudem in vierzehn durchlaufend numerierte Kapitel untergliedert. Beide Teile bestehen jeweils aus 7 Kapiteln, so daß eine strenge Symmetrie gewahrt ist. Doch während die Durchnumerierung der Kapitel einen kontinuierlichen Handlungsablauf suggeriert, zeigt ein Vergleich der Erzählhaltungen der beiden Romanteile, daß es sich in den Kapitel 1 - 7 bzw. 8 - 14 um unterschiedliches Erzählmaterial handelt.

Im ersten Teil (Kapitel 1 - 7) begegnen wir einem umfassend informierten, souveränen Erzähler. Er erzählt, immer wieder psychologisch ausdeutend und die Geschehnisse von einer höheren Warte aus kommentierend und interpretierend, einige Wochen aus dem Leben eines jungen Mannes mit dem Namen Peter Schilder (der Name verändert sich im Verlauf des Romans gemäß der vermuteten Rassezugehörigkeit der Hauptfigur), der auf eine Gemüsefarm nördlich von Chicago kommt, "um sich einzuebnen": "Er wollte persönlich untergehen. Er suchte die Masse, auch wenn sie Enttäuschung oder ein fruchtloses Ideal war."[17] "Er war im Bergland des Kaukasus, nahe den Slawen geboren; mit deutschem Rüstzeug suchte er den Amerikaner."[18]

Im zweiten Teil des Romans gibt der Erzähler insgesamt 6 Versionen wieder, die, z.T. von Personen _seiner_ Erzählung im ersten Romanteil, z.T. von 'Außenstehenden' formuliert, _seine_ Erzählung in Teilen korrigierend nacherzählen, ergänzen, durch Hintergrundmaterial, das nicht zum Geschehen der ursprünglichen Erzählung gehört, in einen weiteren Kontext rücken, _seine_ Erzählung interpretieren etc. Doch begnügt sich der Erzähler des ersten Romanteils nicht mit der bloßen Wiedergabe dieser 6 Versionen. Indem er behauptet, diese Versionen seien in der Form von Zeitungsartikeln, Essays usw. unmittelbar nach den Geschehnissen _seiner_ Erzählung öffentlich geworden, indem er behauptet, die Ereignisse um Peter Schilder hätten in der Folge landesweite politische, bis ins Weiße Haus reichende Folgen gehabt und gar in Literatur und Kino zu einem Massenkult um Peter Schilder geführt, stellt er das Erzählkontinuum und damit die Einheit des Romans _in dieser Hinsicht_ wieder her (Das begründet die Durchnumerierung der einzelnen Kapitel).

Die angesprochenen 6 Versionen selbst interpretieren die Geschehnisse im ersten Romanteil auf unterschiedlichste Weise, und es bleibt dem Leser wie in anderen fiktionalen Texten Robert

Müllers überlassen (vgl. Tropen und Camera obscura), 'richtige' von 'falschen' Auslegungen zu unterscheiden: Es gibt die Interpretation des ehrgeizigen, auf Sensationsgier und Massenhysterie setzenden Provinzredakteurs, politische und rassetheoretische Interpretationen, anthropologische, kulturkritische und empirisch-wissenschaftliche Auslegungen. So wird der zweite Romanteil (und damit auch der gesamte Roman) nicht allein zu einer fiktionalen Theorie des Erzählens, sondern auch zu einer Reflexion über den Begriff "Wirklichkeit", zu einer Kritik zeitgenössischer medialer Formen und zu einer frühen Einsicht in das Verhältnis von Interesse und Erkenntis.

Ich komme, was freilich im Rahmen dieser Arbeit nicht ausführlicher belegt werden kann, über eine Analyse der Fiktionsstrukturen und einen Vergleich mit den nicht-fiktionalen Werken Robert Müllers zu dem Ergebnis, daß der Protagonist Peter Schilder gleichzeitig der Erzähler des Romans Der Barbar und damit identisch mit Robert Müller ist. Diese Identität darf jedoch nicht im vordergründig-biographischen Sinne verstanden werden, wozu die Behauptung Robert Müllers, selbst zwei Jahre lang in den USA gewesen und u.a. auf Farmen gearbeitet zu haben, verleiten könnte. Die vierte Version, im 2. Romanteil in den Kapiteln 11 - 13 von einer Figur namens Friedrich Oldenburg, m.E. im ersten Romanteil Fred Olden und alter ego Peter Schilders, erzählt, enthält nicht allein alle wesentlichen Momente der intellektuellen Biographie Robert Müllers, sondern greift an entscheidenden Stellen wörtlich auf Formulierungen der nicht-fiktionalen Texte Robert Müllers zurück.

In diesem Sinne kann dann auch ein Satz des Romans über Peter Schilder als Vorausdeutung des eigenen Schicksals durch Robert Müller verstanden werden: "Es war sein Schicksal, daß er zu den Dingen selbst ein Verhältnis und eine rechte Freundschaft nicht gewinnen konnte."[19]

1.1.4. CAMERA OBSCURA.

Der Roman Camera Obscura (1921) steht Müllers Hauptwerk Tropen (1915) literarisch kaum nach. Wie in den Tropen, werden wir auch hier mit verwirrenden Zeit- und Fiktionsstrukturen konfrontiert, und es ist auch hier die Aufgabe des Lesers, die verschiedenen Romanteile und Handlungsstränge so zu gruppieren, daß sich ein kohärentes Romangeschehen und damit auch ein Wahrheitsgehalt ergibt. Und es gibt eine weitere Parallele: wie in den Tropen, trägt auch hier der Protagonist den Namen Jack Slim. Beide sind indes nicht identisch. An einer zentralen Stelle des Romans, in einer programmatischen Rede über die künftige Menschheits- und Gesellschaftsentwicklung bezieht sich der Jack Slim von Camera Obscura ausdrücklich auf die Zukunftsprognosen eines Jack Slim, in dem wir mit einigem Recht die Hauptfigur der Tropen vermuten dürfen. An der historischen Echtheit beider Figuren läßt der Erzähler von Camera Obscura keinen Zweifel aufkommen. Auch darin gleicht dieser Roman den Tropen.
Camera Obscura ist ein Zukunftsroman. Der Erzähler lebt im 21. Jahrhundert, möglicherweise auch später. Er blickt auf Ereignisse zurück, die sich zwischen ca. 1920 und dem Jahre 2000 zugetragen haben. Die eigentliche Romanhandlung spielt um 1950. Erläuterungen des Erzählers zu dem Stand der Menschheits- und Gesellschaftsentwicklung um 1920 und für den Zeitraum zwischen ca. 1980 und dem Jahre 2000 sind in die Romanhandlung eingeflochten und markieren deren Bedeutung innerhalb der Geschichte des 20. Jahrhunderts. Der Erzähler setzt beim Leser die Kenntnis dieser Entwicklungstendenzen nicht explizit voraus, erweckt jedoch den Eindruck, als stünde ihre historische Authentizität prinzipiell nicht in Frage. Dennoch bleibt offen, über welches Maß an Sachkenntnis der Erzähler tatsächlich verfügt. Beispielsweise berichtet er für die Wende vom 20. zum 21. Jahrhundert, daß sich "nach riesigen weltumspannenden Kriegen, die von sozialen Umstürzen gefolgt waren", eine "kleinstbürgerliche Demokratie", ein "neues proletarisches Biedermeier" durchgesetzt gehabt habe, um zwei Seiten weiter zu bekennen, daß "so wenigstens (...) fünf Jahrzehnte vorher Jack Slim diese Entwicklung vorausgesagt" habe.[20]

Spätestens an dieser Stelle wird dem Leser klar, daß er sich nicht vertrauensvoll dem allwissenden Erzähler überlassen kann, zumal dieser im weiteren Romanverlauf in diesem eigenartigen Zugleich von Wissen und gleichzeitiger Infragestellung des Gewußten verharrt. Zudem ist das Wissen des Erzählers nicht von der Art, daß es ihm selbst möglich wäre, Schlußfolgerungen über den inneren Zusammenhang der verschiedenen Handlungselemente zu ziehen. Sein Wissen ist bestenfalls isoliertes Faktenwissen und erschöpft sich nicht selten in der Wiedergabe bezweifelbarer Berichte und Theorien beteiligter Romanfiguren. Er weiß von diesen Berichten und Theorien, vermag aber über deren Wahrheitsgehalt keine Aussage zu machen. Diesem Bewußtseinsstand des Erzählers entspricht der formale Aufbau des Romans. Die ca. 3 Wochen, in denen die Romanhandlung spielt, werden nicht chronologisch und auch nicht als ein Geschehen, das dem Gesetz von Ursache und Wirkung unterliegt, erzählt, sondern durch ständige Perspektivwechsel und Zeitschichtungen in ein Bild gedrängt, dessen Kompositionsprinzip erst durch den Leser aufzuschlüsseln ist. Diese Leseaufgabe wird außerdem dadurch erschwert, daß die verschiedenen Erzählsegmente keinen einheitlichen Realitätsgehalt haben bzw. unterschiedliche Wirklichkeitsebenen vorstellen: Reales Geschehen wechselt mit Traumsequenzen, mit halluzinierten Erlebnisräumen und reflektorischen Selbstvergewisserungen verschiedener Romanfiguren, wobei die jeweiligen Übergänge häufig weder sprachlich noch setztechnisch explizit ausgewiesen sind. So wird der Leser zum Detektiv und <u>Camera Obscura</u> aus dieser Sicht auch zum Detektivroman bzw. "Denkroman".[21] Er ist dies aber noch in einer zweiten, unserem gewöhnlichen Verständnis näherliegenden Bedeutung, geht es doch im Roman selbst um einen Kriminalfall, um den gewaltsamen Tod eines Politikers von internationaler Bedeutung. Liegt ein Verbrechen vor oder handelt es sich um Selbstmord oder vielleicht auch um eine Mischung aus beidem? Steht der Tod des Politikers in Zusammenhang mit politischen und wirtschaftlichen Intrigen, mit partnerschaftlichen Problemen oder mit persönlichen Prädispositionen des Politikers? Der Roman läßt diese Fragen unbeantwortet. Die Theorien, die im Roman von verschiedenen Kriminalisten und Detektiven entwickelt werden, bleiben unbestätigt und erweisen sich bei näherem Hinsehen auch als brüchig. Soll sich daher das Vergnügen des Lesers nicht allein darin erschöpfen, Zeit- und Fiktionsstrukturen aufzuschlüsseln, so wird er ebenso dazu übergehen müssen, den vorgestellten Kriminalfall selbst zu lösen. Beide Aufgaben sind nicht identisch, und die Ordnungsleistung des Lesers nach den Maßstäben von Raum und Zeit führt nicht zwangsläufig zur Klärung des Kriminalfalls. So stehen Romanform und Romaninhalt zur Disposition des Lesers, und der Roman wird erst, freilich in extremer Bedeutung, im "Akt des Lesens" konstituiert. In den Worten Jack Slims, die nach den gemachten Ausführungen als Autorbekenntnis zu lesen sind, hat Müller sein Schreibprinzip in Camera Obscura prägnant zusammengefaßt: "Sie, Ladies and Gentlemen, Gebildete, wünschen Handlungen, Ereignisse, Informationen - man wird Ihnen das Negativ geben, das seelische Hohlbild. Zum Schlusse ist die Welt Gedanke. Aus Gedanken wachsen Wurzeln ins Sinnliche. (...) Die größten darstellenden Leistungen werden durch einen Styl des Abstrakten entstehen, durch eine Negativ-Sinnlichkeit, durch eine nicht demonstrierende, sondern anregende, hervorholende Kunst. Der Romancier und der Maler etwa werden den Leser oder Beschauer aktivieren - ein Publikum ohne jene Willenskraft des passiv angefeuerten, aber aktiv sich konzentrierenden Mediums ist künftig trivial. Der Partner des schöpferischen Autors muß die von diesem angedeuteten Kunstprozesse selbst ausführen. Wenn der Autor tüchtig ist, muß wenigstens unter Erlesenen der Genuß aller beispiellos sein. Im übrigen wird er fördernd sein."[22]

Ich komme für den Roman zu folgendem Ergebnis:
Der Jack Slim von Camera Obscura geht in seinen sozialen Prognosen davon aus, "daß die Abschaffung der Kriege zwischen den Staaten, das Anwachsen der Staatsidee auf Kosten des Individuums (...) das geniale und expansive Individuum derart in die Opposition drängen wird, daß mit einem Anschwellen des Kriminellen im bürgerlichen Leben zu rechnen ist. Die Träger der gigantischen und kuriosen, der phantastischsten und mit der Gelehrtheit des Zeitalters bewaffneten Verbrechen werden die Intellektuellen sein." Damit liefert er eine Erklärung des Verbrechers, die deutlich an die betreffenden Überlegungen Nietzsches erinnert. Slim hält die kriminalistischen Methoden seiner Zeit, die s.g. "objektive", fak-

tengläubige und die "subjektive", psychologisierende Methode für unzureichende, diesen "Verbrechern aus Philosophie" zu begegnen. Im "Mediumismus", in der "suggerierten Autosuggestion"[23] sieht er die einzige Möglichkeit, "die Menschenseele zugunsten der Gesellschaft zu lenken".[24]
Freilich eröffnet der "Mediumismus" für Slim bei entsprechenden persönlichen Prädispositionen ebenso die Möglichkeit zum Verbrechen, und sei es auch zum Verbrechen an sich selbst. Um die Kriminalistik seiner Zeit auf die von ihm für die Zukunft geforderte Höhe zu bringen, nutzt Slim die letztgenannte Möglichkeit und fädelt selbst ein Verbrechen ein.
Slim begibt sich in die Stadt Oaxa, in die "damals modernste europäische Stadt" "in der sogenannten ungarischen Landschaft des europäischen Vereinigte-Staaten-Systems".[25] Der Politiker San Remo wird Gegenstand und Opfer seiner Demonstration. Er erweist sich in mehrfacher Hinsicht als ideales Versuchs- und Demonstrationsobjekt. Zum Zeitpunkt seines Zusammentreffens mit Slim ist er zum einen mit einer wirtschaftspolitischen Affäre internationalen Ausmaßes konfrontiert, zum anderen durch das Verhältnis seiner Ehefrau mit dem Drahtzieher dieser Affäre ebenso persönlich kompromittiert. Damit steht sein gewaltsamer Tod vor einem Hintergrund, der den genannten "objektiven" und "subjektiven" kriminalistischen Methoden genügend Spielraum für Recherchen und gewagte Spekulationen bietet. San Remo ist aber zum dritten auch der asiatischen Kulturwelt verfallen, in der er mehrere Jahre seines Diplomatenlebens verbracht hat. Er zeigt eine besondere Affinität zu den Suggestions- und Autosuggestionstechniken, die er in asiatischen Ländern beobachten konnte. Diese Nähe San Remos zur asiatischen Kulturwelt und seine Disposition für "suggerierte Autosuggestion" nutzt Slim und verleitet ihn zum Selbstmord.

1.1.5. FLIBUSTIER.

Flibustier ist öfters, zuletzt von Ernst Fischer in dem von Helmut Kreuzer und mir herausgegebenen Sammelband zu Robert Müller, als im fiktionalen Gewande daherkommender Bericht der eigenen Geschäftserfahrungen Robert Müllers mit der Literaria interpretiert worden. Dazu gibt es, wie die Analyse der Erzählhaltung des erzählenden Ichs zeigen wird, in Maßen Anlaß, doch überwiegen m.E. die Gründe, die den Text als eines der schon für Tropen, für Die Politiker des Geistes, für Arena und Camera Obcura festgestellten Denk- und Wirklichkeitsspiele erscheinen lassen.
Robert Müller wählt für den Text den Untertitel "Ein Kulturbild", der ganz im Sinne des angesprochenen Sowohl-als-Auch den Charakter des Textes unbestimmt läßt. Diese Unbestimmtheit wird dadurch unterstrichen, daß Robert Müller dem eigentlichen Erzähltext zwei Motti aus Paul Claudels Der Tausch und Shaws Haus Herzenstod voranstellt, die beide die Eigentumslosigkeit großer Handels- bzw. Konzernherren aussagen. Eine Aufführung von Der Tausch hatte Müller 1921 selbst besprochen, so daß vermutet werden kann, daß er mit Flibustier bewußt auch eine literarische Tradition aufgreift. In dieser Hinsicht ist der Text demnach die Exemplifizierung von Wirtschaftsgesetzen an einem fiktiven Geschehen; diese Fiktionalität wird jedoch dadurch wieder gebrochen, daß der Ich-Erzähler des Textes allem Anschein nach mit dem Autor Robert Müller identisch ist und die Erzählung durch eine Fülle zeitgeschichtlicher Fakten berichtenden Charakter erhält.
Über den Ich-Erzähler erfahren wir, daß er ehemaliger Offizier ist (S. 31), sich in "Geschäften" nicht weiter auskennt (S. 9), über eine "bedeutende Sachkenntnis" in politischen, soziologischen und ideologischen Angelegenheiten verfügt (S. 17), und daß ihm die literarische und künstlerische Welt nicht fremd ist (S. 16) - er beurteilt kenntnisreich die Bilder von Klimt und Schiele (S. 57). Seine Haltung gegenüber Scholef und Krumka, den Akteuren des Erzählgeschehens, ist nicht anteilnehmend, sondern analytisch und kritisch-ablehnend: "Interessiert sah ich dem Spiel der beiden Zeitkräfte zu, die in diesem Paare (Scholef und Krumka; G.H.) in Reinzucht vertreten waren. Sie kämpften nicht nur zusammen gegen die gesunde

und sinnvolle menschliche Gesellschaft, sie kämpften auch gegeneinander. (...) Scholef war (...) dazu bestimmt, als Ausbeuter zu leben (...). Dem Hochstapler (Krumka; G.H.) gegenübergestellt, vervollständigte er die paarige Kanaille, die aus der Zeit hervorbrach."[26]

Der Ich-Erzähler kennt sowohl Scholef als auch Krumka, jedoch beide in einem sehr unterschiedlichen Grade: Während Scholef nur eine flüchtige und ihm zudem widerwärtige Kaffeehausbekanntschaft ist, hat der Ich-Erzähler mit Krumka gemeinsame Kriegsjahre verbracht. Teile der Biographie Scholefs, vor allem die der Kriegsjahre, erfahren wir und der Ich-Erzähler nur aus zweiter Hand, der Rest, vor allem die Herkunft Scholefs, bleibt unbestimmt. Der Ich-Erzähler vermutet, es müsse sich bei Scholef um einen ehemaligen "Eseltreiber in Abessynien" handeln, während andere versichern, er stamme "aus einem rumänischen Nest". Der Ich-Erzähler ist von seiner Version überzeugt ("Meinetwegen, nicke ich, aber im Stillen weiß ich, daß meine Phantasie recht hat".[27]) und behält auch insofern recht, als Scholef zum Schluß als eingebildeter Eselstreiber in einer Nervenheilanstalt endet. Die auf Simultaneität gerichtete Phantasie des Ich-Erzählers läßt Vergangenheit und Zukunft in symbolhafter Bildlichkeit zusammenfallen.

Obwohl die Informationen über Krumka in Bezug auf den Ich-Erzähler authentischer als die über Scholef sind, läßt sich aus den Erzählstrukturen nicht eindeutig bestimmen, wo der Ich-Erzähler aus eigenem Erleben und wo aus zweiter Hand erzählt. Beispielsweise hat Krumka die letzte Kriegszeit mit Scholef als seinem Laufburschen verbracht, der Ich-Erzähler kann also nach allem bisher Bekannten zu dieser Zeit nicht mehr in unmittelbarem Kontakt zu Krumka gestanden haben. Auch in der aktuellen erzählten Zeit scheint es zu keinem direkten Kontakt zwischen Ich-Erzähler und Krumka zu kommen: "Wir grüßten uns (im Kaffee; G.H.), er wollte sich erheben, aber eine Gedankenwelle riegelte seine Absicht ab, er blieb sitzen und sah nur von Zeit zu Zeit kameradschaftlich kokettierend herüber. (...) Beim Fortgehen grüßte ich Krumka, er salutierte mit Hand und Mund, an den baren Kopf tippend, ein "Servus" zurück."[28]

Eindeutig zu bestimmen ist aber, daß der Ich-Erzähler den eigentlichen Erzählgegenstand, die Gründung und Expansion eines, dann mehrerer, schließlich getrennt geführter Unternehmen nicht unmittelbar verfolgt, sondern selbst aus seiner Kaffeehausposition nur die allen zugängliche äußerliche Seite der Unternehmungen kennt. Alle weiteren Informationen, die er an den Leser weitergibt, stammen von einem Dritten: "Einer der Teilnehmer am Gespräch (des "Kameradschaftsbundes früherer Frontoffiziere"; G.H.) über ihn (Krumka; G.H.) war ein junger Anwalt, der sowohl mit ihm als auch mit mir gedient hatte. Er hatte auch jetzt geschäftliche Verbindungen mit Krumka und hielt mich auf dem Laufenden. Dieser junge Anwalt hatte Einblick in vieles; denn er war der juristische Konsulent Krumkas bei den großartigen Transaktionen, die gerade eingesetzt hatten und sich ins Ungemessene dehnen sollten."[29]

Ohne also bestimmte Erzählstrukturen ganz klären zu können bleibt festzustellen, daß der Ich-Erzähler Krumka mit einer intellektuell wie psychologisch intimen Kenntnis beschreibt, die angesichts der teils vermutenden, teils phänomenologisch-sachlichen Beschreibung Scholefs überraschen muß. Nimmt man die verschiedenen Charakteristika Krumkas, die hier nicht weiter angeführt werden können, dazu, vor allem seine Auffassung moderner Geschäftsmethoden - "als Seitenstück zur modernen energetischen Wissenschaft, zur relativistischen Mathematik und zur Vitalphilosophie" und als Gegenstück zum "veralteten Substanzgeschäft"[30] - dann drängt sich der Eindruck auf, der Ich-Erzähler, Robert Müller also, habe sich hier selbst porträtiert.

Dieser Eindruck wird dadurch verstärkt, daß die erzähltechnischen Mittel, die diese Teil-Identität verdecken sollen, nur unzulänglich ausgeführt sind: die Erzählstruktur im Verhältnis des Ich-Erzählers zu Krumka ist nicht eindeutig, und es bleibt völlig unbegründet, warum der "junge Anwalt" als juristischer Vertrauter Krumkas den Ich-Erzähler "auf dem Laufenden" halten sollte. Es bleibt ebenso unbegründet, warum Krumka seine Absicht, den Ich-Erzähler im Kaffeehaus anzusprechen, aufgibt und sich auf ein "kameradschaftlich kokettierend(es)" Herüberschauen beschränkt. Möglicherweise sind das Kokette und Kameradschaftliche dieses Blicks und das vertraute "Servus" beim Abschied als das sprachbildliche Zwinkern des Alter-Ego zu interpretieren.

Dieser Interpretation widersprechen die z.T. abschätzigen Äußerungen des Ich-Erzählers über Krumka nicht, sie können vielmehr als zynisch-resignative Selbstkritik des Autors Robert Müller in diesem Wirklichkeitsspiel, vielleicht auch mit Blick auf die Literaria, gelesen werden.

1.1.6. ZUSAMMENFASSUNG

Ich habe in diesem Exkurs die größeren fiktionalen Texte Robert Müllers, soweit sie von der bisherigen feuilletonistischen wie wissenschaftlichen Kritik vernachlässigt oder nur unbefriedigend interpretiert wurden, ästhetisch wie gehaltlich in wesentlichen Zügen skizziert.
Es wurde wiederholt darauf verwiesen, daß einige dieser Texte (Tropen, Die Politiker des Geistes, Der Barbar, vor allem Flibustier) zu einer biographischen Ausdeutung reizen bzw. von der Kritik als versteckte Autobiographien gelesen worden sind.
Ich bestreite nicht, daß biographisches Material in diese Texte eingeflossen ist (wie im Falle Flibustier), erinnere aber noch einmal daran, daß beispielsweise der Amerika-Aufenthalt Robert Müllers nicht zweifelsfrei nachgewiesen werden konnte, ja, daß Werner in Die Politiker des Geistes, der in vielem an Müller selbst erinnert, in seiner Biographie einen zweijährigen Aufenthalt in einer Nervenheilanstalt erwähnt, der bei einer biographischen Ausdeutung des Textes exakt in jene Jahre 1909 - 1911 fallen würde, in denen Robert Müller in Amerika gewesen sein will und soll. Von Krumka in Flibustier andererseits, auch einer sehr autornahen Person, erfahren wir eine Reihe biographischer Einzelheiten, die mit dem Romangeschehen in keiner unmittelbaren Verbindung stehen, doch wird weder ein Amerikaaufenthalt noch ein Aufenthalt in einer Nervenheilanstalt berichtet.
Soweit ich sehe, ist die Biographie Robert Müllers bisher nur in vagen Umrissen und nur innerhalb bestimmter Zeiträume verläßlich bekannt und möglicherweise sind Lücken an zentralen Stellen durch einen selbstverfertigten Mythos bzw. durch eine biographische Aus-

deutung der fiktionalen Texte aufgefüllt. Die Erarbeitung der tatsächlichen Biographie Robert Müllers ist eine zu diesem Zeitpunkt unbewältigte Forschungsaufgabe, deren wissenschaftlicher Nutzen für die Interpretation der fiktionalen Texte allerdings in Zweifel gezogen werden kann.

Wie u.a. an meiner Interpretation von Der Barbar verdeutlicht, sind m.E. die fiktionalen Texte Robert Müllers vor dem Hintergrund des feuilletonistischen und essayistischen Werkes vor allem als Teile der intellektuellen Biographie Robert Müllers zu lesen. Sie sind geschaffene Wirklichkeit, in der die in anderen Publikationsformen vertretenen Ansichten 'im Leben' durchgespielt und diskutiert werden. In diesem Sinne sind die fiktionalen Texte Selbstvergewisserungen des Aktivisten Robert Müller, sind gelebter Schein oder auch die - freilich fiktive! - Probe auf's Exempel.

Zweierlei fällt auf: Zum einen trägt erst der letzte bekannte fiktionale Text Robert Müllers, Flibustier, realistische Züge mit Zeitkolorit. Es ist der Text, der unmittelbar in die Zeit fällt, da Robert Müller mit der Literaria seine Selbstvergewisserung erstmals in großem Stil wirklich betreibt. Zum zweiten scheitern alle Protagonisten seiner Texte, wenn man die zweifelhafte Selbstbehauptung Jack Slims in dem Zukunftsroman Camera Obscura nicht als gelungenen, zeitnahen Selbstversuch interpretieren will. Auch Krumka, eines der intellektuellen Teil-Iche Robert Müllers, scheitert in seiner Lebenswelt, die unschwer als das Wien der Inflationsjahre zu dechiffrieren ist. Er zieht sich in das "Reich von Knabenträumen", ins "malaiische Archipel" zurück und entwirft dort "kolossale politische Rallierungspläne", will "eine Rasse des Stillen Ozeans gründen" und spielt "in der Unternehmerwelt der indischen Gewässer eine Riesenrolle".[31] Und auch Robert Müller selbst scheitert mit seiner Literaria, scheitert damit aber auch mit seiner nicht bloß fiktiven Selbstvergewisserung. Ist Krumka, wie kaum bezweifelt werden kann, das zuletzt aktualisierte intellektuelle Teil-Ich Robert Müllers, dann steht sein Scheitern, sein Rückzug in exotistische Unwirklichkeit nicht allein für das wirtschaftliche, sondern auch für das intellektuelle Scheitern Robert Müllers angesichts der Widerstände der Wirklichkeit.

Denkspiel- und Lebensmöglichkeiten, die bei Robert Müller so eng verbunden scheinen, sind erschöpft. Das Schicksal Krumkas führt auf Müllers Tropen zurück. Möglicherweise liegt hier der Schlüssel für den Freitod Robert Müllers im Jahre 1924. Sein Essay "Der Untergang des Geistes", den ich ausführlich in Exkurs II dieses Kapitels vorstelle, stützt diese Vermutung.[32]

1.2. EXKURS II

THEORIE DES SCHREIBENS, LITERATURKRITIK, LITERATUR ALS WARE.

1.2.1. THEORIE DES SCHREIBENS.

Robert Müller beginnt seine Besprechung von Gottfried Benns Das moderne Ich (1920) wie folgt:
"Das Ich mischt die Karten und ist am Geben. Es gibt, es nimmt nicht. Es ist gebend, nicht erleidend, schon gar nicht leidend. Diese neue Welteinstellung liegt in der Luft. Das jüngste Geschlecht hat diesen solaren Egozentralismus als Weltanschauung mitgebracht; eine kopernikanische Einstellung des Rotationsakzentes. Die Welt hängt zentripetal vom Ich ab, nicht umgekehrt. Der Satz: Das Leben ist eine Entwicklung vom Figürlichen ins Figürlichere und die Absicht des Romans "Tropen", Äußeres als aktiv gesetztes Gleichnis des Ichs, selbst die Analyse als synthetischen Akt zu begreifen, verkünden diesen Trieb, der zu allen Arten der Ausdruckskunst, Expressionismen und Aktivismen geführt hat."[1]
In dieser Äußerung faßt Robert Müller in konzentriertester Form nicht allein sein Weltbild, sondern auch die hinter den fiktionalen wie nicht-fiktionalen Texten stehenden produktionsästhetischen Maximen zusammen. Sie ist der Schlüssel zu seinem gesamten Werk. Sie verweist auf die Einheit dieses Werkes und belegt die von mir in dieser Arbeit nicht ausführlich verfolgte These, daß die fiktionalen Texte Robert Müllers die fiktive Wirklichkeitsprobe des

Gehaltes der nicht-fiktionalen Texte sind, oder auch, daß die programmatischen nicht-fiktionalen Texte die 'aphoristische' Verkürzung der 'Wirklichkeit' Robert Müllers darstellen.

Von hier aus wird auch die mehrfach zitierte Behauptung, der Aktivist opfere sich für den Expressionisten, einsichtig. Beide sind unter erkenntnistheoretischen wie produktionsästhetischen Gesichtspunkten für Müller identisch. Doch während der Expressionist im Bild oder Buch sein Kunstwerk schafft, denkt und handelt der Aktivist pragmatischer. Er versucht, die Wirklichkeit als sein Kunstwerk neu zu erschaffen, nach seinem Bild oder Buch. Er versucht, dieser neuen Wirklichkeit jene Strukturgesetze zu oktroyieren, die auch der (expressionistischen) künstlerischen Produktion zugrunde liegen. Er versucht die Einheit von Kunst und Leben, die Herauslösung des Expressionisten aus lebensferner Isolation. "Die Welt hängt zentripetal vom Ich ab": Das ist nicht allein als erkenntnistheoretisches Postulat zu lesen, sondern auch als handlungsanleitender Sollsatz. Der Aktivist ist der ins Praktische gewendete Expressionist. Das wird noch deutlicher, wenn im Verlauf dieses Exkurses die literatur- und kunstkritischen Arbeiten Robert Müllers Gegenstand der Untersuchung sein werden.

Erkenntnistheoretisch wie produktionsästhetisch stellt sich Robert Müller also auf einen Standpunkt, der philosophiegeschichtlich vor allem an Ernst Mach und den durch ihn beeinflußten Neupositivismus erinnert. Eine Kritik dieser Philosophie kann an dieser Stelle nicht geleistet werden. Aber anders als beispielsweise Mach verlegt sich Robert Müller nicht aufs philosophische Argumentieren, sondern führt den "Trieb" der Expressionisten und Aktivisten ins Feld. Damit nimmt er eine irrationalistische Haltung ein. In dieser Haltung kulminieren die zeitgenössischen Hauptströmungen bürgerlicher Philosophie und Weltanschauung.

Zum dritten können wir der eingangs angeführten Äußerung eine Leseanleitung für den Roman _Tropen_ und, wie meine Interpretationen zu anderen fiktionalen Texten zeigen, die sonstige Prosa Robert Müllers entnehmen: Das "Äußere", also Ort, Zeit, Personen und Handlung der _Tropen_ sind "aktiv gesetztes _Gleichnis des Ichs_ (Hervorhebung von mir; G.H.)". Die _Tropen_ sind damit Ausdruck eines hier freilich noch höchst künstlerisch verarbeiteten "stream of consciousness"; das bestätigt die These Ingrid Kreuzers, das Tropenerlebnis, das Brandelberger habe, finde daheim am Schreibtisch oder auf der "Couch der Analyse" statt. Der Romantitel hat dann eine doppelte Wortbedeutung: er verweist vordergründig auf den Ort des Romangeschehens, im Sinne des literaturwissenschaftlichen Terminus "Trope" aber (Robert Müller studierte einige Semester Germanistik!) auf die Uneigentlichkeit und Bildlichkeit des Romans. <u>Tropen</u> ist eine durch Zeit- und Fiktionsebenen verschachtelte Ansammlung von Tropen, eine Versinnlichung von Geistigem und eine Vergeistigung von Sinnlichem.[2]

Mit Bezug auf eine Theorie des Schreibens lassen sich also bisher folgende Bausteine festhalten: Expressionistisch schreiben bedeutet für Robert Müller, radikal mit naturalistischen oder realistischen Traditionen zu brechen. Nicht das Abbild einer, sondern eine neue Wirklichkeit ist zu schaffen, wobei "neu" so verstanden werden muß, daß Erfahrbarkeit und Überprüfbarkeit als Kriterien des Gehaltes gegenstandslos werden. Die künstlerische Produktivität und Phantasie eines Autors mißt sich nicht länger an dem jeweiligen Geschick, Erfahrenes oder Gewußtes kompositorisch zu verarbeiten, sondern an dem Grad des noch nicht Erfahrenen oder noch nicht Gewußten.

Zum zweiten fordert Robert Müller die kompositorische und damit auch erzähltechnische Verarbeitung der so neubestimmten künstlerischen Phantasie: "Selbst die Analyse als synthetischen Akt zu begreifen", das bedeutet, nicht einfach 'ins Blaue hinein' zu phantasieren, sondern Phantasie selbst und die Phantasien zum Gegenstand der Reflexion zu machen. Die Phantasien sind das Rohmaterial des künstlerischen Schaffens, sie werden als einzelne analysiert (die jeweiligen Versionen in den fiktionalen Texten Müllers) und, als Ausdruck ein und desselben künstlerischen Ichs, in der Gesamtkomposition (Fiktionsstrukturen) synthetisiert.

Im folgenden sollen diese Bausteine einer Theorie des Schreibens durch die Interpretation anderer Publikationen Robert Müllers weiter ausgeführt und ergänzt werden.

Robert Müllers "Die europäische Seele im Bilde" (1917) ist einer der frühesten Versuche überhaupt, den Expressionismus als kulturelle Gesamterscheinung zu beschreiben und zu definieren. "In der Kunst, so Robert Müller", erschien diese Seele zuerst, sie war revolutionär und produktiv im Wesen, förderte aber die Reaktion".[3] Dieser Satz ist insofern von Belang, als er Robert Müllers eigenes Paradox des Zugleich von revolutionärem Kunstwillen und reaktionärem politischen Wollen hier auf den gesamten Expressionismus überträgt. Er erschüttert mit dieser Einschätzung das Expressionismusbild des gesamten Westens und scheint jenen Kritikern Recht zu geben, die wie Lukács meinen, letztlich ende der Expressionismus in bezug auf das imperialistische Spätstadium des Kapitalismus in "der indirekten Apologetik, der Apologetik vermittels einer mystifizierenden Kritik der Gegenwart." Der Expressionismus habe "mit der imperialistischen Bougeoisie nicht gebrochen", und seine Kritik bewege sich "auf dem gemeinsamen weltanschaulichen Boden des deutschen Imperialismus".[4]

Robert Müller kontrastiert Impressionismus, Futurismus und Expressionismus. Während historisch gesehen die Entwicklung "vom Impressionisten zum Expressionisten über den bipressionistischen Futuristen lückenlos und geschlossen" verlaufe, liege die Differenz der Ismen doch darin, daß Impressionismus und Futurismus "als geistige Disposition" noch Naturalismus seien, der Expressionismus aber schon "Psychismus" sei.[5] Sowohl im Impressionismus als auch im Futurismus werde das "Bild" bereits fragwürdig, doch blieben selbst die Futuristen noch "impressionistische Natur-Fanatiker": "Sie wollen in ihren Tafeln und Gedichten eine letzte Wahrheit des Körpers und Raumes zerlegt zur Verfügung stellen (...): eine von wissenschaftlicher Vivisektionslust, vom unbedingten logischen Vernunftwillen angeordnete Arbeit, eine einteilende, dividierende Kunst und Lebensauffassung. Im Geschaffenen und <u>in der Methode</u> (Hervorhebung von mir; G.H.) ist der Futurist ein Übergangsimpressionist."[6]

Erst der Expressionist breche, selbst diesen weiten Naturbegriff vorausgesetzt, mit dem "Bild" als Abbild der Natur. Für den Expressionisten sei "<u>die Natur nur als Seele</u> (Hervorhebung von mir; G.H.) da, nicht metaphysisch, sondern physiologisch, optisch, unmittelbar." Deshalb sei der Expressionismus auch nicht "Stil, sondern eine ethische und Vitalitätskategorie.": "Um expressionistisch zu s e h e n, muß man expressionistisch d e n k e n."[7]

Robert Müller beschreibt den Expressionisten: "Er ist nicht verrückt auf eine neue Mode aus, sein Stil ist Erlebnis, das allgemeine Mißverständnis der Parteien bezieht sich auf das Leben (Hervorhebungen von mir; G.H.). Da ist ein expressionistisches Bild, das um seiner Bildhaftigkeit willen gemalt ist. Das Publikum will aber kein Bild, sondern eine abgeleitete Nachricht; ein Feuilleton, einen Artikel, einen Roman, vielleicht ein Märchen. Das interessiert wieder den Expressionisten gar nicht; das Informative, Nachrichtliche scheint ihm während des Schaffens nebensächlich, also falsch, unwahr, das schlechthin Unenthusiastische, das Unfarbige, Unförmliche. (...) Der Expressionist sagt dasselbe wie der Photograph, aber er spricht es anders aus, nicht als Neuigkeit spricht er es, sondern als Sprache."[8] Und er fährt in deutlichem Gegensatz zu einem Teil der späteren Expressionismusforschung fort: "Der impressionistische Stil (Hervorhebung von mir; G.H.) beschränkte sich nur auf die Kürzung des Technischen, des Grammatikalischen. Er verkürzte das Satzbild, die Syntax, die Periode, er interpunktierte ausgiebiger, er 'pointillierte'. Er war abgehackt, nicht kurz. (...) Die Impressionisten schrieben dividierend (Hervorhebung von mir; G.H.) einzelne Sätze", beim Expressionisten aber sei "der Gedanke (Hervorhebung von mir; G.H.) (...) von vornherein perspektivisch verkürzt" und werde "summarisch (Hervorhebung von mir; G.H.) artikuliert". In diesem Sinne sei der Expressionismus "streng, nicht zigeunerhaft in der künstlerischen Forderung" und stelle "so betrachtet (...) eine neue Klassik dar."[9]

Damit lassen sich die Bausteine einer Theorie des expressionistischen Schreibens und künstlerischen Schaffens überhaupt wie folgt ergänzen:

"Leben" und "Erleben" sind für den Expressionisten Synonyme. Beide sind radikal innerlich. Die Differenz von Subjekt und Objekt wird hinfällig, da sich "Leben" und "Erleben" in der Selbstbespiegelung des Ich erschöpfen. Lebens- und Erlebensvollzug fallen ineins. Die Analyse als die Entgegensetzung von Subjekt und Objekt fällt mit der Synthese zusammen. Das sich bespiegelnde Ich ist auch gleichzeitig das Ich, das seine Bespiegelung erlebt. "Wahr" in diesem Sinne kann dann allein der Lebensvollzug als solcher sein, indem er sich nämlich vollzieht. Die "perspektivische" Verkürzung der Gedanken rekurriert auf die bildliche Unmittelbarkeit unseres Denkens, die sich erst im Akt des Redens oder Schreibens in ein Nacheinander auflöst. Der Expressionist versucht dieses Nacheinander zu umgehen, indem er bildhaft, "summarisch" schreibt und darstellt. Die "summarische" Darstellung versucht, den "Naturalismus" des ungeäußerten Denkens und Empfindens zu bewahren. Sie ist somit nicht "Stil", nicht zugedachte Form und zugedachte Bedeutung zu einem ihr als Objekt Entgegengesetzten, sondern ist dieses Objekt selbst in seiner Unmittelbarkeit, ist also das Subjekt selbst. Daher muß Robert Müller "die Kürzung des Technischen" letztlich als bloße Manier ablehnen, gründet sie doch auf der Subjekt-Objekt-Differenz. Expressionismus ist "Simultanismus"[10], ist, im Idealfall, das Zugleich von "Leben", "Erleben" und Darstellung, ist im Zugleich von Akt und Produkt ein schlichtes 'Da'. Alles weitere, wie Bedeutung, Sinn usw. kommen diesem 'Da' nur akzidentiell zu.

Robert Müller gewinnt diese Ansicht über das Wesen des Expressionismus im wesentlichen an der Malerei. Die "Strenge" der Form, die er dem geschriebenen Kunstwerk abverlangt, ist das Moment, das die Zeitlichkeit des Wortes in der Vieldimensionalität und potenzierten Fiktionalität des Erzählraumes aufheben soll. Dazu bedarf es weiterer Erläuterungen.

In Rezensionen und programmatischen Essays der Jahre um 1920 liefert Robert Müller weitere Hinweise.
In der bereits an anderer Stelle zitierten Besprechung von Robert Musils Die Schwärmer kommt er auch auf die Vereinigungen und den Törleß zu sprechen:
"Das ist nicht mehr Psychologie im Sinne der Franzosen, selbst nicht mehr der Russen, und die Skandinavier, wie Strindberg, wirken daneben als kalte Symptomaufzähler und Demonstranten. Vielmehr scheint mir hier notwendig, intuitiv und geradezu unschuldig das Wesen des rechten Expressionismus getroffen, das Gegenständliche an Menschen und Dingen zerrinnt dekonturiert, aufgelöst in Psychologie, die ihrerseits wieder nicht Abhandlung, sondern Dichtung, quasi Lyrik ist. Es wird also die Seele nicht zerlegt, nicht erklärt, sondern in den Bewegungen von Sprachbildern gezeigt, sie ist ein Fließen von Ausdrücken und darin schwimmt nichtsdestoweniger genau faßbar (...) die ganze reale und in Ge-

genständen abkrustierte Welt mit. (...) Die Schwierigkeit der
Simultangestaltung ist hier erstaunlich überwunden, es steckt Alles in Allem wie die Ringe eines großen Teleskops: Welt (Hervorhebungen von mir; G.H.)."[11]
Über Theodor Däubler heißt es an anderer Stelle: "Der Gedanke, das Sein, das Werden. Däublers Schreiben ist: i n n i g, "immanent", schreibt sich selbst; schreibt schreiben (Hervorhebung von mir; G.H.)." Müller zitiert aus Däublers Mit silberner Sichel: "Menschlich ausgedrückt heißt das Bild: Schwerpunkt zu sich beim Sturz nach oben."[12]
Und schließlich über Paul Adlers Erzählung Kosmoromantik: "Die Ereignisse liegen statt eines beim andern wie räumlich-zeitliche Identitäten, motivische Wiederholungen, Verzahnungen des Schicksalsrades. Sie sind einander durchdringlich, das physikalische Gesetz ist aufgehoben.(...) Dies ist eine Welt als Vorstellung (...), denn diese Welt ist Vor-Stellung, eins vor's andere gestellt, Fächerfalten, und alles ist Eines, immer dieses, der Kosmos, Formgeschehen. (...) In der Fächererzählung (...) wird durch Projektion Schicksal sichtbar am Vollzug verschiedener Lebensträger, sozial disparater Persönlichkeiten, die letztlich nur eine kosmische Person sind. (...) Die Individualität im bürgerlichen Sinn interessiert gar nicht mehr, nur das Schicksal und zwar in seiner kosmischen Vollfüllung. (...) Die jeweiligen Flächen der Kapitelwelt sind Lamellen eines vegetativen Erzählgebildes, das schwammhaft wächst, auswächst, wuchert. Erzählraum ist erst die Verwickelung der Kapitelflächen (Hervorhebungen von mir; G.H.)."[13]
In diesen Äußerungen wird die bisher gewonnene Theorie des Schreibens in drei Punkten weiter bestimmt und ergänzt.
Die Rezension zu Musil betont die Identität von Sein (d.h. für Müller "Seele") und Zeichen, hier Sprache. Die "Seele" ist als Sprachbild oder Bildsprache, wobei das "oder" nicht exklusiv, sondern als Identitätsverweis gebraucht ist. Die "Seele" ist "Ausdruck", sie ist Vollzug. "Welt" ist "Seele" als vollzogene, ist "abkrustierte" "Seele".
Im Begriff "Sprachbild" formuliert Robert Müller die Identität von Zeit und Raum. Die Sprache als das "Jetzt" ist identisch mit

dem Bild als "Hier". Diese Identitäten von Sein und Zeichen bzw. Zeit und Raum hat der Autor zu schreiben: Seine Aufgabe ist die "Simultangestaltung". Er "schreibt schreiben", wie es in der Rezension zu Däubler heißt, wobei "schreiben" als manueller Akt wie als bildhafter Ausdruck des Vollzugs der "Seele" als Zeichen gemeint ist. "Schreiben" ist der Vollzug der "Seele". Die "Seele" ist, insofern sie "schreibt". "Däublers Schreiben (das ist er selbst; G.H.) (...) schreibt sich selbst", das Sein bringt sich selbst hervor. Damit ist "das physikalische Gesetz aufgehoben", Ursache und Wirkung, Zeit und Raum, Sein und Zeichen, Subjekt und Objekt fallen alle ineins, in "Seele". Was als gegenständliche Einzelheit oder Individualität im Geschriebenen erscheint und es auch zu sein scheint ist nur Facette des geschriebenen Schreibens, d.h. ein und dieselbe "kosmische Person". Person und Kosmos, Autor und Kosmos sind identisch, Vereinzelung dagegen nur der Schein (im doppelten Wortsinne) des Wirklichen. Erzähltechnisch ausgedeutet heißt das, daß Zeit- und Fiktionsebenen selbst wiederum nur Fiktionen sind, der Schein von Disparatheit bei apriorischer Identität.[15] Sie sind ein freilich notwendiges Darstellungsmittel, um die "Fächerfalten" des in sich Identischen zum Ausdruck zu bringen. Insofern ist der l'art pour l'art - Verdacht, den Ingrid Kreuzer mit Bezug auf die Tropen formulierte, zurückzuweisen. Die Artistik des Kompositionsprinzips der Tropen ist nicht ästhetischer Zweck, sondern ins Erzähl-Praktische gewendete Ontologie: "Form ist vom Inhalt untrennbar."[16]

Robert Müller hat seine Ontologie und seine Theorie des Schreibens in verschiedenen Publikationen mit der Relativitätstheorie Albert Einsteins in Verbindung gebracht. In einer Besprechung von Otto Flakes Roman Nein und Ja führt er aus: "Unsere wichtigsten Fragen sind weder gesellschaftlicher noch psychologisch beschreibender Natur, sondern eben Frage und Antwort; die Welt ist durcherkannt, und wir sind Skeptiker, Auflöser und Verneiner. Aber diese Verneinung selbst im Schopenhauer-Sinne ist nur ein verschämtes, beim Schwanz aufgezäumtes Ja. Man kann sagen, vor dem ganz ehrlichen Denken ist aller alte Roman verlogen. Wahrheit in der denkenden Analyse und radikale Einheit, die zu einer Lebensverhältnistheorie wie der von Einstein führt, also eine Art kosmischen Naturalismus, sind der innere Wert des modernen Romans. (...) Unser Geschlecht hat gemerkt, daß es an einer Grenze steht, wo (...) ein neuer Abschnitt der Seele beginnt, wo Geschichte, also auch Geschichten, nicht mehr mit lesebuchartigen Verläufen Ausdruck werden. Eine Linie ist erreicht, wo alles nur mehr aus dem Seelischen her richtig ist."[17]

Und in "Das Schwerschreiben" heißt es: "Die Erregung des Finders, des Sehers, des Gesetzgebers wird in den dargestellten Tatsachen unterklingen. Aber auch die einfachsten Sachgedanken sind, wenn es in die höhere Mathematik hineingeht, schlechthin schwer. (...) Es ist auffällig, wie z.B. der Schweizer Mathematiker und Philosoph Einstein bei der Darlegung seiner relativistischen Theorien sein Publikum fortwährend um Geduld und Aufmerksamkeit vor der Schwere der Materie bittet. Ihm selbst, dem geometrischen Seher und Verwalter seiner Ergebnisse sind sie schwer denkbar, er anerkennt, daß es einer großen abstrahierenden Kraftanstrengung bedarf, um diese von ihm beobachtete Abplattung der Zeitspatien bei gegenläufigen Bewegungen zu denken. Was sich linear ergibt, das verlegt er vielfältig in Richtungsbündel, den Raum, und erhält jene von ihm so anschaulich getaufte Bezugsmolluske, den elastischen Raum, den membranös schwellenden Zeitraum-Körper."[18]

An dieser Stelle kann das Verhältnis der Relativitätstheorie Einsteins und der Simultanismus-Theorie Robert Müllers nicht weiter untersucht werden. Der Begriff "Bezugsmolluske" ist aber auch in den Tropen explizit und zentral. Möglicherweise ergäben sich von hier aus neue Aspekte über das Verhältnis von "Mathematik und Dichtung".[19]

1.2.2. LITERATURKRITIK.

In der bisherigen Darstellung und Explizierung einer expressionistischen Theorie des Schreibens wurden an verschiedenen Stellen Literaturkritiken Robert Müllers herangezogen. Die Möglichkeit dieser Verfahrensweise weist auf das Selbstverständnis des Literaturkritikers Robert Müller hin. Dieses Selbstverständnis wird dann noch klarer, wenn man bedenkt, daß es meines Wissens keinen literaturkritischen Verriß sui generis von Robert Müller gibt.[20] Er bespricht nur solche Texte, die in unmittelbarem Bezug zur eigenen Theoriefindung und -bildung stehen. Das gilt sowohl für den literarischen wie für den gesellschaftspolitischen Bereich. Die besprochenen Texte sind nur insofern von Interesse, als sie - in welchem Grade auch immer - der eigenen Programmatik Rechnung tragen. In diesem Sinne ist die Literaturkritik Robert Müllers Essayistik. Sie ist es auch, indem die Literaturkritiken nicht zu bloßen Abhandlungen geraten, sondern in Sprache, Stil und Form spezifisch literarische Merkmale erkennen lassen.

In der Literaturkritik Robert Müllers lassen sich drei thematische Schwerpunkte unterscheiden: Das literarische Erbe (ca. 1912 - 1914), gesellschaftspolitische Schriften (ca. 1915 - 1922) und Modelle expressionistischer Literatur (ca. 1916 - 1924). Da die letzten beiden Schwerpunkte in anderen Zusammenhängen dieser Arbeit thematisiert werden, kann ich sie hier weitestgehend vernachlässigen und mich auf die erste Phase der Literaturkritik Robert Müllers beschränken.

Die beiden frühesten mir bekannten Arbeiten gelten Karl May. Die eine ist kurz vor Karl Mays letztem öffentlichen Auftritt im Sophiensaal in Wien am 30. März 1912 entstanden und bereitete diesen Auftritt literarisch vor, die andere, unter dem sprechenden Titel "Totenstarre der Phantasie" geschrieben, gehört zu den ersten und sympathetischsten Nachrufen auf Karl May.[21]

In "Das Drama Karl Mays" hebt Robert Müller zunächst hervor, das "literarische Scherbengericht" habe Karl May (...) nur mit Hilfe seiner bürgerlichen Inkonvenienzen beruflich kaltstellen und "aus den Bezirken der schöpferischen Tätigkeit" verweisen können.[22] Er erinnert an Oskar Wilde, Edgar Allen Poe (ein Vergleich von Poe's Dupin mit Müllers Jack Slim in Camera Obscura erschiene reizvoll) und Peter Altenberg, die ähnliche Schicksale erlitten, und führt D'Annunzio und Gorki als Beispiele eines anderen Rezeptionsverhaltens der literarischen Kritik an. Karl May als Autor wird mit einer literarischen Figur, Johann J. Nagel aus Hamsuns Mysterien, verglichen:

"Dieser Nagel steckt auch in dem Dichter May, den sie einen pathologischen Lügner genannt haben. Es ist kein Zufall, daß sich hinter den heutigen Hamsunverehrern (Robert Müller ist einer, s.u.; G.H.) jenes Naturell verbirgt, das einst zu einem fanatischen Mayleser prädestinierte. (...) May (...) hat sein tiefstes und einziges Erlebnis gehabt wie jener merkwürdig vitale autokratische Nagel, die Rückkehr zur sozialen Ordnung, das Einsehen in die ethische Verpflichtung des Einzellebens. Er hat den Kampf zwischen Selbstzucht und dem Verstand einer gesunden Urteilskraft (...) zu einem günstigen Ende geführt, das auch den Tatsachenmenschen genügen kann. Er ist, wie jener göttliche Nagel, das bestgelungene <u>Exemplar von einem Theoretiker, einem Realitätsfanatiker in höherer Ebene</u>, aber sie (die Kritiker; G.H.) nehmen (...) seine Fabulierlust (...) als Berichterstattung (Hervorhebung von mir; G.H.)."[23]

Vier Seiten weiter fährt Robert Müller fort: "Muß er (May; G.H.), um Afrikanisches zu schildern, <u>jemals etwas anderes als eine gute Photographie gesehen haben, die ihm genug Spielraum läßt, um die Tropen zu erleben, die er, vielleicht aus Erfahrungen atavistischer oder transzendentaler Natur in sich trägt</u> wie ein uraltes Rudiment aus jenen Tagen, da seine Urfahren in Grönland noch im Djungle lebten? (...) Die Distanz ermöglicht ihm eine bessere Übersicht. Er vermeidet das Reiselatein des Impressionisten (...) Bestenfalls tut er (May, der Dichter; G.H.) eine unnötige Reise, um sich bestätigen zu lassen, was er schon längst vorher niedergeschrieben hat. (...) Sein (des Dichters; G.H.) Mastbaum ist die Idee und wenn er kentert, trägts ihn irgendwohin, der Mast schlägt aus und setzt Wurzeln an, da kommt jeder Kontinent gerne geschwommen und bietet sich freiwillig an. Der Dichter hat wieder festen Boden unter den Füßen (Hervorhebung von mir; (G.H.)."[24]

Und in "Totenstarre der Phantasie" heißt es schließlich: "Karl May, du hast prächtig <u>wahrgelogen</u> (Hervorhebung von mir; G.H.)".[25]

Wir sehen, wie Robert Müller in dieser Kritik und Würdigung Karl Mays einen Baustein seiner späteren Theorie des Schreibens zu entwickeln beginnt: die Umdeutung des traditionellen Realismusbegriffs. Es fehlen noch alle Bestimmungen, so wie ich sie im ersten Teil dieses Exkurses entwickelt habe. Der Grundgedanke aber ist schon da: Realismus heißt nicht die Wiedergabe einer objektiven Welt außer uns, sondern die einer subjektiven in uns. Das innere "Erlebnis" bürgt für den Realitätsgehalt eines Textes. "Phantasie" ist das Stichwort, das "Realismus" assoziativ im Schlepptau führt. Darin liegt für Robert Müller die Bedeutung Karl Mays; seine Grenze resultiert aus der im traditionellen Sinne realismusverhafteten Ausprägung dieser Phantasie.

Beiläufig sei angemerkt, daß diese Äußerungen über Karl May als ein weiteres Indiz dafür zu nehmen sind, daß eine biographische Deutung der fiktionalen Texte Robert Müllers in die Irre geht. Das gilt vor allem für <u>Tropen</u>, die hier explizit als fiktiver, als "aus Erfahrungen atavistischer oder transzendentaler Natur" gewonnener Erlebnisraum angeführt werden.[26] Das Tropenerlebnis Brandelbergers/Slims/Müllers ist genau in dieser Bedeutung "wahrgelogen".

Im Kriegsjahr 1916 präzisiert Robert Müller den Begriff "Phantasie" in einer Besprechung von Flake, J.V. Jensen, Gustav Meyrink, Kasimir Edschmid und Franz Kafka. Programmatisch stellt er heraus: "Bei diesen (von mir genannten Autoren; G.H.) ist Phantasie nicht eine Manier wie etwa bei Jules Verne (den Müller auch schon in "Das Drama Karl Mays" wegen seiner "nüchterne(n) wissenschaftliche(n) Behandlung fiktiver Gestalten" (ebenda S. 607) ablehnt) oder den englischen Erzählern, sondern ein Lebensprogramm. Sie interessieren auch nur insoweit. <u>Die Tatsache ihrer Phantasie ist wichtiger als deren Inhalt</u> (Hervorhebung von mir; G.H.)."[27] Robert Müller unterscheidet zwei Arten von Phantasie: "Man folgt mit geschlossenen Augen der Erfahrung, die man vom menschlichen Leben hat. Diese Phantasie, Einfühlung, Beobachtungsgabe besitzen Detektive, Politiker, Psychiater, Romanziers. Sie ist ein Scharfsinn (...) aber nicht eigentliche Dichtkunst. In diese Kategorie gehört Johannes V. Jensen. Die andere Phantasie stellt Erfahrungen zu neuen Gebilden zusammen, gründet selbständige Enklaven des Lebens, Werke. <u>Mit jener wirkt man im Leben, (...) mit dieser organisiert man das Leben neuartig, stärker</u> (...). Dahin gehören Meyrink, Edschmid und Franz Kafka (Hervorhebung von mir; G.H.)."[28] Der "Repräsentativste von allen" aber sei Otto Flake (<u>Horns Ring</u>), da er nicht allein die Phantasie zweiter Art besitze, sondern auch "noch diese ältere Form (...) aus der Jahrhundertwende, den phantastischen Materialismus Jensens und der großen Engländer Kipling, Wells, Doyle (und Karl Mays; G.H.)."[29]

Phantasie im ersten, traditionellen Sinne meint also ein künstlerisches Nachschaffen, während Phantasie im zweiten Sinne die Fähigkeit des Künstlers benennt, vorausschaffend neue Welten zu komponieren. Diese zweite Phantasieform kennzeichnet den expressionistischen Künstler und unterscheidet ihn prinzipiell von allen anderen. Jedoch macht das Vorausschaffen als utopischer Entwurf allein noch nicht den Expressionisten aus. Eine zweite Bestimmung muß hinzutreten. Die Struktur dieser neuen (Erfahrungs-) Welten muß dergestalt sein, daß sie den Strukturgesetzen unserer bisherigen Erfahrung zuwiderläuft. Jules Verne ist kein Expressionist, weil seine Utopien nach Gesetzen strukturiert sind, die auch schon die Jetztwelt bestimmen. Sie sind die potentielle Vollendung des Jetzt und damit im Sinne Robert Müllers keine neue Welt als neuer Strukturzusammenhang.

Die Literaturkritiken zwischen 1912 und 1916 setzen sich vor allem mit einem zeitgenössischen literarischen wie gesellschaftspolitischen Topos auseinander: mit dem "Amerikanismus". Nur zwei Arbeiten verfolgen andere Absichten, und sie sollen hier zunächst Gegenstand meiner Darstellung sein.

In dem Essay "Hans Sachs" (1912/13) reflektiert Robert Müller in typologisierender Weise auf den Autor als soziales Wesen und auf die soziale Funktion von Kunst. Hans Sachs habe gewußt, "worauf es in der Kunst ankam; nicht auf jenes Temperament, das gegen alle gesellschaftliche Sitte und Gebühr wie ein verwöhnter Bube um sich schlug, sondern auf jenes, das in der Muse einer praktischen Arbeit (...) von dem heimlich emsigen, naiv ehrlichen Drang beseelt war, diese Gesellschaft über sich selbst hinaus zu heben." Er sei "zugleich" ein "sozialer und künstlerischer Typus" gewesen, während es heute "sozusagen Nur-Schuster oder Nur-Poeten" gebe: "Die Nur-Dichter aber sind ein Rückschritt. Denn die Dichter von heute stellen sich außerhalb der Zusammenhänge sozialer Arbeit, (...) womit sie sich glänzend abführen, freiwillig aus dem Organismus abgehen und sich schwächen."[30] In der Lebenswelt des Hans Sachs sei zu lernen gewesen, "wie man etwas Nützliches schön zu machen hatte, und war's auch nur aus einem so elenden Material wie Worte."[31] Hans Sachs sei nicht "auf dieses künstlerische Spitzbubengewissen verfallen, daß ein Gedanke unbeschadet wegbleiben dürfte, wenn er die Form störe."[32] Mit ihm, als dem repräsentativen Autortypus seiner Zeit, habe es "kein Zeitalter" gegeben, das dem "unseren ähnlicher" wäre; weniger "in den Tatsachen als in der Atmosphäre von Erregung, die über ihm liegt. 1792 in Paris war dagegen ein unordentliches frivoles Unternehmen. (...) In deutschen Landen hat eine Revolution immer nur Aussicht, eine Reformation zu werden. Und das ist gut so. Der Geist des Zeitalters muß sich ändern."[33]

Robert Müller reiht sich hier in die Gruppe derer ein (vgl. hier Kapitel II), die dann vor allem bei Kriegsausbruch 1914 die "deutsche Erhebung" gegen den "Ungeist von 1792" als wahre Revolution ausspielen werden. In der positiven Betonung der handwerklichen Idylle der Lebenswelt des Hans Sachs ist die ideologische wie historisch-gesellschaftliche Vorform von Spenglers "soldatischem Arbeiter" ausgedrückt. An dieser Stelle aber interessieren mehr die literatursoziologischen und produktionsästhetischen Überlegungen Müllers, die allerdings in diesem angedeuteten Kontext zu rezipieren sind.

Die Anführungen lassen auf erste Ansätze eines aktivistischen Autorbegriffs und einer aktivistischen Ästhetik schließen. Gesellschaft wird als "Organismus" begriffen, wobei sozialdarwinistische und lebensphilosophische Konzepte anklingen. Der Autor hat Teil dieses "Organismus" zu sein sowohl dergestalt, daß er nicht nur Autor ist, als auch in dem Sinne, daß seine Kunst einen sozialen Auftrag zu erfüllen hat. Wo künstlerische Form und sozialer Auftrag im Widerstreit miteinander liegen, ist zugunsten des sozialen Auftrags zu entscheiden. Das "Schöne" ist ein Akzidens des "Nützlichen", nicht umgekehrt. Daß das als nützlich Erkannte "schön" dargeboten wird, darin erfüllt sich die Aufgabe des Autors. Er ist, in Analogieschluß zum Schuhmacherhandwerk, der Handwerker des Wortes.

Biographisch gedeutet weist dieser Autorbegriff auf die Versuche Robert Müllers voraus, nicht allein Literatur zu produzieren, sondern als Literaturmanager und politischer Aktivist auch am gesamten Literaturmarkt zu partizipieren.

Der Autor als Handwerker, das bedeutet aber auch den Abschied von der Aura des "Dichters" als Genie, Schöpfer, Seher usw. Robert Müller ist hier, zumindest den Grundsätzen nach, ganz Aktivist, er stellt sich in den Dienst einer Sache, "verzichtet (...) auf das eigene Kunstwerk" und "opfert sich" für den einzig legitimen "Dichter" (s.o.), den "Expressionisten auf".

Folgerichtig schreibt er wenig später unter dem Titel "Der Reporter" ein produktionsästhetisch ausgerichtetes Plädoyer für diesen neuen Autorentypus. Der "Reporter" sei "bis vor ungefähr fünf Jahren, bis zum Auftreten Jensens nämlich, im Zustand der Dekadenz" gewesen. Heute aber seien die besten Bücher, "die mit neuen Gedanken, mit Inhalt, mit Leben, mit Idealismus kommen, (...) von Journalisten geschrieben."[34] Müller nennt Arthur Holitschers <u>Amerika von heute und morgen</u> und René Schickeles <u>Schreie auf dem Boulevard</u>. Die Genealogie dieser "Reporter" verlaufe über Henry Morton Stanley und Rudyard Kipling. Stanley sei die "Kollosalfigur des <u>heroischen Reporters</u>", er habe "gelebt und geschrieben: ich bitte, diese janusköpfige Energie zu bemerken, in der vielleicht schon der ganze fundamentale Unterschied zwischen dem Poeten und dem Reporter steckt (Hervorhebung von mir; G.H.)."[34] Er sei vielleicht auch "zu gescheut" gewesen, "um ein solches Achtel der Welt, wie es die Kunst ist, zu überschätzen."[35]

Robert Müller führt Flaubert als Gegenbeispiel an: "Flaubert in seinem Musenkoller war zweifellos ein Heros auf seine Art; <u>aber das diese Innerlichkeit und Beschränkung das Letzte und Aufreibendste sei, das will ich, nachdem ich es geprüft habe,</u> getrost leugnen; es steckt hinter solchem Eigenarrest doch auch ein gut Stück Temperamentsmangel, <u>ja menschliche Minderwertigkeit</u> (Hervorhebungen von mir; G.H.)."[36]

Bei Stanley finde sich ein "epochemachender Stil der Berichterstattung" (<u>Wie ich Livingstone fand</u>), den dann Rudyard Kipling, "der als der größte Dichter Britanniens gilt", aufgegriffen habe: Er gebe ebenso "eine unbequeme theoretische Nuß zu knacken."[37] Bei ihm, wie bei allen Genannten bis zu René Schickele, sei das "Fesselnde", "daß sie Dichtung (...) reisen, <u>daß sie dem Leser nicht nur Abenteuer referieren, sondern das Lebensgefühl, das sie selbst inmitten aller Sensationen umbrauste, übertragen</u> (...). Das Wichtigste aber ist, daß sie erziehen, daß sie ein Vorbild geben von moderner Männlichkeit (...). <u>Daß diese Männer solche Bücher überhaupt reisten, dann schrieben</u> (Hervorhebungen von mir; G.H.), das ist eine frohe, feine Angelegenheit, die den Mitlebenden zum Aufhorchen empfohlen wird."[38]

Leben und schreiben, Bücher leben und sie dann schreiben, die Literarisierung und Ästhetisierung des Lebens ist das Kennzeichen des idealtypischen "Reporters" und das ästhetische Programm des Aktivisten. Dieses Primat einer Ästhetisierung des Lebens wird vor allem an jenen hier nicht angeführten Stellen deutlich, in denen Robert Müller die von philanthropischer Seite gegen Stanley erhobenen Vorwürfe als sentimentale Begrenzungen des großen "Erlebens" zurückweist. Nicht die "Abenteuer" als solche sind legitimer Gegenstand der Kritik, sondern das "Lebensgefühl", das sie evozieren. Wie in diesem Exkurs an zahlreichen Stellen gezeigt, ist für Robert Müller dieses "Lebensgefühl" das schlechthin "Gute" und Poetische selbst.

In den bisherigen Ausführungen wurde immer wieder der Name Johannes V. Jensen genannt. In der Literaturkritik Robert Müllers der Vorkriegszeit nimmt er und nehmen mit ihm andere skandinavische Schriftsteller eine zentrale Rolle ein. Er ist neben Hamsun "das Paradigma der skandinavischen Nationalseele". Beide eint "die Unstetigkeit und der Wandertrieb des Wikingers, literarisch die Dialektik."[39]

An Jensen schätzt Robert Müller die "formale Beherrschung eines Gedankens", die die "verschiedenen Mängel an Gründlichkeit und Allgemeinheit" entschuldige: "Die Sauberkeit einer Idee ist wiederhergestellt, wenn sie ventiliert wird, und Sprachkunst wirkt Gedankenkunst (Hervorhebung von mir; G.H.)."[40] Jensen spreche über "Gegenstände der Wissenschaft wie über ein Weibsbild, seine besten Bonmots stammen aus diesem Gebiete. Und das ist denn auch unser Verhältnis zu ihm; ein richtiges Verhältnis, hingebend und perfide, auf die Wollust spitzend und wirtschaftlich. Er macht alle Welt zur Kokotte, obwohl niemand schöner und überzeugender über die Tugend einer ehrbaren Frau zu reden weiß (Hervorhebung von mir; G.H.)."[41] Wo Hamsun "panisch", da sei er "mondän", wo jener "Naturbursche", da dieser "kosmisch".[42]

Hamsun: "Ein Mann tritt auf, das ist alles, was über ihn zu sagen ist, er ist, sofern er sich mitteilt, ein Dichter, also nebenbei (...). Er schnitzelt, baumeistert, reist, liebt und schreibt übernacht ein Buch, ein ambulantes, ein höchst ambulantes Buch (...), ein Flickschuster kommt zum Vorschein (...). Kein Talent in unserem Sinne; es sind Trivialitäten darin und eine Menge Ausgeschriebenes, Wiederholungen und Typisch-allzutypisches. (...) Und doch ist dieser Dichter ohne Talent ein Genie. (...) <u>Die Monotonie seines Ichproblems, seine Schwermut, sein Nachtigallenruf sind Genie genug</u>. (...) Er ist unser Skandinavier (...), <u>wir alle wissen, daß wir Bücher über ihn schreiben könnten, wie über eine Frau, mit der wir gelebt haben</u>. Denn das bezeichnet unser Verhältnis zu ihm ein für allemal; wir sind mit ihm vermählt."[43]

Es ist unschwer zu erkennen, daß Robert Müller in diesen Charakterisierungen Hamsuns und Jensens über Form und Inhalt von Literatur und die Dialektik beider handelt. Form und Inhalt werden in dem Verhältnis des Mannes zur Frau analogisierend beschrieben, als "Kokotte" hier, als "Ehefrau" dort.[44] Der Solidität des Ehelebens, dem Inhalt also, wird eindeutig der Vorzug gegeben, freilich mit scheelem, begehrlichen Blick auf die "Wollust" der "Kokotte". Die aber will auch unter "wirtschaftlichen" Gesichtspunkten gesehen sein, reizt nicht zum sinnenfrohen laisser faire allein, sondern fordert auch ökonomischen Bedacht. Der Inhalt wiederum ist durch gefestigte Intimität bestimmt, zu der auch "Trivialitäten", "Ausgeschriebenes, Wiederholungen und Typisch-allzutypisches" gehören. Wir sehen, daß beide Verhältnisse den Autor Robert Müller nicht ganz befriedigen können. "Kokotte" und "Ehefrau" sind nur Teilsummen der "Frau", der projizierten Vermittlung von "Wollust" und "Ehe", von Form und Inhalt. Die dialektische Einheit beider ist weder bei Jensen noch bei Hamsun gegeben, die dann in der schließlichen Formulierung einer Ästhetik des Expressionismus bei Robert Müller auch nur noch als Erbe, nicht aber als Modell (Paul Adler, Otto Flake) genannt werden. Innere Weite und formvollendetes Äußeres, beide in Vermittlung gedacht, werden zu literarischen Kriterien schlechthin.

Robert Müller zeichnet die (aufzuhebende) Differenz zwischen Hamsun und Jensen noch in einem weiteren, literatursoziologisch und literarhistorisch bedeutsamen Punkt. Was "die Gesellschaft" betreffe, so sei der "Krämer (...) die Stütze dieser Gesellschaft." Jensen sei zwar einerseits der "Schwerenöter der bürgerlichen Gesellschaft", andererseits aber auch "ein kräftiger Vertreter ihres Geschmackes." Deshalb interessiere er sich, "der die Schwärmerei für einen borniertern Multimillionär" mit der für "den Proletarier" vereinige, für "Amerika (...) als dem modernen Krämerunternehmen"[45], während Hamsun dieses "materialistische Amerika" nicht liebe. Jensen habe einen "materiellen Selbsterhaltungstrieb", während Hamsun zu den "im bürgerlichen Sinne unwirtschaftlichen Menschen" gehöre, die "wirtschaftliche Probleme ethisch oder zufällig, naiv, lösen".[46] Amerika sei das Land der "Philister", Jensen selbst jedoch keiner.

Robert Müller versucht, den (zeittypischen) "Amerikanismus" Jensens sozialpsychologisch zu entschlüsseln: "Das Philistertum enthält gar viel an Süßigkeiten (...). Aber erst wer des Philisters Feste feiert, der ist selbst einer geworden (...). Wer aber noch Philistern Feste veranstaltet, der ist ein guter Mann und hat ein rechtes Herz. Die Tugend unter allen Umständen ist ein Hindernis des Intellekts, weil sie ihn zu wenig hemmt; denn der Intellekt ist ethisch und will gehemmt sein, er ist pervers und will gereizt sein; er ist ein Fetischist (...). Es ist sein Entzücken, bewußt den Weg zurückzukommen, vom dem er weiß, daß er ihn unbewußt gegangen ist, und zuletzt liebt er die Tugend, weil die geliebten Ausschweifungen sie ihm verhüllten. (...) Warum sollte (...) Jensen für Amerika schwärmen, wenn nicht aus einer ganz unamerikanischen Paradoxie seiner Sympathien, für die Tugend und Bürgertum die Endentladung einer Entwicklung von Lustwerten sind?"[47]

In "Der Roman des Amerikanismus" hebt Robert Müller hervor, daß es ihm nicht um den individuellen Fall Jensen gehe, um eine "biokritische Bemerkung", sondern um einen "Kampf (...) um Realitäten": "Der Umstand (...), daß seine Begeisterung kollektiv ist, zwingt zur Polemik, denn die vielen, die nicht sein Werk, sondern seine Inspiration interessiert, führen ein falsches Verhältnis in die Kulturstatistik ein."[48]

Robert Müller spricht in diesen Anführungen zunächst die soziale ellung des Autors in einer bürgerlichen, nach Marktgesetzen organisierten Gesellschaft an. Der zeitgenössische Erfolg Johannes V. Jensens ist nicht allein eine Folge der literarischen Qualitäten seiner Werke, sondern vor allem eine der unter dem Stichwort "Liberalismus" daherkommenden bürgerlich-legitimistischen Ideologie des Gehaltes. Indem Jensen in seinen Texten die Doppelbödigkeit bürgerlicher Wertvorstellungen in der Betonung der anderen, inoffiziösen Seite darstellt, befriedigt er nicht allein die heimlichen Wünsche des Bürgertums: Er dient ihm auch als Beispiel innerhalb der eigenen Legitimationsstrategie, die auf dem ideologisierten Begriff "Toleranz" aufbaut. Beispiel kann er vor allem deshalb sein, weil er nur "Schwerenöter" ist, Opponent nur auf dem in den Vordergrund gerückten, de facto aber abseitigen Kampfplatz der Moral. Die Grundfesten bürgerlichen Gesellschaftens aber werden bei ihm nicht in Frage gestellt, vielmehr über eine Ästhetisierung der Lebenswirklichkeit gefestigt. Der "Amerikanismus" ist mit Bezug auf den Autor Jensen diese Ästhetisierung bürgerlicher Exploitationsverhältnisse, die "Schwärmerei" für den "Multimillionär" und den "Proletarier" zugleich sein unmittelbarer ideologischer Ausdruck. Jensen schreibt marktgerecht. Er weiß um die soziale Stellung wie soziale Funktion des Autors in einer Gesellschaft, deren "Stütze", deren Prinzip der "Krämer" ist. Er bestätigt diese Gesellschaft, indem er sie zur "Kokotte" macht und sie als Gegenstand der "Endentladung (...) von Lustwerten" auffaßt.

Dieses individualpsychologische Motiv geht jedoch, so Robert Müller, in der Rezeption der Werke Jensens unter. Das ästhetische, dem eigenen Lustprinzip frönende Spiel wird als Beschreibung von Wirklichkeit gelesen (ganz im Sinne der bürgerlichen Legitimationsstrategie). Insofern ist "Amerikanismus" auf der Seite des Rezipienten Ideologie, zeitgenössische Facette des wirtschaftsbürgerlichen Liberalismus des 19. Jahrhunderts. Robert Müller distanziert sich also nicht allein vom zeitgenössischen literarischen Exotismus, wie meine Interpretation der Novelle Das Inselmädchen in Exkurs I zeigte, sondern auch von dem "Amerikanismus". Auf den Begriff Amerika, so zusammenfassend und programmatisch, "könnte ein Chamäleon hören"[49]: "Die Landkarte des Amerikanismus soll korrigiert werden. Da ist ein Punkt, der heißt Amerika, den streichen wir. Wenn unser Geistesmeridian schon nicht durch Berlin geht, so mag er durch Kopenhagen (Jensen; G.H.) gehen! Aber nicht durch Amerika!"[50]

1.2.3. LITERATUR ALS WARE.

An den frühen Essays "Hans Sachs" und "Der Roman des Amerikanismus" konnte gezeigt werden, daß Robert Müller von Anfang Literatur immer auch unter sozialgeschichtlichen Perspektiven thematisiert. Diskussionsgegenstände wie Autorbild, Literatur als Ware, die soziale Funktion von Literatur etc. standen gleichgewichtig neben ästhetischen Fragestellungen, ja diese sind ohne jene für ihn nicht zu diskutieren. In den letzten Lebensjahren (seit ca. 1920) werden diese Bereiche im Zuge des eigenen literaturwirtschaftlichen Engagements verstärkt zum Gegenstand der Reflexion.

In "Wiedergeburt des Theaters aus dem Geiste der Komödie" (1920) und "Zwischen den Theatern" (1924; aus dem Nachlaß) handelt Robert Müller über die Zukunft der Institution Theater angesichts der rapiden Ausbreitung anderer Freizeitmöglichkeiten und neuer Massenmedien. In "Wiedergeburt des Theaters aus dem Geiste der Komödie" fordert er dazu auf, das Theater "aus der Psychologie der fortschreitenden Zivilisation" heraus zu gestalten: Wir haben "vorerst zu erkennen, daß vier Fünftel der Menschheit jenem Zustand entgegengehen, den wir Amerikanisierung nennen. Alle Großstädte werden so wie New-York und Berlin aussehen. (...) Danach haben wir uns zu richten."[51] "Je mehr das Leben praktisch aufbraucht, desto brutal reizsüchtiger sehen wir das Publikum werden. Die optische Genußfähigkeit drängt alle anderen zurück."[52] "Der Kunstgenuß wird zum Vergnügen. Damit hätten wir uns abzufinden. Eine philosophische Anstalt ist das Theater nicht mehr; eher eine Bedürfnisanstalt, ein Verlangen nach Komfort wird gestillt."[53]

"Keine soziale Revolution im Bunde mit Künstlern und Literaten" (Hervorhebung von mir; G.H.) könne "das ästhetische Niveau der Masse (...), das Lustniveau der Unzähligen" steigern.[54] "Das wirkliche Bedürfnis" lasse "sich eben nicht verleugnen. Seelische und sinnliche Eigenheiten fordern Befriedigung. Befriedigt sie, Direktoren und Künstler, ohne Seitenblick auf Moral und Ästhetik. Darüber sind wir uns doch klar, daß moralisch nicht die Unterdrückung einer Anlage und ästhetisch nicht die Verleugnung einer Sinnlichkeit ist."[55]

Robert Müller führt die Erfolge von Operette, Vaudeville, Kabarett und vor allem des Kinos darauf zurück, daß diese im Gegensatz zum zeitgenössischen Theater das sinnliche Bedürfnis des nach Vergnügen Ausschauenden zu befriedigen wüßten. Er verteidigt die Massenkultur[56]: "Aber ist das wirklich ein Übel? (...) Es ist nämlich gar nicht wahr, die Operette, das Varieté, das Kino sind nicht Entzündungen, Eiterungen unseres volklichen Kunstlebens. (...) Hier bereitet sich nicht vor, hier i s t eine n e u e V o l k s t ü m l i c h k e i t, eine Abspiegelung unseres durchschnittlichen Lebens, ein Kulturdokument von letzten Endes artistischem Wert (Hervorhebung von mir; G.H.). (...) Wir haben die guten Volkslieder und Märchen aus dem Mittelalter gesammelt. Welche Bonität der Volksseele, sagen wir, von Schreckschauern geschüttelt. (...) Wieviel Dreck mögen die alten Bänkelsänger zusammengereimt haben, an dem wir heute - romantisch verlogen - nicht zu rühren wagen. D a s   K i n o   i s t   d a s   m o d e r n e   V o l k s l i e d."[57] "Die mißglückten Versuche, Theater zu spielen, sowohl gutes Theater als Theater gut zu spielen, gehen immer wieder auf psychologische Inkongruenzen zurück. Weder die Theaterleiter, noch die Theaterschriftsteller haben den Mut, seelischen und sinnlichen Tatsachen ins Gesicht zu sehen. So gut die formale Tradition sein mag, (...) so unfruchtbar bleibt das Konservieren von gestrigen Seelenhaltungen. (...) Die 'Ewigkeit' der großen Werke ist nicht eine Mumie, sondern deren Eleganz gegenüber der jeweiligen Aktualität. 'Groß' und 'ewig' sind Meisterwerke immer durch das, was sie nachfolgenden Perioden hineinzulegen gestatten (Hervorhebungen von mir; G.H.)."[58]

Diese Ausführungen Robert Müllers lassen sich dahingehend zusammenfassen, daß in Bezug auf die Masse die zuvor entwickelte expressionistisch-aktivistische Ästhetik unmittelbar keine Gültigkeit hat; sie bleibt wirkungsästhetisch auf eine intellektuelle Elite zugeschnitten, so daß bei Robert Müller ästhetisches und politisches Programm (vgl. Kapitel 5) Ausformulierungen ein und desselben Elitarismus sind. Hier gilt, daß der Kunde König sei. Wenn schon dessen ästhetisches Niveau unter keinen Umständen zu heben ist, dann soll es wenigstens befriedigt werden. "Volkstümlichkeit" ist allererst ein empirisch-deskriptiver

Begriff und nur beiläufig, wie etwa bei Brecht, auch politisch-didaktisch gemeint.
Löst man die Überlegungen Robert Müllers zur Rezeptionsgeschichte und zum Werkcharakter von Literatur aus ihrem elitären Kontext, dann erscheinen sie aktuell und bedeutend. Die Differenz von historischer und literarischer Wirklichkeit, die erst im Rezeptionsprozeß zur Identität stilisiert und damit aus legitimationsideologischen Gründen wegretuschiert wird, ist am Beispiel von Volksliteratur betont.Rezeptionsgeschichte als enthistorisierende Kanonbildung unter dem moralischen Primat des "Sollens" wird zugunsten einer kritischen Aneignung des Erbes zurückgewiesen.
Literatur, zumal überkommene, ist keine "Mumie", sondern einem intakten, doch nach Zeitbedürfnissen neu zu gestaltenden Haus vergleichbar. Sie ist, als <u>Werk</u>, vollendet (historisch) und offen (in der Rezeption) zugleich, ihrem Wesen oder Sein nach also <u>Faktizität und Potentialität</u>.
Robert Müller fordert ein neues Theater:
"Die Erwartungen, die wir noch immer an das Theater stellen, kranken an einem Kardinalfehler. Wir hängen von einem Bauwerk ab. Wir machen die Stücke nach den vier Stockwerken, die so ein Loch mit einem Nebenloch ausfüllt. <u>Der schreibende Dramatiker stellt sich immer den frühbürgerlichen Kuppelbau vor (...), in ihn stellt er seine Figuren hinein. Gar nichts stimmt dann mehr.</u> Für die Wenigen, die in dieser Atmosphäre noch leben können, ist das Haus zu groß. Für die große Volksversammlung ist es zu klein, zu klein die in es hineingehenden Probleme, zu irrelevant im Verhältnisse zu dem Umfang, den das gänzlich politisierte, entintimierte Leben angenommen hat. (...) Das Theater krankt an seinen Theatergebäuden".[59] "<u>Zweitens genügt aber auch das nicht mehr, was zwar gut ist, aber nicht im Sinne des Darstellerischen.</u> (...) So fehlt dem Drama die Bühne und der Bühne das Drama. Das macht, es fehlt einfach der Zuschauer und Zuhörer. (...) Philosophie, Lektüre auf der Bühne ist für zweieinhalb Stunden unerquicklich; dort gehört Theater hinauf. <u>Und Theater mit der Fiktion Ernst vertragen wir Naturalisten gebliebenes Publikum erst recht nicht.</u> So wird denn von der Tragödie her das Theater überhaupt nie mehr zu seinem großen Moment gelangen (Hervorhebungen von mir; G.H.)."[60]

Von dieser Kritik aus gelangt Robert Müller zu einer Ablehnung
der Theatertradition, die von Strindberg und Ibsen bis zu Hasenclever reicht. Diese Tradition liefere Lesestücke, aber kein Theater. Müller unterläuft damit auch all' jene Typologisierungsversuche, die im expressionistischen Drama und seinem Lebensernst
ein zukunftsweisend-avantgardistisches, nicht aber ein literarhistorisch-faktisches Merkmal des s.g. expressionistischen Jahrzehnts sehen wollen. Das Theater müsse als "Haus" der Form und
dem Inhalt nach auf die Zeitbedürfnisse zugeschnitten werden.
Konstruktive Vorschläge für eine Neugestaltung von Theaterbau und
Bühne unterbleiben allerdings. In Bezug auf Inhalt und Form verweist Robert Müller auf die theatergerechten Möglichkeiten der Komödie:
"In der Komödie kann noch immer Theater gespielt werden. (...)
Sie lebt von der Blöße. (...) Die Komödie entspricht einem eigenen Bedürfnis dieser Zeit, das man in seiner Erfüllung 'abstrakte Kunst' genannt hat. Zu verstehen ist darunter nicht, daß das
Sinnliche durch graue Theorie (...) mumifiziert werden soll. Abstrakte Kunst heißt, daß die Betonung auf der urheberlichen Linie
liegt. Die Verknüpfungen gehen direkt aus der Phantasie des
Autors hervor. (...) <u>Ich verteidige die Rettungsgesellschaftsdramatik oder die einzelnen Gerichtssaalfälle des Dadaismus
nicht; aber in seiner flotten Absicht liegt insgeheim die Parforce-Souveränität des Autoriellen</u>. (...) In der Komödie (...)
werden Dinge dadurch dargestellt, daß man sie wegläßt. (...) Die
Photographie macht sich der Genießende selbst. (...) Die Komödie
(sagt; G.H.) unserem Geschmacke zu, der nicht mehr Direktes, Tatsächliches will, sondern von der Blöße gern auf die Position
schließt" (Hervorhebungen von mir; G.H.).[61]

Inhaltlich wird bestimmt:
"Warum soll die Kunst nicht sexuell wirken? (...) Unsere Zeit ist
unheimlich voll von Sexualität. Die Zukunft wird diese Disposition noch steigern. (...) Die Zote ist der größten Verfeinerung
möglich, und von ihr her führt der Weg ins Komödientheater. (...)
Wir werden beim ostasiatischen Liebesspiel am Theater landen, wo
das Anmutige das Obszöne in Kunst verwandelt. (...) Wir müssen uns
abgewöhnen, das anstößig zu finden. (...) Die Komödie vermag mit

ihrem willkürlichen Spiel, ihrer Technik der Überraschung eine kultivierte und lebensfrohe Atmosphäre unter dem Publikum eines solchen 'Théatre separé', wie wir es uns vorstellen, hervorzurufen. (...) Ins Theater sollen die Raffinements der Wirklichkeit, nicht gerade diese selbst zugelassen werden. (...) <u>Ohne Zweiteilung des Theaters in Zirkus und kleinsten Wollusttempel</u>, wo in jenem physische, in diesem geistige Kraft und Ironie herrschen, sehe ich keine Möglichkeit für das deutsche und europäische Theater. (...) <u>Die Komödie erlaubt allein die uns unentbehrliche Synthese von Natur und Reflexion, ohne eines zu stören.</u> (Hervorhebung von mir; G.H.)"[62]

Ohne Robert Müllers Ausführungen an dieser Stelle im einzelnen diskutieren zu können, sei doch auf die zwei konstitutiven Momente seines Reformkonzepts für das zeitgenössische Theater hingewiesen.

Zum einen denkt er aus der Sicht des Rezipienten. Freizeit und Unterhaltung sind diesem miteinander einhergehende Begriffe. Seinem Bedürfnis nach Unterhaltung eröffnet sich ein breiter Freizeitmarkt. Ein Theater, das bestehen will, hat sich als konkurrenzfähiges Angebot auf diesem Freizeitmarkt zu behaupten. Es hat sich als Ware zu definieren und folglich an den Bedürfnissen des Marktes zu orientieren. Der zeitgenössische Markt verlangt nach Unterhaltung, d.h. nach Abwechselung, Sinnenfreude und nach spielerischen Anreizen für das eigene Kombinationsvermögen. Der Rezipient will unterhalten werden und sich auch selbst unterhalten. Diesem Zugleich von Passivität und Aktivität des Rezipienten kommt nach Robert Müller die Komödie weitestgehend entgegen. Die Komödie erlaubt eine verkürzte, szenisch wie dialogisch abwechslungsreiche Darstellung. Ihren Stoff schöpft sie aus der Komik des Alltags und aus der Differenz, die zwischen Tagtraum und erfahrener Alltäglichkeit besteht. In der Komödie wird der Alltag, der bei zunehmender Vermassung und Stereotypisierung auch immer mehr als Uneigentlichkeit und individuelle Verzichtleistung empfunden wird, als "théatre separé", als visuell erlebter Tagtraum aufgehoben. Sie reizt die Phantasie und das Kombinationsvermögen des Rezipienten, indem sie seine Träume in andeutende Bilder umsetzt, die als Verweis und Negativ zu traumhaften Wirklichkeiten auffordern.

Zum anderen denkt Robert Müller aus den eigenen, zuvor beschriebenen produktionsästhetischen Maximen. Die Komödie befriedigt auch die Sinnlichkeit des Autors, indem das Assoziationsspiel seiner Phantasie unmittelbar zum Strukturprinzip des literarischen Produktes wird. Damit kommt der Komödie aber auch, gleichsam aus glücklichem Zufall, eine didaktische und, wie im Falle der angesprochenen Sexualität, kathartische Funktion zu.

Didaktisch ist sie insofern, als das Wirklichkeitsbild des Autors, hier in den Strukturelementen eines literarischen Genres zum Ausdruck gebracht, als die Wirklichkeit schlechthin vorgestellt wird, die das Alltagsdenken mitsamt den Tagträumen als falsche Bewußtseinsformen vom Kopf auf die Füße stellt.

Die Komödie ist kathartisch, indem sie eine neue Wirklichkeit vorstellt, die im Genuß des Raffinements die Bedürfnisbefriedigung der Alltagswirklichkeit aufhebt. Die Komödie läutert zum kunstgerechten Genießen.

So fügen sich Robert Müllers Überlegungen zur Massenkultur letztlich doch, wenn auch mittelbar, in sein aktivistisches Weltbild ein. Massenkultur, hier Theater, ist unter wirkungsästhetischen Gesichtspunkten verzehrgerecht gestalteter Expressionismus. Das Niveau der Masse, so sagte Müller zuvor, lasse sich unter keinen Umständen heben. Die Masse sei weder zu bekehren noch zu überzeugen. Aber sie ist für Müller verführbar, verbleibt zwar nach der Verführung in ihrer als Passivität beschriebenen Niveaulosigkeit, aber mit kommoderen, einem aktivistisch-elitären Gesellschaftsbild zuträglicheren Akzidentien.

In "Wiedergeburt des Theaters aus dem Geiste der Komödie" versuchte Robert Müller, dem Theater einen Platz innerhalb des zeitgenössischen Freizeitmarktes zuzuweisen. Das Verhältnis von Masse und Theater stand ganz im Vordergrund der Kritik. Sogenanntes expressionistisches oder avantgardistisches Theater (Dada) wurde nur beiläufig erwähnt.

Der nach Robert Müllers Tod erschienene Essay "Zwischen den Theatern" resümiert die zeitgenössische Theaterlandschaft unter weltanschaulichen wie ästhetischen Gesichtspunkten. Zwei Theaterauffassungen werden kontrastiert:

"Das ältere Theater hielt den Anspruch auf Illusion aufrecht. Es

wollte zwecklos, wie Kunst angeblich ist, zwei Stunden des Abends
lang das bürgerliche Dasein aus seinen begrenzten, aber immerhin
fühlbar tiefer angelegten Schicksalslinien in die ewigen Perspektiven erweitern. Diese Theaterauffassung scheiterte vor allem an
dem Widerstand, den die jüngere und jüngste Generation der Darstellung eines Vorhandenen entgegensetzte, das sie ja technisch,
politisch, naturwissenschaftlich und philosophisch-revolutionär
bekämpfte. (...) Die jungen Stückehörer und -schreiber forderten
und schrieben also Stücke, in denen der bürgerliche Raum auf jeden Fall aus den Theaterangeln gehoben war. Schauspieler, Regie
und Stück sollten mit dem furchtbarsten Ernst, der letzten Verantwortung (...) nur die höchsten Momente versinnbildlichen, die
Figuren der Idee, sollten Kraftklumpen geballt schleudern, aus
denen im Hörer die Anregung zu einer entsprechend fortschreitenden Tat oder Tätigkeit - die Revolutionsdramen, die Vaterkomplex-
Dramatik - magnetisch influenziert wurde."[63]
Diese zweite Auffassung des Theaters sei mit der Zeit in den "Bann"
des Aktivismus geraten: "Es wurde nämlich von ihm verlangt und
durch es erfüllt: Aufzuchtpolitik, moralische Ostentation, Tat-
Exemplifizierung."[64] Allein dieses bekennerhafte Theater habe zusammen mit dem "zirkusmäßige(n), aber virtuose(n) Kitsch" und mit
dem "ihm verwandte(n) Kino" die junge Generation "voll befriedigen" können. Zwischen diesen Polen sei die "konservative Zwischenstufe des ehrbaren, läuternden Theaters" untergegangen.[65]
Robert Müller räumt ein, daß die junge Autorengeneration "mehr
kritisch als produktiv" gewesen sei, verbindet damit aber die
Hoffnung, "daß spätere Beobachter dieses herrische Ausmaß an Kritik und Forderung erschüttern wird, denn es ist echt, zutiefst in
Nerv und Fleisch erlebt und ungekünstelt ausgesagt."[66]

In Franz Werfels <u>Spiegelmensch</u> und den theoretischen Äußerungen
des Autors aus dem Umfeld des Stückes sieht Müller den aktuellen
Versuch, das Theater wieder im alten Sinne als Selbstzweck zu
restituieren: "Was Werfel fordert, ist nichts anderes als die Wiederaufrichtung des erlaubten holden Wahns."[67]
Robert Müller plädiert dafür, das Theater und mit ihm alle Kunst
als Mittel zu verstehen. "Kunst hat nicht mehr Hintergründiges,
Heiliges, sich selbst Genügendes, <u>als jeder auf die Spitze ge-</u>

triebene Dienst oder Zustand (...). Eine Selbständigkeit des Ranges vor anderen Erscheinungen kann die Kunst nicht verlangen. (...) Objektiv allerdings steht der Ultra-Künstler über dem Ultra-Geschäftsmann; aber diese Wertung zeigt schon, daß die Kunst nicht von sich selbst, sondern von ihrer sozialen Position zehrt. Nicht Kunst an sich, sondern ihr gesellschaftlich aufbauender Charakter verleiht ihr ein moralisches Primat (Hervorhebungen von mir; G.H.)."[68]

Damit ist die aktivistische Kunstauffassung noch einmal prägnant zusammengefaßt. Kunst ist ein Dienst an der Gesellschaft, sie ist eine Ware, die gesellschaftliche Bedürfnisse zu befriedigen hat, und dies einerseits affirmativ als Unterhaltung, andererseits aber auch als Gesellschaftsbildende. Im Begriff der "gesellschaftlichen Bedürfnisse" fallen empirisch-deskriptive und utopisch-programmatische Aspekte zusammen. Nach der jeweiligen Betonung dieser Aspekte, in der Folge gesellschaftspolitischer und damit auch wirkungsästhetischer Vorstellungen also, unterteilt sich aktivistische Kunst in eine solche der Masse (Komödie, Kino, Literatur à la Karl May, Zeitungsartikel etc.) und eine der zur Herrschaft berufenen intellektuellen Elite (der expressionistische Roman, Revolutions- und Vaterkomplexdramatik, der Essay, die literarische Kritik etc.). Ästhetik und Literatursoziologie gehen hier Hand in Hand.

In seiner Interpretation von Müllers einzigem dramatischem Versuch Die Politiker des Geistes stellte Hahnl verwundert fest, daß alles in Erotik und literarischem Kabarett ende, obwohl es doch in dem Stück um nichts weniger als die menschliche und gesellschaftliche Utopie Robert Müllers gehe.

Hahnl konnte darin etwas hilflos nur "Zufall" oder aber ein "Symbol" sehen. Implizit bedeutete das für Hahnl, daß das Stück entweder dramatisch nicht gelungen sei oder aber, als Ausdruck des Unterbewußten, auf das politische, gesellschaftliche und menschliche (Selbstmord) Scheitern Robert Müllers vorausweise.

Die Analyse der dramentheoretischen Texte Robert Müllers zeigt, daß beide Alternativen nur in Teilen zutreffen. Die Politiker des Geistes ist sein früher Versuch, die Dichotomie innerhalb der aktivistischen Kunstkonzeption (Kunst der Masse vs. Kunst der Elite) aufzuheben. Wirkungsästhetische Überlegungen sollten insofern gegenstandslos werden, als sie alle im Stück selbst berücksichtigt sein sollten. Der Inhomogenität des Publikums werden alle Ausdrucksformen des Theaters kompensatorisch gegenübergestellt: Dramatische Sequenzen stehen mit komödiantischen und kabarettistischen im Wechsel, tief-ernsten Dialogen folgt saloppe Plauderei, Erotik steht gleichberechtigt neben Zeitkritik, Sportbegeisterung ist von literarischen Interessen nicht unterschieden, etc. In diesem Sinne ist <u>Die Politiker des Geistes</u> nicht allein als Kaleidoskop der Zeit, sondern auch als Kaleidoskop des Theaters angelegt. Es ist Selbstbespiegelung des Theaters. Das Stück ist im Jahre 1917 publiziert worden. Die Analyse der gesellschaftspolitischen Texte Robert Müllers aus jenen Jahren wird zeigen, daß es in der intellektuellen Biographie Müllers jener Zeitraum ist, in dem der Glaube an das gesellschaftliche wie intellektuelle Primat einer Elite aufgrund der eigenen Kriegserfahrungen am deutlichsten in Frage gestellt ist.

Möglicherweise ist daher <u>Die Politiker des Geistes</u> als der kurzfristige Versuch zu verstehen, über die Kunst eine zukünftige, homogene Gesellschaft anzustreben. Nicht zuletzt die referierten Bausteine einer aktivistischen Kunstkonzeption zeigen aber, daß und warum Robert Müller bald wieder von diesem Versuch Abstand genommen hat. Dafür spricht auch, daß meines Wissens kein weiterer Text für das Theater als einem literarischen Massenmedium vorliegt.

Der Essay "Der Untergang des Geistes" (1924), als resignatives Vermächtnis Robert Müllers zu lesen, reflektiert noch einmal sozialgeschichtliche Aspekte des Literatur- und Kunstmarktes.

"Die allgemeine Situation des intellektuellen oder geistigen Menschen in der Gesellschaft ist von vornherein gebrandmarkt und zum Outsidertum verpflichtend. Diese Antinomie ist für den logisch organisierten Typus schwer zu überwinden. (...) Der logische Typus, der auf die Geradlinigkeit der Entwicklung auch vor dem Leben nicht verzichten kann (...), kann sich keineswegs auf das Kompromiß zugunsten der vital-polychromen Auslegung der Existenz einlassen. (...) Das durchschnittlich gesunde und vitale Menschengeflecht wird ihn als Knoten in sich spüren und wird seine Kompromiß-

losigkeit und seinen Rigorismus abzustoßen trachten."
Diese Situation führe den Intellektuellen in die "vollkommene
Einsamkeit", die sich vor allem in "volkswirtschaftlichen Werten
oder Ohnwerten" ausdrücke. Der Markt sei für den Intellektuellen
nur äußerst begrenzt, und sein "Konsumentenpersonal" selbst wieder "ohne jede Kaufkraft": "Geist ist nicht attraktiv, während
(...) die verfeinerte Sinnlichkeit (bildende Kunst und Musik;
G.H.) noch immer einen Markt hat."[70] Dennoch bleibe es die Aufgabe
des Intellektuellen, das Unfertige und "Disparate" der "Fyto-
Architektur" Gesellschaft nach rationalen Gesichtspunkten zu organisieren.[71]
Das gehe nur, wenn der gesunde Menschenverstand "in den Dienst
des Geistes" gestellt werde und nicht der "Geist" bloß als ein
"Emotionalobjekt des gesunden Menschenverstandes" gelte. Robert
Müller kritisiert den bisherigen, von ihm selbst z.T. mitgetragenen Aktivismus insofern, als er ihm vorwirft, er habe "das Leben
immer in Geist auflösen" wollen, und jede "Praktikabilisierung"
nur für eine "Deterioriation" gehalten. Programmatisch sei dieser
Aktivismus auf verschiedenen Gebieten sehr erfolgreich gewesen,
jedoch: "Der geringste Erfolg aber war den Aktivisten beschieden,
so oft sie ihre eigene Situation ändern wollten. Das gedankliche
Non plus ultra" des Aktivismus sei dadurch zunichte geworden, daß
hier "Menschen der Welt helfen wollten, aber sich selbst nicht geholfen haben. In den Augen der Pragmatiker vom gesunden Menschenverstand" sei dies immer "die größte Derekommandation."[72]
Die Erfahrung zeige, daß die "Organisation des Geistigen in den
gesunden Menschenverstand" von der Voraussetzung einer durch den
"Merkantilismus geprägte(n) Welt" auszugehen habe.
Zwar sei der Intellektuelle wie der Künstler "ein Geschöpf des
Luxus und der ergeizten Kapitalreserven", wie der "Proletarier"
ein "soziales Abfallprodukt" des Kapitalismus, aber er stehe
durch seinen "Willen zur Perfektion" in "diametrale(m) Gegensatz
(...) zu seiner eigenen Entstehungsvorwelt"[73]:
"Der Geistige ist ein Kind des Kapitalismus, ebenso wie der Proletarier, mit dem zusammen er sich an gegebenen Schnittpunkten der
Geschichte gegen den Vater wendet."[74]
Wir wissen, daß Robert Müller mit der <u>Literaria</u> und seinem <u>Atlan-</u>

tischen Verlag den Versuch unternommen hatte, "Geist" und Kommerz
zu verbinden, den als Teufel verurteilten "Vater" mit Beelzebub
auszutreiben. Und wir wissen, daß für ihn die Literaria zu "geistlos", der Atlantische Verlag aber ein finanzielles Fiasko war.[75]
"Geist" und Kommerz gingen in den eigenen Unternehmungen nicht
zusammen. Entsprechend fällt an dieser Stelle Robert Müllers Urteil über die zukünftigen Chancen der Intellektuellen als Gesellschaftslenker aus:

"Die zunehmende Kapitalisierung drückt den geistigen Menschen mit
zunehmendem Wachstum der großen Betriebe zu einem noch geringfügigeren Faktor herab, als er es bis jetzt war. Die Amerikanisierung ist ein Erscheinungsvorgang ganz im puritanischen Sinn.
Das Taylor-System zieht immer weitere Kreise. (...) Voraussetzung
der Finanzusurpation ist eine so ausnahmslose Ausnützung der immer noch um einen Grad irrationaleren Usancen, daß ein logisch
denkender Mensch, der seine Handlungsweise nach verschiedenen
Seiten hin zu sichern und dem Ganzen einzuordnen bestrebt ist,
niemals genug unlogisch wird handeln können, um in das engere
Komitee der Auszulesenden zu gelangen. Auch in der Finanz kann
also hohe Menschlichkeit nur dann mit großer kaufmännischer Tüchtigkeit vereint sein, wenn der Akt des Emporkommens auf eine
zurückliegende Generation fällt. (...) Diese Verhältnisse müssen
zur geistigen Entropie führen, auch wenn an der Spitze finanzieller Machtschöpfungen die ausdenkbar höchsten Intellekte der
Menschheit stünden. Auf eine solche Entropie werden wir uns wohl
oder übel einstellen müssen. (...) Bei zugegebener Entropisierung
des Gesamtlebens muß, wird und soll sich ein organischer Intellektuellenstand begründen, der ungefähr dem Mandarinentum
gleichkommt. Freilich sind die Mandarinen in diesem Sinn nicht
geistig. Aber vielleicht wird der Geist, nur damit er sich überhaupt realisieren kann, in den entropischen Formen auftreten müssen. (...) Mit dieser Waffe kann die Intellektuellenschicht
sich konstituieren. Sie tut es als Kampforganisation auf Kosten
der Individualität. Es ist der 'Preis'."[77]

Es fällt nicht schwer, von diesen letzten Äußerungen her Verbindungslinien zu Robert Müllers Tod im August 1924 zu ziehen. Es
scheint nahezuliegen, daß er aus der eigenen desolaten finanziel-

len Situation und aus seiner Analyse der sozialen Stellung des bürgerlichen Intellektuellen die Konsequenz zog, die eigene Individualität allerdings radikal aufzugeben. Möglicherweise fehlte es nach den eigenen vielfältigen literarischen, politischen wie wirtschaftlichen Versuchen auch an Kraft, den vorgezeichneten "Weg durch die Institutionen" zu gehen. Ich lasse dies dahingestellt.

Die zahlreichen Anführungen aus "Der Untergang des Geistes", ja schon der Titel selbst sprechen in ihrer Klarheit für sich. Sie entheben der Interpretation insofern, als sie als konzentrierte kritische Autobiographie konzipiert sind. Als Ausdruck eines extremen bürgerlichen Individualitätsbewußtseins, das sich in dem Begriff "Der Geistige" niederschlägt und in dieser Absolutheit durchaus mit dem bürgerlichen Geniebegriff vergleichbar ist, sind sie jedoch einer nicht-autoriellen Metakritik zu unterziehen. Dies gilt umso mehr, als der Begriff "Geistiger" über den Geniebegriff hinaus impliziert, daß der so Bezeichnete nicht allein einen weltanschaulichen oder künstlerischen, sondern vor allem auch einen gesellschaftlichen wie politischen Führungsanspruch erhebt.

Dieser Führungsanspruch kann hier nur dem Prinzipe nach, <u>als Elitarismus</u>, kritisiert werden.

Robert Müller sah im Intellektuellen zusammen mit dem Proletarier das "soziale Abfallprodukt" der kapitalistischen Gesellschaft. Ein gemeinsames Interesse von Intellektuellem und Proletarier hinsichtlich der Überwindung des Kapitalismus wurde zugestanden. Dieses Zugeständnis bleibt jedoch ohne handlungsanleitende politische Konsequenzen, kann sie auch nicht haben, da sich das gesellschaftsanalytische Begriffsinstrumentarium in der Gegenüberstellung von "Masse" und "Elite" erschöpft. Diese Begriffe vermögen aber bestenfalls phänomenologische Differenzierungen zu bezeichnen, verschleiern aber damit gerade reale Klassenverhältnisse. Indem reale Klassenverhältnisse und die immanente Logik der historischen Entwicklung auf der Stufe des Kapitalismus unerkannt bleiben, können sich Robert Müller und mit ihm andere der Illusion hingeben, den Kapitalismus über einen nach Marktgesetzen vertriebenen "Geist" überwinden zu können. Der reale historische Bündnispartner, das organisierte Proletariat, wird als niveaulose, gesellschaft-

licher wie intellektueller Elevation unfähige Masse diskreditiert.
Somit ist das Scheitern Robert Müllers, wie es in "Der Untergang des Geistes" mehrfach eingestanden wird, abgesehen von historischen wie ideologischen Determinanten auch allein durch die Hybris dieses Typus des bürgerlichen Intellektuellen vorgezeichnet.

2. DIE "ZERSTÖRUNG DER VERNUNFT".
NIETZSCHE, RASSENTHEORIE, SOZIALDARWINISMUS.
KRIEGSEUPHORIE 1914 UND ANTIMILITARISMUS.

Die Philosophie Nietzsches, rassentheoretische und sozialdarwinistische Ansätze geben den erweiterten ideologischen Bezugsrahmen der zivilisations- und kulturkritischen wie politischen Überlegungen Robert Müllers ab. Sie sollen in diesem Kapitel in Anlehnung an Georg Lukács in den für uns zentralen Aspekten skizziert werden. Ich behaupte dabei nicht die unmittelbare Kenntnisnahme dieser Theoreme durch Robert Müller (biographischer Ansatz), wohl aber deren ideologiegeschichtlich objektive Verarbeitung in seinem Werk.

Hinweise auf die bildungsbürgerliche wie intellektuelle Kriegseuphorie bei Kriegsausbruch im August 1914, so wie sie von Paul Lübbe und Wilhelm Krull beschrieben wird, verweisen auf die unmittelbare intellektuelle Atmosphäre, in der sich das Denken Robert Müllers entwickelt und in die es einzuordnen ist.

2.1. NIETZSCHE

Georg Lukács fragt nach dem "sozialen Auftrag" der Philosophie Nietzsches und kommt zu dem Ergebnis, daß sie versuche, den "dekadenten Typus der bürgerlichen Intelligenz zu 'retten', zu 'erlösen', ihm einen Weg zu weisen, der jeden Bruch (...) mit der Bougeoisie überflüssig macht, einen Weg, auf dem das angenehme moralische Gefühl, ein Rebell zu sein, weiter bestehenbleiben kann (...), indem der 'oberflächlichen', 'äußerlichen' sozialen Revolution eine 'gründlichere', 'kosmisch-biologische' lockend gegenübergestellt wird."

Es werde eine Revolution vorgestellt, "die die Privilegien der Bourgeoisie vollständig bewahrt, die vor allem das Privilegiertsein der bürgerlichen, der parasitären imperialistischen Intelligenz leidenschaftlich verteidigt; eine 'Revolution', die sich

gegen die Masse richtet, die der Furcht der ökonomisch und kulturell
Priviligierten, diese ihre Vorrechte zu verlieren, einen pathetisch-
aggressiven, die egoistische Furcht verschleiernden Ausdruck verleiht."[1]
Nietzsche als der Apologet des Egoismus fordere die Mobilmachung
aller barbarischen Instinkte und Triebe des Menschen und gründe
auf dieser Förderung unter dem Schlagwort der "Umwertung aller
Werte" seine Ethik. Diese Ethik habe die Aufgabe, die Erziehung
nd Züchtung des neuen Menschen, des "Übermenschen" zu vollbringen.

Diesen "Übermenschen" habe man häufig als biologische Höherentwick-
lung des Menschen interpretiert, doch verstehe ihn Nietzsche selbst
anders:
"Nicht was die Menschen ablösen soll in der Reihenfolge der Wesen
ist das Problem, das ich hiermit stelle (- der Mensch ist ein
E n d e -): sondern welchen Typus Mensch man z ü c h t e n soll,
als den höherwertigeren, lebenswürdigeren, zukunftsgewisseren. Dieser höherwertige Typus ist oft genug schon dagewesen, aber als ein
Glücksfall, als eine Ausnahme, niemals als gewollt."[2]
Für Nietzsche kranke die heutige Zeit daran, daß niemand mehr den
"Mut zu Sonderrechten, zu Herrschaftsrechten, zu einem Ehrfurchts-
gefühl vor sich und seinesgleichen" habe, und daß der "sristokra-
tismus der Gesinnung (...) durch die Seelen-Gleichheits-Lüge (...)
untergraben" werde.[3]
Das leitet unmittelbar zu Nietzsches Zeitkritik und seinen ge-
schichtsphilosophischen Äußerungen über.
In den achtziger Jahren sind diese nach Lukács vor allem durch eine
radikale Bismarck-Kritik geprägt. Nietzsche vermisse an Bismarck
als einem repräsentativen Politiker "das Verständnis für den Willen
zur Macht als Prinzip".[4]
Das "Wesentliche" seines Angriffs auf Bismarck umfasse zwei Aspekte: Zum einen fordere er einen radikalen Bruch mit allen, selbst
scheinbaren Formen von Demokratie, und zum anderen eine Außenpolitik, die sich als Kampf um die Weltherrschaft versteht.
Den Bruch mit allen, selbst demagogischen Demokratieformen fordere
Nietzsche, da für ihn der "Kampf ums Dasein" nicht, wie bei Darwin
und den Sozialdarwinisten, unweigerlich mit dem Sieg der "Starken"
ende, sondern umgekehrt die "Schwachen" zur Herrschaft bringe.

In **Wille zur Macht** fasse Nietzsche seine Kritik an Darwin in drei Punkten zusammen.

Der erste Satz laute, daß "der Mensch als Gattung (...) n i c h t im Fortschritt"[5] sei. Deshalb komme für Nietzsche alles darauf an, gesellschaftliche und politische Bedingungen zu schaffen, in denen die "Gipfelleistungen der Natur (...) systematisch gezüchtet werden können." Damit sei das "methodologische 'Modell' für die faschistische Rassendeutung und insbesondere für ihre praktische Anwendung"[6] ausgesprochen. Zum zweiten behaupte Nietzsche, daß "der Mensch als Gattung (...) keinen Fortschritt im Vergleich zu irgendeinem anderen Tier"[7] darstelle. Mit dieser Aufhebung der Geschichte und Leugnung des Fortschritts formuliere Nietzsche eine indirekte Apologetik des Kapitalismus zu Beginn seines imperialistischen Stadiums.

Mit seinem dritten Satz wende sich Nietzsche vor allem gegen die liberalen Ausleger des Darwinismus, beispielsweise gegen Spencer, die "in der Zähmung der barbarischen Instinkte ein wichtiges Anwendungsfeld der Darwinschen Lehre auf die Entwicklung der Gesellschaft erblickten."[8]

Für Nietzsche gehe "die Domestikation (die 'Kultur') des Menschen (...) nicht tief ... Wo sie tief geht, ist sie sofort die Degenereszenz (Typus: der Christ). Der 'wilde' Mensch (oder, moralisch ausgedrückt: der b ö s e Mensch) ist eine Rückkehr zur Natur - und, in gewissem Sinne, seine Wiederherstellung, seine H e i l u n g von der 'Kultur'".[9]

Neben und mit diesen inhaltlichen Aspekten verweist Lukács auch auf die erkenntnistheoretischen, methodologischen und stilistischen Prinzipien und Mittel, durch die Nietzsche zu seinen Theoremen gelangt und mit deren Hilfe er sie darstellt.

Er betont, daß Nietzsches besondere Stellung in der "Zerstörung der Vernunft" schon dadurch charakterisiert werde, "daß er bereits in den achtziger Jahren resolut an die Mythisierung aller naturwissenschaftlichen Kategorien herantritt, die Hauptprinzipien seiner Gesellschaftsphilosophie resolut in die Naturerscheinungen hineinprojiziert und sie dann aus ihnen herausliest, um seinen Konstruktionen einen gewaltigen 'kosmischen' Hintergrund als Erscheinungsweisen einer allgemeinen Weltgesetzlichkeit zu geben."[10] Im Gegensatz zum zeitgenössischen Neukantianismus und Positivismus werde bei Nietzsche "der Zusammenhang von Theorie und Praxis energisch in den Mittelpunkt der ganzen Erkenntnistheorie gerückt." Nietzsche lehne "jedes andere Kriterium der Wahrheit außer der Nützlichkeit für das biologische Weiterleben des Individuums (und der Gattung) ab" und werde damit "zu einem wichtigen Vorläufer des Pragmatismus der imperialistischen Periode."[11]

Die angesprochene mythische Form seiner Philosophie befördere u.a. deshalb seine Wirkung, weil die "kulturellen, ethischen usw. Probleme des Imperialismus so allgemein" dargestellt seien, "daß er bei allen Schwankungen der Lage und der ihr entsprechenden Taktik der reaktionären Bourgeoisie ständig ihr führender Philosoph"[12] bleiben könne.

Sprachlich schlage sich seine "aggressiv reaktionäre Stellungnahme für den Imperialismus" in "hyperrevolutionären Gesten" nieder, etwa in Formulierungen wie "Umwertung aller Werte" und "Götzendämmerung".[13]

Lukács weist auch auf die aphoristische Ausdrucksweise Nietzsches hin, die, Ausdruck der Systemfeindlichkeit Nietzsches und der relativistischen und agnostizistischen Tendenzen seiner Zeit, seine jahrzehntelange Popularität erklärbar mache; der einzelne Aphorismus lasse einen breiten Interpretationsspielraum und könne in seiner Häufung als Form je nach Erkenntnisinteresse betont oder auch vernachlässigt werden. Es sei "eine allgemeine Erscheinung in der Geschichte der Ideologien, daß Denker, die eine gesellschaftliche Entwicklung erst in ihren Keimen beobachten können (...), die essayistischen, aphoristischen Formen deswegen" bevorzugten, "weil diese Formen der Mischung von bloßer Ahnung der zukünftigen Entwicklung und scharfer Beobachtung und Bewertung ihrer Symptome den adäquatesten Ausdruck"[14] sicherten.

2.2. RASSENTHEORIE UND SOZIALDARWINISMUS.

In Gobineaus Die Ungleichheit der Menschenrassen sieht Lukács das erste Werk, "das - allmählich - den Rassengedanken im Weltmaßstab in den Vordergrund gestellt hat".[15]
Gobineaus Ausgangspunkt sei der Kampf "gegen die 'unwissenschaftliche', 'naturwidrige' Vorstellung von der Gleichheit der Menschen." In der Annahme der Gleichheit der Menschen sehe Gobineau "nur ein Symptom der Bastardisierung, der Unreinheit des Blutes." Doch entwickele er aus dieser Ansicht keine "Kampfziele" und "Kampfmethoden", sondern gebe nur "die fatalistische Perspektive eines unvermeidlichen Untergangs der Kultur infolge der Blutmischung".[16]

Geschichte gebe es für Gobineau nur innerhalb der weißen Rassen, und diese Rassen seien von allem Anfang an überlegen und niemals in einem primitiven Zustand gewesen. Das hindere Gobineau aber beispielsweise nicht daran, gleichzeitig zu behaupten, die Kunst sei überall durch die Mischung der weißen mit schwarzen Rassen entstanden, besitze doch der "Neger (...) einen sehr hohen Grad jener sinnlichen Veranlagung, ohne welche Kunst nicht denkbar ist".[17]
Wir werden sehen, daß dieses Argument in der Spätphase Robert Müllers wieder in Anwendung kommt.
Die Position Gobineaus sei zudem dadurch bestimmt, daß er versuche, seine Rassentheorie mit dem Christentum und der katholischen Kirche in Einklang zu bringen.
Er gewinne seine Stellung in der Geschichte der Rassentheorie durch die Herausbildung der Methode, die bei Chamberlain und dann bei Hitler und Rosenberg zur vollen Entfaltung gekommen und wirksam geworden sei und die aus einer "Mischung von angeblicher naturwissenschaftlicher Exaktheit und verstiegener Mystik" bestehe.[18]
Gobineau wähle den Weg "der rein intuitiven, irrationalistischen Geschichtsmythe"[19], einen Weg, der einerseits seine zeitweilige Wirkung begründe, andererseits aber zugleich auch seine Grenze ausmache, werde er doch später beispielsweise von Chamberlain entschieden abgelehnt.

In diesem Sinne, aber auch durch seinen "fatalistischen Pessimismus", durch das Fehlen der "soziale(n) Demagogie eines angeblich rebellischen Antikapitalismus" und durch die fehlende Loslösung "von der christlich-feudalen reaktionären Ideologie"[20] sei Gobineau nur eine Übergangsfigur in der Geschichte der Rassentheorie, bei der die "Verbürgerlichung der Rassentheorie" noch nicht zu Ende geführt worden sei.

Eine ausschlaggebende Rolle in der Vermittlung von alter, halbfeudaler (Gobineau) und neuer, bürgerlich faschistischer (Chamberlain) Rassentheorie nimmt nach Lukács der soziale Darwinismus ein. Er sei ein "außerordentlich geeigneter Ansatzpunkt" einer direkten Apologetik des Kapitalismus, da er die "Widersprüche, vor allem die unmenschlichen Seiten des Kapitalismus, nicht mehr weggeleugnet und vertuscht (...), sondern (...) gerade von ihnen den Ausgangspunkt" nimmt; die "bürgerliche Intelligenz" werde so dazu gebracht, diese schlechten Seiten des Kapitalismus "zu bejahen oder wenigstens sich mit ihnen als angeblich unabänderlichen, naturgegebenen, 'ewigen', abzufinden".[21]

Im sozialen Darwinismus werde die Gesellschaft als "vollkommen homogener Teil der allgemeinen kosmischen Gesetzlichkeit" dargestellt, der "'Kampf ums Dasein' der Rassen" zum obersten Geschichtsprinzip erhoben und "Unterdrückung, Ungleichheit, Ausbeutung usw. als 'Naturtatsachen', 'Naturgesetzlichkeiten', die als solche unvermeidlich und unaufhebbar sind"[22], behauptet.

Ihm gehe es also nicht länger um die Verteidigung der Klassenprivilegien des historischen Adels "- wie vorwiegend noch bei Gobineau -, sondern einerseits um die Privilegien der europäischen Rassen gegenüber den Farbigen (das ist bereits bei Gobineau so), dazu der germanischen Völker, vor allem des deutschen Volkes innerhalb der anderen europäischen (also: eine Ideologie der deutschen Weltherrschaft), andererseits um den Herrschaftsanspruch der kapitalistischen Klasse innerhalb jeder einzelnen Nation, also um die Entstehung eines 'neuen Adels', nicht mehr um die Erhaltung der historisch-feudalen Aristokratie."[23]

Lukács nennt als Beispiele Gumplowicz, Ratzenhofer und Woltmann. Gumplowicz gelange in seiner Interpretation der menschlichen Ge-

schichte als "Naturprozeß" - der "K r ö n u n g a l l e r
m e n s c h l i c h e n M o r a l" - zu der Forderung einer Ergebenheit in die kapitalistische Welt, "weil sie die entsagungsvolle Unterordnung des Menschen unter die einzig und allein die Geschichte beherrschenden Naturgesetze am eindringlichsten" predige und die "Moral vernünftiger Resignation"[24] sei.
Zusammen mit Gumplowicz behaupte Ratzenhofer, der Mensch habe sich im Laufe der Geschichte nicht verändert, und ein Fortschritt für die ganze Menschheit sei nicht möglich und höchstens innerhalb eines Kulturkreises auf Kosten eines anderen zu erreichen.

Die von Gobineau übernommene These von der Ungleichheit der Menschen lasse für Gumplowicz den Staat zum "Demiurg der gesellschaftlichen Arbeitsteilung" werden, zur "Ordnung der Ungleichheit", die als die "unter Menschen einzig mögliche Ordnung"[25] behauptet werde. Dieser Staat wiederum habe sich im "Rassenkampf" der Völker zu behaupten, denn wie der Staat selbst, so präge auch das Verhältnis der Staaten zueinander das Prinzip der Ungleichheit.
Woltmann schließlich erneuere "auf der Grundlage des sozialen Darwinismus die Gobineausche Lehre, diesmal aber schon als Ideologie des deutschen Imperialismus"[26], indem er erkläre, daß "die nordische Rasse (...) die geborene Trägerin der Weltzivilisation"[27] sei.
Woltmann gehe über Gobineau hinaus, indem er auf eine "Entmischung" der Rassen hoffe, auf die Möglichkeit, "den gesunden und edlen Bestand des gegenwärtigen Geschlechts durch rassehygienische und rassenpolitische Maßnahmen zu erhalten und zu schützen".[28]

Freilich habe auch Woltmann keinen "entscheidenden Einfluß gewonnen", "weil für die breite Wirkung der praktischen Rassentheorie noch keine politisch-soziale Grundlage im damaligen Deutschland vorhanden"[29] gewesen sei.
Das sei erst Houston Stewart Chamberlain gelungen, der für Lukács "der eigentlich repräsentative Vertreter der Rassentheorie der Vorkriegszeit" ist: "Seine Bedeutung liegt darin, daß er die alte und zugleich die imperialistisch erneuerte Rassentheorie mit den typischen allgemein reaktionären Tendenzen der imperialistischen Periode, vor allem mit der Lebensphilosophie vereinigt und ihr damit jene 'weltanschauliche' Synthese verleiht, die für die äußer-

ste Reaktion dieser Zeit gerade Not tat."[30]
In diesem Sinne sei Chamberlain das unmittelbarste Verbindungsglied zwischen alter Reaktion und entstehendem Faschismus.
Chamberlain begründe seine Rassentheorie damit, daß nichts so "unmittelbar" überzeugend sei wie "der Besitz der 'Rasse' im e i g e n e n   B e w u ß t s e i n".[31]
Hier, so Lukács, gehe es nicht mehr um die Wahrheit oder Unwahrheit eines objektiven Tatbestandes, sondern die "vollendetste subjektivistischste Willkür" werde "als 'Methode' konstituiert."[32]
Damit liefere Chamberlain nicht allein eine Rechtfertigung der inneren Erfahrung, sondern ebenso die des "zur Weltanschauung erhobenen Irrationalismus und Intuitionismus."[33]
Von hier aus sei es Chamberlain, der in Anlehnung an Paul de Lagarde die christliche Religion wegen ihrer "minderwertigen semitischen religiösen Instinkte"[34] ablehne, nun auch möglich, eine Erneuerung der Religion zu betreiben. Bei aller Überlegenheit der Germanen über die minderwertigen Rassen habe das Germanentum für Chamberlain "eine entscheidende, gefährliche Schwäche: es fehlt ihm die artgemäße Religion."[35]
Um diese zu begründen, greife Chamberlain auf die altindische Weltanschauung zurück, weil diese "alogisch" und ein "inneres Wissen"[36] jenseits "aller Beschäftigung mit Beweisen" sei. Mit dieser Wendung zu einer neuen Religion überwinde Chamberlain nicht allein den Geschichtspessimismus Gobineaus, sondern auch den naturwissenschaftlichen Monismus des landläufigen sozialen Darwinismus. Diese neue Religion habe die Funktion, den "Kampf der germanischen Lichtbringer mit den Mächten der Finsternis, mit Jerusalem und Rom"[37] zu rechtfertigen, sei es doch für Chamberlain erst durch das römische Weltreich zu einer allgemeinen Rassenmischung und der Gefahr des Unterganges der Kultur gekommen.
Judentum und "Völkerchaos", "dessen organisatorische Zusammenfassung und ideologische Bewahrerin nach Chamberlain die römisch-katholische Kirche ist"[38], gelte es, mit einer Religion, mit einer Wahrheit zu bekämpfen, die allein "einzig wahr für uns Germanen"[39] und nur diesen "Auserwählten zugänglich"[40] sei.
Chamberlain, so Lukács abschließend, verkörpere damit die "vollständige Verschmelzung" der verschiedenen Richtungen der "imperia-

listischen Reaktion". Er gebe der "lebensphilosophisch-irrationalistische(n) Untergrabung und Zersetzung des Denkens, der Vernunft eine klare, mythenhafte, allgemein greifbare Gestalt" und führe zugleich die Rassentheorie "aus ihrer positivistisch-wissenschaftlichen Suggestionslosigkeit heraus"; es entstehe "jene geistige und moralische Atmosphäre", in welcher die Rassentheorie "zum Religionsersatz verzweifelter und fanatisierter Massen" werden konnte.[41]

2.3. <u>KRIEGSEUPHORIE 1914 UND ANTIMILITARISMUS.</u>

Paul Lübbe charakterisiert die "philosophischen Ideen von 1914", indem er darauf verweist, daß "die Mahnung Friedrich Meineckes", in der "'deutschen Erhebung von 1914' (...) auch das Jahr 1848 nicht zu vergessen, (...) weithin unerhört" blieb: "Was Meinecke noch als Schwäche des Bismarckschen Reiches gedeutet hatte, die mangelnde Integration des bürgerlichen politischen Liberalismus in den Staat, wurde von anderen, in ideologischer Transformation, zur deutschen politischen Eigentlichkeit uminterpretiert."[42]

Johann Plenge[43] feiere "'das Fest des 2. August' als Fest 'des inneren Sieges', als Tag deutscher 'Wiedergeburt', als Tag der Erweckung eines 'neuen Geistes', eines Geistes nämlich 'der stärksten Zusammenfassung aller wirtschaftlichen und aller staatlichen Kräfte zu einem neuen Ganzen'".[44]

Für Plenge stünden die "Ideen von 1914" im Kampf mit den "Ideen von 1789" und seien dazu berufen, die Weltherrschaft anzutreten: dieser Krieg sei der "Kreuzzug im Dienste des Weltgeistes".[45]

Wie für Paul Natorp, verwandele sich auch für Plenge "der Gegensatz von 'Kapitalismus' und 'Sozialismus' in den Kriegsgegensatz des europäischen Westens gegen Deutschland." Mit seiner Sozialismuskonzeption, die sich "zum Begriff staatlich organisierter, politisierter Volkswirtschaft" materialisiere, nehme Plenge "in vielem bereits die spätere Spenglersche Konfundation von <u>Preußentum und Sozialismus</u> vorweg."[46]

In Spenglers gleichnamigen Buch sei dann in der Formulierung eines
"'autoritativen Sozialismus' (...) das Konzept einer neuen, dem
20. Jahrhundert gehörenden Politik, die ihrem 'Wesen nach illiberal
und antidemokratisch' ist, (...) am wirksamsten geworden."[47]

Schon um 1914, so Lübbe, werde der Revolutionsbegriff dahingehend
verändert, daß sich seine Bedeutung zu einem Geschehen neutralisiere, das "den Charakter politischer 'Bewegung' hat und die Massen ergreift oder in sich hineinzieht."[48] Das Jahr 1914 selbst,
der Kriegsausbruch werde zur Revolution erklärt, am wirksamsten
bei dem in Deutschland einflußreichen schwedischen Staatsrechtler
Rudolf Kjellén.[49]

Für Kjellén gehe es im Weltkrieg um den Kampf der "Ordnung gegen
die Freiheit" und die "Gleichheit" zugleich, um eine "organische
Gestaltung der Gesellschaft nach Rang und Wert der Persönlichkeit."[50]

Im Jahre 1914, so Kjellén, sei "der kalte, aber helle Stern der
Pflicht, der Ordnung, der Gerechtigkeit" aufgegangen: "Nur wer
bereits unter der Anziehungskraft dieses Himmelskörpers steht,
kann die Tiefe und den Umfang des Ekels erfassen, mit dem sich
die Bekenner der neuen Ideen in der übernächtigten Luft von 1789
noch zurechtfinden."[51]

Kjellén, so Lübbe, berufe sich dabei neben Plenge vor allem auf
Werner Sombart, und dies zurecht. Sombarts <u>Händler und Helden.
Patriotische Besinnungen</u> (1915) seien die "äußerste Überbietung
nationaler Borniertheit". In diesem Buch werde "der Topos von der
Erneuerungskraft des Krieges zur Sprache der Mythos vom 'jungen
Volk'"[52].

Das "Glück" als das Prinzip utilitaristischer Ethik sei für Sombart
ein "hundsgemeines Ideal".[53] An seine Stelle trete als menschliches Ziel "das steile Pathos einer Pflicht, die im Grunde genommen schon zur 'Einsatzbereitschaft' korrumpiert ist, zu jenem
leeren Heroismus, der Entschlossenheit zu sich selbst als Lebensform ist". In diesem "Romantizismus des Gefährlichlebens" löse sich
"die kalkulierende, abwägende Vernunft auf".[54]

Sombart gehöre zu denjenigen, die sich vor allem auf Nietzsche
berufen; er sei ihm "Kronzeuge für deutsches Denken und Werten"[55]
und werde "auch zum Vorbild in der Umwertung einiger Werte, die

sich in auffälligen Abweichungen vom bislang üblichen Sprachgebrauch"[56] ankündigten. Lübbe führt die Begriffe "Fanatismus" und, für uns besonders sprechend, "Barbarentum" an. "Barbarentum" werde nun zum "deutschen Ehrentitel umgemünzt."[57]

Wilhelm Krull ist in seiner Arbeit über Politische Prosa des Expressionismus u.a. der Kriegseuphorie 1914 und den militaristischen wie antimilitaristischen Strömungen der Kriegsjahre nachgegangen, um den "politisch-literarischen Sozialisationshorizont der Schriftsteller in den letzten Jahren des Deutschen Kaiserreichs und zu Beginn der Weimarer Republik"[58] zu bestimmen.

"Als am 4. August 1914", so Krull, "der Einmarsch deutscher Truppen in Belgien begann, bestimmten Kriegsbegeisterung und Zusammengehörigkeitsgefühl das öffentliche Leben im Deutschen Kaiserreich. Alle sozialen Gegensätze schienen durch die Situation gemeinsamen Bedrohtseins aufgehoben und der Krieg erhielt den Charakter eines Abenteuers, das eine willkommene Abwechslung vom bürgerlichen Alltag zu werden versprach."[59]

Diese Interpretation des Krieges sei öffentlich vor allem von den "Universitätsprofessoren, Gymnasiallehrern, Pfarrern, Journalisten und Schriftstellern (...) als Wortführer des wilhelminischen Bildungsbürgertums" in dem ständigen Bemühen propagiert worden, "die deutsche Kriegspolitik zu legitimieren".[60]

Das wilhelminische Bildungsbürgertum, im Kaiserreich der "wichtigste() Propagandist () der deutschen Imperialbegeisterung", habe sich als Legitimationsideologie "neben dem auch in anderen Ländern vertretenen Sozialdarwinismus vor allem" auf den "Pangermanismus" berufen[61].

"Anti-Intellektualismus und der Ruf nach den irrationalen Kräften des Volkes wurden zu den wichtigsten Kennzeichen der imperialistischen Propagandavereine."[62]

Verschiedene bürgerliche Oppositionsbewegungen gegen die wilhelminische Gesellschaft zeichneten sich, so Krull, "vornehmlich durch eine Flucht vor der Politik"[63] aus. Als wichtigste Vertreter dieser Bewegungen nennt er die "Jugendkulturbewegung" und die "Lebensreformbewegung".

Gustav Wyneken, der Begründer der "Jugendkulturbewegung", habe einen "großen Einfluß auf die bildungsbürgerliche Jugend und einen

Teil der expressionistischen Schriftsteller" gewonnen, so auf Walter Benjamin, Karl Korsch, Alfred Kurella und August Wittfogel.[64]

Die "Lebensreformbewegung" habe die gesellschaftliche Idealvorstellung "von einem naturgemäßen Leben, in dem das Individuum in Harmonie mit der Natur existieren sollte", aufgestellt und damit eine "rückwärtsgewandte Utopie" formuliert.[65]

Kulturreformerischen Bewegungen schließlich, die die "moralische Wirkung" eines Kunstwerkes statt es selbst in den Vordergrund stellten, hätten "das 'Erleben' eines Kunstwerks (...) zur zentralen Forderung an den Rezipienten erhoben."[66]

"Jugendkulturbewegung", "Lebensreformbewegung" und kulturreformerische Bewegungen wirkten alle "systemintegrativ". Die "auffälligste Erscheinung im Gesellschaftsbild des Kaiserreichs war" allerdings, so Krull, "die Präponderanz des Militärwesens in allen Bereichen des öffentlichen Lebens."[67] Der Militarismus habe schließlich "eine solch beherrschende Stellung erreicht, daß man von ihm als geistiger Existenzform des Menschen schlechthin sprechen konnte."[68] Dennoch aber habe kaum ein Autor in der "militaristischen Vaterlandsbewegung", die dieser Militarisierung der gesamten Gesellschaft entsprossen sei, "eine ernstzunehmende gesellschaftliche Kraft" gesehen.[69]

So habe sich bei den antimilitaristischen Autoren und Herausgebern von Literaturzeitschriften (Karl Kraus, Erich Mühsam, Franz Pfemfert, Wilhelm Herzog, ab 1916 René Schickele) "angesichts der Begeisterung, mit der neben den militaristischen Bürgern auch viele ihrer Dichterkollegen in den Krieg zogen, (...) zunächst Ratlosigkeit und Resignation" ausgebreitet, auch gegenüber der sich rasch ausbreitenden Militarisierung der Literatur.[70]

Krull weist nach, daß die Autoren, die sich in ihren Publikationen gegen die angesprochene Militarisierung der Literatur und gegen den Krieg überhaupt stellten, aufgrund der Selektionskriterien der Literaturkritik und der Verlage als auch der Zensur während der Kriegsjahre kaum Beachtung fanden, freilich in ihren Kritiken meist auch nicht über eine moralisierende Ablehnung des Krieges hinauskamen. Er nennt ausführlich Ludwig Rubiner und Hedwig Dohm.

Karl Kraus und später René Schickele wiederum hätten die Manipulationsmöglichkeiten der Massenpresse für die allgemeine Kriegseuphorie verantwortlich gemacht, und letzterer habe in seinen <u>Weißen Blättern</u> durch den Abdruck ausländischer Antikriegsschriften und Dichtungen zumindest versucht, "den Denunzierungen anderer Völker durch die Kriegsbefürworter entgegenzutreten."[71]
"Neben solchen Versuchen, die kulturelle Integrität der Kriegsgegner zu belegen", habe es auch Beiträge gegeben, "in denen die Wertschätzung der Kultur anderer Länder zum Ausdruck gebracht wurde". Heinrich Manns "Zola"-Essay habe beispielsweise "die Herausstellung der literarischen Leistungen des französischen Autors mit einer Anklage gegen die deutsche Kriegspolitik" verbunden.[72] Doch sei die Demokratiebegeisterung, die Heinrich Mann in diesem und anderen Essays zum Ausdruck gebracht habe, nur von wenigen Antikriegsschriftstellern geteilt worden: "Die meisten aktivistischen Autoren (...) schlossen sich dem geistesaristokratischen Konzept des "Ziel"-Herausgebers Kurt Hiller an".[73] Dieses Konzept habe sich wiederum entschieden von anarchistischen Gruppen (das "Wie" des Weges in die staatenlose Gesellschaft) und den bestehenden sozialistischen Parteien (die Funktion staatlicher Gewalt im revolutionären Prozeß) abgehoben.

Zusammenfassend läßt sich daher sagen:
Während der Kriegsjahre wird der militaristisch-imperialistischen Ideologie und Praxis des Deutschen Kaiserreichs kein ernsthafter Widerstand entgegengesetzt. Im Gegenteil ist es zumindest für die ersten Kriegsjahre kennzeichnend, daß der übergroße Teil der bürgerlichen Intelligenz - mit welch unterschiedlichen Motiven auch immer - diese Ideologie und ihre Praxis, den Krieg selbst, befürwortet und publizistisch stützt.
Der Kritik, die geäußert wird, fehlt es einerseits an gesellschaftspolitisch fundiertem Wissen, um den Krieg und die ihn stützende Ideologie handlungsweisend zu analysieren, andererseits an wirkungsträchtigen, unabdingbaren Publikations- und Distributionsmöglichkeiten.
Als es der Kritik gegen Kriegsende aus hier nicht weiter zu verhandelnden Gründen gelingt, stärker ins öffentliche Bewußtsein zu treten, scheitert sie u.a. an ideologischen Differenzen und, so

kann über Krull hinausgehend gesagt werden, an dem Fehlen einer Analyse gesellschaftlicher Kapital- und Machtverhältnisse und der Bestimmung des sozialen Standortes des Intellektuellen in einer kapitalistisch organisierten Gesellschaft.[74]

3. ROBERT MÜLLER: ZIVILISATIONSKRITISCHE ASPEKTE.

3.1. 1912 - 1915. "WAS ERWARTET ÖSTERREICH VON SEINEM JUNGEN THRONFOLGER?".

In R. Müllers erstem großen Essay Was erwartet Österreich von seinem jungen Thronfolger? heißt es: "Die Technik und die Wissenschaft sind nicht schädlich oder auch nur überflüssig (...). Schädlich ist die Verplattung, der diese germanische Schöpfung unter der Masse der niederrassigen Bestandteile unserer Nationen unterliegt. (...) Der Japaner zum Beispiel (...) ist an der Maschine zu einem furchtbaren Geschöpf geworden. Sein Materialismus ist jetzt (...) eine unorganische schlechte Gewohnheit. (...) Man muß ihn (den Materialismus; G.H.) bekämpfen."[1]
Nach Ansicht R. Müllers erhöhen Wissenschaft und Technik selbst weder die geistigen Fähigkeiten noch die Daseinssicherheit des Menschen, sondern führen in ihrem materialistischen Gebrauch zu einer Beraubung des sittlich-religiösen Auftriebs des Menschen.[2]
Es müsse darum gehen, Wissenschaft und Technik in Ausdeutung und Handhabung an die "organisch" gewachsenen kulturellen Eigentümlichkeiten einer Nation, an "seelische und blutgemäße Voraussetzungen"[3] zu binden.
Im Eingangszitat deutete sich an, daß R. Müller kein ausschließlich negatives Verhältnis zu Wissenschaft und Technik hat. Gleichzeitig konnte es so scheinen, als huldige er dennoch in seiner Berufung auf "seelische und blutgemäße Voraussetzungen" (s.o.) einem nur rückwärtsorientierten Denken. Doch in seiner Feststellung, daß Wissenschaft und Technik nicht überflüssig seien, liegt implizit der Hinweis auf eine andere, angemessenere Interpretation. Diese legt ein zwei Jahre zuvor erschienener Artikel nahe. R. Müller äußert sich dort geradezu euphorisch, ja idyllisierend und romantisierend über eine technisierte Umwelt.
Es sei absolut unerfindlich, "warum eine verbummelte Mühle in einer Waldschlucht (...) unbedingt lebenswerter sein soll als ein geschmackvoll erdachtes Elektrizitätswerk, das zu seinen szenischen und kraft- und zeitökonomischen Voraussetzungen stimmt."[4]

Im selben Atemzug geht er so weit, die Technik und ihre Produkte zu naturalisieren: "Ein Transmissionsriemen, eine hochgespannte Batterie und wahnwitzig getürmte Eisenblöcke" sind ihm "reißende Bestien und wirken mit erdrückender Mystik."[5] Glauben wir uns bei einem Wort wie "Elektrizitätswerk" im 20. Jahrhundert, so katapultiert uns R. Müller in die menschliche Frühgeschichte zurück: "Nur die aufreibendste, nervös kontrahierte Sprungfertigkeit mit den mobilsten Jägerinstinkten vermag zwischen einem solchen Urwalde von Eisen und Raubtierdrohungen die Kaltblütigkeit zu bewahren."[6]

Wie also: Futuristische Technikbegeisterung und Darwins "struggle for life" und Rousseaus Naturidylle in einem?

Der Futurismus, so R. Müller in einem "Flugblatt" aus dem Jahre 1914, trete nur für die "Triebe" ein und verpöne die intellektuellen Fähigkeiten des Menschen, obwohl sein Denken rationalistisch durchsetzt sei. Dieser Rückzug in den Instinkt aber könne nur, so an anderer Stelle, "für die Frigiden das bewußte Ziel" sein; "für den Feurigen ist stets der Intellekt Wohltat gewesen und tendenziös errichteter Willensinhalt. Die letzten großen Werte im Leben (...) werden vom Bewußtsein und vom Willen ausgearbeitet".[7]

Die angeführte Kritik am Futurismus scheint in der Konzeption R. Müllers eine Entgegensetzung von Ratio und Trieb, von Intellekt und Willen zu behaupten. Doch führt auch diese Vermutung in die Irre, behauptet doch R. Müller schon zwei Jahre zuvor, daß der Intellekt stets eine Sache des "guten und stürmischen" Blutes gewesen und als solcher von bloßer Intelligenz - sie ist "friedsam, beschränkt und ohne Impuls"[8] - streng geschieden sei. Wenn das "Körperliche vehement" werde, sei es "Geist".[9] Der Intellekt richte sich auf die Menschheit als solche und ihre Entwicklung, während sich die Intelligenz nur um die Erhaltung des Einzelwesens bemühe.

Gibt sich R. Müller damit als Darwinist zu erkennen? Der Darwinismus, so belehrt er an anderer Stelle, stütze das Leben auf "Bösartigkeit", "Krankheit" und "Vernunftlosigkeit". "Diesen indifferenten oder pervertierten Geist nannten sie den wissenschaftlichen im ganzen, in seiner entsprechenden Teilung struggle for life, Genie und Irrsinn, und Irrationalismus."[10] Dieser Geist habe sich in zwei Erscheinungen gespalten, "in die Bösen und Kranken, die man Rationalisten" nenne, und "in die Vernunftheiden, die man Irrationalisten nannte."[11] Der Unterschied zwischen beiden aber sei nur geringfügig, denn der Irrationalist sei nur ein "philiströs und zufrieden gewordener Rationalist". Es sei beiden gemeinsam, daß der Glaube an eine "sinnvolle Läuterung menschsinnlicher Triebe durch eine weltsinnliche Vernunft"[12] fehle.

Es wird deutlich, daß R. Müller trotz der scheinbaren Gleichsetzung von menschlichen Urzuständen und dem Leben in einer technisierten Umwelt an einer möglichen positiven Menschheits- und Gesellschaftsentwicklung festhält. Weder die auf irrationalistischer Grundlage aufbauende Zivilisationseuphorik und nur Gegenwärtigkeit futuristischen Denkens noch der einseitig biologisch orientierte Skeptizismus und Determinismus darwinistischer Prägung bieten ihm eine angemessene weltanschauliche Grundlage zur Interpretation und Handhabung zeitgenössischer Zivilisationsprobleme. Das gilt auch für Denkansätze wie die Rousseaus. Rousseau habe fälschlicherweise "von allen Urzuständen nur eine paradiesische Faulheit"[13] entlehnt. Er sei "ersichtlich ein Erschöpfungszustand, eine im Ganzen genommene friedliche Sehnsucht nach dem Wiegenliede, also ein hoffnungslos beschränkter Rückfall, der durch keine verzehrende Sehnsucht nach Kraftentfaltung hervorgerufen war".[14]

In dieser "Sehnsucht nach Kraftentfaltung" (s.o.) liegt der Schlüssel zu einer angemessenen Interpretation von R. Müllers Zivilisationskritik in dieser Phase. Der Begriff "Kraft" ist assoziativ sowohl mit der vulkanischen Ursprünglichkeit und Tatnötigung eines menschlichen Urzustandes als auch mit dem "geschmackvoll erdachten Elektrizitätswerk" (s.o.) verbunden. Die Forderung nach unbedingter Kraftentfaltung ist das Kriterium, an dem sich zivilisatorische Erscheinungen der Gegenwart und der menschlichen wie gesellschaftlichen Vergangenheit messen lassen müssen. Es ist zugleich die Forderung nach einer Synthese alles Kraftvollen, nach einem Menschen und einer Gesellschaft, die "Kraft" zu ihrem obersten Prinzip erheben. Dabei ist "Kraft" nicht allein im physischen Sinne zu verstehen; "Kraft" meint hier vor allem auch die

Synthese von "menschsinnlichem Trieb" und "weltsinnlicher Vernunft". R. Müller fordert das Miteinander anthropologischer Grundkonstanten ("Blut" und "Sinnlichkeit") und kraftentfaltender Rationalität ("technische Phantasie"): "Die Gegenwart wimmelt von Zukunft; aber die Zukunft wimmelt von Vergangenheit."[15]
Eine wahrhafte Revolution müsse also einen konservativen Charakter haben, freilich einen solchen, der sich nicht gegen das "Muß des äußeren Fortschritts"[16], d.h. gegen die Technik stelle. Sie begreife vielmehr die Technik und die ihr zugrundeliegende konstruktive Phantasie als Ausdruck ursprünglichsten Menschseins, als "forcierten Natureffekt" und eine "beseeligend tüchtige Kraftentfaltung der reinsten Lebenstriebe."[17]
Technische Phantasie sei, so R. Müller, ein Überschuß sexueller Energien und verleihe uns etwa die Fruchtbarkeit, "wie wir sie besessen hätten, da wir noch Walfische und Fledermäuse gewesen wären."[18] Es sei die Aufgabe des "technischen Sinns", dieses "neuesten animalischen Instinktes", durch Zivilisierung "die unfraglich vorhandene Überkultur in praktische Richtungen zu lenken."[19]
Der "Geist" als das "vehement" gewordene "Körperliche", als Ausdruck menschlicher Atavismen müsse technisiert werden, um die sich sonst verlaufenden menschlichen Kräfte zu organisieren.
Zur Bewältigung dieser Aufgabe bedürfe es einer neuen Disziplin, keiner der "Gelehrten", "sondern der Schöpfer, Organisatoren, Erfinder und Künstler im höchsten Sinne"[20]: Müller nennt sie "Psychotechnik". Der "Psychotechnik" gehe es um das Verhältnis "von Ich und Mitwelt, um die taktische Verwendung von Stimmungen, Sensationen und physischen Einheiten (...) zu der aufs Leben aller gerichteten Tat".[21] Diese aufs Leben aller gerichtete Tat setze "harte Güte und unsentimentale Milde", "den Instinkt zu unumgänglicher Disziplin", "den Schwung zur Nüchternheit", "der an der Poesie der nackten Tatsachen ausholt"[22], voraus. Die Kultur müsse sich ins "Tagewerk" verästeln, Zivilisation und Kultur in einen wechselseitigen Durchdringungsprozeß treten. In dieser Haltung äußere sich die "Religion unserer Zeit": "Es ist die Religion von der Maschine, einem edlen intelligenten Arbeitsindividuum, und es ist eine Ethik des genialen Selbstbetriebes."[23]
Ziehen wir ein erstes Fazit: Der Siegeszug von Wissenschaft und Technik im ausgehenden 19. und beginnenden 20. Jahrhundert führt

im Urteil R. Müllers zu einer neuen Pseudo-Kultur, die neben den
traditionellen, "organisch" gewachsenen Kulturerscheinungen angesiedelt ist und diesen unvermittelt gegenübersteht. Kultur im herkömmlichen Sinne ist zu einer Integration oder auch nur bewußtseinsmäßigen Bewältigung der Phänomene Wissenschaft und Technik nicht in
der Lage. Wissenschaft und Technik ihrerseits beanspruchen unter
Absehung von anthropologischen Grundkonstanten und kulturellen Traditionslinien absolute Gültigkeit, vermögen also unter gesamtgesellschaftlicher Perspektive nicht synthetisierend zu wirken. Mensch,
Zivilisation und Kultur stehen in einem schismatischen Verhältnis
zueinander. Diese Gespaltenheit führt zu einer Blockierung, Fehlleitung oder Hemmung der jeweiligen Kraftpotentiale. Kraftentfaltung, Schöpfung, tätiges Fort- und Vorwärtsschreiten aber sind für
R. Müller der Sinn des Lebens schlechthin. Folgerichtig fordert er
daher die Synthese aller derzeitigen Kraftpotentiale, jedoch nicht
im Sinne des Selbstzwecks, des blinden, ungezügelten Kraftprotzens,
sondern zum Zwecke einer Weiterentwicklung von Mensch und Gesellschaft. Solche zielgerichtete Synthese setzt die Organisation ihrer
Teile durch eine "weltsinnliche Vernunft" voraus. Diese angestrebte
Synthese selbst hat sich vorrangig an dem auszurichten, was der
Mensch in der Summe seiner Veranlagungen ist. Mit Nietzsche versteht R. Müller den schöpferischen Menschen als "Krieger"; es ist
sein "Blut", das den Menschen "kriegerisch" macht.[24] Das Bekriegen aber darf nicht als ewig währender "struggle for life" um seiner selbst willen erfolgen. Das Ideal des wahrhaften Krieges ist der
Friede, die Harmonie aller Teile eines Ganzen:
"Einen siegreichen Krieg soll man führen, wie unser Blut ihn lehrt,
wenn an einem schönen Sommertage des Gemüts die Blutkörperchen in
Schlachtordnung gegen die "Fremdkörper" ausrücken und in wilder
Schlacht die Eindringlinge vollständig vernichten. Nach diesem Morden wird der Kopf klar und hell, die Organe gedeihen und das Gemüt
hat Sommer von innen her."[25]
Es bedarf ebenso der Läuterung "menschsinnlicher Triebe" (s.o.) mit
Blick auf das Kraftpotential "Technik" wie der "Anthropologisierung"
dieser Technik durch ein synthetisierend utopisches Denken, durch
die schon genannte "weltsinnliche Vernunft" (s.o.). Das Ziel dieser
"weltsinnlichen Vernunft" ist eine neue "kongeniale" Kultur, "die

wohl eine technische, also in dem Falle eine psychologisch produktive"[26] sein muß. Für R. Müller sind "Psychologie" und "Technik" nur zwei Namen für die gleiche Erscheinung, für eine "taktische Selbstverwendung" zum Ziele des neuen Menschen und einer neuen Gesellschaft.

3.2. 1915 - 1916. "MACHT. PSYCHOPOLITISCHE GRUNDLAGEN DES GEGENWÄRTIGEN ATLANTISCHEN KRIEGES".

Es wurde gesagt, daß für R. Müller der Sinn des Lebens allein in stetiger Kraftentfaltung, im tätigen Fort- und Vorwärtsschreiten liege. Eine solche Haltung zur Welt sieht er vor allem in der Figur des Faust verkörpert. In seinem zweiten Essay Macht. Psychopolitische Grundlagen des gegenwärtigen atlantischen Krieges (1915) heißt es:
"Er sucht; und findet am Ende, daß sein Wesen auf Bewältigung gestellt ist und dies des Lebens Sinn sei. Es gibt keine Antwort auf unsere grüblerischen Fragen. Nur jene Antwort, die wir uns geben. Die Natur appelliert an unsere Produktivität."[27]
Der Sinn eines als sinnlos erkannten Lebens wurzele Faust schließlich in einer politischen wie sozialen Machtschöpfung. Diese enthalte ihrer Anlage nach auch "mechanische Macht". Faust dränge nach Ausnützung aller menschlichen Energien. Der Herr der "mechanischen Macht" aber sei Mephistopheles. Faust, der "Deutsche", mit technischem Geist, d.h. mit erfinderischem Geist und praktischer Vernunft begabt, verschreibe sich jedoch Mephistopheles nur, um diesen später zu "betrügen". Der Betrug bestehe in der Überwindung des Materialismus "mechanischer Macht". Wie der Deutsche des Jahres 1915, so sei auch Faust noch als "Techniker" und "Materialist" letztlich "Metaphysiker".[28] Für ihn sei auch die "materiellste Realität" immer im Denken verankert. Sein Denken kreise "um Begriffe wie Recht, Pflicht, Macht; Ich und Welt; Sein und Werden."[29]
Es wird deutlich: Die Forderung einer "Anthropologisierung" von Wissenschaft und Technik und einer "Technisierung" "menschsinn-

licher Triebe" bedarf einer tieferen Fundierung. Vorrangig geht es nun um die Herrschaft über die "mechanische Macht", um eine "Metaphysik" der Technik und des ihr zugrundeliegenden analytischen Denkens. Die Vermutung liegt nahe, daß die brutale Aktualisierung technischer Möglichkeiten und technischer Macht während des Ersten Weltkrieges zu dieser Neubesinnung geführt haben.
R. Müller selbst gesteht ein, daß Mephistopheles auch seine "bösen Seiten" habe und wirft die Frage auf, ob der "Mechanismus" als die Summe von Wissenschaft und Technik angesichts der Schrecken des Ersten Weltkrieges überhaupt einen Sinn habe. Daß diese Fragestellung aber nur rhetorischer Natur ist, macht die gegebene Antwort sogleich deutlich.
Gerade an diesem Kriege, so R. Müller, "erleben wir den S i n n d e s M e c h a n i s m u s, und siehe, wir können sagen, daß wir uns in unserem dunklen Drange des rechten Weges bewußt waren." Es sei festzuhalten, daß die Menschen noch nicht an den "Betrieb", d.h. an die Technik und ihre Organisationsstruktur gewöhnt seien. Nicht der "Betrieb", "sondern die Menschen versagen".[30]
Der "Betrieb" sei nicht die "Sklaverei", sondern die "Freiheit" des Menschen, enthebe er ihn doch der Sorge und Sorgfalt um die Dinge um sich und an sich. Denn der "Betrieb", charakterisiert als Massenproduktion, mache die Dinge gleichsam ewig dauernd, indem er sie millionenfach reproduziere. Zugleich liege es im Wesen betrieblicher Produktion, ihre Produkte beständig zu verbessern. Damit aber sei der "Betrieb" geradezu naturgemäß: "Denn nun siegt wirklich der Schnellste, der Tüchtigste und der Ausdauerndste."[31]
Die Maschine als die sinnfälligste Form des "Betriebes" habe mit dem Materialismus gar nichts zu tun, sie sei vielmehr ein "seelenvolles Geschöpf und ein Kind des Idealismus."[32] Fühle sich der heutige Mensch von der Maschine gegängelt und mißbraucht, so beweise das lediglich, daß er moralisch schwächer als seine Phantasie sei. Die Maschine sei nach dem Ebenbild des Menschen gebaut, der seinerseits "das Urmodell einer von allem Anfang an mechanisch komponierten Schöpfung" darstelle.[33] Die heutige Bedeutung der Maschine liege vor allem darin, daß in ihr die Tugenden der Mäßigung, Sparsamkeit und des Selbstgenügens aufgehoben seien, Tugenden, die im jetzigen Zeitalter durch eine zunehmende "Blutsver-

schlechterung des Durchschnitts"[34] gefährdet seien. An dieser
"Blutsverschlechterung" habe allerdings auch die Maschine bzw.
die Mechanisierung ihren Anteil, habe doch die Technisierung der
ärztlichen und humanitären Hilfspraxis zu einer herabgeminderten
Sterblichkeitsquote, zu einem "rein zahlenmäßigen und außerhalb
jeder Kulturbeachtung liegenden Fortschritt"[35] geführt. Die Maschine habe in falscher Verwendung zu einem ihrem Wesen entgegengesetzten Ziel, nämlich zu der Produktion von Durchschnitt geführt. Doch sei die Maschine weder "sozialdemokratisch noch jüdisch-human; sondern grausam, schlichtsinnig und auswählerisch."[36]
Sie richte sich gegen die "allgemeine Dekadenz" und gegen die
"Entartung", die die angeführte "Blutsverschlechterung" mit sich
bringe. Es liege zweifellos "im staatlichen und völkischen, somit
im Interesse jedes gesünder denkenden Individuums"[37], unter Berufung auf das mechanistische Prinzip den ungesunden Zustand des
nur quantitativen Volkswachstums zu beheben. Allein über den "Betrieb", "über die große Organisation", über den selektiven "mechanistischen Geist" werde der Boden "für ein durch Auslese auf
höchste Befähigung hin gesiebtes Herrentum"[38] bereitet.
Es sei ein Irrtum zu glauben, daß die Mechanisierung das Leben des
einzelnen verarme. Ebenso abwegig sei die Vermutung, daß die Mechanisierung zu einer Auflösung des "Ich" beitrage. Eine solche
Auflösung des "Ich", die im "Ich" nur noch eine "denkökonomische
Einheit" zu sehen vermöge, die "ein Sein hinter den Gesetzen des
physikalischen Ablaufs leugnet"[39], folge allein aus der genannten
pervertierten Mechanismusrezeption, der es an einer "Metaphysik"
der Technik und an einem "metaphysischen Idealismus" mangele. Für
das "Ich" gebe es keine Formel, sondern nur ein Gleichnis: "Das
Ich ist kein im weitesten Sinne mechanisches Produkt; die Mechanisierung der Beziehungen seiner Reizwelten aber gegeben und wünschbar."[40]

Wie schon in den Artikeln im Umkreis des Essays <u>Was erwartet
Österreich von seinem jungen Thronfolger?</u>, hält R. Müller auch in
diesem zweiten Essay an der Doppelgesichtigkeit alles Gegebenen
fest. Die Dinge stehen zueinander und zu dem sich an ihnen äußernden und sich ihrer bedienenden Ich in einem rationalisierbaren Verhältnis, in einem solchen, das prinzipiell einsehbar ist und somit

der Forderung unterliegt, auch rationell zu sein. Das Ich selbst jedoch entzieht sich seinem Wesen nach jeder Rationalisierung, ist nur "qualitätsloses ungereiztes Bewußtsein"[41] und kann nur in der unmittelbaren Selbstanschauung erfahren und erlebt werden.

Die Mechanisierung, die Phänomene Wissenschaft und Technik erfahren bei R. Müller, wie die Anführungen zeigen, eine Sinngebung durch die Zweigleisigkeit einer regressiv-utopischen Reflexion, die sich an den Unzulänglichkeiten aktueller Verhältnisse entzündet. Dabei versteht sich das auf den Menschen in seiner Ursprünglichkeit gerichtete Denken nicht allein als Anthropologie, sondern zugleich als Ethik. Das als ursprünglich Gesetzte wird mit dem Guten schlechthin gleichgesetzt. Durch diese Positivität gewinnt das als einmal gewesen Gesetzte zugleich zukunftsweisenden Charakter. Doch richtet sich dieses Denken nicht allein auf die Ursprünglichkeit des Menschen, sondern zugleich auf die der Schöpfung insgesamt. Diese Schöpfung als die Summe von Mensch und Dingwelt und ihres Verhältnisses zueinander wird als "mechanisch komponiert" aufgefaßt. Es folgt aus der dem Mechanischen eigentümlichen Rationalität, daß es bis zu seiner Vollendung, d.i. der Wirklichkeit gewordenen Idee des Mechanischen, zu Ende gedacht werden kann. Am Leitfaden dieser Utopie, des Zugleich von vollendeter Mechanisierung des Verhältnisses von Ich und Dingwelt und von ungehinderter Freisetzung der freilich geläuterten irrationalen Bestände des Menschen orientiert sich das zivilisationskritische Denken R. Müllers.

In dieser Utopie, die auch unter dem Stichwort der "Metaphysik" der Technik gefaßt werden kann, kommen Wissenschaft und Technik zwei Aufgaben zu: Explizit wird ihnen zugesprochen, durch eine zunehmende Verkürzung der für die gesellschaftliche Reproduktion notwendigen Arbeitszeit zu einer möglichen Intensivierung des Auslebens menschlicher irrationaler Bestände beizutragen; Implizit spricht ihnen R. Müller in der konkreten historischen Situation des Jahres 1915 aber ebenso die Aufgabe zu, mit dem Mittel moderner technischer Vernichtungswaffen die "nur quantitativ" erfolgte Menschheitsentwicklung zugunsten eines zahlenmäßig begrenzten Herrenmenschentums rückgängig zu machen.

Der Erste Weltkrieg hat für ihn insofern wesentlich anthropolo-

gische und kulturpolitische Ziele zu verfolgen. Daher kann er in Rückbesinnung auf den Kriegsausbruch im August 1914 formulieren: "Viele von uns sind als Kriegsfreiwillige eingerückt, um (...) in rigorosester Ausdeutung ihr Gedachtes zu praktizieren."[42] Sein Ziel und das anderer sei es gewesen, sich vor aller Welt als die "Mächtigen" im höchsten Sinne zu beweisen, "mächtig ihrer selbst durch Selbstzucht, mächtig über andere durch eben diese Selbstzucht."[43]
Dieses Ziel sei zu diesem Zeitpunkt bereits erreicht, und eine Fortführung des Krieges sei aus dem Blick der anthropologischen und kulturpolitischen Utopie fragwürdig geworden.
Schon im Jahre 1915 erscheint R. Müller der Krieg "ein mechanisches Abspulen allzu energisch und gründlich eingesetzter materieller Kräfte" zu sein:
"Unser Ziel steht schon hinter uns: unser Glück wird schon wieder fragwürdig durch Mißverständnisse der Umwelt."[44]
Wenn er, R. Müller, heute eine "Apologie des Friedens" schreiben würde, so hätte er sich damit nicht widersprochen.[45]
Es tritt hervor, so ließe sich in Anlehnung an eine Formulierung R. Müllers sagen, daß seine Phantasie moralisch schwächer ist als er selbst. Denn nicht allein die Bejahung des "Kriegerischen", sondern auch die des realen Krieges selbst liegt eindeutig in der Konsequenz seines Denkansatzes. Eine Eugenik durch die 'natürliche' Auslese des Kriegsmechanismus ist eine der Konsequenzen seiner Postulate, vor der allerdings der Apologet des Krieges erschreckt zurückfährt, sobald sie in den eigenen Alltag einbricht. Das machen die Äußerungen aus dem Jahre 1916 zunehmend deutlich. Es zeichnet sich zudem immer mehr ab, wie auch die Hoffnung, im Kriege selbst dem Ideal einer freien Entfaltung der menschlichen irrationalen Bestände näher zu kommen, zusehends schwindet.

3.3. 1916. ÖSTERREICH UND DER MENSCH. EINE MYTHIK DES DONAU-ALPENMENSCHEN.

In dem Essay Österreich und der Mensch (1916) heißt es: "Der preußische Militarismus (und Mechanismus; G.H.) ist nicht schlimm (...): er ist auch weitaus mehr eine seelische, denn eine politische Form, aber er benötigt den Ballast des österreichischen Individualismus, der Machtphilosophie, der egozentrischen statt der soziozentrischen Erklärungen."[46]
Es ist hier nicht der Ort, die kulturpolitischen, anthropologischen und gesellschaftspolitischen Überlegungen R. Müllers, die diesen Äußerungen zugrunde liegen, zu explizieren. Daher sei eine interpretatorische Verkürzung auf zivilisationskritische Aspekte erlaubt.
Was hier "preußischer Militarismus" und "österreichischer Individualismus" heißt, korrespondiert zu den Polen der zuvor beschriebenen regressiven Utopie. Der "Preuße" orientiert sich, so R. Müller, am Ideal einer vollendeten Mechanisierung des Verhältnisses von Ich und Dingwelt, er sei "organisiert und handele aus Pflicht im Sinne dieses Ideals. Der "Österreicher" aber sei das Produkt eines organischen Prozesses, der in den anthropologischen Grundbeständen, d.h. letztlich in den irrationalen Teilen der menschlichen Natur wurzele. R. Müller fordert die Synthese aus diesem Gegensatz von Preußen- und Österreichertum. Jedoch: "die Synthese besteht, wenn sie nie erfolgt; sie soll sich stetig komplizieren."[47]

Der Erste Weltkrieg, der schon 1915 nur noch als ein "mechanisches Abspulen allzu energisch und gründlich eingesetzter materieller Kräfte" (s.o.) erschien, erweist sich mit zunehmender Dauer als immer größer werdendes Hemmnis der Synthetisierungsbestrebungen R. Müllers. Er verkörpert in seinen Augen immer mehr jene falsche Technikrezeption und -handhabung, die schon vor Kriegsausbruch als bloßer "Materialismus" gegeißelt wurde. Die "Anthropologisierung" der Technik, die praktizierte "Metaphysik" der Technik, die in ihm beispielhaft erscheinen sollte, wird gerade durch den Krieg selbst korrumpiert: Mephistopheles droht über Faust siegreich zu bleiben.

Wie stark sich R. Müller nun von diesem Krieg distanziert, wie deutlich ihm Entfremdungserscheinungen des großen "Betriebs", der großen "Organisation" Militär ins Bewußtsein treten, zeigen seine beiden auf persönlichen Erfahrungen beruhenden Resümees der ersten Kriegsjahre, "Frontleute" (1916) und "Isonzobibel" (1916).
In"Frontleute" versucht er eine Bestimmung der eigenen Rolle als aktiver Kriegsteilnehmer:
"Soldaten? Ja. Der Begriff geht mit der Zeit. Krieger? Hm! Wir sind Frontleute. Man muß neue Begriffe für uns finden."[48]
Das Leben des Soldaten im heutigen Krieg habe mit der Praktizierung "kriegerischer Tugenden", mit dem 'progressiven Zurück' zu einem ursprünglichen, positiv gewerteten Typus nur wenig gemein. Der "Frontmann" sei mit einem Industriearbeiter zu vergleichen, seine "Arbeit" trage dieselben menschlichen und unmenschlichen Züge wie die Fabrikarbeit:
"Wir gehen am Beginn einer Woche in eine Fabrik, wir arbeiten im Wahnsinn rotierender Vernichtung (...) - und sterben fabrikmäßig, plötzlich, fatalistisch, irgendwo, irgendwie in den Bereich der feindlichen Vernichtungsfabrik geraten, Objekte, Stoff, exponierter Bestandteil der eigenen Fabrik geworden."[49]
Als Frontmann sei man das "Partikelchen einer Masse", eingeordnet in einem solchen Maße, daß man nicht einmal das Gefühl davon habe. Es sei vollkommen verfehlt, sich vom heutigen Massenkrieg ein poetisches Bild zu machen, ihn zu "dämonisieren" und zu "romantisieren".[50]
Dennoch: Die Kühle und Nüchternheit, mit der Robert Müller die Situation des Soldaten zu erfassen sucht und die in den Schilderungen dieses Artikels zum Ausdruck gebracht werden soll, bleibt nicht undurchbrochen. Müller "romantisiert" gerade dort, wo er Sachlichkeit vorschürzt. Zwar habe man den "Krieger" hinter sich gelassen, "aber Urmensch und Wilder indianert in uns."[51] Der echte Frontmann tigere noch in größter Dunkelheit, "als hätte er nie im Leben die elektrische Beleuchtung seiner heimischen Großstadt genossen."[52] Erst in diesem Kriege habe sich unter den "Frontleuten" wahre Männerfreundschaft entfalten können und echte "unsentimentale Zartheit und Zärtlichkeit" dazu: "Wir waren nicht empfindsam, konnten Wunden sehen so groß wie ein ganzer Mensch, und harte, zynische, ekelhafte Bemerkungen darüber machen. Aber wenn einer

von uns fiel, dann weinten wir."[53]
In der "Isonzobibel" hinterfragt R. Müller den Ersten Weltkrieg erneut: "Die Seele schrie, es gäbe einen Sinn zu dem allen, es müsse einen Sinn geben; wie und wo ist dieser Sinn?"[54] Er vergleicht den Ersten Weltkrieg mit der Zeit "biblischer Heimsuchung, alttestamentlichen Jammers" und dem "Judenzug durch die Wüste"[55]. Doch habe sich in diesem Krieg ein "tieferes Sollen"[56] angekündigt. Gerade in der Schwere, in der Gottverlassenheit dieser Zeit liege "unser Christenstolz, unser Inhalt, unser Geschmack am Leben, unser ganzes Erlebnis."[57] Denn in den Schlachten am Isonzo habe der gesiegt, der zum Sieg erwählt worden sei, "weil er der Menschheit der bessere Lehrer über Art und Preis der Siege sein wird".[58]
Eine überraschende Wende in der Argumentationsweise zeichnet sich ab. Robert Müller, der selbsternannte Konstrukteur einer zukünftigen Menschheit und Gesellschaft und Apologet des Faustischen, zeigt sich hier als fatalistischer Determinist. Er, der in der Welt und der ganzen Schöpfung nur den Sinn zu sehen vermochte, den ihr der in ihr Tätige durch seine Tat setzt, spricht nun von einem "Erwähltsein" und damit implizit von einer metaphysischen Instanz, die die Geschicke auf Erden vorausbestimmend lenkt.
Will man in der Interpretation nicht so weit gehen, so nötigt Robert Müllers Argumentation doch immerhin zu der Aussage, daß er Geschichte als eine Entwicklung begreift, deren Verlauf aufgrund biologisch-rassischer Voraussetzungen bestimmter Völker wie ein Planspiel vorgezeichnet ist. Das der Geschichte von allem Anfang an innewohnende Telos würde dann darin liegen, daß sich das biologisch-rassisch stärkste Volk global gegen andere Völker durchsetzt. Diese zweite mögliche Ausdeutung wird durch die zahlreichen Vergleiche in diesem Artikel zwischen dem "Italiener" und den "Deutschen" bzw. dem "Österreicher" gestützt. Da heißt es beispielsweise: "Das geistig vornehme Gesicht deutscher Truppen, mit ausgebildeter Denkkraft und Strenge statt Wildheit in den Linien, entnervt den nahen Gegner (und führt so zum Sieg des "deutschen" Typus; G.H.)."[59]
Beide Interpretationen aber implizieren, daß sich das faustische Schöpferbewußtsein als Trugschluß erweist: Sein Handeln ist stets nur Folge, die lancierte Tat einer listigen Weltvernunft oder Biologie.

Robert Müller, der schon im Kriegsjahr 1915 grundsätzlich zu der
Erkenntnis gelangt ist, daß dieser Krieg und dieses Massenmorden
durch eine pervertiert-perfektionierte Technik nur die Gemeinsamkeit des Namens mit seinem Ideal des "Kriegerischen" teilt, kann,
so scheint es, als "Krieger" und "Tatmensch", der er ist, die Un-
zulänglichkeit der lange ersehnten Bewährung seiner Ideale nicht
eingestehen. Neue Überlegungen, die er zu einer Ehrenrettung des
Kriegsgeschehens heranzieht, stellen nicht allein frühere Aussagen prinzipiell in Frage, sondern sie führen auch zu keinem neuen
kohärenten Denkansatz. Das wird beispielsweise deutlich, wenn er
abschätzig von der "Wildheit der Italiener" spricht, zuvor aber
(vgl. "Frontleute") gerade die ausgelebte Wildheit im Kriegsall-
tag affirmativ hervorhebt.

Ich sehe daher in den beiden zitierten Kriegsberichterstattungen
vorwiegend das freilich verschämte Eingeständnis eines 'kriegerischen Pazifisten', dessen Projektion archaischer Kriegerideale
auf den modernen Massenkrieg scheitert und der sich folglich zu
einem "Pazifismus der Tat" wendet.

3.4.   1917. EUROPÄISCHE WEGE. IM KAMPF UM DEN TYPUS.

Europäische Wege. Im Kampf um den Typus heißt eine Essaysammlung
R. Müllers, die im Jahre 1917 erscheint. In dieser Sammlung wird
das Verhältnis von Natur und Mensch, von Determination und freier
Schöpfung, von Mechanisierung und ursprünglicher "Geistigkeit"
neu bestimmt.
Es heißt dort, die Natur sei vom Menschen mit Systemen, Regeln,
Dichtungen und Gesetzen überspannt worden, die sie durch den Menschen gewollt und auch hervorgebracht habe:
"Einen Humus geistiger Ordnungen von großer Mannigfaltigkeit deckte
der Prozeß über die irrationelle Wirklichkeit (...). Aus dieser Hu-
musschicht der Ordnungen, der gott- und naturgewollten Abhängigkei-
ten, die er sich selbst zusammentrug, wuchs der Mensch zweiseitig,
als ein Geschöpf, das von der Natur determiniert ist, und als ein

Geschöpf, das in den Schoß des Chaos, aus dem das Leben wird, zurückwird. Dieses letzte Wachstum ist das größere Ereignis im Verlauf der Jahre mit gestürzten Ordnungen und ihrem Einsatz."[60]
Doch reiche das Vernünftige, die Systeme, Regeln etc. nicht mehr zu, die Totalität des gesamten Seins zu erfassen. Eine Folge dieses Zustandes sei der Nihilismus gewesen, in konsequentester Praktizierung die Bejahung der gesamten bürgerlichen Welt (Staat, Kapital, Soldat, Bürger usw.): "Nichts hatte gegolten. Alles galt."[61]
Es sei die Zeit gewesen, "da die Radikalen und Fuchsroten plötzlich den Hochstaat erfanden (...) und der Weltkrieg in den Ganglien Aviso gab. Ein Streichholz, Weltkrieg, das im Schein eines seelischen Vulkans aufflammte!"[62] Alle Lebensäußerungen, so Robert Müller, wurden im "Fokus des Staates", in "immer ausgreifenderen Organisationen kollektiv" mechanisiert.[63] Doch sei diese zunehmende Mechanisierung nicht wider den "Geist" gewesen. Der "Hochstaat", die Verkörperung der mechanischen Durchdringung aller öffentlichen wie privaten Lebensbereiche habe nicht entstehen können, "ohne daß die allgemeine Disposition ihn gewollt hätte": "Wir sind nicht Opfer der Mechanisierung, wir sind Opfer unserer Opferwilligkeit gewesen, Materialisten aus spirituellem Vorwillen."[64]
Die Mechanisierung sei eine Etappe des Geistes "auf den Wegen seiner Eigenprüfungen und seiner Vervollkommnung".[65] Sie sei das Mittel, die unentwickeltste Seite des Menschen, seine Fähigkeit zur sozialen Interaktion zu befördern. In den Bereichen Technik, Wissenschaft, Kunst und Philosophie habe sich der Mensch weit von seinem Urzustand entfernt; doch "der Mensch als soziales Wesen hat sich beinahe unverändert erhalten".[66] Soziale Interaktionen seien immer noch durch Mißtrauen und Egoismus bestimmt. Der Mensch als soziales Wesen sei nur über ein Höchstmaß an Mechanisierung und Organisierung zu verändern, die jedoch nicht als Selbstzweck begriffen werden dürften. Das Ziel jeder Organisation sei die Organisationslosigkeit:
"Um einmal von der Organisation frei zu werden, muß der Mensch die schärfsten und strapaziösesten Arten der Organisation durchmachen. Die Vergeistigung ist nicht im Gegensatz zum Materiellen möglich, sondern auf dem Umweg seiner Beherrschung, nicht in der Verachtungsgeste für das Ungeistige."[67]

Jack Slim, der Protagonist der Tropen, sei ein Beispiel für diese Geisteshaltung. Als ein Mensch von absolut nihilistischer Disposition sei er zum "Dogmatiker" von "geradezu reaktionären Einrichtungen" geworden; es habe der Demonstration bedurft, "daß die Höhe der Kultur nicht von den Einrichtungen abhängt."[68] Weder eine Verbesserung der staatlichen und sozialen Einrichtungen noch eine Zerstörung derselben seien an sich probate Mittel auf dem Wege zu der menschlichen und gesellschaftlichen Utopie. Der Mensch selbst bedürfe der Änderung:

"Möge eine neue Entdeckung an sich, Telepathie und Spiritismus, dem Menschen die plötzliche Entwicklung sozialer Funktionen inspirieren: der Weg zum immer Werdenden, Chaos, geht übers Gewordene, Ordnung."[69]

Dieses Ziel, diese Haltung sei mit dem Wort Nihilismus nicht mehr hinreichend bezeichnet. "Simultaneismus" sei der neue Begriff, der die angestrebte Synthese von Mechanisierung und ursprünglicher, ungezügelter "Geistigkeit" ausdrücke. Der "Simultaneismus" überwinde jene Haltung, die das System, die Ordnung und das ihnen zugrundeliegende analytische Denken zu ihrem Handlungsprinzip erhebe und sie als Selbstzweck begreife. Im "Simultaneismus" erwirkten Wissenschaft und Technik eine "Entmaterialisierung" des Lebens selbst und seien als solche notwendige Schritte auf dem Wege der menschlichen und gesellschaftlichen Utopie.

Robert Müller geht es darum, daß ein Denken, das über die Befriedigung nur materieller Wünsche das Ich zu beglücken sucht, überwunden wird. Das Ich habe gegen Wissenschaft und Mechanisierung ein Recht auf seine transzendenten Vorstellungen und Wünsche, habe ein Bedürfnis nach "Gott, Schönheit, Poesie und Glauben jeder Art."[70]

Wir haben verfolgen können, wie stark Robert Müllers zivilisationskritisches Denken der Vorkriegszeit durch die aktuellen Geschehnisse des Ersten Weltkrieges und durch eigene Erfahrungen in diesem Krieg in Zweifel gezogen wurde. Als Höhepunkt dieser Verunsicherung wurden die Erfahrungsberichte "Frontleute" und "Isonzobibel" analysiert. Die Essaysammlung Europäische Wege stellt unter zivilisationskritischen Aspekten eine Neubesinnung dar. Als Charakteristikum tritt hervor, daß Müller in dieser Sammlung wieder von unmittelbaren politischen und historischen Ereignissen abstrahiert und seine Überlegungen ähnlich wie zur Vorkriegszeit als 'großen Entwurf' konzipiert. Dies mag zum einen biographische Hintergründe haben.

Schon im Herbst 1915 war Robert Müller wegen eines erlittenen traumatischen Nervenschocks vom aktiven Kriegsdienst befreit worden. Es darf vermutet werden, daß die zunehmende Distanz zum tatsächlichen Frontgeschehen, aber auch eine Verdrängung des an der Front Erlebten auf die Art und Weise der Auseinandersetzung mit aktuellen Problemen gewirkt haben.

Ein wichtigerer Grund für die konstatierbare Rückwendung zu einer allgemeineren Betrachtungsweise aber scheint darin zu liegen, daß es Robert Müller nicht gelingt, seine Überlegungen in ein einsichtiges Verhältnis zur Wirklichkeit der Kriegsjahre zu setzen: Sie sind weder als Bild dieser Wirklichkeit noch in ihrer Wirkung auf diese Wirklichkeit überzeugend. Ihre Validität, so ließe sich sagen, liegt einzig in der Art und Weise ihrer inneren Verknüpfung und in dem - gesetzten - Wahrheitsgehalt ihrer Voraussetzungen. Dessen ist sich auch Müller selbst bewußt, wenn er etwa schreibt: "Europa kam als Rasse, soviel wir wissen, aber auch genau so, w i e   w i r   e s   z u   w i s s e n   w ü n s c h e n (von mir hervorgehoben; G.H.), vom Norden. Die Wissenschaft ist ein Ausdruck wie jeder andre, ist es wie jedes andre."[71]

Wissenschaft, Beschreibung dessen, was ist, bringt das 'Ist' des Ich, nicht das der objektiven Wirklichkeit zum Ausdruck. Indem sie in bezug auf diese Wirklichkeit 'ist' sagt, meint sie doch immer nur 'soll sein' oder 'soll gewesen sein'.

Schon an dieser Stelle, so glaube ich, wird ein Widerspruch deutlich, der Robert Müllers gesamtes Schreiben und politisches wie wirtschaftliches Engagement durchzieht: Die beschriebene Wissenschafts- oder auch Realitätskonzeption ist mit dem (noch zu beschreibenden) Anspruch auf ein tätiges Eingreifen und Umgestalten der objektiven Wirklichkeit nur in den wenigsten Fällen, und dann auch nur zufällig, vereinbar. Denn die wirkungsvolle Tat setzt das Erfassen des 'Ist' der objektiven Wirklichkeit voraus. Es ist nicht so sehr ein falsches oder nur in Teilen adäquates Bild der objektiven Wirklichkeit, das die Möglichkeiten der Einflußnahme auf diese Wirklichkeit beschneidet, sondern der <u>Verzicht</u>, diese Wirklichkeit allererst so erfassen zu wollen, wie sie ist, der von Anfang an eine mögliche

Einflußnahme unterbindet. Indem Robert Müller die Wirklichkeit nur aus dem Wollen des Ich heraus denkt, droht das Handeln des Ich nur zum Korrektiv des Wollens, nicht aber zu dem der Wirklichkeit selbst zu werden.

Doch zurück zu <u>Europäische Wege</u>. Hatte Robert Müller zuvor (natur-) wissenschaftliches und technisches Denken vor allem in ihren direkten Folgen - Maschine, Fabrik, hochtechnisierter Militarismus - diskutiert, so tritt in dieser Essaysammlung vor allem der Staat in den Blick. Die Maschine und die Fabrik übernehmen, so wurde gezeigt, in der Konzeption Müllers die Aufgabe, über eine Reduzierung der zur materiellen Reproduktion notwendigen Arbeitszeit Zeit für geistige Betätigungen freizusetzen. Dem hochtechnisierten Militarismus kam implizit die Bedeutung zu, den Prozeß eines nur quantitativen Wachstums der Bevölkerung zugunsten einer qualitativen Auslese zu beenden. Der Staat nun wird zu dem Mittel, die unentwickelten und asozialen menschlichen Interaktionsformen zu kultivieren. Als Ziel einer solchen durchgängigen öffentlichen Mechanisierung und Organisierung wird das "Chaos" postuliert, das meint ursprüngliches und nicht entfremdetes Lebensgefühl, meint intuitiv gewußte Lebenssicherheit und ungebundenes schöpferisches Umgehen mit dem noch Ungeformten.

Es bleibt festzuhalten, daß Robert Müller die immense Einflußnahme von Wissenschaft und Technik auf das gesamte menschliche Zusammenleben erkennt, die sich im 19. Jahrhundert entfaltete und in der Hochindustrialisierung zu Beginn des 20. Jahrhunderts ihren ersten Höhepunkt fand. Ich hebe hervor, daß sein zivilisationskritisches Denken einen regressiv-utopischen Charakter hat: Nicht ein schlichtes Verneinen von Wissenschaft und Technik, sondern die auf Zukunft verweisende Indienstnahme dieser Phänomene steht im Blick. Wenn ich zuvor sagte, daß im Denken Robert Müllers Organisation und Freiheit, d.h. die mechanische Durchdringung von Öffentlichkeit und die Möglichkeiten zu menschlichem Schöpfertum in einem dialektischen Verhältnis zueinander stehen, so ist diese Dialektik freilich eine des Verhältnisses der fertigen Produkte zueinander, nicht aber eine des Verhältnisses, das Organisation und Freiheit im Prozeß ihrer Entwicklung und Synthese zueinander haben. Die Dialektik Robert Müllers hat mechanischen, nicht aber prozessualen Charakter. Indem er beispielsweise auf eine Reflexion über die Wissenschaft und Technik inhärenten Tendenzen zu Verselbständigung und Absolutheitsanspruch verzichtet, indem er es unterläßt, eigens die Verfremdungen und Beschränkungen zu bedenken, denen Mensch und Gesellschaft in ihren schöpferischen Möglichkeiten schon im Prozeß zunehmender Mechanisierung unterliegen, begibt er sich der Möglichkeit, eine konkrete, d.h. historisch realisierbare Synthese von Organisation und Freiheit zu denken und handelnd anzustreben. So verkürzt sich letztlich die eingangs formulierte Forderung nach einem Zugleich von "anthropologisierter" Technik und "technisierten" menschlichen Trieben zu einem bloßen Nebeneinander von Technik und Mensch.

3.5. 1917 - 1920

Zwischen 1917 und 1920, dem Jahr, in dem Robert Müller seinen vorletzten großen Essay mit dem Titel Bolschewik und Gentleman veröffentlicht, liegt eine so große Zahl von Artikeln, kleineren Aufsätzen etc., daß es in diesem Falle nicht sinnvoll erscheint, sie wie bisher nur als Ergänzung und Bereicherung zu begreifen und um den letztgenannten Essay zu gruppieren. Daher wird an dieser Stelle in einem summarischen Querschnitt durch die Einzelpublikationen die zivilisationskritische Position Robert Müllers dieser Jahre erarbeitet. Dabei verfahre ich so, daß ich seine Stellungnahmen zu einzelnen Phänomenen wie Organisation (z.B. Staat) und Militarismus in der angegebenen Reihenfolge kritisch dokumentiere.

In "Die Zeitrasse", gesprochen als Conférence anläßlich der am 11. November 1917 in der "Neuen Wiener Bühne" abgehaltenen Matinée "Das junge Wien", gibt Robert Müller einen aufschlußreichen Hinweis zu seinem Geschichtsbild:
"Die wirkliche Weltgeschichte bewegt sich in Menschencharakteren weiter, wobei gar nicht gesagt werden kann, daß diese Weiterbewegung eine Entwicklungsleiter darstelle, an der der Höchste und Letzte zugleich auch der Fortgeschrittenste sei. Im Gegenteil, dies ist nicht die Meinung dieser Generation. (...) Die historischen Charak-

tere verlaufen nebeneinander, die sind simultan vorhanden, heute gerade wie vor 2000 Jahren (...). Es wird nie etwas anderes geben, als was schon da ist, aber dies mit einem neuen Akzent. (...) Die Evolution der Menschheit ist das Emportauchen neuer Ich-Schichten."[72]

Müller beruft sich in seiner Geschichts- wie Weltdeutung auf Albert Einstein. Seit Einstein sei es mit den einfachen und geradlinigen Erklärungen vorbei, die jetzt gültigen Maßstäbe seien relativ: sie "federn". In Einsteins neuem Erkenntnismesser, der "Bezugsmolluske", sieht Robert Müller den Punkt, von dem aus es möglich ist, das gesamte Dasein als ein unstarres System zu begreifen. Alles "Bezügliche" werde "elfisch", und es bleibt zu sehen, wie Robert Müller diese Art des Weltdenkens auf zivilisatorische Phänomene anwendet.

Es liege in der Zuständigkeit einer kritischen Rationalität, so Robert Müller, sich von Übertreibungen ihrer selbst zurückzuziehen. Eine solche Übertreibung liege in dem "Geschmack für alles Mechanische der menschlichen Verhältnisse, wie es ... in unserer Organisation zum Ausdruck kommt."[73] Es gehöre zu den Aufgaben des Bewußtseins, auch das "Halb-, Weniger- und Kaumbewußte"[74] zu pflegen und es gegen die illegitimen Übergriffe falscher Organisationspropheten (Stichwort: Taylorismus) zu verteidigen. Diese falschen Organisationspropheten seien "Selbstfehlgriffe aus mißverstandener Biologie, tektonische Phantasten, Anbeter und Verehrer des hochorganisierten Schalentieres."[75] Einer "wahren" Organisation habe es darum zu gehen, "organisationsfreie Stellen, soviel ihrer möglich, zu schaffen, ihrer immer mehr möglich zu machen."[76] Denn das Ziel der Geschichte sei der "entgesellschaftete Mensch, der Freie, dessen Selbstbewußtsein nach dem Vorgang der Erderkenntnis rund geworden ist und ohne Widerspruch zwischen Rand- und Kernbewußtheiten lebt."[77]

Zivilisationsphänomene, so wird einmal mehr deutlich, bedürfen einer eigenen strategischen Handhabung unter der Vorgabe dieses Ziels. In mehreren Artikeln macht Robert Müller darauf aufmerksam, was er unter einer angemessenen Zivilisationspolitik versteht.

In "Zivilisationspolitik und Sozialismus" (1919) diskutiert er erstrebenswerte zivilisatorische Neuerungen am Beispiel einer Kritik

des s.g. bolschewistischen Gesellschaftsdenkens. Er weist darauf hin, daß u.a. die Organisation des Wirtschaftslebens so erfolgen müsse, daß sie einerseits die menschliche Schaffenslust befördere und andererseits aber ebenso Fleiß und Arbeitslust unter den Menschen hervorrufe. In einer wirklichen sozialen Revolution müsse es darum gehen, daß "die Zivilisation mit ihren Idealen des mondänen und eleganten Lebens"[78] auf die ehemaligen Proletarier übertragen werde:
"Aristokratische Typik setze sich nach unten hin durch. Die Entwicklung der Technik hilft. Herrschaft des Proletariers (...) bedeutet einfach hundertmal mehr öffentliche Bäder; wir erhalten ungefähr den amerikanischen Gesellschaftszustand, wo jede Arbeit zählt, der Student in den Ferien farmt oder cart und der Kohlentrimmer am Sonntag Gentleman im tadellosen Sakko ist."[79]
Zivilisationspolitik dürfe nicht etwa als ein rein horizontaler Prozeß verstanden und mit Territorialpolitik gleichgesetzt werden, sondern man müsse sie als "eine simultane Entwicklung nach verschiedenen Dimensionen verstehen"[80] und handhaben; sie verlange "Anstrengungen in der Richtung des Wachsens von Gedanken, nicht von Gedanken des Anwachsens."[81] Das Ziel sei die Überwindung des Kulturmenschen, des sozialisierten und technokratisch organisierten einzelnen.

In "Abbau der Sozialwelt" (1919) wird dieser Gedanke weitergeführt: "W e l t g e s c h i c h t e, wo sie sich sinnvoll entfaltete, wäre eine G e s c h i c h t e   d e r   m e n s c h l i c h e n   S e e l e."[82] Diese Weltgeschichte verlaufe, so Robert Müller, in drei Stadien.
Zunächst habe es den vorkulturlichen und "anatechnoiden", den "vegetativen" Menschen gegeben. Der "Jetztzeitmensch" sei vor allem durch die allseitige Technisierung seiner Lebensbezüge gekennzeichnet. Er gipfele im "Deutschen", in dem "die Kultur ihren höchsten Schein erzielt"[83] habe. Dieser Typus, der als Negation des "vegetativen" Menschen, ja des "Vegetativen" überhaupt zu bestimmen sei, müsse mit Blick auf den "vegetativen Geistmenschen" der Zukunft überwunden werden. Die Zukunft werde eine "vielweltliche" sein "und der Mensch (...) in Welten zugleich leben, nicht allein in der des Tages und der Kultur."[84] Eine dieser Welten werde die

Traumwelt sein, denn wo der Geist vegetativ sei, "ist er stets".[85]
Das Ziel liege in der Koordination von Traum und Kultur, in einem
vollendeten geistigen "Funktionalismus", in dem Wirklichkeit nicht
länger bedeute, daß etwas sei, sondern inwiefern es bestehe:
"Gesetzmäßigkeiten sind nebeneinander denkbar. Jede Welt ist aufgrund
gewisser Voraussetzungen da. (...) Nichts existiert absolut,
auch nicht das Tagkulturleben."[86]
Daher sei unter Fortschritt auch nicht das schlichte "Auswalzen" zivilisatorischer
Errungenschaften zu verstehen, werde doch dadurch
die Grenze einer "technoiden" Kultur nicht überschritten. Zivilisation
selbst sei nicht Fortschritt, sondern ein bloßes Mittel, durch
das fortgeschritten werden könne, ein Mittel freilich, das in umfassendstem
Sinne anzuwenden sei, "das Entree in die - sagen wir -
elevatorische persönliche Verfassung"[87] der Zukunft. Das Ziel also
heiße nicht "Rationalisierung", sondern "Rationierung" des Lebens,
es liege in der Einrichtung des Lebens gemäß einer sich selbst beschränkenden
Vernunft.
Dieser Verwechselung von "Rationalisierung" und "Rationierung",
so Robert Müller in "Geist und Republik" (1918), sei der deutsche
Militarismus der Kriegsjahre erlegen, der nichts anderes "als die
übertriebene Anwendung einer richtigen philosophischen Idee" gewesen
sei: "Die musterhaftesten Philosophentugenden, Selbstaufgabe
und Zucht, sollten bis in die somatische Konsequenz verwirklicht
werden."[88] Dieser Übertragung der genannten Grundtugenden
auch auf die vegetativen Bestände des Menschen liege der Irrtum
zugrunde, daß sich der menschliche Entwicklungsstand an der Technisierung,
hier Militarisierung aller menschlichen Bezüge ablesen
lasse, und daß der Wert ganzer Gesellschaftsabschnitte und Zeitalter
an dem Maßstab siegreich geführter Kriege zu messen sei.
Wichtiger aber "als Geschichte siegreicher Nationen" sei "die
Entwicklung vom offenen Land zur Großstadt, denn auf diesem Stadtwege
ändert sich die menschliche Seele, das Nervensystem, die gesamte
geistige Kapazität."[89] Es interessiere nicht länger "der
Kampf von Mensch g e g e n Mensch (...), sondern der K a m p f
u m   d e n   M e n s c h e n."[90] Zu diesem Kampf um den Menschen
habe der Erste Weltkrieg nur wenig beigetragen, weil durch die
einzig materiellen Zielen dienende Technisierung und Militarisierung
des einzelnen wie des öffentlichen Lebens die geforderte

Menschheitsentwicklung zum "vegetativen Geistmenschen" unterlaufen worden sei. Der einzelne Mensch sei zu einer "Klapp-Griff-Abschnapp-Leiblichkeit"[91] reduziert worden.
Dieses Urteil über den Ersten Weltkrieg geht auch in Robert Müllers generelle Überlegungen zum "Kriegerischen" ein, wie der Artikel "Wehrpflicht und Gewissengegner" aus dem Jahre 1919 ausweist. In diesem Artikel hält er zwar nach wie vor am Ideal des kriegerischen einzelnen fest, leugnet jedoch die Legitimität des Krieges selbst in seiner neuzeitlichen Form als gesellschaftliches Massenphänomen: "Mit der Wehrpflicht ist wieder das Werkzeug zu Konstruktionen gegeben. Historische Konstruktion, Geschichtsklitterung in die Zukunft ist jede Verwandlung eines Organischen in ein Figurales. Darin waren die deutschen Imperialisten groß. Sie werden wieder groß sein. Der Apparat spielt."[92]
Die Entscheidung des einzelnen oder eines ganzen Volkes, den Kriegsdienst zu verweigern, müsse als ein "naturgeschichtliches Fatum" akzeptiert werden. Mehr noch: Der Krieg und das organisierte "Kriegerische", der "Militarismus", erscheinen Robert Müller nicht länger als ein probates Mittel, das Ziel einer "Volkshygiene" zu verfolgen: Denn "hat man einmal Heere, so braucht man Schulen. Es muß nicht gerade eine rhetorische Kadettenschule sein; in jeder Unteroffiziersschule, beim Kader, in der Kaserne wird der Keim in die Seele des einfachen Mannes gesät, und der Samen muß aufgehen. Ein kleiner Anstoß von außen, und die Gemütslawine von Irrtümern kommt, wie es erlebt ward, ins Rollen!"[93]
Es ist daran zu erinnern, daß Robert Müller zu Anfang davon sprach, daß es einer "Läuterung der menschsinnlichen Triebe" bedürfe, und daß er an gleicher Stelle bemerkte, daß er mit anderen "feinen Geistern" den Krieg für die "Königsorganisation aller Organisationen" halte. Dieses letzte Urteil wird an dieser Stelle eindeutig zurückgenommen. Unter der "Läuterung der menschsinnlichen Triebe" versteht Müller nun vor allem die zielgerichtete Arbeit an dem kriegerischen Grundverhalten des Menschen; es gelte, so heißt es nun, die "physiologische Anlage" des Menschen zu bekämpfen, um der "Barbarei"[94] ein Stück Boden zu entreißen. Dieser Kampf werde unter dem Namen "Pazifismus" zu führen sein. Den kriegerischen Menschen müsse gezeigt werden, "daß der Friede als Weltvorstellung

n i c h t   d i e   N e g a t i o n   der Kriegswelt, sondern eine
schöpferische Leistung, eine Kulturtat, ein   g e n i a l e s
P r o j e k t", daß er "ein System tiefer Erregungen, ein psychologisches Kunstwerk, eine Demonstration gegen alle Lässigkeit und Faulheit im Menschen"[95] sei.
Deutlicher kann die Bedeutungsänderung von "kriegerisch" kaum sein, ist hier doch nicht länger von Waffengerassel, Blutrausch und Muskelgeprotze die Rede, sondern von dem - freilich aggressiven - Willen zum Frieden. Der ursprünglich gesetzte menschliche Wille zum Tätigsein wird in dieser Konzeption der unmittelbaren "geistlosen" Entladung in physischer Aggressivität entrissen und an ein "geistgemäßes" Ziel verpflichtet. Destruktive menschliche Triebhaftigkeit wird hier zu schöpferischer Geistigkeit geläutert. Inwieweit diesem Pazifisten Robert Müller zu trauen ist, zeigen die Veröffentlichungen aus den letzten Lebensjahren.

3.6. 1920. BOLSCHEWIK UND GENTLEMAN.

In dem Essay Bolschewik und Gentleman (1920) stellt Robert Müller seine zivilisationskritischen Betrachtungen in eine enge Verbindung zu politischen und kulturpolitischen Fragestellungen. Dabei wird deutlich, daß die Auseinandersetzungen mit Zivilisationsproblemen in den Revolutionsjahren 1917 - 1919 zur Grundlage der hier formulierten politischen und kulturellen Utopie werden. Die Situation der Entente - Staaten nach Beendigung des Krieges wird wie folgt beschrieben:
"Überall in den Zivilisationen bricht Hungertyphus aus, der Valutamammuth tritt die Keime wirtschaftlicher Neubildungen unter seine Klumpen, die Eisenbahnen stehen still, die Transporte stocken, ein furchtbarer Zersetzungsprozeß untergräbt die Gesundheit der westlichen Zivilisation."[96]
Die zivilisierten Demokratien des Westens seien zu reinen Plutokratien degeneriert, in denen nur das wirtschaftliche egoistische Genie als vollgültig zähle. Ein solcher "ökonomischer Spartanismus" führe "zu Erstarrung und Indolenz".[97]

Dabei sei nicht von der Hand zu weisen, daß das konstruktiv-technische Denken und die Profitorientierung in bestimmten Zeitabschnitten von überragender historischer Bedeutung für die Entwicklung von Mensch, Zivilisation und Kultur im Westen gewesen seien. Heute aber werde sichtbar, daß die "Meliorisation der Lebensumstände" durch eine zunehmende Technisierung und Organisierung allein nicht zu einer Weiterentwicklung des Menschen beitrage. Die Eigendynamik eines absolut gesetzten, rationalistischen Prinzips verhindere ein Leben in Muße, der "Mehrbesitz-Ehrgeiz"[98] lasse den Menschen nicht mehr zur Ruhe kommen. Deshalb müsse eine Gesellschaft "a n t i m a t e r i a l i s t i s c h e r   K o n v e n t i o n"[99] geschaffen werden, eine solche, die Nietzsches Gedanken vom Übermenschen mit kollektivistischen Forderungen vereine, die das Primat des Subjekts vor dem Objekt anerkenne und die es dem Menschen erlaube, "der innerlich gelauschten Ideen unbeeinträchtigt von Ansprüchen der objektiven Welt"[100] zu gehorchen.
Eine solche Gesellschaft strebe der "Bolschewismus" an. Er sei allerlerst kein fixierbares historisches Phänomen, sondern der Ausdruck eines immer schon vorhandenen Typus Mensch:
"Wenn irgend etwas über den Bolschewismus ausgesagt werden kann, so ist es dies, daß er die Zusammenfassung vieler bolschewistischer Individuen ist. (...) Im Anfang war nicht der Bolschewismus, sondern der Bolschewik. Jenes Phänomen, das wir Bolschewismus nennen, geht nicht von einer Idee aus, sondern von einer Art Mensch."[101]
Wie sich dieser "bolschewistische" Mensch näher bestimmt und wie Robert Müller über ihn urteilt wird das Kapitel zeigen, das sich mit seinem politischen Denken auseinandersetzt. Hier ist festzuhalten, daß er in <u>Bolschewik und Gentleman</u> die immer wieder beklagte fehlgeleitete Zivilisationsentwicklung und -handhabung erstmals als Folge eines umfassenden Denk- und Gesellschaftssystems, des Kapitalismus und seiner inhärenten Logik, begreift. In ihm liegen nach Robert Müller implizit die Mechanismen, die auf einer bestimmten historischen Entwicklungsstufe die Objektwelt gegen die in ihr lebenden Subjekte verselbständigen. Doch muß betont werden, daß er diese Prozeßlogik des Kapitalismus nicht in der angesprochenen Art und Weise erkennt. Robert Müller vertauscht Ursache und Wirkung: Der "Mehrbesitz-Ehrgeiz", eine mögliche Wirkung also, wird zur

Ursache für das "ideallose" Wuchern des kapitalistischen Produktionsprozesses gemacht; er tritt an die Stelle der kapitalistischen Wirtschaftslogik selbst und erscheint ihr gegenüber als das eigentliche Agens kapitalistischen Wirtschaftsgeschehens. Folglich kommt Müller zu dem Schluß, daß aus einer künftigen Gesellschaft "dieses gedankliche Gift und alle seine Träger"[102] entfernt sein müßten und nur die "kapitalistische Energie"[103] zu bewahren sei. Daß er diese Energie, dieses menschliche Produktionsvermögen als "kapitalistisch" kennzeichnet, macht einmal mehr deutlich, daß ihm das Spezifische des historischen Phänomens Kapitalismus verborgen bleibt.

3.7. 1920 - 1923.

Zwischen dem Essay Bolschewik und Gentleman (1920) und Robert Müllers letzter großen Publikation, der Essaysammlung Rassen, Städte, Physiognomien (1923) liegt eine ebenso große Fülle von kleineren Arbeiten wie zwischen den Jahren 1917 bis 1920. Daher soll auch in diesem Falle ein summarischer Querschnitt durch diese Arbeiten das sonst angewendete Zuordnungsverfahren ersetzen.

In "Deutschland und der Mensch" (1921) formuliert Robert Müller eine radikale Selbstkritik. Dort heißt es über die gesamte neuere deutsche Politik:
"Das Unansehnliche und Unanschauliche, das heißt das Abstrakte im Geschmackssinne - das billige Industrieprodukt - und das Abstrakte im seelischen Sinne - Pflicht, der soldatisch-kommerzielle Imperativ, die Betriebsphilosophie - sollten der Welt aufgezwungen werden. Das Sinnliche des deutschen politischen Menschen erschöpfte sich im Parademarsch und im Industrieartikel."[104]
Eine Rückbesinnung auf Robert Müllers zivilisationskritische Äußerungen der Kriegs- und Vorkriegszeit, in denen das "billige Industrieprodukt", die "Betriebsphilosophie" und auch der "soldatisch-kommerzielle Imperativ" Ecksteine des Denkzusammenhangs abgaben zeigt, daß die Distanzierung von der Politik des Wilhelminischen Kaiserreichs als verschlüsselte Revision eigener Theoreme zu lesen ist.

Mit der Novemberrevolution, so Müllers zweite These, habe sich das
Prinzip deutschen Politisierens nicht geändert, sondern sei im Gegenteil nur noch pointierter in gesellschaftliche Wirklichkeit überführt worden: "Sie (die Revolution; G.H.) hat das Abstrakte vermehrt
und hat nur den Rest vom Reste zu verwerten gesucht."[105] Es gelte,
diese rest-mäßigen Verhältnisse zu überwinden.
Wie schon an anderer Stelle zuvor, fordert er eine "Versinnlichung"
des Geistes und einhergehend eine "Versinnlichung" der menschlichen
Lebensgegebenheiten. Auf die Frage, wie dies zu geschehen habe,
findet sich in "Der letzte Österreicher" (1923) eine erste umfassendere Antwort.
In den Städten Wien und New York sieht Robert Müller Repräsentanten gewisser Kultur- und Zivilisationstypen, Polaritäten, die ein
zu schaffender künftiger Zivilisationstyp zu synthetisieren habe.
Der Wiener gilt als die "schlechthin problematische Art der Zivilisation des gesamten Europa"[106]. Wien sei "die Großstadt des
M i t t e l a l t e r s in seiner letzten zugespitztesten raffinierten, schon kaum mehr lebensfähigen Form".[107] Seine "stärksten
Geister" seien "bis zum Irrsinn"[108] vergeistigt, ihre wissenschaftlichen und literarischen Produkte "nihilistisch, autoerotisch,
autopsychologisch, monoman, schizoid."[109] Geschäft und zivilisiertes Leben als Ausdruck mechanischer Rationalität lebe der Wiener
nur im "Vordergrund", "als ein Provisorium".[110] Hinter dieser Tagwelt praktiziere er "mit einem nur hier entwickelten System, einer
gepflegten Relation zwischen zugestandener Tatsachenwelt und geistig-vegetativer Urexistenz, sein vitales Ich-an-sich."[111] Doch
eben dieses, die Tagwelt als "Provisorium" gelebt, verurteile Wien
zum "Untergang".[112]
New York tritt in den Blick, "das materielle Ultra"[113], wie es an
anderer Stelle heißt. Schon in den zehn Jahren zuvor hatte sich
Robert Müller bei verschiedenen Gelegenheiten über Amerika und den
Amerikanismus geäußert: In Amerika lebe man das "unqualifizierte
Leben"[114], dem Durchschnittsmenschen mangele es vor allem an "Sachlichkeit, Disziplin, Selbstsucht, Verständnis für Wirklichkeit"[115],
und noch in seinen größten Existenzen und Produkten sei der Amerikaner "ein Dekadenzeffekt, organisch betrachtet."[116] Amerikanismus,
das sei "der große Unternehmer, die personifizierte Profitlawine,

der Boß."[117]

Aus diesen wenigen Äußerungen wird verständlich, warum Robert Müller in "Austria ... Ultima" (1923) New York als "den Antipoden der geistigen Intensivstadt Wien"[118] bezeichnen kann. New York verkörpert für ihn den platten Materialismus, den er in seiner Zivilisationskritik durchweg geißelte. Technische Produktivität, so wird hier einmal mehr deutlich, ist weder mit menschlicher Schöpfungskraft gleichzusetzen noch befördert sie diese mit Notwendigkeit. Dennoch bedarf es, auch dies wurde in den bisherigen Ausführungen gezeigt, dieser technischen Produktivität, die anderenorts "kapitalistische Energien" genannt wird. Daher Robert Müller: "Halb sind wir Wiener und halb New Yorker. (...) Wer heute einfach, gerade, widerspruchslos wäre, lügt. Der Aufrichtige hat mindestens zwei Iche."[119]

New York sei "seelisch provinziell", Wien aber "technisch lückenhaft". Erst in der organischen Verbindung beider werde der Zustand erreicht, der anfangs von mir als anthropologisches und gesellschaftliches Ideal vorgestellt wurde.

Um diesen Zustand zu erreichen, muß zum einen vermieden werden, daß mechanische Rationalität und ihre Äußerungsformen als bloßes "Provisorium", als unwillig tolerierte Tagwelt begriffen werden, unterschätzt doch solch abschätziges Desinteresse die Funktion, die diese bei der Errichtung einer neuen synthetischen Gesellschaftsform einnehmen; es untergräbt zugleich einen für Robert Müller notwendigen historischen Prozeß, d.i. die zunehmende Technisierung und Mechanisierung aller nur äußerlichen Lebensbereiche.

Zum anderen aber ist darauf zu achten, daß sich das Interesse der in solch organisierter und mechanisierter Umwelt Lebenden nicht allein auf das Leben richtet, "soweit dieses aus Taschengeld und Rosinen besteht."[120] Man müsse sich, so Robert Müller, in zivilisatorischen Fragen zum "K o n t r ä r a m e r i k a n i s m u s" bekennen, zu jener "deutschen Tüchtigkeit", die, "als erotische Marke rückimportiert"[121], die Auffassung vertrete, "daß man ein ganz gesund empfindender kräftiger energischer Typus sein kann, daß man aber deswegen nicht gleich jede zarte und intellektuelle Sache überschreien, jede Kompliziertheit und jede Dialektik, jedes Raffinement und jede Zuspitzung für hirnverbrannt erklären muß."[122]

Robert Müller trifft die Unterscheidung zwischen dem Amerikaner als

Bürger der USA (s.o.) und dem "Amerikaner" als einem "romantische(n) Begriff"[123]: "Wenn wir vom 'Typus des Amerikaners' sprechen, so verstehen wir darunter 'ein europäisches Ideal'".[124] Der "Amerikaner als Typus" ist somit die zivilisatorische Erscheinung, die der "Konträramerikanismus" als Synthese aus "Wien" und "New York" entwirft und fordert. Er ist "der Mann der beispiellosen virtuosen Beherrschung aller natürlichen Lebensumstände"[125], derjenige, der zugleich seine "geistig-vegetative Urexistenz" (s.o.) und seine entwickelte mechanische Rationalität organisch verbindend lebt.

Einen Teil dieses Entwurfs sieht Robert Müller bereits im fortgeschrittensten realen Amerikaner, dem "smarte(n), moderne(n), rücksichtslose(n) Geschäftsmann", im "abstrakte(n) Leiter weltumspannender Ausbeutungsbetriebe"[126] verkörpert. Doch hafte diesem Amerikaner trotz aller geschäftlichen Virtuosität eine gewisse Geistlosigkeit (das fehlende "Wien") an, die bei ihm selbst sogar "den Einbruch asiatischer Gesellschaftsformen (...), das modische Blühen exotischer Poesien"[127] ermögliche. Jedoch sei dies zivilisationsstrategisch nicht unbedingt von Nachteil, könne doch in der wechselseitigen Ergänzung der "beiden Primitivitäten des Ostens und des extremen Westens"[128] bereits jenes Zukünftige, ein "amerikanoides Weltmestizentum"[129] erahnt werden. Das Denken des Ostens könne bei der Bewältigung zivilisatorischer Probleme durchaus befruchtend wirken. Robert Müller vertritt die These, daß die zunehmende Technisierung und Mechanisierung nicht allein einen "geistigen", sondern auch einen sozialisierten, d.h. altruistischen Menschen erforderlich machen. Der Altruismus aber sei zumindest der Form nach in den Philosophien des Ostens zu finden. Es werde darauf ankommen, daß "wir" analog zu den Menschen des Ostens "innerliche und seelische Fähigkeiten organmäßig aus uns heraustreiben, so daß wir sozusagen sozialtelepathische Fühler bekommen, mittels deren wir (...) über die Gesamtsituation der (...) Menschen orientiert sind."[130] Jener neue Mensch, ausgestattet mit einem "sozialtelepathischen Organ", werde u.a. bereits "durch die technologisch korrumpierten Versuche, die man Okkultismus nennt"[131], vorweggenommen.

3.8. 1923 - 1924. RASSEN, STÄDTE, PHYSIOGNOMIEN.

Die Essaysammlung Rassen, Städte, Physiognomien (1923) vereinigt u.a. mehrere Arbeiten, die schon zuvor an anderer Stelle publiziert und von mir besprochen wurden. Ich beschränke mich daher auf erstmals ausgeführte oder von mir noch nicht analysierte zivilisationskritische Aspekte.
Wie die zuletzt verhandelten Aufsätze erkennen ließen, sieht Robert Müller in der Rezeption asiatischer oder orientalischer Lebenshaltungen durch die Bewohner westlicher Hochzivilisationen eine bemerkenswerte Möglichkeit, die Bruchstellen, die eine zunehmende Technisierung und Mechanisierung in einem Gesellschaftsgefüge entstehen lassen, auszufüllen. Als Beispiele solcher Bruchstellen wurden vor allem die Verselbständigung von Wissenschaft und Technik gegenüber anderen Öffentlichkeitsbereichen und die sich ersatzlos vollziehende Auflösung des traditionellen Ich-Verständnisses genannt.
Schon um 1914 hatte Robert Müller bemerkt, daß Wissenschaft und Technik als Verselbständigte weder die "geistige Bewußtheit" (s.o.) noch die "Lebenssicherheit" (s.o.) des einzelnen erhöhen, vielmehr diese in zunehmendem Maße gefährden, indem sie zur Auflösung des Ich-Bewußtseins beitragen. Diesem Prozeß einer "Ich-Dissoziation"[132] versucht er nun im Rückgriff auf asiatische und orientalische Lebenshaltungen entgegenzuwirken: "Was wir vom Orient erwarten, ist im Grunde: die Neue Evidenz."[133]
Den Menschen des Westens charakterisiere sein Optimismus, sein Tatwille, sein unbedingter Hang zu logischem Denken, den des Ostens seine Passivität, sein Pessimismus, seine Hingabe an die Meditation statt an das Denken. Im Westen führe die beschriebene Grundhaltung zu einem Zivilisationseifer, dem das eigene Ich geopfert werde. Im Osten zeitige die entsprechende Lebenshaltung geistige, technische und soziale Rückständigkeit.
Robert Müller plädiert für einen "planetarischen Islam"[134], für einen Ausgleich okzidentaler und orientaler Lebenswelten, in dem "die Technik (...) im Erfindungsmäßigen ebenso wie das Entdeckertum einen Abbruch oder Rückgang zu verzeichnen haben. Geistige und spekulative Fragen werden vor Wirtschaftsfragen (...) ebenso

in den Vordergrund treten wir die moralische Ventilierung in den
Spuren Nietzescher Betrachtungsart."[135]
Er plädiert für eine Zurückdrängung wissenschaftlich-technischer
Rationalität zugunsten einer, im weiten Sinne, lebensphilosophischen
Grundorientierung. Vor allem die technische Entwicklung hat für Müller an dieser späten Stelle offensichtlich einen Grad erreicht, über
den hinauszuschreiten nur von Übel sein kann. Einer Expansion und
Intensivierung äußerlicher Lebensmöglichkeiten wird die Rückbesinnung auf ein umfassenderes Menschenbild entgegengestellt. Darum muß
es nach Robert Müller zunächst gehen, daß sich der Mensch in Auseinandersetzung mit den bereits vorhandenen Produkten seiner technischen Rationalität auf eine Stufe entwickelt, von der aus die Beherrschung dieser Produkte, d.h. ihre rationelle Handhabung einerseits, die Beschneidung ihres absoluten Geltungsanspruches und der
ihnen zugrundeliegenden Denkformen andererseits, möglich wird.

Ich beschließe dieses Kapitel mit dem Hinweis auf zwei Artikel aus
dem Jahre 1924.
Unter der bezeichnenden Überschrift "Der Untergang des Geistes"
heißt es, der "Geist" habe solches Übermaß an Lebensenergie, "daß
er den undichteren Formationen gegenüber, wie sie das sogenannte
praktische und soziale Leben bilden, als feindselig auftritt; er
ist ein Neuerer im physikalischen Sinn und ihm widerstrebt das Gesetz der Trägheit und er widerstrebt in seinem Wesen solchem Gesetz. Aber dieses Disparate zu organisieren, bleibt trotzdem die
Aufgabe des einmal gesetzten Geistes und der ewigen kosmischen
Oppositionsfunktion."[136]
Es soll an dieser Stelle nicht gefragt werden, ob Rober Müller seine Forderungen an den "Geist", im praktischen Leben lenkend tätig
zu sein, überzeugend begründet. Wichtiger scheint mir zunächst die
Feststellung zu sein, daß er hier den "Geist" als die Zusammenschau aller seienden und möglichen Phänomene begreift und ihm den
Platz eines Weltenlenkers zuweist. Damit wird ihm zugleich die
höchste Verantwortlichkeit zugesprochen, der freilich kaum Genüge
getan werden kann:
"Die allgemeine Situation des intellektuellen oder geistigen Menschen in der Gesellschaft (...) ist von vornherein gebrandmarkt und

zum Outsidertum verpflichtend. Diese Antinomie ist für den logisch organisierten Typus schwer zu überwinden."[137]
Schon zu Anfang wurde darauf hingewiesen, daß bereits durch Robert Müllers Wissenschaftskonzeption selbst die Möglichkeiten eines erfolgversprechenden Eingreifens in reale historische Vorgänge entscheidend beschnitten werden. Nun tritt auch für Müller selbst die Frage in den Vordergrund, ob eine "Metaphysik" der Technik, um die sein gesamtes zivilisationskritisches Denken kreise, überhaupt in ein tatsächliches, d.h. real wirksames Verhältnis zu den gegebenen Gesellschafts- und Zivilisationsstrukturen gesetzt werden kann.
Durchgängig wurde die Verselbständigung von Wissenschaft, Technik und analytischem Denken gegenüber anderen Wirklichkeitsbereichen beklagt. An keiner Stelle aber wurde gefragt, wie stark diese Verselbständigung und die einhergehende Einflußnahme auf andere Wirklichkeitsbereiche bereits sei und ob derjenige, dem es in der Tat gelänge, eine "Metaphysik" der Technik zu formulieren, überhaupt eine ähnlich starke Einflußnahme auf die Wirklichkeit haben könnte, wie sie Wissenschaft, Technik und analytischem Denken zugeschrieben werden muß.
Geradezu resignativ stellt Robert Müller nun fest, daß "das Primat der praktischen Kraft in unserer Zivilisation", die Prozeßlogik des Mechanischen also, so sehr überwiegt, "daß die Gehaltsfrage in den Hintergrund tritt."[138] Er räumt implizit ein, daß die deutschen Aktivisten - und damit er selbst - darin gefehlt haben, daß für sie ein Problem nicht gleichbedeutend mit der "Frage nach der Form, also eine Realisationsfrage"[139] gewesen sei, daß sie gar nicht an das Problem der "Form" herangerückt seien, weil sie "innerhalb des Formfraglichen abstrakte Probleme"[140] erlebt hätten. Eine Theorie des Handelns, die Teilsystem einer auf Veränderung zielenden Zivilisationstheorie zu sein hätte, sei nicht entwickelt worden. Diese Theorie des Handelns hätte auf einer Standortbestimmung des Intellektuellen in der zur Frage stehenden Gesellschaft aufbauen müssen. Erst aus dieser Standortbestimmung wäre das Maß an gesellschaftlicher Einflußnahme des Intellektuellen ersichtlich geworden - und damit zugleich der historische Stellenwert seiner gesellschaftspolitischen Einsichten und For-

derungen.

Robert Müller unternimmt nun diese Standortbestimmung des Intellektuellen, jedoch als Abgesang, nicht als die Grundlage eigenen neuen Bemühens:

"So wie den Proletarier, so hat man am anderen Ende des Kapitalismus den Geistigen als soziales Abfallprodukt gezüchtet. (...) Er ist und bleibt ein Geschöpf des Luxus und der ergeizten Kapitalreserven. Mit seinem Willen zur Perfektion aber tritt er in diametralen Gegensatz zur Umwelt und wohl auch zu seiner eigenen Entstehungsvorwelt, die ja merkantiler Art ist."[141]

Nach Robert Müllers Freitod im August 1924 erscheint in der <u>Neuen Rundschau</u> aus seinem Nachlaß ein Artikel mit dem Titel "Der Trugschluß der Organisation", der ohne jedes Sentiment in unserem Zusammenhang als aktualisierbares Vermächtnis gelten kann. Dort heißt es:

"Die Romantik der modernen naturalistischen Weltanschauung gipfelt in dem Begriff der Organisation, im Heros des Organisators, in der Ästhetik des Technischen. (...) Ein Rausch der Ordnung, Verordnung, sogar der Konterordnung (Streiks, Revolutionen) hat diesen (heutigen; G.H.) Menschen gepackt."[142]

Es sei unbestritten, daß die Menschheit auf Organisation angewiesen sei, um eine allgemeine und individuelle Weiterentwicklung zu ermöglichen. Doch führe diese an sich richtige Erkenntnis zu dem Trugschluß, daß Organisation und "jedes Organisieren schlechthin Ausfluß der Naturnotwendigkeit"[143] sei. Das Ziel eines jeden Organisierens müsse es sein, den Menschen glücklicher und besser, die Beziehungen zwischen den Menschen reicher, verfeinerter und sozialer zu machen:

"Den Schlüssel zu einer Anordnung der menschlichen Fähigkeiten zu finden, der Hierarchie zwischen Geist und Praxis, das wäre die Zeittat, die vom Ingenieurmenschen gefordert werden muß."[144]

Womit Robert Müller im Begriff des Ingenieurmenschen jenen neuen Typus gefaßt hat, in dem sich "anthropologisierte" Technik und "technisierte" "menschsinnliche Triebe" zu produktiver Synthese vereinigt haben.

4. ROBERT MÜLLER: KULTURGESCHICHTLICHE UND KULTURKRITISCHE ASPEKTE:

4.1. 1912 - 1915. WAS ERWARTET ÖSTERREICH VON SEINEM JUNGEN THRONFOLGER?

"Kultur", so heißt es in Was erwartet Österreich von seinem jungen Thronfolger? (1915^2), ist "das Fluidum über einem technisch zweckhaft organisierten System von seelischen Verhältnissen".[1] Sie entstehe, so an anderer Stelle, "als Reibungsfluidum in den Gelenkpunkten eines Systems"[2] und setze also das System, das organisierte Miteinander Einzelner voraus.

Es wird deutlich, wie viele der Begriffe, die in Robert Müllers zivilisationskritischen Äußerungen von zentraler Bedeutung waren, hier als Voraussetzungen von Kultur genannt werden, zum Beispiel Technik, Organisation, Materialismus und, implizit, analytisches Denken.

Robert Müller hebt folgerichtig selbst hervor, daß die materiellen Voraussetzungen von Kultur "gründlich im härtesten Alltag erfüllt werden müssen"[3], freilich nicht als Selbstzweck, bleibe doch das Entwicklungsziel "nicht das abstrakte des 'Ruhms' eines bestimmten Volkes, sondern das konkrete von Kultur, d.h. eines F l u k t u a t i o n s m e d i u m s materieller, ästhetischer und religiöser M o t i v e."[4]

In dem vorhergehenden Kapitel konnte verfolgt werden, wie Robert Müller in dem hier zur Rede stehenden Zeitraum für eine zunehmende Technisierung und Mechanisierung des menschlichen Zusammenlebens argumentiert, ja wie er gar Technisierung und Mechanisierung unter der Voraussetzung gesamtgesellschaftlicher Einbettung und Angleichung (das "geschmackvoll erdachte Elektrizitätswerk") romantisiert und idyllisiert. Er fordert nun eine technische, "also in dem Falle eine psychologisch produktive"[5] Kultur und beschreibt diese folgendermaßen:

"Ein Siegfried-Idyll breitet sich über Fabriksdächer und Maschinenräume, über Paläste aus Ziegel, Marmor und Stein, und Paläste aus Laub und Reisig, über Blüten aus lebendigem Safte gleicherseits,

wie über Blüten aus Stahl und Eisen, wenn der Mensch von morgen mit den geschweißten Erbstücken seiner Kultur hinauszieht, um die Zukunft nach seinem Bilde zu zwingen."[6]
Bemerkenswert an dieser Beschreibung eines utopischen Kulturzustandes ist vor allem, wie Robert Müller durch die Wahl gleicher Bezeichnungen und Metaphern und durch die Zusammenstellung von Begriffen, die aus entgegengesetzten Wirklichkeitsbereichen (Natur und Technik) entnommen sind, korrespondierende Polaritäten zusammenrückt. Dabei fällt seine Absicht ins Auge, die im Umfeld der Technik angesiedelten Dinge zu naturalisieren ("Blüten aus Stahl und Eisen") und organisch Gewachsenes und Traditionen zu technisieren (die "geschweißten Erbstücke"). Indem er zwischen mythologisch Unzeitlichem ("Siegfried") und hochtechnisiert Vorfindbarem ("Maschinenräume") vermittelt, gewinnt sein hier entworfenes Kulturbild regressiv-utopischen Charakter.
Im weiteren soll verfolgt werden, zu welchen kulturgeschichtlichen und kulturkritischen An- und Einsichten Robert Müller am Leitfaden dieser Utopie gelangt.

"Friede, Diarrhöe und Plattfüsse", so heißt es in "Apologie des Krieges" (1912), "haben mit Kultur nichts zu schaffen, wohl aber Kaltblütigkeit und grosser Sinn, Scharfschützenaugen, Marschierbeine und Dreadnoughts, die mittels Logarithmentafeln manövriert werden".[7]
Der Krieg und das Kriegerische seien selber Kultur, komme doch in ihnen das Allermenschlichste zum Ausdruck: "Blut". Damit das "Blutgemäße" des Menschen zu seinem Recht komme, damit es sich verfeinere und den Menschen zu seiner höchsten Entfaltung treibe, bedürfe es des Krieges. Bereits 1912 spricht Robert Müller hier von einem "Kulturkrieg, den Europa, zwischen Amerikanismus und Asiatismus (...) eingeklemmt, wird zu führen haben"[8], und er verweist damit nicht allein auf eine in der Tat starke Einflußnahme des "Amerikanismus" und asiatischer Kulturwelten auf das kulturelle Klima Europas zu Beginn des 20. Jahrhunderts, sondern nennt zugleich auch die kulturellen Zentren, die ihn durchgängig interessieren werden: die asiatische bzw. orientale, die zentraleuropäische und die nordamerikanische Kultur.
Wie schon an dieser Stelle erkennbar wird, ist für Müller in diesem Zusammenhang Zentraleuropa, d.h. vor allem Österreich und Deutschland, der Brennpunkt, in dem die zukunftsweisenden Aspekte der ge-

nannten Kulturen zu verschmelzen sind. Daß er aber, den Ersten
Weltkrieg fordernd und voraussehend, diesen als "Kulturkrieg" bezeichnet, macht zudem deutlich, wie sehr er sich (mit fatalen
Folgen für das eigene Denkgebäude) über die eigentlichen ökonomisch-imperialistischen Motive und Ziele dieses Krieges im Irrtum
befindet.

Robert Müller richtet sein Augenmerk zunächst auf den "Amerikanismus", jene "Erscheinung", die für den unbedarften Europäer stets
ein "Kulturdämon, ein wahnwitziges und lächerliches Lebensgespenst",
stets "Millionismus"[9] bedeute. Doch werde in der Person Theodore
Roosevelts offenbar, daß sich wirklicher "Amerikanismus" als "ein
außerordentlich widerstandsfähiges Nervensystem"[10] erweise, als
die Utopie eines Zukunftsmenschen, dem in Amerika selbst vielleicht
nur Roosevelt gleiche. Roosevelt verkörpere "überquellende Menschlichkeit", "Reichtum an Schlichtheit", die "Fähigkeit zur Introspektion", "Gesundheit nicht als atavistisches Merkmal, sondern
als Pose" und den Kampf gegen den "rücksichtslosen, dummen und unsozialen Geschäftsgeist", gegen "Ausbeutung und Egoisierung", den
Kampf der guten Kräfte im Dienste "eines menschlichen Ideals".[11]
Roosevelt stelle die "entwickelte moderne, sozial interessierte
und physisch exekutiv gewordene Psyche"[12] des Zukunftsmenschen dar
und setze diese gegen die kulturlose Nur-Technik Nordamerikas ein.

Diesen neuen Menschentypus, als dessen amerikanischer Vertreter
Theodore Roosevelt gesehen wird, sieht Robert Müller durch "eine
Lust zum Rückfall in den Djungel"[13], durch "Asiatismus und Nur-
Technik-"Amerikanismus", durch die "Elephantiasis von Nebenbestandteilen der Menschheit"[14] gefährdet.

Der "Asiatismus" komme im Leben des Europäers als "ethischer Fatalismus, Götzendienst vorm Instinkte, Exotismus, Verketzerung des
Intellekts" und all jenem zum Ausdruck, "das sich unter dem literarischen Schlagwort 'Tiefe' begreifen läßt."[15] Allerdings sei gegen die menschlichen Instinkte selbst nichts einzuwenden, denn
"viele gute, dunkle, trächtig-niederträchtige Dinge sind in uns,
Lüste einer perfiden und großartigen und schöpferischen Schönheit".[16]
Wo diese fehlen, könne auch das Bewußtsein und der Wille nicht zu
voller Reife erblühen. Robert Müller argumentiert also an dieser
Stelle nicht dagegen, daß in der asiatischen Kultur den irrationa-

len Beständen des Menschen ein breiter Raum eingeräumt wird, sondern dagegen, daß dort und im "Asiatismus", d.h. der europäischen Rezeption asiatischer Kultur, die rationalen Fähigkeiten des Menschen unzureichend oder gar nicht berücksichtigt werden. Es ist die bedingungslose Hingabe des Menschen an seine irrationalen Bestände bei gleichzeitiger Verachtung seiner aktiven Grundhaltungen, Bewußtsein und Wille nämlich, die hier abgelehnt werden.
Durch den "Juden", so fährt Robert Müller fort, und durch seine Fähigkeit zu begrifflicher Abstraktion sei der "Asiate" erstmals überwunden worden. Heute müsse es darum gehen, "dem gotischen Intellekt gegen den asiatischen Instinkt zum Siege"[17] zu verhelfen. Das bedeutet näher betrachtet, daß mit der Hilfe der rationalen Fähigkeiten des Menschen seine "menschsinnlichen Triebe" (s.o.) nutzbringend ausgelebt werden sollen: "Aus diesen Fonds (die irrationalen Bestände des Menschen; G.H.) mögen wir schöpfen mit dem Gefäße, das gestaltet, und dieses Gefäß mag das Bewußtsein sein."[18]
Aus dem bisher Vorgetragenen folgt, daß nach Robert Müller Kultur nur dann entstehen kann, wenn die rationalen Fähigkeiten und irrationalen Bestände des Menschen in einem ausgewogenen Verhältnis zueinander stehen und ihre Objektivationen (z.B. Technik und Religion) in einer Gesellschaft gleichwertig gewichtet werden. Damit dem so sei, bedarf es einer freilich selbstkritischen Rationalität, die sich selbst in ihrem Geltungsanspruch zu beschränken weiß. Gelingt die ausgewiesene Synthese in der gesellschaftlichen Praxis, dann ist der im Sinne Robert Müllers ideale Kulturzustand erreicht.
Amerika und dem "Amerikanismus", so konnte gezeigt werden, mangelt es an der Anerkennung und Praktizierung der irrationalen menschlichen Bestände und einer dementsprechend kritischen Rationalität, um als vollwertige Kultur gelten zu können. Asien und der "Asiatismus" ihrerseits favorisieren in ihrer Lebenspraxis ausschließlich die irrationalen menschlichen Bestände. Das führt dazu, daß die materiellen Voraussetzungen, durch die für Robert Müller allein die umfassende Entwicklung und das weitestmögliche Ausleben der dem Menschen potentiell gegebenen Äußerungsmöglichkeiten denkbar sind, nicht gegeben oder nicht gefördert oder zurückgedrängt werden.
Im folgenden soll nun eine nähere Bestimmung dessen, was ich kri-

tische Rationalität genannt habe und was bei Robert Müller "gotischer Intellekt" (s.o.) heißt, gegeben werden.
In einer Besprechung von Romanen des Wiener Schriftstellers Otto Soyka (1882 - 1955) findet sich dazu ein erster Hinweis. Otto Soyka, heißt es dort, sei "einer der berufenen Jünger der Germantik (von mir hervorgehoben; G.H.), einer Kategorie von Wesenszügen, die mit der Romantik das Emotionelle und die Schraubung eines Erlebnisses gemeinsam haben, aber nördlicher bleiben."[19] Und europäisch-germanische Kultur, so an anderer Stelle, "ist einmal etwas Federndes, Elastisches, andermal etwas konstruktiv Fertiges (...)."[20]
Aus beiden Äußerungen sticht der Begriff des "Germanischen" hervor. Es ist ablesbar, daß sich im Umfeld des "Germanischen" nach Robert Müller beides, das emotional Irrationale und das konstruktiv Rationale, miteinander und ineinander entfalten konnte. Wie sich diese Entfaltung im einzelnen darstellt(e), führen zwei Aufsätze Robert Müllers aus dem Jahre 1914 näher aus.
In "Contre-Anarchie" heißt es, der Träger einer zukünftigen idealen Kultur sei der "heroisch bürgerliche Mensch", vergleichbar etwa mit einem Deutschen aus der "Hohenstaufenzeit".[21] Dieser Mensch werde nicht liberal, sondern imperialistisch eingestellt sein, und sein Ziel werde in der Vereinigung aller positiven Eigenschaften und Werte der europäischen Völker, "in ein(em), heilig(en) römisch(en) Reich europäischer Nationen"[22] bestehen.
Mit dem "Germanen", so Robert Müller in "Psychotechnik" weiter, "kam die Reflexion in die Welt, das heißt, die Erotik, die Hysterie und die Romantik, die eigentlich Germantik heißen müßte, denn sie entstand als Niederschlag, sobald germanisches Wesen in einer schon bestehenden Kultursphäre, der romantischen, sich verdichtete."[23] Diese Romantik des "Germanen" dürfe nicht mit "Weiblicheffeminierte(m)" und "Stimmungsintime(m)" verwechselt werden, sondern sie sei eine "abenteuerlich geräumige Geistesverfassung, die aus dem Alltäglichsten und Gewöhnlichsten den Schwung der Lebensschönheit abgewinnen kann."[24]
Mit dem "Germanen" sei der skeptische Intellektualismus der "Helleno-Romanen" "exekutiv" geworden, und er habe damit begonnen, die Bedingungen seines täglichen Seins zu organisieren und habe damit den Siegeslauf der Technik eingeläutet.[25]

Indem der "Germane" für Robert Müller einen der irrationalen Bestände des Menschen, seinen künstlerischen Schöpfungswillen bzw. seine Fähigkeit zum ästhetischen Genuß in die Welt der Produkte seiner technischen Rationalität hineinträgt, indem er Technik und Ästhetik in den willentlich gestalteten Bedingungen seines Alltags verbindet, wird er als erste historische Grundform einer solchen Lebenshaltung zum Leitbild jeder künftigen Menschheits- und Kulturentwicklung. Der künftige Mensch, so Robert Müllers Schlußfolgerung, wird in seiner Perfektionierung des angedeuteten "germanischen" Typus "eine wandelnde Ballade vom praktischen Leben"[26] werden. In dieser Formulierung findet die mythisierende Transzendierung realer Geschichtsabläufe und realer Phänomene wie der Technik, die Robert Müllers "Germantik" ist, einen metaphorisch angemessenen Ausdruck.

Im Vorangegangenen sprach Robert Müller davon, daß der Mensch der Zukunft imperialistisch eingestellt sein werde. Auch darin orientiert sich dieser Zukunftsmensch an Müllers "Germanen", wie die folgende Anführung belegt: "Während für den Arier das Ethische nicht mit der Schonung zusammenklingt, sondern sogar das Blutvergießen als männliche und sühnende Handlung in die Reihe <u>ästhetischer und ethischer Erlebnisse</u> (Hervorhebung von mir; G.H.) fällt, ist dem reinen Juden die Bejahung des Schmerzes mehr als problematisch, unmöglich. (...) Das letzte arische Ideal ist der Krieger".[27]

Zunächst soll darauf verzichtet werden, Robert Müllers Stellung zum Judentum näher zu kennzeichnen. An dieser Stelle ist herauszuheben, daß er nun unmittelbar vor Ausbruch des Ersten Weltkrieges seine in "Apologie des Krieges" erhobene Forderung nach einem "Kulturkrieg" über seinen regressiv-utopischen Kulturentwurf rechtfertigt. Weil sich im "Germanen" und "Arier" die nach Müller bislang ausgeprägteste Kultur verkörpert und weil diese "germanische" bzw. "arische" Kultur durch "Amerikanismus" und "Asiatismus" bedrängt wird, bedarf es einer aggressiv geführten Verteidigung des "germanisch-arischen" Kulturerbes. Denn dem "Gerechtigkeitsgefühl" des "Ariers", "das die Macht des Stärksten" wolle, "genügen Schiedsgerichte und verstandesmäßige Lösungen nicht."[28]

Ich fasse zusammen: Es fällt auf, daß Robert Müller in seinen frühen Publikationen recht willkürlich die Begriffe "Gote", "Germane" und "Arier" synonym setzt. Dem durch diese Begriffe bezeichneten Menschen bzw. Kulturzustand ist es gegenüber dem "amerikanischen" und dem "asiatischen" eigen, zumindest dem Versuch nach Grundweisen menschlicher Lebenshaltung - materielle Produktion, künstlerischer Schöpfungswille, religiöse Hingabe - vereinigt zu leben. Dies geschieht von Seiten des "Germanen" bewußt, d.h. als willentliche Organisierung seiner Lebensäußerungen und -bedingungen. Indem er organisiert, folgt er nach Robert Müller einer (kritischen) Rationalität. Letzteres impliziert aber für Müller auch den Willen zur Macht des Stärksten und Besten. Gegen die angenommene Bedrohung des "germanischen" Kulturzustandes durch "Nebenbestandteile der Menschheit" (s.o.) setzt sich der "Germane" zur Wehr, "fühlt das Problem durch die eigene Aktivität allein gelöst" und ist "in diesem Sinne (...) kriegerisch".[29]

Einer abschließenden Kritik soll es vorbehalten sein, die Scheinrationalität dieser Argumentation aufzuzeigen. Doch bevor verfolgt werden kann, wie Robert Müller sein Urteil über den "Germanen" und seine Kultur auf das Geschehen der Kriegsjahre überträgt, soll zunächst noch Müllers Verhältnis zu der vierten angesprochenen Kulturwelt, zu der des Judentums, skizziert werden.

In "Der jüdische und der christlich-soziale Gedanke in Österreich" (1914) heißt es dazu: "Der Antisemitismus als logische Konstruktion ist verwerflich. In Österreich aber gibt es keinen Anti-Semitismus, denn die Semiten fehlen; was so bezeichnet wird, sind die stark degenerierten Nachkommen der Diaspora-Juden. Eine Bewegung, die sich in einem Staate wie Österreich (...) gegen einen dekadenten Menschenschlag wendet (...) ist nicht mehr Antisemitismus, sondern das gesunde Reaktionssymptom einer numerisch schwachen und darum gefährdeten Rasse."[30]

In der Diskussion des "Asiatismus" hatte Robert Müller hervorgehoben, daß die Fähigkeit zur begrifflichen Abstraktion zu den positiven Eigenschaften des "Juden" gehöre. In der Auseinandersetzung um die ethische Bedeutung des "Kriegerischen" hatte er auf die passive, unkriegerische Lebenshaltung des "Juden" verwiesen. Hier nun wird deutlich, daß er, spricht er von dem "Juden", damit keine historisch bestimmbare Menschengruppe meint, sondern wie im Falle des "Bolschewismus" und des "Kapitalismus" im vorhergehenden Kapitel die "platonische Idee" des "Juden" liefert. Der "Jude" ist bei ihm Konstrukt, an dem sich die existierenden Juden messen und vor dem sie sich aburteilen lassen müssen. Weil der "Jude" als "platonische Idee" durchaus mit positiven Eigenschaften belegt werden kann, fällt es Robert Müller an dieser Stelle nicht schwer, den Antisemitismus als Denksystem zu verwerfen. In Österreich, so seine zumindest in ihrer Wirkung diabolische Logik, kann es gar keinen legitimen Antisemitismus geben, da es keine "Semiten" gibt, d.h. Menschen, die seine "platonische Idee" des "Juden" verkörpern.

Es sei darauf hingewiesen, daß sich der offensichtliche Antisemitismus Robert Müllers dennoch deutlich von der Vernichtungsmanie nationalsozialistischer Judenfeindlichkeit unterscheidet. Das Ziel seines Antisemitismus ist nicht die Ausrottung der lebenden Juden und ihrer Kultur, sondern die "Läuterung" derselben am Maßstab der logischen Konstruktion "Jude" und die Synthese dieses Ideals mit anderen, vor allem idealen "germanischen" Kulturträgern. Dies soll im folgenden noch bestimmter nachgewiesen werden.

Der "Jude", so heißt es in dem zur Rede stehenden Aufsatz, sei einzig "abstrakt" begabt. Er sei heute, in seiner "degenerierten Form", nur der Vertreter jenes "gräßlichen Merkantilismus".[31] Aus dem Handel habe er eine "mathematische Schönheit" gemacht, und seinem Wesen entspreche die Gleichung, "die er im Leben immer wieder herstellen zu können glaubt."[32] Doch sei die abstrakte Logik des "Juden" nur eine vordergründige, hinter der die "arische", "die unmittelbar aus dem Körperlichen (...) hervorgeht"[33], stehe.

Indem die Begabung des "Juden", die der "platonischen Idee" des "Juden", zu begrifflicher Abstraktion im heutigen Juden zu einer bloß merkantilen Tüchtigkeit degeneriert sei, indem der "Jude in allen Kulturländern des Westens (...) bis zur Unkenntlichkeit seines ursprünglichen Typus assimiliert"[34] werde, finde seine Begabung in kultureller Hinsicht keine fruchtbare "Nutzung" mehr. Im Falle des "Juden" müsse es also, so ließe sich Robert Müller interpretieren, darum gehen, dessen Begabung zu begrifflicher Abstraktion, d.h. auch zu rationeller Organisierung des äußeren Lebens, an eine (selbstkritische) oder "gotische" Rationalität zurückzubinden.

Es soll nun gezeigt werden, wie Robert Müller die Aufgabe des "Germanen" im realen Kriegsgeschehen der Jahre 1914 - 1918 bestimmt. Zunächst rückt er Österreich in den Blick, dem vorwiegend "kulturstrategische Aufgaben" zugewiesen werden:
"Es ist ein Pionier an der großen Ostfront gegen Asien. Es wird selbst nie produzieren, immer hinter dem Reiche zurückbleiben und von ihm seine höchsten Werte erhalten. Es ist eine Detachierung der deutschen Kultur nach Osten".[35]
Daß Österreich seine Aufgabe gerade im Kampf mit Asien und dem "Asiatismus" zugewiesen bekommt, erklärt Robert Müller damit, daß der "Österreicher" letztlich eine Mischung aus asiatischen und arischen Völkern sei. Nur im österreichischen Adel habe sich, so in der "Wissenschaft des Germanen", Teil des Essays Was erwartet Österreich von seinem jungen Thronfolger (1915[2]), die "germanische Herrenherkunft noch deutlich erhalten".[36] Daher verkörpere sich auch im österreichischen Adel allein die "germanische Grundidee" dieses Staates.
Schon hier wird erkennbar, warum Österreich für Robert Müller einerseits nur in Teilen sein Kulturideal verkörpern kann, warum ihm aber andererseits ebenso eine besondere Stellung in der Kulturentwicklung der Völker zugesprochen wird. Österreich als Vielvölkerstaat haftet zum einen zu viel Nicht-"Germanisches" an, um als Synthese im Sinne des Kulturideals gelten zu können. Zum anderen aber konzentriert sich gerade in ihm jene Kulturauseinandersetzung, jene Bedrohung des "Germanischen" durch das "Asiatische", die Müller eingangs als eine gesamteuropäische vorstellte und zu deren produktiven Bewältigung er aufrief. Damit ist Österreich für ihn zum dritten der Ort, an dem allein aus politisch-geographischen Gründen allererst über das künftige Schicksal der "germanischen" Kultur und das der Synthese aus "germanischer" und "asiatischer" Lebenshaltung entschieden wird: Österreich wird als Nabel einer künftigen Weltkultur vorgestellt. Mit ihm ist für Robert Müller der historische Punkt bezeichnet, an dem über die Validität und Vivazität des "germanischen" Kulturideals und seines Anspruchs auf Weltherrschaft entschieden wird.
Dem österreichischen Adel, zuvorderst seinem Herrscherhaus, sei

es bisher gelungen, so Robert Müller in seiner weiteren Argumentation, den "germanischen Gedanken" gegen Osten hinauszutragen und "auf fremde Art schöpferisch" "aufzupfropfen".[37] Gelinge es Österreich künftig nicht, sich gegen seine asiatischen und mongolischen Völkerschaften zu behaupten, so werde der "Serbe" die kulturelle Nachfolge des "Österreichers" antreten. Werde aber Österreich "serbisch", dann sei "Deutschland zwischen seinen Feinden erdrückt. Es sinkt zur Größe Belgiens herab und mit ihm sinken auch seine geistigen Schöpferkräfte. An Österreichs Bestand hängt die deutsche Weltkultur."[38]

Gesteht man Robert Müller dieses austrozentrische Weltbild, das im wesentlichen besagt, daß von der Existenz des Vielvölkerstaates Österreich der Bestand Reichdeutschlands und aller relevanten Kulturleistungen abhängt, zunächst einmal zu, so ist an ihn aber dennoch die Frage zu richten, wie sich seine Behauptung eines durchaus möglichen Niedergangs deutscher Kultur mit der gleichzeitig aufrecht gehaltenen Ansicht verbinden läßt, daß sich in der deutschen Kultur nicht allein die entwickeltste bisherige Kulturstufe verkörpere, sondern ihr Träger auch der im umfassenden Sinne stärkste derzeitige menschliche Typus sei. Oder anders: Wenn es für die nach Robert Müller relativ geringe Zahl reiner "Germanen" in Österreich möglich sein soll, den prognostizierten Ansturm asiatischer Volksgruppen abzuwehren, wie sollte sich dann das für ihn "germanischste" Volk, die Deutschen nämlich, nicht eines solchen Ansturms erwehren können?

Es kann also behauptet werden, daß die zuletzt angeführten Äußerungen Robert Müllers die Folge eines überzogenen Verständnisses der europäischen wie weltpolitischen Bedeutung Österreichs sind, das Ergebnis eines in seinen Folgen fatalen Nationalismus und nicht das sachgerechter historischer Analyse.

Robert Müller fährt fort, die Bedingungen und Möglichkeiten des Verhältnisses von Österreich und Reichsdeutschland zu bestimmen. Österreich sei "das mächtigste Gebilde des germanischen Imperialismus".[39] Dem "germanischen Imperialismus", der keine geographisch-ökonomisch orientierte politische Haltung bezeichne, sondern als eine kulturpolitische Bewegung verstanden werden müsse, gehe es um die weltweite Verbreitung des "gotischen Intellekts", der handlungsorientierten Synthese der rationalen und irrationalen Grund-

bestände des Menschen. Die Idee dieser Synthese verbiete eine politische Konstellation, die mit dem Schlagwort "Alldeutschtum" bezeichnet werde. Die Vorstellung eines Staatsgebildes, das Österreich und Deutschland umfasse, sei gegenüber der zweier staatsrechtlich getrennter, kulturpolitisch vereint handelnder Staaten "der geistig wertlosere Standpunkt".[40]
Gegenüber dem "Reichsdeutschen" besitze der Österreicher mehr "werbende und assimilierende" Kräfte,"entsprechend seiner Aufgabe, die nicht in Kulturschöpfung, sondern in K u l t u r w e h r" bestehe.[41] Der Österreicher sei künstlerisch und vor allem musikalisch hochbegabt, in organisatorischen und technischen Belangen aber eher als "schwerfällig" zu bezeichnen. Mit seiner Armee habe sich der Österreicher eine Kulturinstitution von außerordentlicher Bedeutung geschaffen, sei sie doch, "auf der K u l t u r s p u r w e i t e d e r w i c h t i g s t e n u n d b e g ü t e r t s t e n S p r a c h e eingefahren, (...) ein wichtiger Erziehungsfaktor."[42]
Wie im Falle der Armee, so äußere sich auch im Bekenntnis Österreichs zum Katholizismus das gesamtösterreichische Wesen. Der Katholizismus komme unbeschadet jeder konfessionellen Diskussion der wesensmäßigen Anlage des Österreichers weitestgehend entgegen, er sei " d e r o r g a n i s c h e R e f l e x d e s ö s t e r r e i c h i s c h e n V ö l k e r v i e l e n."[43]
Im Urteil Robert Müllers verkörpern der "Österreicher" und seine Kultur kein ausgewogenes Verhältnis der rationalen und irrationalen Grundbestände des Menschen. Eindeutig überwiegt in diesem Urteil die Betonung der irrationalen Äußerungsformen. Anders verhält es sich, wie Kapitel III dieser Arbeit schon andeutete, mit dem "Reichsdeutschen" und seiner Kultur: dort ist das gesamte Erscheinungsbild maßgeblich durch die Betonung der organisatorischen und technischen, d.h. rationalen menschlichen Fähigkeiten geprägt. Um so mehr muß es daher verwundern, daß sich Robert Müller mit Entschiedenheit gegen eine reale Synthese Österreichs und Deutschlands im Sinne des "Alldeutschtums" wendet, sieht er doch gerade in der wirklichen, gelebten Synthese der rationalen und irrationalen Grundbestände des Menschen das erstrebte Kulturideal.
Robert Müller führt für seinen Standpunkt etliche politisch-strategische Gründe ins Feld, so zum Beispiel den, daß es einem selbstän-

digen Österreich aufgrund seines "anziehenden" Charakters eher gelingen werde als dem preußisch-unterkühlten Deutschen Reich, die "germanische" Grundidee im Osten zu verbreiten. Doch leitet eine solche Argumentation, gesetzt, daß sie in ihren Voraussetzungen zuträfe, über die Frage hinweg, wie sich das Verhältnis von "österreichischem" und "reichsdeutschem" Kulturcharakter dann zu gestalten habe, wenn die erhoffte "Germanisierung" der gesamten Welt einmal erreicht ist. Robert Müllers Forderung an Österreich und Deutschland, in der Parole des "getrennt marschieren, vereint schlagen"[44] bündig zusammengefaßt, mag im Prozeß der "Germanisierung" der Welt unter strategischen Gesichtspunkten aus seiner Sicht gerechtfertigt sein. Mit Blick auf das eigene Kulturideal gibt sie aber dennoch keine befriedigende Antwort.

Aus den vorangegangenen Abschnitten ergibt sich eine Bestätigung meiner These, daß in dem hier vorgestellten Essay vor allem ein überspanntes Nationalbewußtsein Robert Müllers zum Ausdruck kommt. Die Kompromißlosigkeit, mit der er sich hier vor allem auch gegen eine "Verdeutschung" Österreichs wendet, findet am Maßstab der von ihm selbst formulierten Kulturutopie keine überzeugende Rechtfertigung. Wurde zu Beginn mit Robert Müller gesagt, daß er sich in diesem Essay mit der Bedrohung des "germanischen" Kulturideals durch asiatische Völker und mit angemessenen Reaktionen auf diese Bedrohung auseinandersetze, so kann nun rückblickend geurteilt werden, daß Robert Müller hier ungeachtet aller vorgeblichen kulturkritischen und kulturutopischen Überlegungen einzig für die unbedingte Erhaltung Österreich - Ungarns argumentiert. Um Österreich - Ungarn, nicht um ein fernes "germanisches" Kulturideal geht es vorrangig, liegt doch die Bedrohung nicht im Osten allein, sondern - freilich nur zwischen den Zeilen ausgesprochen - ebenso im Norden.

Dürfen daher die bisher vorgetragenen Kulturbetrachtungen wesentlich als polit-strategische Schutzbehauptungen beurteilt werden, so dürfen sie andererseits deshalb nicht vernachlässigt oder unterschlagen werden. Sie zeugen durchaus von subjektiver Aufrichtigkeit und zeigen ihren Charakter erst in der vollzogenen historisch-kritischen Analyse. Ich beschließe daher diesen Überblick über Robert Müllers Vorkriegsarbeiten mit der Analyse des Kapitels "Germanisierung ist Idealisierung" aus dem Essay <u>Was erwartet</u>

Österreich von seinem jungen Thronfolger?, die zugleich als Zusammenfassung des bisher Vorgetragenen und als Ausblick auf Robert Müllers Stellungnahmen während der Kriegsjahre dient.

Was ich zuvor andeutend behauptete, findet sich in diesem Kapitel bestätigt: "D e r   G e r m a n e", so Robert Müller hier, "i s t   e i n e   I d e e".[45] Er steht für einen Typus, der "für die Eugenik der Zukunft ein durchaus mögliche(r) und wünschenswerte(r)" ist.[46] Damit sich dieser Typus entfalte, bedürfe es eines "Z u c h t g e r m a n e n", eines existierenden Leitbildes für die Masse. Ein solches sieht Robert Müller, zumindest in Annäherung, im österreichischen Thronfolger, "dem Sprößling germanischer Herrscherfamilien".[47] Als Abbild der Idee des "Germanen" werde er für alle anderen ein Beispiel sein, derjenige, der durch seine Macht zu herrschen in den ihm untergebenen Völkern die Idee des "Germanen" zur Wirklichkeit werden lasse. Ihm obliege es, zu "germanisieren", "d i e   b e s t i m m t e   u n d   s c h a r f e   I d e e   e i n e r   b e s t i m m t e n   W e l t o r d n u n g" zu geben.[48] Es gehe nicht darum, fremde Eigenarten zu "brechen" oder Völker zu "versklaven". Nicht Einförmigkeit, sondern ein Reichtum an Typen solle erzeugt werden, denn "Vielförmigkeit, Individualität, Andersartigkeit, Selbsteinschätzung sind germanisch."[49]

Es sei das Ziel, andere Nationen und Kulturen zu pflegen und unter dem Leitbegriff des "Germanischen" zu lenken. Das werde ebenso dazu führen, daß diese anderen Nationen und Kulturen die österreichische und deutsche befruchteten. Jedoch, sollten sich einzelne Nationen gegen eine "Germanisierung" sperren, so bedürfe es des Einschreitens der "Kulturinstitution" Armee, um diese "widerhaarige(n) Nationen zur Anerkennung der d e u t s c h e n   S t a a t s -   u n d   K u l t u r s p r a c h e" zu zwingen.[50]

Hätten sich die anderen Nationen einmal unterworfen, so sei es eine Frage des Wollens, ob eine "Germanisierung" möglich sei oder nicht. Sei der "Germane" einmal psychisch vorbereitet und habe der Wille "Germane" zu sein, in einem Menschen einmal Raum ergriffen, so könne der "Germane" auch "f y s i o l o g i s c h   e n t s t e h e n".[51] Denn "durch Gedanken, Empfindungen, Wünsche und Werte kann eine Rasse sich formen. (...) Idealisten haben blonde Kin-

der. (...) B l o n d h e i t k a n n a u s g e b i l d e t,
B l a u ä u g i g k e i t u n d G e s t r e c k h e i t
a l s Z e i c h e n e i n e r k u l t u r e l l e n E r -
s c h e i n u n g k ö n n e n t r a i n i e r t w e r d e n."[52]

4.2. **1916. ÖSTERREICH UND DER MENSCH . EINE MYTHIK DES DONAU-ALPENMENSCHEN.**

Im Vorangegangenen hatte Robert Müller mehrmals auf den "anziehenden" Charakter Österreichs und des "Österreichers" verwiesen. In dem Essay Österreich und der Mensch (1916), in dem sich bedeutende Äußerungen für die Kulturkonzeption Robert Müllers finden, wird dieser österreichische Kulturcharakter ausführlich bestimmt. Dort heißt es eingangs, daß jede "europäische oder asiatische Person" einer besonderen "atmosphärische(n) Ausstrahlung", gleichsam einem "Zuchtprinzipe"[53] unterliege, sobald sie sich in Österreich befinde. Ein kurzer Aufenthalt in Österreich genüge, um selbst an einem ausgeprägten und festen Charakter bezeichnende Veränderungen zu bewirken. In Österreich trete der fremdländische Mensch "in einen allgemeinen menschlichen Kreis hinein", werde "in eine Stimmung nivelliert" und "demokratisiert", in der "ständische, soziale und außerhalb des politischen Getriebes auch nationale Begriffe (...) im Röntgen eines durchdringenden Kompromisses" leuchteten.[54] In Österreich werde "Schöpferisches und Geschöpf" als Eigenwert begriffen, ganz im Gegensatz zu Deutschland, wo sich nur einige "extremisierte Faktoren" "deutscher Anlage" finden ließen. Der "Deutsche" Deutschlands sei ein "Training", sei "gestanzt, gepaukt, geübt."[55] Der "Deutsche" Österreichs aber sei ein "Milieu- und Geschichtsprodukt", sei eine "Menschen z u c h t", wobei "Zucht" "keine ethische Kategorie, sondern einen Sammelnamen" bedeute.[56] Der "Österreicher"sei beinahe eine "Rasse".
Robert Müller unterscheidet drei Bedeutungen des Begriffs "Rasse": Zum einen gebe es den völkerwissenschaftlichen Rassebegriff; sodann gebe es "Rasse" als philosophische Konzeption wie etwa bei Gobineau(!) und H. St. Chamberlain; drittens könne "Rasse" zudem

in einer "ästhetisch-impressionistischen Bewertung" etwas Körperliches meinen. Von Bedeutung allein seien die zweite und dritte Begriffsfassung, von herausragender Bedeutung allein die zweite. Ziele die erste Begriffsfassung nur auf eine Rekonstruktion von bereits Vorhandenem, so komme doch alles darauf an, einen neuen "Körper" zu einer neuen "Sittlichkeit" zu finden. Dieses Ziel verfolgten u.a. Gobineau und Chamberlain, für die folglich "Rasse" "eine Geschmacksrichtung, der gigantisch vervielfältigte Subjektivismus eines genialen Ringens und einer gestalteten Sehnsucht" sei. "Der Germane Chamberlains ist ein Trieb (...). Er ist eine Gestalt, eine Darstellung, ein Symbol, ein Wunschinhalt, ein Idol."[57]

Nun dürfe angenommen werden, daß alle Rassen im völkerkundlichen Sinne selbst schon Kompromisse verschiedener urzeitlicher "Familienrassen" seien. Das spreche im Grunde genommen gegen das statische Bild der Völkerwissenschaftler und für die Synthesebestrebungen Gobineaus und Chamberlains. Wenn er, Robert Müller, mit Chamberlain vom "Germanen" spreche, so drücke sich darin ein Vorwärtsdenken und ein Erinnern zugleich aus. Zum einen sei damit der "Germane" gemeint, wie er in den "alten Sagen" überliefert werde. Dieser Typus sei der Ausgangspunkt der zu erstrebenden Rassesynthese und damit des "neuen Menschen". Zum anderen bezeichne dieses Wort "das göttlich Letzte, eine im Trieb überlieferte Hinkunftsart, eine Vorwärtserinnerung."[58] Daß aber der "historische Germane" überwunden werden müsse und auch schon werde zeige sich allein daran, daß die heutigen "Deutschen" bereits "stärker und dauerhafter" seien "als die einstmals beneideten Helden der Vorzeit."[59]

Im "Österreicher" seien die deutlichsten Schritte auf dem Wege einer Überwindung des "historischen Germanen" gemacht, denn dieser "Österreicher" sei ja ein "Kompromißprodukt, ein unwillkürlicher Eroberungsakt, eine Ausbuchtung in Fremdes."[60] Doch sei der "Österreicher" damit noch nicht der "Germane" als "Vorwärtserinnerung". Dazu mangele es ihm an Organisationstalent. Im Sinne der Rasseforschung sei er sogar "ungermanisch", weise "Deutsches", "Ungarisches", "Slawisches" und "Rumänisches", "also alle Abstufungen vom Arischen bis zum Reinmongolischen" auf.[61] So werde die

Zukunft die Synthese des synthetischen "Österreichers" mit dem "germanisierten Deutschen" bringen müssen, die Synthese "deutscher Tatstrenge" und "österreichischer Reizmilde": den "Germanen".[62]

Es fällt an dieser Stelle nicht leicht, Robert Müllers rasse-historischen und rasse-theoretischen Überlegungen in ihrem Zusammenhang zu folgen. Verwirrend ist vor allem, daß er behauptet, der "Österreicher" sei zwar nicht von "germanischer", wohl aber von "deutscher" Rasse, wobei der "Deutsche" wiederum durch sein "germanisches Blut" gekennzeichnet sei. Und verwirrend ist dann, daß der Österreicher" dennoch als Typus gesehen wird, der sich dem idealen "Germanen", der ja auch immer den "historischen Germanen" enthält, am deutlichsten nähert. Trotz dieser Unklarheiten und Ungereimtheiten ergibt sich folgendes Bild:
In Anlehnung an Chamberlain (und im eigenen Urteil auch an Gobineau) fordert Robert Müller eine neue, synthetische Rasse. Diese Rasse nennt er die "germanische". So ist dadurch bestimmt, daß sie auf dem "historischen Germanen" der überlieferten Sagen aufbaut. Doch weist sie deutlich über diesen hinaus, indem sie andere, nicht-"germanische" Rassen in sich aufnimmt. Auch das "Deutsche" ist nur einer ihrer Bestandteile. Eine Gleichsetzung von "germanisch", "arisch" und "deutsch" ist also nicht erlaubt. Damit unterscheidet sich die Rassekonzeption Robert Müllers beispielsweise eindeutig von der des Nationalsozialismus.
Ihrem Wesen nach ist diese neue Rasse dadurch bestimmt, daß sie rational-planorientierte und irrational-eruptive Anlagen des Menschen zusammenführt. Für die rational-planorientierten Anlagen stehen Robert Müller die "Deutschen", für die irrational-eruptiven die "Österreicher" ein.
Doch ist im Urteil Robert Müllers die österreichische Gesellschaft so beschaffen, daß ihr der "interessante" Mensch mehr als der "aktive" oder "schöpferische" gilt. Sie habe für den "Nimbus der großen Leistung kein Organ" und unterschätze den "Genius" und den "gigantischen Lebensarbeiter".[63]
Hier kommt eine Doppelgesichtigkeit des "anziehenden" Charakters Österreichs zum Ausdruck. Zum einen ermöglicht erst dieser Charakter die "Ausbuchtung in Fremdes", also die geforderte Annäherung an andere

Rassen. Zum anderen aber führt diese Annäherung nicht zu einem Kompromiß im Sinne einer neuen Qualität, sondern nur zum qualitätslosen Zugleich. Was Österreich im Urteil Robert Müllers Deutschland an Anziehung voraus hat, fehlt ihm andererseits an wegweisender Festigkeit: Österreich "nivelliert" und "demokratisiert", aber es führt nicht, es ist "interessant", aber im Sinne der Rasse-Utopie unschöpferisch.
Robert Müller zieht das (sein) Verhältnis der Geschlechter zum Vergleich: "Welches ist nun die Person, die weder aktiv noch schöpferisch, und dennoch stets interessant bleibt? Ist es nicht die Frau? Ist nicht die Frau geradezu ein Inhalt, ja Gehalt des Österreichischen?"[64] Das "österreichische Reichsgebilde" und sein Bewohner, der "Reichsmensch", hätten "ein Wesen vom Weiblichen", während im Gegensatz dazu im preußischen Deutschland das "Männliche" vorherrschend sei.[65] Daher könne der Gegensatz zwischen Deutschland und Österreich in der "Uranalogie des Männlich-Weiblichen"[66] begriffen werden. Österreich gebe Deutschland zwar keine "Arbeitsmethoden", aber es gebe ihm "zu einem guten Teil seine Genüsse."[67] Diese Haltung Österreichs sei zwar "weiblich" geprägt, doch keineswegs "unmännlich". Auch die alten "Herrenvölker" hätten die Arbeit nicht geliebt und sich als "Erfinder, Unternehmer, Initiatoren" betätigt. Und es gebe keinen Zweifel, daß ein "außerordentlicher kombinierender, gestaltlich phantasierender Geist (...) als ausgeprägt männlich" gelten müsse.[68] Doch fehle es dem "Österreicher" an "Arbeitsmethoden" als dem Sinn für die Realisierung seiner geistigen Produkte. Daher sei das, was sich in Österreich Staat nenne, immer "schleppend, ungenau, ja leer, gleichwie ein halbmöbiliertes, schön gelegenes Zimmer."[69] Doch habe dieses "Chaotische" des offiziellen Zusammenlebens in kultureller Hinsicht auch seine guten Seiten, antizipiere es doch einen Gesellschaftszustand, der sich nicht durch den "Absolutstaat", sondern durch "Entstaatlichung" auszeichnen werde.
Zu den Genüssen, die Österreich seinen Männern ermögliche, gehören für Robert Müller Literatur, Kunst und Musik, wobei letztere allerdings nicht als Folgen "germanischer" Anlagen gelten könnten. Daß beide aber in Österreich dennoch in hoher Blüte stünden sei dadurch hervorgerufen, daß im "Österreicher" "die Sinnlichkeit von Aug und Ohr fremdrassiger Völker in die Organisationswirkung des

Germanen" geraten sei.[70] Dies gelte vor allem für die Musik. Heute breite sich in Österreich eine "Musikwelle" aus, die in vorhistorischer Zeit von Afrika aus nach Europa gekommen sei und zunächst nur das Musikverständnis "romanischer Völker" geprägt habe. Diese "negroide Musik" beginne sich im deutschen Sprachraum mit Beethoven zu äußern und finde heute in Debussy, Schönberg und R. Strauss ihre Fortsetzung. Schaue man sich zudem etwa die Bilder Van Goghs oder Kokoschkas an, so werde die "negroid-gotische Art unserer heutigen Künstler" überdeutlich.[71] Dieser "gotische Verbrauch fremdrassiger Begabung und Dienstbarkeit"[72] sei gerade und auch bei österreichischen Literaten anzutreffen: Robert Müller nennt Trakl, Däubler und Gütersloh und schließt diesen Gedankengang: "Mit dem reinen Germanen würden wir nicht weit kommen. Wollten wir ihn aus der heutigen Mischung herauskochen, würden wir nur einen sehr gefährlichen, listigen, faulen und viel und gescheit redenden Straßenräuber erhalten, den der nächste Schutzmann ins Loch stecken müßte."[73]

In diesen Äußerungen zu aktuellen Trends der österreichischen Kulturszene wird einmal mehr deutlich, daß Robert Müllers Rasseideal des "Germanen" nicht mit dem gleichnamigen des Nationalsozialismus verwechselt werden darf. Der "Germane" Robert Müllers teilt zudem mit seinem gleichnamigen "historischen" Vorgänger allein die Fähigkeit der zweckmäßigen Organisierung verschiedener Lebensbereiche. Aber gerade in der inhaltlichen Bestimmung dieser Lebensbereiche ist er stark von ihm unterschieden: er wird als aktiver Gestalter seiner Umwelt und als sich künstlerisch betätigender Mensch zugleich vorgestellt. Als Kunstschaffender wurde der "Österreicher", als Organisator der "Deutsche" genannt. Der "Österreicher" ist wesentlich durch nicht-"germanische" Rassen bestimmt, und Nicht-"Germanisches" ist im Urteil Robert Müllers ein wichtiger Bestandteil der zeitgenössischen wie zukünftigen Kultur.

Es ist offensichtlich, daß mit diesen Urteilen zentrale Ansichten über den "historischen Germanen" aus dem Essay <u>Was erwartet Österreich von seinem jungen Thronfolger?</u> revidiert werden. In den Arbeiten der Vorkriegszeit war der "ideale Germane" inhaltlich nur unwesentlich von seinem "historischen" Namensvetter unterschieden, zeichnete sich ihm gegenüber nur durch die vollendete Aktualisierung der gegebenen Anlagen aus. Der "historische Germane" galt anlagegemäß als vollkommener Typus. Jetzt, im Jahre 1916, ist er ein durchaus zweifelhafter Typus, dem auch gegenüber anderen Rassen nur die Fähigkeit zur Organisation, zur Assimilation anderer Rassen und Nationen als begrüßenswerte Eigenschaft zugesprochen wird. Seiner Inhalte entledigt, ist der "historische Germane" Vorbild allein aufgrund seiner formgebenden Potentialität.

Gegen Ende des Essays Österreich und der Mensch kommt Robert Müller auf seine Forderung nach einer Synthese verschiedener Rassen und Nationen zurück. In Deutschland, so heißt es da, werde man "unter Beibehaltung eines germanischen Ideals, das keineswegs einem heute nicht mehr wünschenswerten Atavismus gleichkommen darf, ein Deutschtum als e u r o p ä i s c h - r a s s i g e n K o m p r o m i ß fördern, in den die slawischen, jüdischen, gallischen und tatarischen Staatsbürger formspendend-weitend werden eindringen müssen."[74]

In Österreich habe man einen anderen Weg zu gehen. Österreich müsse "durch Wirtschaft im großen Stil", durch seine "hohe ausgebildete Intuition", durch seine "schon aus Mischung entstandene Kunst und seine formende Sinnlichkeit (...) ein fremdsprachiges, ethnologisch schattiertes Deutschtum, einen überlegenen imperialen Reichsmenschen erschließen".[75]

Der reine "Germanismus" sei durch den jetzigen Weltkrieg "desavouiert" worden. An seine Stelle trete eine "weniger rassemäßige, mehr kulturelle Auffassung", die Robert Müller wie schon in der Vorkriegszeit mit dem Namen "Germantik" belegt: "Nicht als Germanisatoren, als G e r m a n t i k e r treten heute Deutschland und das Ostreich unter lernende, Anregung und Schule heischende Ostvölker".[76]

Es fällt auf, daß Robert Müller, grob gesprochen, diesen Essay mit ähnlich aggressiv-nationalistischen Tönen beendet, wie sie für die Arbeiten der Vorkriegszeit charakteristisch waren. Das muß um so mehr verwundern, als er, wie gezeigt, den Ausgangspunkt seiner früheren Überlegungen (das Bild des "historischen Germanen"), erheblich revidiert hat.

Im Sinne Müllers waren die früheren imperialistischen Zielsetzungen einzig durch die Annahme legitimiert, daß die "germanische"

Rasse, repräsentiert in Geburtsadel und Herrscherhaus, aufgrund
ihrer vielfältigen Anlagen allen anderen Rassen überlegen sei und
somit die geschichtliche Pflicht habe, andere Rassen und Nationen
durch Unterwerfung zu erziehen und zu "germanisieren". Ist nicht
damit, daß Robert Müller in Österreich und der Mensch an eindeutig imperialistischen Zielsetzungen festhält, eine Forderung gegeben, die sich nicht zwingend aus den hier vorgetragenen Überlegungen zu dem "Germanen" und zu anderen Rassen ergibt? Es scheint,
bezüglich der Mittel, Krieg nämlich, muß diese Frage bejaht, bezüglich des Ziels aber, der neuen "synthetischen Rasse", verneint
werden. Zunächst zum zweiten Punkt: Bei näherer Betrachtung zeigt
sich, daß die zuletzt vorgestellten Überlegungen Robert Müllers
nicht das Verb "germanisieren", sondern das Verb "germantisieren"
implizieren. Das "Germanisieren" nimmt im "historischen Germanen",
das "Germantisieren" in der vorgedachten Synthese des "Deutschen"
und des "Österreichers" seinen Ausgangspunkt. Der "Deutsche" und
der "Österreicher" unterscheiden sich von dem "historischen Germanen" durch ein Defizit an Veranlagung bzw. durch eine einseitige
Lebensgestaltung. Beide bedürfen der Ergänzung durch andere Rassen. In diesem Sinne kann Robert Müller nach Maßgabe seiner Voraussetzungen zu Recht fordern, daß "Österreicher" und "Deutsche"
unter andere Völker treten sollten. Doch fordert er ja mehr, nämlich, daß die Staaten Österreich und Deutschland unter andere
Völker treten sollen. Und hier ist der Punkt gegeben, an dem sich
Robert Müllers Forderungen nicht zwingend aus seinen Voraussetzungen ableiten lassen und die verneinende Beantwortung der von mir
aufgeworfenen Frage in ein "Ja" umschlägt. Ginge es Robert Müller
allein um die Vermischung der positiven Eigenschaften verschiedener Rassen, die er selbst bereits in zentralen Kunstbereichen beobachtet, dann ist nicht einsehbar, warum der Krieg, warum die
Unterwerfung und Annexion anderer Völker und Staaten das einzig
probate Mittel zu diesem Ziel sein soll.
Es zeigt sich, daß hinter den anthropologischen und kulturpolitischen Überlegungen und Betrachtungen, die den Essay Österreich
und der Mensch oberflächlich durchgängig bestimmen, noch solche
staatspolitischer, hier imperialistischer Natur stehen. Es ist
Robert Müllers unbegründeter Wille, daß Österreich und Deutschland

zu den beherrschenden Mächten Europas und der Welt werden. Doch
soll diese Feststellung nicht darüber hinwegtäuschen, daß er sich
in der Tat vom reinen Rassisten, der allein "Germanisches" als
wertig gelten ließ, zu einem Rassentheoretiker entwickelt hat,
der sich darum bemüht, in Anerkennung anderer Rassen die Bedingungen der Entstehung eines idealen Mischvolkes zu bedenken - der
"Germanen". Daß er dabei seinem Vorkriegsdenken in Teilen verpflichtet bleibt (vgl. seine politischen Überlegungen), darf jedoch nicht unterschlagen werden. Wenn Robert Müller etwa äußert,
die "Ostvölker" "heischten" nach "Anregung und Schule" durch
"Deutsche", so kommt darin ein Sendungsbewußtsein zum Ausdruck,
das als Variante des vormals unverblümten Nationalismus interpretiert werden muß. Aus diesem Sendungsbewußtsein heraus ist auch
erklärbar, daß er seine schon 1912 formulierte Forderung nach
einem "Kulturkrieg" unwidersprochen läßt und so zu keiner über-
zeugenden Ablehnung des Ersten Weltkrieges kommt. Gobineau und
Chamberlain, d.h. programmatisch "Rassenkampf" statt "Klassenkampf", bleiben unangetastete Vorbilder. Wenn auch gilt, daß andere Rassen für die künftige synthetische Rasse von Bedeutung
sind, so bleibt der 'Löwenanteil' positiver Eigenschaften doch
auf "Deutsche" - "Österreicher" und "Reichsdeutsche" - verteilt.

4.3. 1917. EUROPÄISCHE WEGE. IM KAMPF UM DEN TYPUS.

Zum Schluß von <u>Österreich und der Mensch</u> sprach Robert Müller von
einem "europäisch-rassigen Kompromiß", den Deutschland unter "Beibehaltung eines germanischen Ideals" zu fördern habe. Er nannte
"Slawen", "Juden", "Gallier" und "Tataren" als die Rassen, die in
diesen Kompromiß aufzunehmen seien. Noch vor Kriegsende werden
einige der genannten Rassen näher charakterisiert.
Die "slawische Wesensart", so heißt es in der Essaysammlung <u>Euro-
päische Wege. Im Kampf um den Typus</u> (1917), sei der deutschen
Wesensart "innerlich verwandt" und wie diese gegen den "fränkisch-
angelsächsischen Komplex abgegrenzt".[77] Das charakteristischste,

kulturell entwickeltste slawische Volk sei der "Russe", besitze
er doch ein außerordentlich altes und verfeinertes "Seelenleben"
- "und dies versteht man ja wohl unter Kultur, die Entwicklung
einer typischen Seele und ihre Schwankungen und Festigkeiten."[78]
Im Ganzen genommen sei die "europäische Seele" (d.i. "Kultur")
"germanisch", doch teile sie sich in "einen fränkisch-normannischen Westen und einen gotisch-slawischen Osten".[79] In Deutschland und England breite sich mit dem "Sächsischen" ein "verbindend nivellierendes Element" aus. Doch gehöre Deutschland zur östlichen, England aber zur westlichen "Kulturwelt". Beide "Kulturwelten" seien durch die jeweilige Bestimmung des Verhältnisses von Inhalt und Form geschieden. In der Kultur des Westens sei Form schon ein Inhalt; in der des Ostens gelte zwar nicht das Gegenteil, doch gelte es auch: "Form und Inhalt sind ineinander umhergewälzt, Form ist sozusagen vom Inhalt so durchspeichelt, daß es einem Franzosen, der etwa unsere (die deutschen; G.H.) gedankenschweren Metaphysiker liest, übel wird."[80]
Die östliche "Seelenverfassung" bilde einen Komplex "mit dem gemeinsamen Maß des Maßlosen im Gegensatz zum Maßvollen, daß die Äußerungen der westlichen Seele regiert".[81] In den Romanen Dostojewskys etwa sei die Form nicht bewältigt, sei der "Stoff" so außerhalb, "besser überhalb der vermittelnden Form, daß ihn Franzosen, die dieses Wort ganz anders verstehen, metaphysisch nennen."[82] Denn der Franzose verstehe unter "metaphysisch" nicht das "Übersinnliche", sondern das "Unsinnliche".
Nun könne gelten, daß Dostojewsky stark "unsinnlich" und "undinglich" sei. Bei ihm werde weder die Landschaft noch das Milieu beschrieben, und ihm bedeute die Form nur wenig. Das aber mache Dostojewsky den Deutschen so überaus anziehend, seien doch auch sie "Formnomaden": "Das Unsrige tragen wir jederzeit bei uns: Die Möglichkeit, die Form zu wollen. Denn wir haben auch Form: jene, die wir wollen. Form ist für uns ein Willensakt. (...) Aber auf dem Wege zum Willen sind wir formlos und dingvergessen."[83]
Doch sei dem "Deutschen" der Wille fragwürdig geworden. Er habe den "Willen" und das "Gewollte" bedacht, und dieses Bedenken, diese "Besinnlichkeit" gelte dem "Deutschen" wie dem "Russen" als etwas "Tieferes" als der reine, bloße "Wille". Anders als die "alt-

arischen Inder", die, mit dem Willen als Problem konfrontiert, dieses gelöst hätten, indem sie den Willen verneinten, akzeptierten "Deutsche" und "Russen" den Willen, indem sie ihn ständig "problematisieren". "Deutsche" und "Russen" gehen also über die Entscheidung der "altarischen Inder" hinaus, "indem wir fortwährend sinnen und nie lösen; oder richtiger, indem wir stets neu besinnen, was wir gelöst haben. (...) Wir bleiben kontemplativ, indem wir die Aktivität nicht aufheben, sondern jeweils besinnend erleben, aber stets im Verdacht haben."[84] In der Haltung des "Deutschen" und des "Russen" liege folglich eine "Elastizität von Ja und Nein".[85] Allerdings sei zu beachten, daß den heutigen "Deutschen" als Folge des Ersten Weltkrieges nicht die Betrachtung, sondern die Bejahung des Willens kennzeichne. Darin liege der tiefere Grund, warum der "Russe" heute den "Deutschen" als "Verräter" empfinde. Daß er dies tue, sei allerdings der Ausdruck einer "dialektischen Steife". Denn die Form, die "unendlich gleichgültig" sei, gebe "endlich die Voraussetzung, daß der Inhalt sich erneuern kann. Denn was nicht erstarrt, bewegt sich nie. Was sich immer bewegt, ist stets in Ruhe."[86] Das Motto müsse also lauten: "D i e   T a t   g e r i n g   s c h ä t z e n ,   a b e r   s i e   t u n ."[87]

Der "Deutsche" also habe sich zur Form entschlossen. Zwar sei sie bei ihm immer noch Willensakt, aber ein solcher, der durch die "Besinnung" bejaht, d.h. "gesetzt" sei. Die Form des "Deutschen" sei das System, denn er forme nicht im eigentlichen Sinne, sondern organisiere. Der "Russe" aber, dem "Besinnlichkeit" nach wie vor höher stehe als der Wille, forme weder noch organisiere er: "er massiert".[88] "D i e   M a s s e   i s t   s o z u s a g e n   d e r   L a p s u s   d e r   r u s s i s c h e n   F o r m k r a f t , die, jeden Damm der Willensfrage und der sittlichen Haltung durchbrechend, an Quantität und wütendem Wachstum ersetzt, was ihr an Gliederung von innen her verboten ist."[89]

Doch sei es gänzlich verfehlt, deshalb im "Russen" einen formlosen "Barbaren" zu sehen. Gerade in der "russischen Psyche", die ein "Übermaß an seelischer Gliederung" aufweise, komme ein Höchstmaß an Form zum Ausdruck. Jedoch: "Dieses Übermaß an seelischer Gliederung frißt an den andern Gliedern des russischen Gehirns."[90] Daher, so Robert Müller, könne durch den Einfluß des "Deutschen", der mit dem "Russen" an der "Ostseele" partizipiere, der "Weg der Gesundung" der "russischen Seele" am besten beschritten werden, und die Frage sei allein, "wie Krankheit und Gesundheit jeweils wechselnd übereinander hinausschreiten" werden.[91]

Neben dem "Russen" nennt Robert Müller den "Serben" als zweiten bedeutenden "slawischen Typus". Der "Serbe" sei "südlich-streng" und "übertrieben-einfach", seine Leidenschaft "nahezu einfältig, das mittlere Gefühl kompliziert, vom slawischen Skeptizismus zersetzt, umgangen, zuletzt gesteigert."[92] Der "Serbe" stehe im Konflikt von "sachlichem Verstand und unbefriedigter Sehnsucht nach dem Weltmonumentalen, Felsengroßen."[93] Zwar greife seine "Sehnsucht" massiv, doch forme sie ohnmächtig. Sie greife nach der "lebhaft bewegten Gesellschaftlichkeit, nach der Macht, nach dem Weltstaat"[94]. Äußere sie sich aber in der "starke(n) Luft des geistigen Europa(s)", dann erstarre sie zum "politischen Putsch, zur Geheimbündelei, zur Weltheldengeste des kleinen Horizontes."[95]

Der "Serbe" sei Poet, und wie der "Pole", der "Russe" und der "Deutsche" leide auch er an der "Fragwürdigkeit des Leidenschaftlichen": "Er ist der jederzeitige Schlafwandler des Triebes, der jederzeit zur Räson - und welcher Räson: im serbischen Krähwinkel stehen mehr Büsten Voltaires als irgendwo in Europa - ja, zu dieser Räson erschrickt."[96] Belgrad sei die "Zusammenfassung aller Landeskräfte", die Stimmung sei dort "amerikanisch", das "Impromptu" überwiege, und das "Sachliche" und das "Flotte" gingen "Hand in Hand".[97] Vor dem Krieg sei Belgrad eine poetische Stadt gewesen, nun habe der "Schöpferwille Mitteleuropas" "in einer modernen Völkerwanderung seine sachlichen Naturen über die alten Grenzen abgestoßen und neue Gebilde erzwungen."[98] Diese neuen Gebilde - "Sachorganisationen, Nutzinstitute, Büros" - befriedigten den "Serben" in seiner "Schaulust" nicht. Das spreche insofern für den "Serben", als "System, Zucht und Richtung" an sich nicht wohltuend seien. Doch verkenne der "Serbe", daß durch sie Wohltuendes geschaffen werde. Er ahne nicht, "welche Kräfte der Phantasie, der Selbstbesinnung, der Muße, der lieblicheren Lebensbetrachtung"[99] durch den "amerikanisch-militaristische(n) Betrieb", durch den "Dingfleiß", durch die "geschäftige Genußohnmacht"[100] freigesetzt würden.

In Belgrad deute sich der "letzte Akt der Völkerwanderung" an: "Die Völker der Mitte überströmen das Zentrum ihrer Herkunft und schieben ihre Mitte umfänglich hinaus. Aufzunehmen, sich austauschend zu erobern, sind sie von der Natur in die Geschichte gesandt. Mit Aufgenommenem, als Ausgetauschte kehren sie mit dem Sinn ihrer Urersten wieder."[101]

Mit diesem Schluß von Europäische Wege läßt sich Robert Müllers Haltung zur "deutschen" und zu anderen Rassen folgendermaßen bestimmen: Die "deutsche" Rasse zeichnet sich gegenüber anderen Rassen durch ihre konkrete, d.h. praxisorientierte Weltoffenheit aus. Ihr Interesse an anderen Rassen und Kulturen ist nicht kontemplativer, sondern, am Leitbild eines neuen Menschen, exploitierender Natur. Diesem Interesse gesellt sich im Wesen des "Deutschen" die Fähigkeit zu plangerechtem Handeln hinzu. Aus beidem erwächst ein Sendungsbewußtsein, demzufolge der "Deutsche" zur Führung und Organisierung anderer Rassen berufen ist. Andere Rassen wiederum (z.B. der "Russe" und der "Serbe") sind zwar dem "Deutschen" wesensmäßig partiell überlegen, beispielsweise in künstlerischen Belangen, verharren jedoch in dieser charakterlichen Vereinzelung und vermögen nicht, sich um die Fähigkeiten und Fertigkeiten anderer Rassen zu ergänzen. In diesem Sinne können sie mit Blick auf den neuen synthetischen Typus, den Robert Müller zum Maßstab seiner kulturgeschichtlichen und kulturkritischen Betrachtungen macht, nur als Bausteine fungieren, die dem architektonischen Vermögen des "Deutschen" zu überlassen sind.

5. DIE POLITISCHE THEORIE DES AKTIVISMUS: KURT HILLER UND ROBERT MÜLLER.

5.1. VORBEMERKUNG

Im zweiten Kapitel dieser Arbeit habe ich auf die ideologischen Strömungen seit der zweiten Hälfte des 19. Jahrhunderts verwiesen, die für die ideologiegeschichtliche Einordnung Robert Müllers besonders bedeutsam erscheinen. Wie aus vielen zeitgenössischen Urteilen ersichtlich, ist das politische wie kultur- und zivilisationskritische Denken Robert Müllers ein Teil der Äußerungen eines größeren, meist informellen Intellektuellenkreises, der sich selbst mit dem Schlagwort "Aktivismus" versah. Robert Müller gehörte zu den zentralen Figuren des politischen Aktivismus zwischen 1914 und 1924. Er veröffentlichte in Kurt Hillers Ziel - Jahrbüchern, setzte sich anderenorts intensiv mit der Theorie des Aktivismus und seinem Verhältnis zu anderen gesellschaftspolitischen Theorien auseinander und bezeichnete sich selbst auch immer wieder als "Aktivist".
Es konnte gezeigt werden, daß auch seine zivilisations- und kulturkritischen Äußerungen stark von aktivistischem Gedankengut geprägt sind (z.B. Wissenschaft als die Summe dessen, was das Subjekt in freier Konstruktion zu wissen wünscht). Um die durch das zweite Kapitel dieser Arbeit vorbereitete ideologiegeschichtliche Einordnung Robert Müllers weiter zu betreiben, soll hier zunächst in einem Exkurs eine zweite aktivistische Position skizziert und als Maßstab der Beurteilung eingeführt werden. Damit soll zugleich der Gefahr des selbstvergessenen Betrachtens, in der jede Monographie steht, begegnet werden. Für diesen Vergleich Robert Müllers mit anderen aktivistischen Positionen bietet sich vor allem Kurt Hiller an. Ist Robert Müller im Urteil Hillers der führende österreichische Aktivist, so kann von Hiller selbst gesagt werden, daß er als der Kristallisationspunkt der gesamten aktivistischen Bewegung gelten darf. Juliane Habereder hat das in ihrer Dissertation, auf die ich an dieser Stelle in Anm. 80 verweise, deutlich heraus-

gearbeitet.
Ich stütze mich in meiner Darstellung Kurt Hillers vor allem auf vier Texte der Jahre 1913 - 1920, die alle Aspekte, die in unserem Kontext von Bedeutung sind, ansprechen.

5.2. EXKURS III
KURT HILLER.

In "Philosophie des Ziels", abgedruckt im ersten Ziel - Jahrbuch aus dem Jahre 1916, fragt Hiller, ob die "Erkenntnis der Welt" ein wichtigeres Ziel sei als ihre "Verbesserung". Hiller verneint. Doch erweise sich der Versuch, die Welt in ihrem Wesen zu erkennen, lediglich als eine "vergebliche Aufgabe", so sei der Versuch, die Welt in der Form von Wissenschaft zu wiederholen, geradezu "erbärmlich".[1]
Von den drei Möglichkeiten: Einsicht in die Welt (Philosophie), Wiederholung der Welt (Wissenschaft) und Verbesserung der Welt (Tat) sei lediglich die letzte von Bedeutung, sofern man zum Maßstab nicht "platten Lust- und nüchternen Nutzwert", sondern einen "ethischen Wert" nehme.[2]
Die Welt aber sei nur zu verbessern, wenn man zuvor die Menschen verändere; eine "Revolutionierung der Köpfe muß jedem dinglichen Umsturz vorangehn".[3] In diesem Zusammenhang komme der Erziehung der Menschen, insbesondere der der Jugend, zentrale Bedeutung zu.
Diesen Gedanken greift Hiller drei Jahre später in einem Beitrag für die Zeitschrift Die Silbergäule wieder auf. Gegenstand seiner Überlegungen ist die Erziehungslehre Gustav Wynekens, des Mitbegründers der Freien Schulgemeinde Wickersdorf und prominenten Vertreters der Jugendbewegung. Dort heißt es: "Ein wichtiger Weg (zur Verbesserung der Welt; G.H.) war, ein wichtiger Weg ist: Beeinflussung, Formung, Führung der Seelen; Psychagogik. Denn will man ein Ziel verwirklichen, das(...)Gemeinschaftsziel ist, so bedarf man, außer der führenden Minderheit, einer unterstützenden Menge."[4]

Es sei das "großartige Verdienst Gustav Wynekens", die Schule zumindest theoretisch aus bürokratischer Erstarrnis befreit und die Pädagogik "als besonders wertigen Fall von Psychagogik aufgezeigt zu haben."[5] Wyneken habe "im Gegensatz zum bürgerlichen Ideal der Persönlichkeit das andere der Gefolgstreue"[6] entwickelt und in dem Schlagwort "diene dem Geist" die "wahre Formel der Moral"[7] gefunden. So sei bei Wyneken die Erziehung selbst politisch geworden.

Hillers "Überlegungen zur Eschatologie und Methodologie des Aktivismus" aus dem gleichen Jahr (1919) ergänzen die bisher vorgetragenen Gedanken, indem sie auf unmittelbare zeitgeschichtliche Vorgänge Bezug nehmen (Stichwort "Novemberrevolution") und Antworten zu geben versuchen.

Formuliere man als Ziel politischen Handelns das "Leben im Paradies"[8], so stehe zur Entscheidung, ob der "Materialismus" in der Form des "Sozialismus" ins Paradies führen könne. Hiller teilt die Ansicht, daß ein "Leben im Paradies" ohne die Beseitigung des Kapitalismus nicht möglich sei. Doch führe "Sozialisierung" allein nicht ins "Paradies", sondern bereite nur den Boden, "auf dem erst gebaut werden kann."[9] Der heutige Sozialismus, den Hiller "marxistisch" geprägt glaubt, verfalle in "ökonomische(n) Simplizismus" und meine, daß die Beseitigung des Kapitalismus automatisch alle anderen Übel beseitigen werde. Dabei fröne er selbst einem der schwersten Übel: er sehe nur den Proletarier, nicht aber den Menschen. Anders der "Geistige": laute die Gewißheit des "marxistischen" Sozialismus, daß die Befreiung der Arbeiterklasse nur das Werk der Arbeiterklasse sein könne, so formuliere er, daß "die Totalbefreiung der Menschheit ... nur das Werk des Geistes sein"[10] könne. Diese "Totalbefreiung der Menschheit" habe allerdings einen organisatorischen Zusammenschluß der "Geistigen" zur Voraussetzung.

Analog zu den Arbeiterräten der Jahre 1918/19 fordert Hiller Räte der "Geistigen". Den Arbeiterräten komme es zu, die Wirtschaft, den "Geistigenräten", die Kultur zu revolutionieren.[11] " D i k t a t u r   d e r   A r b e i t e r k l a s s e ,   v e r s c h l u n g e n   m i t   D i k t a t u r   d e s   G e i s t e s ,   w ü r d e   d i e   G e w ä h r   g e b e n ,   d a ß   d i e s e   R e v o l u t i o n   w e d e r   s t o c k t   n o c h   A m o k l ä u f t."[12] Denn darin bestehe die Aufgabe des Jahrhunderts, "die Geistlinie, die von der Bergpredigt zum kommunistischen Manifest führt, konvergieren zu lassen mit jener anderen gewaltigen Linie: Platon-Nietzsche."[13]

Wie aber ist eine Synthese dieser "Geistlinien" zu verstehen? Hiller äußert sich dazu in dem Essay "Die neue Partei oder Politik der Synthese" aus dem Jahre 1924. Aus dem Christentum (Bergpredigt) leitet er den Pazifismus ab, "die systematische Arbeit an der Stiftung des dauernden Völkerfriedens"[14]. Die Essenz des Pazifismus sei der Wille zum Leben. Es sei ein Gebot der Logik, daß der Kampf um die Erhaltung des Lebens dem um die Gestaltung des Lebens vorangehe. Freilich, der Pazifismus dürfe nicht mit "Passivismus" verwechselt werden, leite sich nicht ausschließlich aus dem Gebot "Du sollst nicht töten" ab. Die ethische Grundlage des Pazifismus laute: "Du sollst nicht töten, weil du nicht sterben willst und weil du fair handeln sollst."[15] Bedrohe jedoch irgendwer das eigene Leben oder das Leben vieler, so könne es sogar zur Pflicht werden, diesen zu töten.

Hiller schafft sich auf diese Weise eine argumentative Basis, auf der er u.a. auch zu einer sich von früheren Äußerungen stark unterscheidenden Beurteilung des Bolschewismus und der Oktoberrevolution gelangt: "Das Unternehmen ohne Beispiel, das ungeheure ethische Experiment, das Männer von Tatgeist und Tatkraft in Rußland wagten und wagen, verliert nicht an Größe durch die Gewalt, zu der sie griffen; hätten sie auf Gewalt verzichtet, wäre es nie geglückt."[16]

Ethik und Politik, so Hillers Ansicht, sind nicht in jeder Hinsicht ein und dasselbe. Die ethische Qualität politischen Handelns leite sich nicht aus den Handlungen selbst ab, sondern aus den Zielen, um derentwillen in dieser oder jener Art und Weise gehandelt werde. Der Zweck heilige die Mittel. Daher sei eine pazifistische Politik diejenige, deren Ziel, nicht deren Mittel die Gewaltlosigkeit sei.[17]

Schließlich (noch einmal) der Marxismus: Zwischen Proletariern und Bürgern, so Hiller, bestehe im heutigen Deutschland ökonomisch aufgrund der langjährigen Inflation kein Gegensatz mehr. In "Todfeindschaft" ständen sich heute nicht Klassen, sondern "Menschenballungen" gegenüber, solche, deren jede aus Proletariern und Bürgern zusammengesetzt sei. Es gebe die sozialistisch-revolutionären Gruppen und - ihnen zum Gegensatz - das Hakenkreuz. Nicht Klassen, sondern "Willenssysteme, Denkstile, Typen" bildeten die gesellschaftlichen Pole. Weil es also dem Marxismus schon in seiner Begrifflichkeit (Klassenbegriff) an Realitätsnähe mangele, könne er auch nicht die Bewegung sein, die die Gesamtheit der Menschheit aus all ihrer Not, "physischer" wie "metaphysischer", ins Paradies leite. Diese Aufgabe bleibe den "Geistigen", d.h. bleibe den Aktivisten vorbehalten.[18]

Mit diesen Hinweisen auf Texte, die im folgenden nicht weiter zur Diskussion stehen werden, sind zentrale gesellschaftspolitische und weltanschauliche Aussagen Hillers skizziert. Hiller insistiert am Maßstab einer objektivistischen, hier freilich noch gänzlich unbestimmten Vernunft auf einer radikalen Veränderung der Welt in ökonomisch-sozialer ("Sozialisierung") wie individualpsychologischer (contra Lust- und Nutzwertprinzip) Hinsicht. Mit dem Wort "Geist", selbst in vielfältiger Weise konnotativ besetzt, hier aber als Terminus behauptet, wird der Maßstab gesellschaftlichen Handelns benannt. Es gilt nun zu sehen, in welcher Weise Hiller "Geist" als Terminus bestimmt.

Im zweiten Band der Weisheit der Langeweile, einer Sammlung zeit- und kulturkritischer Essays und Aphorismen, findet sich gleich zu Anfang eine Aussage, die man Hillers gesamten Werk als Motto voranstellen könnte. Dort heißt es:
"Der Intellekt ist für metaphysische Ziele blind. Aber gerade deshalb hindre er den Willen nicht, irdische zu sichten."[19]
Und im Prolog zur Weisheit der Langeweile führt Hiller ergänzend aus, daß es dem "redlichsten Nachdenken" versagt bleibe, "die erweisbar richtige, nicht mehr zu problematisierende Norm menschlichen Handelns zu finden."[20]
Weder aus Natur noch Geschichte noch durch "reines Nachdenken" lasse sich ein objektives Telos der Welt bestimmen. Solle dennoch ein Handeln möglich sein, das reiner Willkür entbehrt, das im Gegenteil als sittlich bezeichnet werden kann, dann müsse dieses Handeln, so Hiller, neben dem Verstand in einer zweiten Instanz seinen Bestimmungsgrund finden: im Willen.

Dem Willen komme die Aufgabe zu, das Denken an Punkten von entscheidender, d.h. für Hiller "handlungslähmender Fragwürdigkeit" zu unterbinden und dem Denkenden einen "Befehl" zur Tat zu geben. Somit ist für Hiller der Wille in Fragen der Ethik grundsätzlich dominant, führt er doch allein aus dem Verharren in der Ausweglosigkeit eines lebenspraktischen Problemfeldes heraus: "Wollt ihr, so dürft ihr. Denn Dürfen ist eine falsche Fragestellung."[21]

Jedoch ist es nicht das Wollen schlechthin, dem an dieser Stelle eine solch überragende Bedeutung und weitreichende Verantwortlichkeit eingeräumt wird. Hiller legitimiert allein das Wollen zur diesseitigen, auf Mensch, Gesellschaft und Natur gerichteten Tat. Er merkt an, daß eine wie auch immer sich äußernde Verneinung des irdischen Lebens (z.B. Selbstmord oder Jenseitsorientierung) selbst einen "problematischen Imperativ voraussetzen würde(...)und ihr Gegenteil einen ebenso hohen Grad moralischer Wahrscheinlichkeit für sich hätte wie sie selbst."[22]

Es wird deutlich, daß Hiller hier mit zwei unterscheidbaren Bestimmungen von "Wille" argumentiert. Zum einen blickt er auf einen nur formal gefaßten, inhaltlich unbestimmten "Willen an sich", aus dem sich sowohl ein Ja als auch ein Nein zum Leben ableiten läßt. Dieser "Wille an sich" ist formallogisch oberste Instanz und als solche nicht angreifbar, wenn auch problematisch. Zum anderen aber rechtfertigt Hiller unter den denkmöglichen Konkretionen dieses "Willens an sich" mit Blick auf die Moralität individuellen wie gesellschaftlichen Handelns allein das "Ja zum Leben" oder auch den "Willen zum Leben". Dies weist darauf hin, daß für Hiller in lebenspraktischen, das meint auch immer ethischen Fragen der Wille schlechthin doch nicht alleinige handlungsbestimmende Instanz sein kann. Sagte ich, daß für Hiller der Wille in Fragen der Ethik grundsätzlich dominant sei, so ist nun zu fragen, ob mit dieser Dominanz nur eine erkenntnistheoretische oder aber auch eine praktische Priorität bezeichnet ist. Anders gefragt: In welchem Verhältnis stehen Wille und Verstand immer dann, wenn es in einer konkreten Situation um handlungsanleitende Entscheidungshilfe geht? Entwickelt etwa der Verstand 'Richtlinien', die die Willensakte als verbindlich anzuerkennen haben, oder aber werden durch Willensakte Festlegungen getroffen, die das Denken als begrifflichen Legitima-

tionsversuch post eventum erscheinen lassen?
Diejenigen, die dem Leben tätig-bejahend gegenüberstehen, unterscheidet Hiller in die Gruppen der "Teleologen" und "Ontologen". Beide Gruppen vereinen schöpferische Menschen, solche, die "die Welt noch einmal gestalten"[23] wollen. Doch während der "Ontologe" die Welt " s o   w i e   s i e   i s t " noch einmal gestalten will, will der "Teleologe" die Welt " a n d e r s ".[24] Der "Ontologe" ist der deskriptive, der wissenschaftliche Typus, der "Teleologe" dagegen der Mensch der Aktion, der politische Typus. Dem "Ontologen" geht es um die "Beherrschung des 'S e i e n d e n'", dem "Teleologen" um die Durchsetzung des "S e i n s o l l e n d e n". Für die Gruppe der "Teleologen", die Hiller eindeutig favorisiert, kann als Bekenntnis gelten: "Unerträglich wäre die Welt, wenn sie erträglich wäre. Nur ihre Besserungsbedürftigkeit ist es, die uns Müde aufrecht hält."[25]
Jedoch, mit dem Willen allein, die Welt anders zu gestalten als sie ist, ist die Welt noch nicht verändert. Und so spricht Hiller auch vom "Wahn des freien (sich frei f ü h l e n d e n) Willens, er könne die Welt erträglicher gestalten."[26] Zwischen Willensäußerung und der Durchsetzung des Gewollten ist die Auseinandersetzung mit dem real Gegebenen, ist das politische Handeln gesetzt. Hiller faßt sich kurz: Aus der Ansicht des Willens, die Welt erträglicher gestalten zu können, entspringe die "Pflicht zur Revolution(...)Revolution: das einzige Kriterium mithin, nach welchem Menschenwerk sich werten läßt. Gut sein wird solches, das den Aufruf zur Revolution enthält, oder solches, das eine Lebensäußerung jemandes ist, der zu ihr aufruft."[27]
Nun wäre es müßig zu zeigen, mit welcher Fahrlässigkeit Hiller hier jedes Eingreifen, zumal revolutionäres, in historische Gegebenheiten rechtfertigt - ungeachtet einer Analyse von historischen Konstellationen und ihrer tendenziellen Möglichkeiten, ungeachtet vor allem auch der gesellschaftspolitischen Zielsetzungen der jeweils Handelnden. Indem der Wille schlechthin und, als Derivat, das "Ja zum Leben" als das unbezweifelt Positive begriffen wird, indem im Hinblick auf das konkrete Handeln nicht bedacht wird, ob und in welcher Weise der Verstand dem Willen sittlich verbindliche 'Richtlinien' vorgeben kann und muß, ließe sich aus dem bisher

Vorgetragenen beispielsweise auch die scheinrevolutionäre Barbarei der Nationalsozialisten als sittlich rechtfertigen.[28] Doch ist zu bedenken, daß wir uns mit Hillers Äußerungen im Jahre 1913 befinden, in der vielfach beschriebenen Enge und Verkrustetheit der wilhelminischen Gesellschaft.[29] Betrachten wir also Hillers Aufruf zur Revolution, so es denn nur Revolution sei, bei aller grundsätzlichen, d.h. systemimmanenten Bedenklichkeit als die pathetische und dadurch sachlich getrübte Aufforderung, aus einer konkreten gesellschaftlichen Konstellation (Wilhelminismus) auszubrechen, so gewinnen wir einen angemesseneren Beurteilungsmaßstab. Als Koordinaten dieses Beurteilungsmaßstabes dienen dann nicht formallogische Erwägungen, sondern die Höhe zeitgenössischen gesellschaftlichen Bewußtseins (Marxismus) einerseits, historische Tendenzen und die Sozialgeschichte des bürgerlichen Intellektuellen andererseits. Doch zunächst zu Hillers Text zurück.

Im zweiten Band der <u>Weisheit der Langeweile</u> finden sich drei Seiten, überschrieben mit "Kaiser Wilhelm und Wir", aus denen zu entnehmen ist, was Hiller zu einer grundsätzlichen Ablehnung des wilhelminischen Kaiserreichs bewegt und in welche Richtung er Individuum und Gesellschaft zu verändern gedenkt. Wilhelm II. hatte 1913 anläßlich seines 25. Regierungsjubiläums u.a. mit Ludwig Ganghofer, Paul Oskar Höcker und Joseph Lauff drei Autoren von zweifelhaftem literarischen Rang ausgezeichnet, "drei schriftstellernde Personen, welche sozusagen nicht auf dem rechten Flügel der deutschen Literatur, sondern außerhalb ihrer stehen."[30]

Hiller nimmt dies zum Anlaß, die Mißachtung derer, die ihm wirklich den "deutschen G e i s t" repräsentieren - er nennt u.a. Stefan George und Heinrich Mann - zu beklagen. Dabei, so Hiller, stehen diese wahrhaft "Geistigen" dem monarchischen Prinzip so fern nicht, gebe es doch in Deutschland Dichtende, "welche linkerseits äußerst verehrt, doch gerade in denjenigen Tugenden stark sind, die der Parteigänger einer aristokratischen Synthetizität schätzen muß."[31] Denn dem Künstler, vor allem dem "Literaten", sei die bürgerliche Masse "seine geborene Feindin", er habe "Kontrainstinkte gegen die Bourgeoisie" und sei alles andere als "demophil". Aber eine Haltung, wie sie Wilhelm II. gezeigt habe, züchte sich "Demagogen und Revolteure in uns heran" und zwinge

"uns in den Republikanismus".[32]
Mit Hiller sind wir damit an einem Punkt angelangt, an dem sich ein erstes politisches Bekenntnis ablesen läßt. Hiller ist "Sozialaristokrat", er versucht, sozialpolitisches Engagement und aristokratische Grundhaltung zusammenzudenken. 'Links', so ließe sich vorläufig formulieren, ist er in Fragen der Wirtschafts- und Sozialordnung; er ist Aristokrat, Geistesaristokrat, sobald es darum geht, eine 'linke' Wirtschafts- und Sozialordnung zu inthronisieren und in gesellschaftspolitischen und Fragen der politischen Führung insgesamt. Aus diesem Grunde lehnt er die Demokratie als eine mögliche Staatsform ab. Näher steht er der Monarchie, freilich nur in dem Sinne, daß er ein streng hierarchisch strukturiertes politisches System fordert. An der Spitze einer solchen politischen Hierarchie, so Hiller, habe der "wahrhaft Geistige" zu stehen. Später wird Hiller die so geforderte Staatsform als "Logokratie" bezeichnen.
Nun wird auch deutlicher, in welchem Sinne er zuvor mit Blick auf das wilhelminische Kaiserreich von einer "Pflicht zur Revolution" sprechen konnte, repräsentierte ihm dieses Kaiserreich doch im politischen Bereich die nicht-legitime, weil "ungeistige" Herrschaft einer vermodernden Adelskaste und im wirtschaftlich-sozialen Bereich die Herrschaft des auf Profitmaximierung, nicht auf Gemeinnutz zielenden Großbürgertums.
Sozialpsychologisch ausgedeutet, wird hier allerdings auch die kompensatorische Funktion von Hillers gesellschaftspolitischen Forderungen greifbar. In den wilhelminischen Antagonismus von bürgerlich-kapitalistischer Wirtschaftsgesellschaft, quasifeudaler politischer Struktur und beide verneinender, organisierter Arbeiterbewegung gestellt, verliert der bürgerliche Intellektuelle seine historisch vermittelte Funktion und Position. Menschheitspathos als ideologische Legitimation der gesamtgesellschaftlichen Ansprüche sich entwickelnder bürgerlicher Öffentlichkeit tritt in Gegensatz zu dem Prinzip der Profitmaximierung der bereits entwickelten bürgerlich-kapitalistischen Wirtschaftsordnung, ist aber ebenso und immer schon, qua ideologischem Gehalt, in Gegensatz zu den überlebten Herrschaftsansprüchen des Blutadels. Die populistischen Tendenzen der organisierten Arbeiterbewegung wie-

derum lassen für die auratischen Ansprüche des bürgerlich-intellektuellen Selbstverständnisses keinen Raum. Ideologisches und soziales Abseits des bürgerlichen Intellektuellen sind somit komplementäre Erscheinungen. Hiller reagiert auf dieses doppelte Abseits, indem er nicht allein die Aura des Intellektuellen durch die Bezeichnung "der Geistige" verabsolutiert, sondern diesen zugleich als den berufensten politischen Repräsentanten einer Gesellschaft sozial integriert, ja an die Spitze der sozialen Hierarchie stellt.

Hiller hatte mit Blick auf das wilhelminische Kaiserreich die revolutionäre Umgestaltung dieser Gesellschaftsordnung gefordert. Wie aber denkt sich Hiller das künftige soziale und politische Zusammenleben der Menschen? "Von den beiden Möglichkeiten: Anarchie oder Organisation", so in dem Essay "Der Gemütsstaat", "ist die erstere ohne Frage die natürlichere, näher liegende, holdere."[33] Doch wolle der Mensch nicht sein ganzes Leben mit der Verteidigung seiner selbst verbringen, müsse er, so in Anlehnung an Hobbes, notgedrungen mit anderen einen Staatsvertrag schließen. Zudem, der immer nur auf sich selbst Gestellte, der nur Defensive vermöge sich weder in seinen vielfältigen Möglichkeiten zu entfalten noch auch glücklich zu leben. Das bedeute aber für die Menschheit als Gattung, daß sie sich unter anarchischen Verhältnissen weder entwickeln noch in ihrer Gesamtheit ein zufriedenstellendes Leben führen könne.

Im Jahre 1920 veröffentlicht Hiller einen Essay mit dem bezeichnenden Titel "Eudämonie und Evolution", der die argumentative Lücke, die die <u>Weisheit der Langeweile</u> in diesem Zusammenhang läßt, schließt und der deshalb schon an dieser Stelle angeführt werden soll.

Hiller behauptet hier, es gebe "nicht bloß den egoistisch-individuellen (Eudämonismus; G.H.), den, der auf das Glück des Eudämonisten selber abzielt"; es gebe auch "einen Eudämonismus, der das Glück der Mitkreatur meint: gewisser, vieler, vielleicht aller."[34] Und Hiller fragt: "Eine Ordnung, die dies Glück beeinträchtigt, ja verhindert, eine solche Ordnung zu 'evoltieren' zu einer, die es gewährleistet -: sollte das nicht ein Ziel evolutionistischen Wollens sein? Und (...) sollte nicht eine die Eudämonie der Mitge-

schöpfe verbürgende Ordnung, wofern sie verwirklicht würde, zugleich Merkmal einer höheren Menschenart sein?"[35]
Nach Hiller ist es ein gesetztes Ziel des Willens, daß der Mensch glücklich lebe und daß er sich gemäß seinen Veranlagungen entwickeln könne. Das Glück und die Weiterentwicklung des Menschen aber sind für Hiller ohne ein gewisses Ordnungsprinzip unter den Menschen, sind ohne den Staat nicht möglich. Eudämonie und Evolution stehen in einem komplementären Verhältnis zueinander. Indem ein 'altruistischer' Eudämonismus für das "Glück des Nicht-Ich" strebt, dient er zugleich der Weiterentwicklung der Gattung. Der hier angesprochene Essay macht eine weitere Voraussetzung Hillers deutlich: der Mensch als solcher ist nicht gut, würde in einem ordnungslosen Urzustand "Bestie sein, nicht Göttersohn".[36] Deshalb müssen Eudämonie und Evolution durch einen Staatsvertrag erzwungen werden. Insofern ist Hiller der Anarchismus, indem er die Zerschlagung des Staates fordert, als politisches Prinzip unannehmbar, führt er doch wieder in jenen "prähistorische(n) Blutrunstzustand (...), in welchem der Kampf Aller gegen Alle hemmungslos und tierhaft sich vollzieht!"[37]
Im folgenden nun gilt es zu sehen, welche Theorie des politischen Handelns Hiller aufgrund des bisher Vorgetragenen entwickelt.

Im letzten Kriegsjahr 1918, in der Zeit des absehbaren Endes des Deutschen Kaiserreichs und des noch berechtigten Hoffens und Kämpfens für ein neues Deutschland veröffentlicht Hiller Ein Deutsches Herrenhaus, eine politische Abhandlung, die deutlich durch die Erfahrungen mit der Vernichtungsmaschinerie Erster Weltkrieg geprägt ist:
"Bevor es Sinn hat, auf gewisse Inhalte von Leben abzuzielen, muß das Wunder des Lebens selber gesichert sein. Aber wie sichern wir es? Wie führen wir diesen Kampf?"[38]
Hillers Entwurf hebt nicht mit der Frage an, wie und zu welchem Zweck gelebt werden solle (Eudämonie und Evolution), sondern mit der Beobachtung, daß das Leben und Überleben im Zeitalter technischer Massenvernichtungsmittel nicht als Selbstverständlichkeit betrachtet werden kann, sondern kämpfend erst gesichert werden muß. Hiller fordert die Machtübernahme des "Geistes", und "Machthabertum des Geistes" bedeute "Machthabertum der geistigen Menschen".[39] Damit schließt Hiller wieder direkt an seine Überlegungen aus Die

Weisheit der Langeweile an.

Zunächst steht in Frage, ob die "jetzt mit soviel Wärme verfochtene Staatsform 'Demokratie' eine Herrschaft des Geistes"[40] garantiere. Hiller unterscheidet zwei demokratische Grundformen.

Das Ziel einer ersten, negativen Form von Demokratie sei es, das Volk gegen Einzelne, die die Masse des Volkes überragen, auszuspielen. Dieser Demokratismus strebe immer danach, "das Niveau einer Gesellschaft nicht zu dem ihrer vortrefflichsten Mitglieder emporzuheben, sondern, sooft es zu steigen droht, es auf das der mittleren herabzudrücken."[41] Es sei das wesentliche Merkmal dieses Demokratismus, in einer freilich verfälschten Lehre von der Gleichheit der Menschen zu behaupten, daß alle Menschen gleichwertig seien.

Dieser Form von Demokratie ist nach Hiller eine zweite entgegengesetzt, die den Gedanken der Gleichwertigkeit der Menschen ablehnt. Dieses Demokratieverständnis unterscheide zwischen dem Prinzip der Gleichheit und dem der Gleichwertigkeit. Rede sie von Gleichheit, so nicht in bezug auf die Menschen selbst, sondern in bezug auf die Voraussetzungen, unter denen sich Menschen gemäß ihren Fähigkeiten entfalten können:

"Die echte Lehre von der Gleichheit lautet: Niemand genieße Vorteile, weil er im Hause der Bevorzugten das Licht erblickte; niemand erleide Nachteile, weil er im Hause der Benachteiligten zur Welt kam."[42]

Eine Entwicklung der Menschen unter gleichen Voraussetzungen werde zeigen, daß die Menschen nicht gleichwertig seien, daß man vielmehr zwischen "Schöpfern" und "Geschöpfen" zu unterscheiden habe. Es müsse das Ziel sein, die "Geschöpfe" so weit wie möglich den "Schöpfern" anzugleichen. Dies aber könne nur geschehen, wenn die "Schöpfer" zugleich die "Staatslenker" seien. Denn "das potenzierte Individuum (der Schöpfer; G.H.) ist heiliger als das vervielfachte (die Geschöpfe; G.H.); heiliger als die Masse: der Geist. 'Heiliger' aber besagt aus der Sprache des Gefühls in die Sprache des Gedankens übertragen: machtberufener."[43]

Immer da, wo sich das Volk gegen alle "Dummkopfs- und Rohlings-Autokratie", gegen eine ererbte, doch "unwertige" Macht erhebe, werde der "Geist" auf Seiten des Volkes sein. Das Volk habe immer recht gegen "die ohne Vernunftgrund Bevorzugten"; doch "jede Masse

hat unrecht gegen die Geistigen."[44]
Wenn anfangs gesagt wurde, daß es in der Konsequenz von Hillers Denkansatz liege, jedes beliebige aktive Eingreifen in Geschichtsprozesse positiv zu werten, weil der Wille schlechthin als das Positive begriffen werde und weil in bezug auf konkretes Handeln das Verhältnis von Wille und Verstand unbedacht bleibe, so muß nun umformuliert werden. Es hat sich gezeigt, daß Hiller nicht allein Eudämonie und Evolution will. Er will auch, daß es in der Welt vernünftig zugehe. Daraus aber ist zu schließen, daß für Hiller immer dann, wenn es um konkretes Handeln geht, nicht der Wille, sondern der Verstand handlungsbestimmend, das meint von praktischer Priorität ist. Jedoch kann er dies nur sein, wenn dem bestimmten Willen eine erkenntnistheoretische Dominanz über den Verstand eingeräumt wird, wenn er als Wille zur Vernünftigkeit bestimmt wird.

Hier wird deutlich, daß Hiller ebensowenig wie andere explizite Willens-Denker nicht ohne weiteres als geistiger Vorbereiter beispielsweise des nationalsozialistischen Totalitarismus rekrutiert werden kann. Sie sind dies nur im Sinne einer objektiven Geschichte der "Zerstörung der Vernunft" (vgl. Einleitung). Mit dem Willen zur Vernünftigkeit enthält Hillers Konzeptionen des "Geistes" eine wenn auch a-rationale, so doch inhaltlich bestimmte Komponente. Jedes Urteil, das vom Willen schlechthin als dem Positiven und dem Ursprung alles durch Tat Gewordenen formallogisch ableitet, daß damit auch alles durch Tat Gewordene positiv bewertet werden müsse übersieht, daß nicht der Wille an sich, sondern der bestimmte, der Wille zur Vernünftigkeit der eigentliche Ausgangspunkt des Hiller'schen Denkansatzes ist. Der Wille an sich ist nur logisches Konstrukt, und der Übergang zu bestimmten Willen mit Blick auf Inhalte ist keine Ableitung, sondern ein Sprung. Daher ist auch der Wille zur Unvernunft eine logisch mögliche Erscheinungsform des Willens an sich, was jedoch nicht bedeutet, daß seine Konkretionen als Tat positiv bewertet werden könnten oder müßten. Die Positivität des Willens an sich entscheidet nicht über die ethische Qualität von Willenskonkretionen.

Wie schon zuvor gesagt hält Hiller dafür, daß die Besserung individueller wie gesellschaftlicher Verhältnisse nur innerhalb eines

Staates zu betreiben und zu erreichen sei. Im Schutz des Lebens "der ihm Anvertrauten"[45] sieht Hiller die erste Aufgabe eines legitimierten Staatswesens. Der Staat sei ein "dienender Apparat" und besitze als solcher keinen Selbstwert. Zwar sei er des Geistes "großartigstes Werkzeug", doch wohne ihm "die unerklärliche und unaustilgbare Neigung" inne, "der Hand des Wirkenden zu entschlüpfen und - abscheuliches Wunder! - nach dem Gesetz des eigenen Mechanismus ziellos, sinnlos fortzufunktionieren."[46] Damit der Staat seinen Aufgaben - Schutz und Weiterentwicklung der in ihm Lebenden - gerecht werden könne, bedürfe es einer Verfassung, die die Einsicht in die ungleiche Wertigkeit der Menschen zur Voraussetzung hat. Eine solche Verfassung nenne das ungleiche politische Recht als ihren ersten Grundsatz.

Hiller unterscheidet zwischen Volk, Masse und "Geistigen". Volk heiße "die schwere feierliche Wolke, der die Geistigen, diese Blitze, entzucken." Masse aber sei "die Summation der vielen minder Werten", sei eine Spezies, "die sich quer durch Schichten und Stände schiebt".[47] Wahre Volksvertretung liege dann vor, wenn allein den "Geistigen", d.h. allein den besten des Volkes die politische Souveränität gehöre. Diese Besten aber seien weder wählbar noch auch ernennbar noch ließen sie sich aus vorhandenen Parteien "extrahieren" oder ihnen zuordnen. Daher werde die Verfassung eines vernunftgemäßen Staates allen anderen Staatbürgern kein Recht auf entscheidende politische Einflußnahme zusprechen.

Hiller wendet sich entschieden gegen jede Form des Wahlrechts. Wie aber kommen dann die Besten eines Volkes zusammen, und wie erkennen sie sich untereinander? Hiller fordert, die "Geistigen" müßten sich selbst eine "Kammer zeugen", ein "Haus der Aristoi".[48] Eine solche "Autogenesis" erscheine "nur im Begriffe paradox; in der Erfahrung stellt sie sich als das natürlichste und plausibelste heraus."[49] Damit der einmal entstandene "Bund der Geistigen" auf das reale historische Geschehen Einfluß nehmen könne, werde er eine Zentrale, einen "Arbeits-Ausschuß" ernennen müssen, der durch "elegante Conférencen und tolle Meetings, durch Predigten, Schauspiele und Filme, durch Aufrufe, die fortreißen, und gehämmerte Resolutionen, durch Schneegestöber und Flugblätter"[50] die bisherigen gesellschaftlichen Verhältnisse attackieren werde. Ein solch vielfältiges mediales Auftreten werde zunächst dazu führen, daß sich die "Besten" Deutschlands dazu entschließen, aus ihrer Isolation auszubrechen und aktiv für ein vernunftgemäßes Leben zu kämpfen. Unterstützt werde dieser Kampf dann durch "die Edlen des Auslands". Eine "Republik der Geistigen" werde entstehen, die ihren Einfluß zunehmend ausbreiten und in ihrer "Wirkung über das Moralische hinausgehen" werde:

"Ohne Kampf, ohne Krampf zwingt er (der "Bund der Geistigen"; G.H.) die öffentlichen Mächte, sich auseinanderzusetzen mit dem, was er beschließt. (...) Eines Tages entdeckt diese Gemeinschaft, daß sie, fast ohne ihr Zutun, wie jene oberste Instanz im Staate fungiert, die ihr Aktionsprogramm fordert. (...) Ein Schritt - und: das Veto des Bundesvorstandes (des "Arbeits-Ausschusses"; G.H.) gegen die Beschlüsse des Parlaments ist Gewohnheitsrecht. (...) Ein letzter Schritt: Der Arbeitsausschuß des Bundes wird, unter genauer Abgrenzung seiner Kompetenz, in die Verfassungsurkunde des Deutschen Reichs als Oberhaus aufgenommen."[51]

Hiller selbst räumt ein, daß das zuletzt Vorgetragene eigentlich "in Klammern" stehen müsse, drücke es doch eine mehr oder minder ferne Utopie aus. Doch konkretisieren sich gerade hier Hillers bestimmtes Wollen und seine Theorie des politischen Handelns, sein Begriff eines vernunftgemäßen Staates und ebenso Überlegungen zum Verhältnis von Kunst und Politik. Ich beginne mit letzterem.

Einen weiten Kunstbegriff zugestanden, übernimmt Kunst bei Hiller eine zentrale Funktion im Alltag politischen Handelns. Künstlerische Produktion und Kunstrezeption werden als politisches Handeln begriffen, ja Kunst und Politik werden komplementäre Begriffe. Wie Politik für Hiller fernab von allen Bemühungen um die Dürftigkeit materieller Alltäglichkeit wesentlich das kämpferische Bekenntnis zu einem geistigen Prinzip ist, so ist ihm auch die Kunst ein solches Bekenntnis. Als solche ist sie operationalisierbar, kann als Mittel zur Durchsetzung geistiger Prinzipien in einer Gesellschaft eingesetzt werden. Hillers Forderung nach "Schauspielen und Films" und "tollen Meetings", nach medialen Formen, die später wieder von der Agitprop-Bewegung, von Brecht, der Pop-scene und den politischen Aktivisten der sechziger Jahre aufgegriffen werden, ist Ausdruck dieser auf Operationalisierung zielenden Kunstkonzeption. Daß aber bei Hiller die funktionale Einbindung von Kunst in gesamtgesellschaftliches Verhalten weder bestehende gesellschaftliche und politische Verhältnisse noch auch den Gegensatz von Kunst und Gesellschaft aufzuheben vermag wird umgehend einsichtig, rückt man den Charakter seines Gesellschaftsbildes näher in den Blick.

Eine Zurkenntnisnahme, gar eine Analyse realer gesellschaftlicher Machtverhältnisse liegt nicht vor. Nicht zuletzt geblendet durch den Zusammenbruch des Deutschen Kaiserreichs, setzt Hiller in seinen Überlegungen offensichtlich ein vollkommenes Machtvakuum im damaligen Deutschland voraus. Sein Zukunftsdenken baut auf einem tabula rasa - Gefühl auf, nicht aber auf historischer Analyse. Wo er dennoch Mächte zu sehen vorgibt, die gegen den zu schaffenden "Bund der Geistigen" stehen, handelt es sich um völlig konturlose Instanzen mit zudem einzig reaktivem Charakter (Hiller spricht z.B. von einem "Parlament").

Mag die Behauptung noch angehen, daß es einer kleinen Gruppe aktivistischer "Geistiger" gelingen werde, die politische Abstinenz der "Besten Deutschlands" durch Tribunale ("elegante Conférencen") und Kunst zu durchbrechen, so klingt es gänzlich unrealistisch, daß es diesen "Geistigen" ("fast ohne ihr Zutun"!) gelingen soll, ein Vetorecht gegen die Entscheidungen des "Parlaments" zugesprochen zu bekommen. War es nicht Hiller selbst, der sagte, daß das staatliche Zusammenleben erst vernunftgemäß organisiert werden müsse, bevor sich die Vernunft behaupten könne, der also beklagte, daß im bisherigen staatlichen Zusammenleben der Vernunft eben kein Respekt gezollt worden sei? War es nicht Hiller selbst, der urteilte, daß allein den "Geistigen" die Einsicht in die Notwendigkeit eines vernunftgemäßen Zusammenlebens gegeben sei? Aufgrund welcher Tatsache also sollte die 'unvernünftige' Masse und das 'unvernünftige' Volk, repräsentiert im "Parlament", dem Machtstreben der "Geistigen" nachgeben?

Bei Hiller bleiben die zentralen Fragen einer Vermittlung von Theorie und Praxis gänzlich ungeklärt.

Hillers Denken, so formulierte ich zuvor, nehme im bestimmten Willen, dem Willen zu Eudämonie, Evolution und Vernunft seinen Ausgangspunkt. Wille zur Vernunft bedeutete dabei nicht allein, daß die vernunftgemäße Einrichtung der Welt gewollt wird, sondern zugleich, daß jedes diesbezügliche Handeln sich an der Maßgabe der Vernunft, d.h. an der Analyse des real Gegebenen und historisch Möglichen zu orientieren hat. Es wird deutlich, daß Hiller in seiner Theorie des politischen Handelns dieser letzten, eigenen Forderung in keiner Weise nachkommt. Hier herrscht schlichtes realitätsfernes Wollen - und dies allein.

Zum Schluß dieses Überblicks über <u>Ein Deutsches Herrenhaus</u> noch einige Anmerkungen und Verweise auf Hillers Konzeption einer künftigen politischen Ordnung: Hiller sprach sowohl von einem "Haus der Aristoi" als auch von einem "Parlament". Was unter dem "Parlament" zu verstehen und in welchem Verhältnis es zu dem "Haus der Aristoi" sei, blieb bislang offen. Hiller entwirft das "Parlament" als eine "Volkskammer", die sich "im wesentlichen ökonomische(n) Dinge(n)"[52] zu widmen habe. Das "Haus der Aristoi" verlange in einer "Wahl-Körperschaft (sprich "Parlament"; G.H.) das Volk wie durch ein Verkleinerungsglas zu erblicken".[53] Denn die "Besten" "würden mit bloßer Vernunft politisch kaum wirtschaften können (...); sie müßten über die Regungen, Strömungen, Bewegungen in der Menge genau unterrichtet sein und ständig Gelegenheit haben, sich neu darüber zu unterrichten."[54] Die Volkskammer werde "im Kern über Reglung und Ausgleich jener elementaren, gröberen, mehr materiellen Interessen entscheiden, welche die Menschen als Naturgeschöpfe gemein haben".[55] Gesetzgebung und Verwaltung aber, vor allem aber die Lenkung des Bewußtseins "aller erziehbaren, besonders der jungen Bürger", habe in der Hand der "Geistigen" zu liegen, denen daher auch ein "durchgreifendes Vetorecht"[56] gegen die Entscheidungen der "Volkskammer" zugebilligt werden müsse.

Hillers Überlegungen zur Struktur und zur Funktion eines vernunftgemäßen Staates schließen mit der Formulierung einer anthropologischen Utopie.

Nietzsche habe, so Hiller, den Übermenschen, nicht aber die Menschheit als solche zum Ziel der geschichtlichen Entwicklung erklärt. Die heutigen "Geistigen" aber wüßten "um Entscheidenderes: M e n s c h h e i t i s t d e r I n h a l t d e s Ü b e r m e n s c h e n. Ist unser Ziel also der Übermensch, so kann unser Ziel nur die Menschheit sein. Dies ist die unglaubliche, tief befreiende Synthese aus dem Gekreuzigten und Dionysos."[57]

Nun fällt es nicht schwer zu zeigen, daß der vernunftgemäße Staat Hillers durchaus kein geeignetes Werkzeug ist, um zu dieser Übermensch-Menschheit zu gelangen. Ziel und Mittel stehen in einem Widerspruch zueinander, der seinen Ausgangspunkt dadurch nimmt, daß Hiller die von ihm beklagte bisherige Gegensätzlichkeit von rarem "Geist" und massenhaftem "Ungeist" in die Struktur seines Staatsentwurfs übernimmt. Das "Haus der Aristoi" und das "Parlament" stehen ohne ersichtliche, fördernde Interaktion gegeneinander. Berührungspunkte ergeben sich nur da, wo das "Haus der Aristoi" das "Parlament" über sein Vetorecht gängelt. Eine solche Bevormundung der Volksvertreter und damit des Volkes zugleich, die nur als sinnfällige Ausübung von Herrschaftsstrukturen interpretiert werden kann, tritt der geistigen Weiterentwicklung (Evolutionsgedanke) des Volkes entgegen. Zudem: Hiller unterschied eingangs zwischen Masse und Volk, eine Unterscheidung, die dann innerhalb seines Entwurfs nicht mehr konzeptionell fruchtbar gemacht wurde. Die Masse aber, so hatte Hiller formuliert, bleibe "unmündig, überall und jederzeit". Ist durch dieses Verdikt allein nicht schon der Gedanke einer Evolutionierung der Menschheit aufgehoben? Kann unter dieser Voraussetzung das "Parlament", das ja auch die abqualifizierte Masse repräsentiert, in Hillers Gedankengebäude überhaupt einen legitimen Platz beanspruchen?

Läßt man sich auf Hillers anthropologische wie soziologische Voraussetzungen und auf seine utopistischen Vorstellungen ein, so scheint es mir konsequenter gedacht, auch die "elementaren, gröberen, mehr materiellen Interessen" der Menschheit durch das "Haus der Aristoi" verwalten zu lassen. Es sei denn, man müsse annehmen, daß es die "Geistigen" vor den Niederungen des Alltags ekele oder - am eigenen Anspruch gemessen schlimmer - daß es ihnen an den Fähigkeiten und Fertigkeiten zur Bewältigung dieses Alltags mangele. Doch verzichte ich auf eine diesbezügliche Entscheidung und halte umso nachdrücklicher fest, daß Hiller keine hinreichende Begründung für sein 'Zweikammermodell' zu liefern vermag.

Indem sich aber Hillers Staatsentwurf in bezug auf den Evolutions-

gedanken als unzulänglich erweist wird ebenso in Frage gestellt,
ob er in der Lage sein kann, die Menschen glücklicher zu machen,
stehen doch für Hiller Eudämonie und Evolution in einem komplementären Verhältnis zueinander.
Gerade wenn man Hillers Zielsetzungen - Eudämonie, Evolution und
vernunftgerechtes Zusammenleben - als oberste Maxime positiv bewertet, kommt man umso entschiedener zu einer Ablehnung seiner
politischen Überzeugungen. Hillers "Haus der Aristoi" erscheint
weniger als sachgemäße Antwort auf Fragen der Vermittlung von
Theorie und Praxis, sondern vielmehr als der Versuch, soziales
Abseits und politische Wirkungslosigkeit per Gesetz und Verfassung vergessen zu machen.

Mit der Analyse von Die Weisheit der Langeweile und Ein Deutsches
Herrenhaus ist der weltanschauliche und politische Rahmen Hillers
erarbeitet. Im folgenden soll durch die Analyse einer späteren
Publikation - Logokratie oder Ein Weltbund des Geistes (1920) -
das bisher grob gespannte Netz verdichtet werden.
Wie schon zuvor deutlich wurde, versteht sich Hiller mit Blick auf
wirtschaftliche und soziale Fragen auch als "Sozialist", ohne jedoch dem eigenen Selbstverständnis nach im bloßen "Ökonomismus"
beispielsweise der damaligen Sozialdemokratie zu verharren.

In Logokratie oder Ein Weltbund des Geistes wird das Verhältnis
zu sozialistischen Ansätzen näher bestimmt. Hiller bemerkt gleich
zu Anfang: "Aus einem Punkte zu kurieren ist die Welt nicht. Doch
was nützt die Fülle der Ratschläge, wenn keiner der Ärzte an die
Behandlung geht? An die Behandlung ging einer: der marxistische
Sozialismus. (...) Vielleicht bedarf das Heilgift, das er verabreicht, bedenklicher Nebenwirkungen wegen gerade eines heilsamen
Gegengiftes."[58]
Marx habe, so Hiller, den Gegensatz zwischen Idee und Interesse,
zwischen allumfassender Utopie und partikularem Wollen dadurch aufheben wollen, daß er ein Interesse, das des Proletariats nämlich,
zur Idee erklärt habe. Er habe eine Theorie der Geschichte entwickelt, nach der die Geschichte "nach ehernen Gesetzen, zwangsläufig, ohne menschlichen Eingriff dem Zustande zudränge, den das
(proletarische; G.H.) Interesse sich zum Ziel setzt."[59] Doch da

sich das Interesse des Proletariats auf wirtschaftlich-soziale Gerechtigkeit beschränke, reduziere Marx die Idee, die allumfassende Utopie eben auf dies: wirtschaftlich-soziale Gerechtigkeit.

Gegen Marx sei jedoch festzuhalten, daß es "neben dem Erklärbar-Mechanischen, nein, über ihm, ein Unerklärbar-Dynamisches gibt (...), über der Erfahrung das vernünftige Denken, über der Natur den Geist in uns, der sie formt (...): wir wissen, daß die sittlichen Ideen in einer höheren als der greifbaren Welt Realität haben (...); und daß ein ungeheurer Sieg errungen sein wird, wenn einmal, nicht durch den Mechanismus des Verlaufs, sondern durch den Willen der zur Aktion Verbundenen, der Kapitalismus geköpft ist".[60]

Es braucht nicht aufgezeigt zu werden, daß Hillers Vorwurf eines fatalistischen Geschichtsverständnisses nicht auf Marx selbst, sondern eher auf sozialdemokratische Theoretiker wie Kautsky oder Bernstein gemünzt werden kann. Hillers Auseinandersetzung mit Marx ist der Sache nach eine Auseinandersetzung mit der zeitgenössischen Sozialdemokratie.

Von größerer Bedeutung ist, daß Hiller in seinen Ausführungen einen starren Gegensatz von Idee und Interesse formuliert, auch formulieren muß, um sich als "Geistiger" zu legitimieren. Indem sich Hiller als "Geistiger" definiert (frei von partikularen Interessen, in Wollen und Denken unbedingt, d.h. nicht als geschichtliches Wesen) verabsolutiert er seine Idee und verfällt in einen politischen Rigorismus, der ihn bündnisunfähig macht. In den realen politischen Machtkämpfen der Revolutionsjahre führt dies zu sekretistischer Isolation. Daran ändert auch nichts, daß Hiller einräumt: "Und wenn die Idee der sozialen Gerechtigkeit als Mittel zu ihrer Verwirklichung vorübergehend die Diktatur der sozial bisher Vergewaltigten verlangt, so werden wir auch für die Diktatur der sozial bisher Vergewaltigten stimmen -"; denn sogleich fährt er fort: "Wofern sie nur darauf verzichtet, an die Stelle sozialer Vergewaltigung eine noch schlimmere, die kreatürlich-vitale, zu setzen, und wofern sie sich auf den Bereich ihrer Idee, will sagen das Wirtschaftliche, beschränkt."[61]

Hiller spricht dem organisierten Proletariat die Fähigkeit ab, über ein bloßes "Nein zum Kapitalismus" hinaus fühlen und denken

zu können. Denn, so Marxismus vortäuschend, "wenn (...) des Proletariers wirtschaftliches Unterdrücktsein das geistige Blühen des Proletariers bisher verhindert hat, das heißt doch wohl, unter anderem auch, die feinere Ausbildung seines Gefühls der Verantwortung für den Mitmenschen (...), - gerade dann dürfen wir von dieser Klasse nicht erwarten, daß sie sich für den Geist selber einsetzen, daß sie Ideen begreifen, geschweige gar auf ihre Standarte schreiben wird."[62]
In dieser Anführung nun nimmt Hillers Argumentation deutlich zynische Züge an. Erinnern wir uns: in seinem Entwurf eines vernunftgemäßen Staates schrieb Hiller die Teilung eines Volkes in "Geistige" und "Nichtgeistige" für alle Zeiten fest, und es blieb nicht erkennbar, auf welche Weise dieses starre duale System zu einer Evolutionierung der Menschheit beitragen sollte. Freilich glaubte Hiller, daß dieses System allen "wertigen" Menschen den ihnen angemessenen Platz in der Gesellschaftshierarchie sichern würde, weil die "Geistigen" die Fähigkeit haben, sich mühelos untereinander zu erkennen, und weil der "Geistige" sich nicht durch eine bestimmte Klassenzugehörigkeit auszeichnet, sondern quer durch alle Klassen einen bestimmten Typus repräsentiert. Hiller kann sich so trotz der Zurückweisung des Machtanspruchs des Proletariats dennoch als Interessenwahrer des Proletariats darstellen: "Die internationale Geist-Rasse (...) kann durch kräftige Zufuhr proletarischen Blutes, durch einen starken Einschlag von Unverbrauchtheit, Unverbildetheit, Historienlosigkeit, Naivität, Ursprünglichkeit nur gewinnen."[63] Indem der potentiell "wertige" Proletarier aber zum "Geistigen" werde, höre er auf, "Proletarier zu sein; das Klassenhafte wird irrelevant an ihm; er vertauscht die Klasse mit der Rasse, dem Typus."[64]
Damit ist die zentrale Differenz zwischen marxistischem und Hillers aktivistischem Denken angesprochen. Im Gegensatz zum Marxismus begreift Hiller Geschichte nicht als Abfolge von Klassenkämpfen, sondern als Objektivierung eines bestimmten Typus bzw. einer bestimmten Rasse. Die Objektivationen der "Geistigen" enthalten die Gesamtheit des menschlich Relevanten. Der "Geistige" allein ist Kulturträger und verweist auf Sein-Sollendes. Zwar mag es geschehen, daß in einer konkreten historischen Situation

eine bestimmte Klasse Interessen formuliert, die sich partiell denen der "Geistigen" annähern und in der Tat das aktuell Geforderte ausdrücken. Allein, diese Teilhabe einer bestimmten Klasse an den Ideen der "Geistigen" hat für Hiller ausschließlich akzidentiellen Charakter. Sie rechtfertigt in keiner Weise einen politischen oder kulturellen Machtanspruch dieser Klasse. Nur demjenigen, der in vollem Umfang die Ideen der "Geistigen" im Sinne einer Theorie des politischen Handelns aktualisiert kommt es zu, einen legitimen Machtanspruch zu formulieren. Alle anderen sind bestenfalls Handlanger der "Geistigen". Hiller resümiert:
"Daß das Proletariat als Klasse tauglicher zur allgemeinen Gesetzgebung sei als irgendeine Klasse sonst, bleibt ein Wahn-Witz. Berufen zur Herrschaft kann nur ein Typus, eine (im neuen Sinne) Rasse sein, nie eine Klasse. Daß die Arbeiterklasse den Typus, um den es sich handelt, hervorbringt, leugnen wir nicht (...); was wir leugnen, ist: daß die Arbeiterklasse nur jenen Typus, ausschließlich ihn, hervorbringe, und: daß ausschließlich sie ihn hervorbringe."[65]

Im folgenden geht Hiller so weit, überhaupt die Existenz eines revolutionären Proletariats im Revolutionsgeschehen der Nachkriegszeit zu leugnen. Der Begriff "revolutionäres Proletariat" sei nur eine "metaphysische Konstruktion", sei nur ein "Wortgespenst". Mehr noch: der Begriff "Proletariat" selbst decke gar keine Sache mehr, gehe es doch den Lohnarbeitern heute im Durchschnitt materiell besser als vielen sogenannten Besitzenden wie Lehrern, Beamten, Ärzten, Handwerkern etc.. Hiller ignoriert also beispielsweise Spartakus und trifft nicht die doch wesentliche Unterscheidung in Besitz und Kapitalbesitz bzw. Besitz an Produktionsmitteln. Wichtiger aber ist: In den zuletzt Genannten, den "zu Unrecht" als "Kleinbürger" Abqualifizierten, sieht Hiller "den Kitt der menschlichen Gesellschaft, dieser wie jeder kommenden (...), die Gewähr gegen das Chaos, gegen die Rohheitsüberschwänge entfesselter Tierheit, gegen das Weltende aus Blut und Pest, den Hort zuletzt des freien Geistes."[66] Der "Geist" sei, so Hiller, beim "gebildeten Philister noch besser aufgehoben als beim rasenden Revolutionär, dessen Rasen ein Rasen des Materialismus, ein Anrasen sich minderwertig fühlender Rohheit gegen des Zarten, Gei-

stigen verhaßte Hohheit ist."[67]
Es braucht an dieser Stelle nicht ausführlicher daran erinnert zu werden, welche unheilvolle Rolle gerade das Kleinbürgertum bei der Inthronisierung des Hitler-Faschismus gespielt hat. Doch achte man deutlicher auf die Sprache Hillers, die ein bezeichnenderes Licht auf die Qualität von Hillers politischem und soziologischem Denken wirft als die oftmals verschlungenen theoretischen Erörterungen. "Tierheit", "Weltende", "Blut", "Pest", "sich minderwertig fühlende Rohheit" - dies die Vokabeln, die Hiller mit dem Proletariat und mit einer möglichen Herrschaft des Proletariats assoziiert.

Hiller zeichnet ein apokalyptisches Bild des Schreckens, das in nichts den Diffamierungen seiner reaktionärsten Zeitgenossen nachsteht. Wurde schon zuvor vermutet, daß Hiller in einem zukünftigen Staate nur deshalb eine strikte Trennung von "Geistigen" und "Nichtgeistigen" zu institutionalisieren sucht, weil ihn vor den Niederungen des Alltags ekelt, so bleibt nun nur hinzuzufügen, daß ihn auch eine tiefsitzende Verachtung weiter Volksteile zu solch hypotropher Verherrlichung des "Geistigen" führt.

Doch deute man Hillers Position nicht allein individualpsychologisch aus. Denn was sich hier als scheinbar unbedingtes Vorurteil äußert, ist der Reflex (nicht die Reflexion) auf die von mir schon eingangs skizzierte soziale Situation des bürgerlichen Intellektuellen im Kaiserreich. Von staatlicher Seite mißachtet oder, wenn überhaupt, in der Form von Sanktionen (Zensur) 'bedacht', in ihrem Menschheitspathos (als nicht-reflektiertem, bürgerlich-aufklärerischem Ideologem) von den Profitinteressen des Bürgertums einerseits und dem pathosleeren Ökonomismus und zaudernden Taktieren der Sozialdemokratie andererseits getrennt, entwickeln sie eine vielfältig schillernde Subkultur, die sich nicht allein als ästhetische, sondern auch als politische Avantgarde versteht. Dabei tritt der politische Anspruch umso vehementer auf, je deutlicher im Verlauf des Ersten Weltkriegs die traditionellen Träger politischer Macht bankrottieren. Doch bringt dieser politische Machtanspruch nur in den wenigsten Fällen politische Programme oder Formen des politischen Handelns hervor, die als realistisch bezeichnet werden können. Das hat zwei eng miteinander verbundene Gründe: Zum einen wird, wie bei Hiller gesehen werden konnte, keine Analyse des eigenen sozialen Standorts geleistet, was gleichzeitig bedeutet, das Zeitgeschichte in ihren manifesten und latenten Inhalten unbegriffen bleibt. Zum zweiten nährt das Leben im sozialen Abseits, im Begriff Subkultur scheinbar positiv gewendet, Formen kommunikativen Handelns und Gesellschaftskonzeptionen, die sich gegenüber anderen sozialen und gesellschaftlichen Wirklichkeiten verselbständigen und die Tendenz zu Illusionismus und Eskapismus enthalten.

In dem Maße, in dem zu Ende des Ersten Weltkriegs die politische Herrschaft von Kaiser und Adel zerfällt, wächst die Einflußnahme wirtschaftsbürgerlicher Gruppierungen und im besonderen der Sozialdemokratie und ihrer sozialistischen Abspaltungen. Das konfrontiert die genannten bürgerlichen isolationistischen Intellektuellenkreise mit einem neuen, weitestgehend unbedacht gebliebenem Problem. Die Annahme eines Machtvakuums zu Ende des Ersten Weltkrieges, in das sie "fast ohne ihr Zutun" hineinzustoßen können glaubten, erweist sich als falsch. Waren es zunächst Kaiser, Adel, Klerus und großindustrielle Kreise, die sich dem Machtanspruch der "Geistigen" widersetzten (insofern sie ihn überhaupt anerkannten), so sehen sich die "Geistigen" nun von den Linksparteien und den spontan entstandenen Volksvertretungen (Rätebewegung) zurückgewiesen. Die "Geistigen" erweisen sich infolge ihres kompromißlos vertretenen, allen aktuellen materiellen Fragen abgewandten Machtanspruchs als nicht bündnisfähig. Feindbilder, die zunächst nur auf die Repräsentanten des wilhelminischen Kaiserreichs zielten, werden auf die Repräsentanten der neuen politischen Ordnung, insbesondere auf die Sozialdemokratie, übertragen. Doch zunächst zurück zu Hillers Text.

Der "Sozialdenker", so Hiller, dürfe nie vergessen, daß auch die "entsklavteste Gesellschaft, wofern sie den Standard ihrer Zivilisation nicht ins Trogloytische zurückzuschrauben wünscht", "Freie" brauche, "die bereit sind zu Sklavenarbeiten. Sie wird sie finden unter dem stetigen Rest, Bleibsel, Abhub, Niederschlag der Auslese."[68] Denn auch die "klügste und gütigste Ordnung" könne höchstens dazu beitragen, "die Zucht von Wertmenschen zu fördern und ihre Zahl zu vermehren; daß die Mehrzahl jeder Gesellschaft aus Inferioren besteht, dieses Gesetz vermag sie nicht umzustoßen."[69]

Eine möglichst große Zahl von Wertmenschen garantiere aber allein die "Logokratie", die "Herrschaft des Geistes". Der "Proletarismus" führe lediglich zur (ökonomischen) Befreiung einer Klasse, sei also keine "gesamtmenschliche, keine universalkämpferische Richtung."[70] Doch vertrete er immerhin eine Idee, nämlich die der Befreiung einer Klasse. Damit unterscheide er sich positiv von der Demokratie, die weder eine Idee habe noch eine Meinung. Die Demokratie sei "ein leeres, rein quantitäres Prinzip der Gesetzgebung".[71] In ihr gelte, was die Mehrzahl wolle, zugleich als das Vernünftige - eine für Hiller absurde Behauptung. Denn erinnern wir uns: Die Mehrzahl jeder jetzigen und künftigen Gesellschaft besteht für Hiller aus inferioren, d.h. auch politisch unmündigen Menschen. Weil aber "die Vernunft, biologisch gesehen, Wille und Erkenntnis der jeweils Vorgeschrittensten ist, muß sich ihr Inhalt in jedem geschichtlichen Augenblick von der Meinung der Mehrheit notgedrungen unterscheiden."[72]

Freilich, der Demokrat werde dem Aktivisten entgegenhalten, daß es eine objektive Vernunft nicht gebe und daß folglich auch der Anspruch der "Geistigen", die jeweils Vorgeschrittensten einer Gesellschaft zu sein, illegitim sei. Doch, so Hiller, "der schöpferische Denker schert sich nicht um "Objektiv" und "Subjektiv"; er weiß, daß das, was er mit dem inbrünstigen Willen zur Objektivität aus seinem Subjekte zeugend herausholt, Vernunft i s t."[73]

Hiller zieht Fazit. Die Wertverschiedenheit der Menschen sei das Grundfaktum aller Gesellschaftsbetrachtung. Gleich seien alle Menschen nur in ihrem Recht auf Leben. Sei die jetzige Revolution "eine Revolution der G l e i c h h e i t", so müsse "die langsam, langsam sich vorbereitende Revolution des neuen Jahrtausends eine Revolution gegen die Gleichheit sein"[74], getragen von den "Geistigen". Doch frage man nicht, was der "Geist" sei. Denn "die, in denen er lebt, wissen es und brauchen keine Erläuterungen".[75] Der Begriff "Geist" spotte jeder Definition, auch der Aktivismus vermöge ihn nicht umfassend zu benennen. Doch liege darin auch nicht das Ziel des Aktivismus. Ihm gehe es nicht um möglichst exakte Wissenschaftlichkeit, sondern allein um die Veränderung der Welt. Weltveränderung aber sei gleichbedeutend mit der Veränderung aller Menschen. Indem aber der "Geistige" sein Verantwortungsgefühl auf alle Menschen richte, sei er von der "Leidenschaft zur Synthese" beherrscht, von dem Wunsch, "aus dem Bekenntnis jeder Partei das, was darin geistig, nämlich aus tiefstem Menschentum geschöpft (...) ist (...), aus dem Wust der Programmparagraphen, der Agitationsphrasen, der Geschäftlichkeiten, der taktischen Opportunismen herauszulösen und (...) zu einer reichen und klaren, in sich harmonischen Einheit zusammenzuschmelzen."[76] Die "Geistigen" seien Verfechter und Ergebnis dieses Synthesewillens, seien "völkisch fühlende Erdballer, kommunistische Aristokraten, heidnisch freie Christen"[77] zugleich.

Es braucht nicht ausführlicher darauf hingewiesen zu werden, daß Hillers Sprachgebrauch in dem zuletzt Referierten einmal mehr in entlarvender Art und Weise ins Demagogisch-Zynische entgleist. Denn selbstverständlich ist der "Abhub (...) der Auslese" alles andere als die Zahl der s.g. "Freien", und selbstverständlich kann die Ausübung von "Sklavenarbeiten" nicht mit der "Bereitschaft" zu diesen Tätigkeiten erklärt werden. Hier wird Handlungs- und Entscheidungsfreiheit suggeriert, wo einzig von gesellschaftlicher Entmündigung und materiellem Zwang gesprochen werden kann. Doch konzentrieren wir uns vornehmlich auf die zentrale Aussage des zuletzt Angeführten, auf Hillers "Geist"- oder Vernunftbegriff.

Wenn aus dem eingangs Referierten abgeleitet werden konnte, daß der eigentliche Ausgangspunkt von Hillers Denken der bestimmte Wille, der Wille zur Vernunft ist und daß deshalb für Hiller nicht jedes Handeln als positiv zu werten ist, so wird diese These nun durch seine Ausführungen über die Vernunft prinzipiell in Frage gestellt. Denn das, was doch am bestimmten Willen das Bestimmte und Bestimmende sein sollte - die Vernunft nämlich - löst sich hier in der Willkür eines grenzenlosen Subjektivismus auf. Indem Hiller forderte, daß es in der Welt vernünftig zugehen solle, entstand der Eindruck, als setze sich der Wille in ein positives Verhältnis zu einer allerdings intersubjektiven Vernunft. A-rational an der Haltung Hillers wäre in diesem Falle allein die Entscheidung gewesen, sich in ein positives Verhältnis zur Vernunft zu setzen. Nun aber wird deutlich, daß Hiller die Begriffe Vernunft und Wille synonym gebrauchte. Vernunft ist ihm nichts anderes als der sich äußernde, sich explizierende Wille. Der "inbrünstige()

Wille () zur Objektivität" erweist sich als Wille zur Objektivation. Wenn der bestimmte Wille fordert, daß es in der Welt vernünftig zugehen solle, so meint dies lediglich, daß es so zugehen solle, wie es eben der Wille will. Der bestimmte Wille setzt sich zu sich selbst in ein positives Verhältnis, womit Hillers Aussage über das Verhältnis von Wille und Vernunft als Tautologie ausgewiesen ist. Das bedeutet aber gleichzeitig, daß Wille an sich, Wille zur Vernunft und andere bestimmte Willensformen in theoretischer wie praktischer Hinsicht gleichwertig sind. Kann Hiller also doch auch als geistiger Wegbereiter beispielsweise des Faschismus gesehen werden? Sein schwärmerisches Urteil über Mussolini in Artikeln der Weltbühne aus den Jahren 1926/27 könnte dieses Urteil bestätigen. Dennoch komme ich zu einem anderen Schluß. Allerdings läßt sich Hiller nun nicht länger a priori gegen eine ihm doch unliebsame mögliche Indienstnahme in Schutz nehmen. Dazu hätte es u.a. einer zweifelsfreien Bestimmung dessen bedurft, was Wille und Vernunft als voneinander unterschiedene menschliche Vermögen sind. Da es aber für Hiller weder eine objektive Wirklichkeit noch eine ihr assoziierte, objektive Vernunft gibt, da bei ihm Objektivität mit dem Willen zur Objektivität, also mit Subjektivität zusammenfällt, ist eine - freilich kritische - Verteidigung nur in einem Urteil über diese Subjektivität möglich. Allein die subjektive Redlichkeit Hillers kann Anspruch auf Verständnis erheben. In diesem Zusammenhang erinnere ich zunächst an Hillers Autobiographie Leben gegen die Zeit (Logos), in der faschistisches Denken und faschistische Bewegungen durchgängig abgelehnt werden. Mussolini ist ihm hier "verglichen mit dem österreichischen Monstrum (Hitler; G.H.)" der "etwas weniger Kriminelle"[78] - eine Formulierung, die hinreichend deutlich macht, daß es sich bei Hillers Artikeln aus der Weltbühne um eine seiner zahlreichen, freilich nicht zufälligen Verirrungen handelt. Daß sich Hiller jedoch in solch fataler Weise verirren konnte, ist zum einen aus der schon mehrfach angesprochenen sozialen Situation des bürgerlichen Intellektuellen im ersten Viertel dieses Jahrhunderts erklärbar (also kein individuelles Problem) und ist zum anderen die Folge der nachgewiesenen mangelhaften theoretischen Vorkenntnisse des Autors selbst. Wo Hiller Gegebenes kritisiert, kommt fast immer das Erfassen objektiver Defizite zum Ausdruck (z.B. seine Kritik am Ökonomismus und am mechanistischen Geschichtsverständnis der Sozialdemokratie). Freilich ist sich Hiller nur in den seltensten Fällen der tatsächlichen, objektiven Ursachen dieser Defizite bewußt. Deshalb gerät seine Theorie des politischen Handelns und sein Entwurf eines 'vernunftgemäßen' Staates ins eskapistische Abseits, obwohl seinen Entwürfen z.T. anerkennenswerte Forderungen und Hoffnungen zugrunde liegen (Sozialisierung, Internationalismus etc.).

Ich beschließe diese Auseinandersetzung mit Kurt Hiller mit einem Hinweis auf Robert Müller aus Logokratie oder ein Weltbund des Geistes. Dort heißt es, Robert Müller lasse sich manchmal dazu hinreißen, so zu reden, "daß ein Esel, aber nur ein Esel, ihn mit Herrn Houston Stewart Blüher (zusammengesetzt aus Houston Stewart Chamberlain und Hans Blüher; G.H.) verwechseln könnte".[79] Womit zum Ausdruck kommt, daß auch Robert Müller in der Gefahr steht, in eine Denklinie aufgenommen zu werden, die sich in der Terrorherrschaft des Nationalsozialismus unheilvoll vollendete. Redete Robert Müller wie "Houston Stewart Blüher"?

5.3. ROBERT MÜLLER: POLITISCHE THEORIE.

5.3.1. 1912 - 1915. WAS ERWARTET ÖSTERREICH VON SEINEM JUNGEN THRONFOLGER?.

Im Jahre 1912 bemerkt R. Müller: "Wir stehen im Zeichen der politischen Dekadenz. Der echte politische Typus hat sich aus der öffentlichen Karriere zurückgezogen, er gründet eine Demokratie mit sich selber, eine Gesellschaft von identischen kräftigen wohlerzogenen Individuen und lebt mit seinen 24 Ichs zwischen Tag und Nacht nach eigener Verfassung."[1]
In der heutigen bürgerlichen Gesellschaft seien nur noch wirtschaftliche Erwägungen von Belang, und es fehle an gesamtgesellschaftlichen Konzeptionen. Alles, Gesellschaft und Politik, werde einzig auf Ökonomie reduziert.
Wahre Politik aber sei "die Oekonomie der seelischen Kräfte einer Gesellschaft", richte ihr Augenmerk "auf die Züchtung eines Kulturpatriotismus".[2] Ihr liege die Einsicht zugrunde, daß auch die Bewältigung wirtschaftlicher Fragestellungen und Probleme "nur durch eine spezifische Politik, durch ethische Erziehung"[3] erfolgen kann.

Der heutigen bürgerlichen Gesellschaft, so zwei Jahre später, mangele es an "Offenbarung", d.h. an einer Perspektive, die über das bloße Fortschreiten im ökonomisch-technischen Bereich hinausweise. R. Müller macht den "Liberalismus" für diese Entidealisierung des gesellschaftlichen Zusammenlebens verantwortlich. Der "Liberalismus" habe die "Menschenseelen zu Museen von Meinungen und Stimmrechten"[4] gemacht. Es gelte nun, dem "Liberalismus" einen Geist entgegenzusetzen, der unter Bejahung, ja Vervollkommnung von Wissenschaft und Wirtschaft diese doch überwinde, indem er sie nur als "äußerliche Funktion"[5] begreift. Dieser Geist sei der Konservativismus, "eine Blutbestimmtheit jenseits des Gehirns".[6] Er fordere Männer, deren Schicksal "das schwere gewalttätige Blut im Kampfe mit dem zähen Willen zu Vernunft und Gesetz"[7] sein werde.

Es wird deutlich, daß R. Müller im Unterschied zu Kurt Hiller neben dem Willen noch eine zweite handlungsbestimmende Instanz ansetzt, das "Blut". Mit dem Begriff "Blut" bezeichnet R. Müller anthropologische Konstanten, Triebe etwa und Instinkte, die in ihrer Mehrzahl nach Müller zu vernunftwidrigem und gewalttätigem Handeln führen. Freilich nur in ihrer Mehrzahl, denn "so wahr es ist, daß gutes Blut freche und frohe Wünsche hat, so wahr ist es, das bestes Blut Wünsche gegen seine Wünsche hat. Welcher Instinkt des Menschen wäre so sicher, so siegreich, so schön als der zur Vernunft?"[8]

Wir konnten verfolgen, wie sich Kurt Hiller letztlich vergeblich bemühte, den Willen, zumal den Willen zur Vernunft, auf analytischem Wege als Ausgangspunkt einer moralisch positiven Lebenshaltung zu begründen. Robert Müller umgeht scheinbar diese Problemstellung, indem er - Empirie vorgebend - einen Instinkt zur Vernunft behauptet, der zudem der durchsetzungskräftigste aller menschlichen Instinkte sei. Damit entfallen die Legitimationszwänge, in die sich Hiller gestellt sah, ist doch nach R. Müller der Mensch wesenhaft darauf angelegt, daß es in der Welt vernünftig zugehe. In welcher Art und Weise die Vernunft und das Vernünftige bestimmt wird, ist zu gegebener Zeit näher zu hinterfragen. Hier nur soviel: In dieser frühen Phase gebraucht Robert Müller die Begriffe Vernunft, Verstand und Ratio oft synonym. Er hält zudem dafür, daß die Vernunft nicht durchgängig vernünftig sei, da sie einen Hang zur "Tyrannei" habe und es ihr an "Eingebung" mangele. Das ihr angemessene Betätigungsfeld erschöpfe sich im sozialen und technischen Bereich.[9]

Es entsteht der Eindruck, als setze R. Müller implizit hinter der von ihm benannten Vernunft noch eine Meta-Vernunft, und als stehe diese Meta-Vernunft in einem hier noch ungeklärten engeren Verhältnis zu dem "Blut".

Dieser Eindruck bestätigt sich, wenn R. Müller zu Anfang des Essays <u>Was erwartet Österreich von seinem jungen Thronfolger?</u> (1914) den "Prinzen" für einen "poetische(n) Wert des Volkstums" ausgibt und in diesem "Aforismus" die "logische Form für metalogische Voraussetzungen"[10] sieht. Politisch ausgedeutet bedeutet dies:

"Die demokratische Masse verteilt Befugnis und Wirkungsspielraum nach den Gesetzen stofflicher Nützlichkeit (d. i. Vernunft; G.H.), die einen von außen an die Seele herangetragenen Maßstab darstellen. Das Volk verteilt sie nach den Bedürfnissen

seiner Seele, nach sittlicher Einsicht, nach unbewußter höherer
Gerechtigkeit (d.i. Meta-Vernunft; G.H.), die nicht nach Leistungen, sondern nach Werten fragt."[11]
Damit sind die für Robert Müller wesentlichen gegensätzlichen Begriffspaare zum Ausdruck gebracht: Verstand und "Blut", Nützlichkeit und Wert, Logik und Meta-Logik, Masse und Volk, Demokratie und Monarchie sind die Pole, die seine Theorie des politischen Handelns und seinen Entwurf eines vernunftgemäßen Staates begrenzend bestimmen.
Stellte Robert Müller eingangs tadelnd fest, daß in der heutigen Gesellschaft alles auf Ökonomie reduziert sei, so läßt sich dieser Vorwurf nun näher deuten. Was als Perspektivlosigkeit und Entidealisierung beklagt wurde, erweist sich zum einen als ein Verlust an geschichtlicher Gebundenheit, zum anderen als Überbetonung der rational-technischen menschlichen Vermögen. Zielte Hillers Konzeption auf das nie Gewesene doch Sein-Sollende, so ist Müllers Ideal auf das (angeblich) vormals Seiende als Wieder-Sein-Sollendes gerichtet.
Mit Blick auf das vormals Seiende verweist R. Müller auf die isländischen Mythen von Egil, Grettir und Hrafnkel. In diesen Mythen sei eine Gesellschaft vorgestellt, die aufgrund natürlicher, d.h. "blutgemäßer" Unterschiede der Menschen hierarchisch gegliedert gewesen sei. "Demut vor dem Auserwählteren" sei die wesentliche Haltung des Menschen gewesen, und seine Freiheit habe darin bestanden, "sich zu eigen zu geben, wo die Natur in Vorzügen gesprochen hat."[12]
Wie Hiller zuvor, formuliert auch Robert Müller hier den Gedanken einer Einteilung der Menschen in Führer und Geführte, und wie Hiller, so fordert auch er eine Gesellschaftsordnung, in der es allein einer Elite zukommt, die gesellschaftlichen Geschicke zu leiten. Diese "Demokratie" der "germanischen Art" unterscheide sich wesentlich von heutigen parlamentarischen Demokratieformen, favorisiere sie doch das Volk, d.h. den "blut- und traditionsgebundenen" Menschen anstelle der entwurzelten Masse.
R. Müller erstellt ein erstes politisches Programm: "Die Politik muß aus den Händen der Parlamentsprofessionals genommen werden und in die der Geistigen gelegt werden. (...) Die Kräfte der

Volksvertretung müssen, und dies nirgends mehr denn in Österreich, beschränkt werden. (...) Die P r i n z e n, A d e l i g e n und G e i s t i g e n sind als die Z u c h t g e r m a n e n des S t a a t e s zur Leitung bestimmt."[13] Letzteres deshalb, weil für Müller in Österreich das Ideal der "germanischen Demokratie" allein durch den Adel, das Herrscherhaus und die "Geistigen" vertreten wird, durch diejenigen, die sich als "blut- und traditionsgebundene" Menschen der "Demokratie des Juden Madochai (Marx)"[14] widersetzen.

Blieb bei Hiller letztlich unklar, wer denn die "Geistigen" nun eigentlich seien, so kann Robert Müller diese doch in Teilen als eine bestimmte Gesellschaftsklasse bestimmen. Auch Hiller sprach von "Adel", erfaßte darunter allerdings keine Klasse im ökonomischen und soziologischen Sinne, sondern einen bestimmten Menschentypus. Weil aber Robert Müller sein gesellschaftliches Ideal an (angeblich) vormals Seiendes zurückbindet, vermag er in der beschriebenen Weise anders zu verfahren.

Gefragt werden soll nun, worin die Aufgaben der "Geistigen", des Adels und des Herrscherhauses liegen und was für ein Staat vorgestellt wird, den diese "Elite" zu lenken berufen ist. Dabei rücke ich zunächst Müllers Staatskonzeption in den Blick.

Der Staat, so R. Müller, ist "das Mittel zur Ordnung im höchsten Sinn einer Lebensführung Einzelner und Vieler, Einzelner mit Vielen."[15] Die "Nation" sei eines der Ordnungsresultate des Staates - und nicht umgekehrt. Denn während der Nation etwas Zufälliges, Qualitätsloses anhafte, sei der Staat das willentliche Produkt einer erlesenen Minderheit: der "Geistigen". Ihnen komme es darauf an, daß sich das menschliche Zusammenleben "in der Richtung einer schon erprobten Tradition und Begabung"[16] entwickele. Wenn der "Geistige" "im Namen seines Volkes handelt, dann nicht in dem der Mehrzahl seiner Lumpe und Schafsköpfe, die es ausmachen, sondern mit einem scharfen Kultur- und Entwicklungstyp vor Augen."[17]

Der Unterschied zwischen staatlichem und nationalem Denken liege darin, daß der Nationalismus sein Volk als Selbstzweck wolle, das Volk schlechthin als Ganzes schätze, während der "Staatsdenker" eine strikte Gliederung des Volkes in eine "Elite" und die "Masse" eben der "Lumpe und Schafsköpfe" fordere. Erst wenn sich ein Staat

gebildet habe, könne sich ein anerkennenswerter Nationalismus entwickeln, nicht ein solcher, "der Hinze und Kunze liebt", sondern einer, der "zu einer Gesellschaft Goethes und Schillers strebt."[18]
Es gehöre daher zu den größten politischen Fehlern, nationale Eigenheiten und Bewegungen zur legitimen Voraussetzung einer Staatenbildung zu machen. Die nationale Idee habe kein "Anrecht auf ihre Gültigkeit als staatliches Produktiv".[19]
Es ist offensichtlich, daß Robert Müller mit diesen Äußerungen nicht allein eine begriffliche Scheidung von "Staat" und "Nation" unternimmt, sondern daß es vor allem darum geht, den österreichischen Vielvölkerstaat gegen die nationalstaatlichen Bestrebungen seiner Völkerschaften zu verteidigen. Er selbst führt denn auch "die nationalen Verirrungen der österreichischen Politiker" als Beispiele verfehlten Staatsdenkens an:
"Sie (die österreichischen Politiker; G.H.) zweigen in die verschiedensten Detailwünsche aus, die alle, ob deutsch, slawisch oder mattyarisch, die Tendenz haben, ihr nationales, weltgeschichtlich berechtigtes Programm nicht innerhalb des Staatsgedankens, sondern gegen ihn durchzuführen."[20]
Für Müller ist der österreichische Staat die sinnfällig gewordene Idee "in der Richtung einer schon erprobten Tradition und Begabung" (s.o.), der "germanischen" nämlich, ist der Versuch, einen "Kultur- und Entwicklungstyp" (s.o.) zu schaffen, in dem das "Germanische", "ergänzt und bereichert durch die weltgeschichtlich bedeutsamen Eigenschaften anderer Völkerschaften", zu seiner vollen Entfaltung gelangen kann. Österreich sei das Unterfangen, dem, was in seinen Nationen als " R a s s e " da ist, zum Ausdruck und zur Blüte zu verhelfen. Denn so wenig die Nationen die ihnen bewiesene Sentimentalität verdienten, "so sehr verdient sie die Rasse. Die R a s s e   i s t   ü b e r a l l und allezeit das k u l t u r t r a g e n d e   u n d   s t a a t e n b i l d e n d e   E l e m e n t."[21]
Die Rasse aber, aus der alle europäischen Nationen "in Mischung mit den samojedischen Stämmen des Nordens, den finnischen und keltischen der Mitte, den sarazenischen und illyrischen des Südens entstanden"[22], sei die "germanische".
Hier schließt sich Robert Müllers Argumentation zum zweiten Male. Wiederum wird 'Geschichte' als Legitimation eingeführt, aus der

sich der Anspruch eines Elitemenschen, nun zudem als der "germanische Typus" bestimmt, auf Herrschaft ableiten läßt.
Damit sind die Aufgaben, denen sich der ideale Politiker im Sinne R. Müllers (Prinz, Adel, "Geistiger") gegenübergestellt sieht, vorgezeichnet. Ihm muß es darum gehen, "mit den realsten Mitteln die höchste Steigerung menschlicher Äußerungen"[23] (d.i. der ideale "Germane"; G.H.) zu erzielen. Richtungsweisende Politik wird als "Naturgeschichte in suspenso" begriffen, als der Versuch, "die schwebenden Fragen der Biologie"[24] zu lösen. Ihr habe es um einen "c h a r a k t e r i s t i s c h e n   S t a a t" zu gehen, um einen solchen, der auch aufgrund seiner materiellen Ausstattung dazu in der Lage ist, den "höheren Typus" zu ermöglichen. Robert Müller fordert daher zum einen die Vervollkommnung von Wissenschaft, Technik und Wirtschaft, zum anderen aber auch Expansion und Exploitation fremdstaatlicher Gebiete. Jeder "neue Typus", "jede Teil- oder Ganzkultur" sei "die Folge von Imperialismus und Expansion"; "friktionsloses Wachstum von Kulturen kommt geschichtlich nicht vor."[25] Daher könne das "Schachspiel" um Kultur und "neuen Typus" nicht "mit dem ganzen Brett, sondern nur mit nationalen Bauernopfern gewonnen werden."[26] Das bedeute konkret für die beiden fortgeschrittendsten "germanischen" Staaten, für Österreich und Deutschland:
Österreich hat für die Schonung und Erhaltung all dessen zu sorgen, was in seinem Territorium auf dem germanischen Gedanken aufbaut;
d   Ziel seiner Außenpolitik muß es sein, das alte Mittelmeerreich,
d   "i m p e r i u m   r o m a n u m" wieder aufzurichten, um damit zum einen ein Bollwerk gegen nicht-"germanische" Kulturen (vor allem die "asiatische") zu errichten und zum anderen Zugänge zum Meer zu schaffen, die Welthandels- und Expansionsmöglichkeiten eröffnen. Indem Österreich so im Süden und im näheren Osten einen "germanischen" Einflußbereich schafft, ermöglicht es zudem dem Deutschen Reich, seiner Aufgabe, der Germanisierung der Welt, nachzukommen. Und wenn dann, so Robert Müller, "die Bagdadbahn gebaut ist und mit ihrer Hilfe das große a r a b i s c h e   R e i c h   d e u t s c h e r   S i g n a t u r (...) gegründet wird, als nordöstliche Fortsetzung des zentralafrikanischen Reichs zu einem d e u t s c h e n   K o l o n i s a t i o n s g ü r t e l   a m   Ä q u a t o r, der in den

jetzt holländischen Besitzungen Sumatras und Javas und weiter hinaus in den deutschen (...) Südseeinseln seinen Abschluß findet - die westliche Erstreckung über Rio Grande do Sul und Chile ist nicht ganz auszuschließen - wenn dieses große deutsche Werk (...) im Werden"[27] ist, dann kommt auch die weltpolitische Bedeutung Österreichs ganz zur Geltung.

Im folgenden wendet sich Robert Müller entschieden gegen die Ansicht, daß Machtfragen, Kolonisationspläne, Eroberung mit Gewaltmitteln etc. nichts mit Kultur, nichts mit der Schaffung eines neuen Menschentypus zu tun hätten. Auch der "Feingeist" werde sich damit abfinden müssen, "daß Zirkulation und Stoffwechsel in einem Kulturstaate von dem Fraß abhängig sind, den dieser sich erbeuten kann"[28], und daß "ein schmutziger aber gewaltiger Verdauungsprozeß die gesündeste Vorarbeit zur Aufzüchtung eines fein entwickelten Gehirns ist."[29]

Die heutige Zeit sei die des imperialistischen Menschen, desjenigen, der den "germanischen Gedanken" einer Staatenbildung in die Welt zu tragen wünsche. Der wirkliche Mensch mit "Magen, Muskeln und Moral" beginne sich wieder durchzusetzen und sich wie in Österreich der "Zersetzungsarbeit des emanzipierten Juden (des Liberalismus; G.H.)" zu erwehren. Dieser neue Mensch orientiere sich wieder an den "alten blutgeborenen Maße(n) und Werte(n)", glaube an die "tiefe S i t t l i c h k e i t   d e r   M a c h t" und sei der bereitwilligste Diener der "germanischen Demokratie" - also der Monarchie.[30]

Ziehen wir ein erstes Fazit: Wie bei Kurt Hiller, so geht auch Robert Müllers politisches Denken von der Voraussetzung aus, daß man in einem Staate die Menschen in Masse, Volk und Elite zu unterteilen habe. Dabei ist ihm die Masse der politisch unqualifizierteste, weil historisch entwurzeltste Menschheitsteil.

Im Volk sieht Müller all' jene Menschen vereint, in deren Denken, Fühlen und Wollen die alten "germanischen" Traditionslinien unbewußt weiterleben.

Die Elite schließlich - Adel, Herrscherhaus und "Geistige" - hebt sich vom Volk dadurch ab, daß sie die germanischen Traditionslinien aktualisiert, indem sie diese zum zukunftsweisenden politischen Programm erhebt.

Das "Germanische" zeichnet sich für R. Müller u.a. dadurch aus, daß es einerseits menschliche Grundvermögen wie Trieb und Ratio gleichermaßen zur Entfaltung kommen läßt, und daß es andererseits die rassemäßige Grundlage aller europäischen Nationen bildet. Somit ist das "Germanische" in der Konzeption Robert Müllers allein aufgrund der ihm zugesprochenen geschichtlichen Bedeutung als das Modell einer wünschenswerten Zukunft legitimiert.

Eine herausragende Stellung nimmt es aber vor allem deshalb ein, weil Müller in ihm den Gedanken einer strengen Hierarchisierung der Gesellschaft nach der Maßgabe "blutgemäßer" Gegebenheiten am Werke sieht. In diesem Sinne fordert er wie Kurt Hiller die Übernahme der Macht im Staate durch eine Elite, durch die "Geistigen".

Zwischen dem "Geistigen" R. Müllers und dem Kurt Hillers bestehen allerdings erhebliche Unterschiede. Während Kurt Hiller den "Geistigen" als einen Typus konzipiert, der sich unbeschadet seiner ethnologischen Herkunft und seiner Klassenzugehörigkeit in allen Nationen und Volksteilen nachweisen lassen soll, ist der "Geistige" Robert Müllers eindeutig durch seine ethnologische Herkunft und Klassenzugehörigkeit definiert: er ist "Germane" und, weil einzig dort reinrassig, von Adel. Als Ausnahme läßt Robert Müller allein eine kleine Zahl Intellektueller gelten, die wegen ihres engagierten Eintretens für den "germanischen", d.h. monarchischen Gedanken als künstlerische bzw. publizistische Avantgarde begriffen wird.

Hier nun fällt eine zweite wesentliche Differenz zur Konzeption Kurt Hillers auf: Wir konnten verfolgen, wie sich Hiller bei dem Versuch, die soziale und politische Isolation weiter Intellektuellenkreise zu überwinden, entschieden gegen die zeitgenössischen politischen Machthaber (Herrscherhaus und Geburtsadel) aussprach, da er in ihnen zu recht die Statthalter eines historisch überlebten und unsozialen Prinzips erkannte. R. Müller verfährt anders: In seiner Konzeption sind Herrscherhaus bzw. Geburtsadel und "Geist" nur verschiedene Namen für dasselbe "germanische" Prinzip. Daher fordert er keine Oppositionshaltung zu den überkommenen politischen Mächten, sondern Anpassung, ja Anbiederung an diese. Das hat weitreichende Folgen für sein Staatsdenken und seinen Entwurf einer 'idealen Realpolitik'.

Während Hiller aus der Ablehnung der bisherigen monarchischen Staatsform (und der einer parlamentarischen Demokratie wie der eines demokratischen Sozialismus) den Entwurf einer neuen Staatsform, der "Logokratie" entwickelte, beschränkt sich Robert Müller allein darauf, den Einfluß aller plebiszitären Elemente im österreichischen Staatswesen zurückzudrängen. Er entwirft kein wie auch immer organisiertes neues Staatswesen, sondern fordert die Zementierung des Status quo und die Resitution überlebter sozialer und politischer Formen.

Zum dritten treten am jeweiligen Staatsbegriff Differenzen in den Konzeptionen Kurt Hillers und Robert Müllers hervor. Für Hiller ist der Staat der organisatorische Ausdruck einer bestimmten Nation, d.h. die Begriffe Nation und Staat stehen in einem supplementären Verhältnis zueinander. Entsprechend sieht Hiller die vorrangige Aufgabe des Staates darin, innerhalb eines geographisch wie kulturell bestimmten Gebietes zu organisieren und ein Ideal zu verfolgen. Hillers Realpolitik ist wesentlich als Innenpolitik bestimmt. Blickt sie über die eigenen nationalen Grenzen hinaus, so tut sie dies in völliger Respektierung anderer nationaler und staatlicher Eigenheiten. Hiller ist Internationalist. Denkt er in internationalen Maßstäben, dann in dem Sinne, daß er zwar die Entwicklungen, die er für Deutschland erstrebt, auch in anderen Ländern verwirklicht zu sehen wünscht, ohne jedoch eine militärische Intervention Deutschlands zu erwägen.

Für Robert Müller ist der Staat nicht der organisatorische Ausdruck einer bestimmten Nation. Die Begriffe Nation und Staat stehen in keinem Bedingungsverhältnis zueinander. Der Staat Robert Müllers setzt sich über geographische und kulturelle Grenzen hinweg und verfolgt einzig die Zielsetzung, den "germanischen Grundgedanken" weltweit durchzusetzen. Realpolitik ist allererst Außenpolitik. Der aggressive und expansive Drang des "germanischen Typus" schlägt sich in seiner Schöpfung, dem Staat, als Imperialismus nieder. Nicht also Internationalismus im Sinne Hillers als das Miteinander und Zueinander verschiedener Nationen und Staaten wird gefordert, sondern aggressiver Chauvinismus.

Indem sich das politische Denken R. Müllers in diesem Zeitraum vor allem auf außenpolitische Fragestellungen konzentriert, werden

innenpolitische Problemkreise vernachlässigt. Beispielsweise bleiben Fragestellungen, die auf die Gestaltung einer Wirtschafts- und Sozialordnung zielen, ungestellt, handelt es sich doch für Müller bei der Mehrzahl der Bevölkerung um "Lumpe und Schafsköpfe" (s.o.).
War es bei allem Fehl das Ziel Kurt Hillers, einen möglichst großen Teil der Bevölkerung im Sinne seines Ideals zu sozialisieren, ist Hillers Denken subjektiv letztlich auch dem Wohle der Masse verpflichtet (obwohl er sie nicht schätzt), so kennt Robert Müllers Denken andererseits nur ein Ziel, das der Schaffung eines in jeder Hinsicht idealen Lebensraumes für die "geistige" Rasse, d.h. für die "Germanen".
Hiller empfand ganz im Sinne Platons die Übernahme der Macht durch die "Geistigen" als bedrückendes Gebot, sei doch der "Geistige", so Hiller, von Natur aus "unherrisch" und ein Feind jedes "Herrentums".[31] R. Müller denkt entgegengesetzt. Der Wille zur Herrschaft wohnt seinen "Geistigen" geradezu physisch als "schwere(s) gewalttätige(s) Blut" (s.o.) inne. Die Übernahme der Macht ist ihm nicht Last, sondern Befreiung. Macht ist ihm nicht allein Mittel, sondern Ziel, ist "Sittlichkeit" schlechthin. Dies nachzuweisen, unternimmt er in dem Essay <u>Macht. Psychopolitische Grundlagen des gegenwärtigen Atlantischen Krieges</u> (1915).

5.3.2. 1915. MACHT. PSYCHOPOLITISCHE GRUNDLAGEN DES GEGENWÄRTIGEN ATLANTISCHEN KRIEGES.

Gleich zu Anfang fragt Robert Müller: " I s t   M a c h t   n i c h t   P f l i c h t ? Ist ein Volk (das deutsche Volk; G.H.), das den Begriff Pflicht von seinen transzendenten Aprioris aus zerlegt und wieder zum Alltagsgebrauch gefügt (...) hat, ist ein solches Volk nicht dazu bestimmt, das Gleiche an dem schon äußerlich so ähnlichen Wort 'Macht' und dem beinhalteten Begriffe durchzuführen?"[32]
Robert Müller weist darauf hin, daß sich für den "Deutschen" der Begriff "Macht" nicht in dem des "Militarismus" erschöpfe, daß der

Überfall auf fremde Staaten und deren Annexion beispielsweise nur "ganz an den Ausläufern"[33] den Machtbegriff bestimmten. Nietzsche habe Macht "in richtiger Auffassung als ein seelisches Problem" gesehen, und als ein solches schwebe es auch "heute über der deutschen Entwicklung".[34] Staatliche wie politische Macht sei einzig die Folge einer tieferliegenden "typologischen" Überlegenheit und damit selbstverständlich, müsse nicht erst zu etwas Politischem gemacht werden, sondern sei "lauterste und ursprünglichste Menschlichkeit."[35]

Wie schon aus dem Titel des an dieser Stelle zur Rede stehenden Essays hervorgeht, versucht Müller am Beispiel des Ersten Weltkrieges eine Bestimmung des Verhältnisses von Psychologie und Politik. Dabei erscheint ihm Politik, soviel läßt sich schon hier sagen, die Folge bestimmter psychologischer Grunddispositionen zu sein. Sagte er zuvor, daß der "schönstgegliederte Gedanke" jener sei, "der mit unbegründbaren Ansprüchen jünglingsfrisch sich einstellt (s.o.), und meinte er damit den Machtanspruch der "germanischen" Elite, so kann erwartet werden, daß er nun dennoch diesen Machtanspruch des "Germanen" zu begründen sucht.

Mit Faust, so Robert Müller, beginne der deutsche Imperialismus. In ihm seien "alle Mächte, die einst im deutschen Volk drängen werden, schon vorgezeichnet. Materielle Macht. Mechanische Macht. Politische Macht. Erotische Macht. Fluidöse Macht."[36]

Seit den Tagen Fausts stehe der Alltag des Deutschen unter dem "k a t e g o r i s c h e n   I m p e r a t i v   d e r   M a c h t ".[37] Der Erste Weltkrieg habe den "Typus der Aktion, der Offensive, der Unternehmung, der Schnelligkeit, den Druck-auf-den-Knopf Typus vollends von Amerika nach Deutschland versetzt".[38]

Wie Krupp, so sei auch die sozialistische Internationale ein Imperialismus, ja alles von Deutschen ins Werk Gesetzte könne als Imperialismus betrachtet werden. Zu fragen sei allein, ob diese Haltung des "Deutschen" zur Welt auch als "sittlich" bezeichnet werden könne. Daß der "Deutsche" und wie er zur Macht komme, darin liege kein Problem. Doch dürfe er überhaupt, d.h. auch jedes einzelne "deutsche Ich", mächtig sein? Robert Müller argumentiert wie folgt:

Die einzige Instanz, die über die Sittlichkeit oder Unsittlichkeit einer Handlung entscheiden könne, sei das Ich selbst. Von diesem "ichsittlichen" Standpunkt aus laute die erste Frage: "Darf ich mächtig sein?" Diese Frage habe aber wiederum eine andere zur Voraussetzung, nämlich: "Darf ich dürfen?" Wer aber nur "halbwegs" zweifele, ob er dürfen dürfe oder nicht, der zweifele nicht nur, so R. Müller, ob er von sich aus müsse, sondern er wisse, daß er nicht dürfe. Mit dieser Infragestellung des Dürfens habe das "deutsche Denken" die Pflicht hinweggedacht. Unter diesen Voraussetzungen gelte, daß es "unsittlich" sei zu dürfen, doch "unsittlicher", zu müssen. Aus diesem Dilemma führe zunächst nur die Setzung der Pflicht als ein freier Akt des Ich. Von dieser gesetzten Pflicht aus dürfe das Ich dürfen oder auch nicht dürfen, je nachdem, was in der Pflicht als ein "Muß" formuliert sei. Doch wohne dem "Deutschen" ein Trieb zur "Sittlichkeit", zur "Anständigkeit" inne. Konsequenterweise frage der "Deutsche" also weiter, was "Anständigkeit" sei und woher ihm "die Pflicht zur Anständigkeit" komme. Mit diesen Fragestellungen werde freilich das Problem der Sittlichkeit ins Unendliche verschoben, ein Regressus ad infinitum werde zur notwendigen Folge einer bloßen Setzung. Das Ich gelange von der Setzung zur "Satzung". Die Pflicht werde nun trotzdem gesetzt, weil die Formulierung einer Pflicht die "praktischste" aller Möglichkeiten sei.

Allein, so R. Müller, "ich kann mich auch auf weniger einlassen, was dann mehr ist, wenn es das Gefühl bis zu einem k l e i n e r e n Rest befriedigt"[38], und setze "die Macht, die Freiheit, die Willkür"[40]. Und eben an dieser Stelle liege die "Mehrleistung des Deutschen" gegenüber anderen Völkern. Er setze die Pflicht ab, setze sie dann ein; setze sie aber nicht wieder ein, denn sie sei vorher für ihn nie gewesen. Der "Deutsche" setze die Pflicht als eine solche, pflichtlos zu sein:

"Er kreiert die Macht. Ist etwas geschehen? Nichts ist geschehen. Der Deutsche hat eine höhere Pflicht gefunden, eine heilige Pflicht, innerhalb der erst wieder die profane Pflicht sittlich reif und süß wird. (...) Macht also nur ein Superlativ zur Pflicht."[41] Es werde zur Pflicht, mächtig zu werden.

Jeder "Deutsche" nun übertrage sein Machtgefühl auf den Staat, und so werde der politische Imperialismus des Deutschen Reiches ein Symbol für das wachsende Machtgefühl jedes einzelnen Bürgers. Daher sei der deutsche Imperialismus "kein solcher des Imperiums; im Gegenteil, er ist einer des Individuums. Aber er wird allmählich zur

v e r s t a a t l i c h t e n   P r i v a t a n g e l e g e n -
h e i t."[42]
Diese Ausführungen geben die Voraussetzungen an, unter denen für
Robert Müller der Erste Weltkrieg beurteilt werden muß. Dieser
Krieg ist ihm "das Sphärische des Einzelbewußtseins" und finde
als "psychische S p a n n u n g s k a t a s t r o p h e" seinen
sittlichen Wert. In ihm, so R. Müller, "konflagieren nicht terri-
toriale oder wirtschaftliche Komplexe, sondern Menschen, innere
Weiten, nicht geographische, sondern seelische Erstreckungen."[43]
Folglich seien alle materiellen Veränderungen, die dieser Krieg
zeitigen werde, lediglich beiläufige Erscheinungen und Ziele des
einen großen Wollens, des Machtbeweises des "Deutschen". Der
"Deutsche" übernehme von nun an die Verantwortung für den Menschen.
Und R. Müller schließt den vorgetragenen Gedankengang: "Daß aber
Deutsches über die Welt käme, ergieße Welt sich in das Deutsche."[44]
Damit ist zugleich auf die Fragestellung verwiesen, wie sich denn
der "Deutsche" nach erbrachtem Machtbeweis gegenüber den anderen
Staaten und Völkern zu verhalten gedenkt. Doch bevor an späterer
Stelle dieser Fragestellung nachgegangen werden soll, sei zunächst
das Vorgetragene kritisch bedacht und gegebenenfalls ergänzt.

Im Umfeld des Essays <u>Was erwartet Österreich von seinem jungen
Thronfolger?</u> führte R. Müller vor allem 'historische' Argumente
an, aus denen sich für ihn ein weltweiter Machtanspruch des "Germanen" ableiten ließ. Gleichzeitig aber betont er, daß diese 'historischen' Argumente den Machtanspruch des "Germanen" nicht objektiv legitimieren könnten.

In dem Essay <u>Macht. Psychopolitische Grundlagen des gegenwärtigen
Atlantischen Krieges</u> wird eine solche objektive Legitimation versucht. Zugleich geht es Robert Müller in diesem Essay darum, den
Eindruck zu korrigieren, als handele es sich bei seinen (außen-)
politischen Zielsetzungen um das ungeistige, nur materiell orientierte Produkt eines platten Imperialisten.

Ausgangspunkt, nicht Ergebnis seines Denkansatzes ist, daß sich
der "Deutsche" als Rasse grundlegend von anderen ethnologischen
Gruppen unterscheide, indem er in Fragen der "Sittlichkeit" nur
das eigene Ich als Instanz anerkenne. In der Formulierung dieses
moralischen Nihilismus verwendet Müller den Begriff "Ich" zudem

nicht synonym zu "Mensch" (als solcher), sondern versteht darunter tatsächlich das vereinzelte, seiner Willkür überlassene Selbst.
Schon in diesen beiden Voraussetzungen des Denkansatzes wird deutlich, daß die versuchte Nähe zu Kant, die in der Formulierung eines "kategorischen Imperativs der Macht" anklingt, nicht gegeben ist. Kants "Autonomie des Willens" bezüglich der der "praktischen Vernunft" a priori gegebenen Moralbegriffe wandelt sich bei R. Müller zur Willkür jedes einzelnen bei der Formulierung dieser Begriffe selbst. Das Ziel der hier referierten Bemühungen Müllers ist es nicht, eine philosophisch akzeptable Auseinandersetzung mit dem Gegenstand "Macht" zu liefern, sondern im nachhinein die selbst erhobene Forderung nach kriegerischer Aggression und das Geschehen der ersten Kriegsjahre auch sittlich zu rechtfertigen. Dabei, und dies ist besonders auffallend, bemüht er sich darum, ausschließlich psychologische Grundlagen für diesen Krieg und für die Forderung nach ihm gelten zu lassen, obwohl er selbst in <u>Was erwartet Österreich von seinem jungen Thronfolger?</u> immer wieder darauf hingewiesen hatte, daß die Sicherstellung bestimmter materieller Voraussetzungen zu den vorrangigsten Aufgaben jeder Realpolitik gehöre. Mit dem Begriff "Imperialismus" verband er dort in geradezu grotesker Weise den des "Imperiums". Das soll nun in dieser Form nicht mehr gelten. Wo aber liegen die Ursachen für die Revision früherer Positionen? Dazu Müller selbst:
"Das imperialistische Votum eines großen Teils der Bürgerschaft (...), das nicht einmal im Felde steht, während die große wirklich zur Entscheidung berechtigte, weil erlebende Wahlmasse des Volkes infolge treuen Dienstes zur Stimmenthaltsamkeit gezwungen ist, dieses Votum eines erlebnismäßig minorennen Teiles des Volkes ist geradezu als unsittlich zu bezeichnen."[45]
Der Teil des Volkes, der nicht aktiv am Krieg teilnehme, habe den Imperialismusbegriff, der im wesentlichen durch kulturpolitische Ziele definiert worden sei, zu einer "Straßentafelgermanisierung" reduziert. Das Kriegsziel dieses Teils der Bevölkerung sei die Annexion, sei der Besitz. Darin erschöpfe sich sein Machtbegriff. Ihm aber, Robert Müller, und mit ihm anderen sei "Macht" nicht gleichbedeutend mit Besitz, sondern mit der Haltung, als ob man

besitzen würde. Ihr Kriegsziel sei es gewesen, sich "als die Mächtigsten im höchsten Sinne" zu beweisen: "Mächtig ihrer selbst durch Selbstzucht, mächtig über andere durch eben diese Selbstzucht."[46]
Es gehe nicht an, den Machtbegriff "allein auf die Landkarte zu versteifen".[47] Diesem Fehler sei auch er selbst in früheren Publikationen verfallen. Eroberung könne nicht länger mit der Versklavung oder "Einstaatlichung" der Eroberten gleichbedeutend sein. Denn ein entwickeltes Volk mit z.B. einem ausgeprägten Nationalbewußtsein könne man niemals in dieser Form erobern. Das Ziel müsse es nunmehr sein, "o b j e k t g e m ä ß e   E r o b e r u n g e n   d u r c h z u f ü h r e n ."[48] Diese könnten sich u.a. in einem "sehr günstigen Handelsvertrag", in einer "Zollunion" oder in einem "Militärbündnis" ausdrücken. Im Begriff der "objektgemäßen Eroberung" sei aber auch enthalten, daß es nicht gerade nötig sein werde, "kleinere fremdnationale Gebiete oder ausländische Halbkulturen zu berücksichtigen, sobald nur die Gesundheit des eigenen Staatsgedankens Abrundung oder Einbeziehung fordert".[49] Der Sieg des "Deutschen" dürfe nicht Theorie bleiben, sondern müsse Praxis werden. Daher dürfe die Beschränkung der materiellen Ausdeutung der Begriffe "Macht" und "Imperialismus" nicht einer Festlegung auf ihre "intellektuellen Triebkräfte" gleichkommen.

Robert Müller faßt zusammen, indem er gleichzeitig über die Erfahrungen des ersten Kriegsjahres auf die Situation der Intellektuellen in diesem Krieg reflektiert.

Man solle die Macht nicht rufen; denn die Geister, die er, Robert Müller, beschworen habe, werde er nun nicht mehr los. In Verfälschung der Ziele der Intellektuellen entwickele dieser Krieg eine grell materialistische Eigendynamik, setze ein Teil des Volkes seine annexionistisch-imperialistischen Zielsetzungen, und diese allein, durch:

"Wir haben den Anschluß verloren. Wir, das ist die Gesamtheit der Intellektuellen, die kurz vor dem Kriege eine militärische und politische Machtentfaltung verstanden hatten: heute aber wie vor zehn oder fünfzehn Jahren stehen: an einem Punkte, wo sie kein Verständnis dafür finden."[50]

Auffallend ist zunächst, daß sich Robert Müller an keiner Stelle darum bemüht, exakt zu bestimmen, welcher Volksteil es denn nun eigentlich ist, der den Ersten Weltkrieg nur unter annexionistischer Perspektive verstanden wissen will und den Krieg entsprechend führt. Sollte sich dahinter die Furcht verbergen, einen wesentlichen Bestandteil seines Denkansatzes vor 1915 revidieren zu müssen?

Die letzte Anführung ließ erkennen, daß sich für Müller an der schon ehemals beklagten politischen Isolation der Intellektuellen während des Kriegsgeschehens nichts geändert hat. Verbirgt sich hier nicht die Einsicht, daß sich eine wesentliche Voraussetzung seines Vorkriegsdenkens, die der Interessengleichheit von intellektueller Avantgarde und politischen Machthabern (Adel und Herrscherhaus), als falsch erwiesen hat? Ich neige sehr zu dieser Ansicht. An dieser Stelle sei darauf hingewiesen, daß R. Müller in dem angesprochenen Essay u.a. auch bemerkt, daß " n a c h d e m p o l i t i s c h e n U n t e r g a n g d e s g e r m a n i s c h e n G e d a n k e n s "[51] der "Deutsche" eine Rasse für sich geworden sei. Damit ist - neben der des Imperialismusbegriffs - eine zweite interessante Begriffsverschiebung angesprochen. Wo Robert Müller vor 1915 vom "Germanen" sprach, spricht er in <u>Macht ....</u> vom "Deutschen". Das ist nicht als Ausdruck einer begrifflichen Unschärfe zu interpretieren, sondern ist die Folge einer konzeptionellen Änderung, die aus den Erfahrungen im ersten Kriegsjahr erklärbar scheint.

Vor Beginn des Ersten Weltkrieges glaubte R. Müller, streng zwischen Rasse und Nation, zwischen der ("germanischen") Elite und der Mehrzahl der"Inferioren"unterscheiden zu können. Es stand nicht in Zweifel, daß es der kleinen Schar der "Zuchtgermanen" gelingen werde, den "germanischen"Gedanken im eigenen Lande zu stabilisieren und in anderen Ländern zu etablieren. Das schien ihm um so wahrscheinlicher, als er, den "Germanen" als rassemäßige Grundlage aller europäischen Nationen voraussetzend, annehmen zu können glaubte, daß die Bestrebungen der "Deutsch-Germanen" auch in Teilen des Auslandes auf positive Resonanz stoßen würden (etwa im Sinne Kurt Hillers, der von den "Edlen des Auslands" sprach).

Allein, die Reaktion des Auslandes, vor allem die seiner intellektuellen Avantgarde auf die Aggression Deutschlands, belehrt

R. Müller eines anderen. Von allem Anfang an wird die Kriegsführung Deutschlands in ihren annexionistisch-imperialistischen Zielsetzungen erkannt. Die erhoffte "germanische" Solidarität bleibt aus; mit zunehmender Kriegsdauer wird es immer zweifelhafter, ob die "Zuchtgermanen" Deutschlands und Österreichs tatsächlich einen Krieg mit kulturpolitischen Zielsetzungen führen. Zudem wankt zusehends der Glaube an ein schnelles Kriegsende und damit auch der an die eindeutige Überlegenheit des "Germanen" und des "germanischen" Gedankens. Der "Germane", so wie ihn Robert Müller konzipierte, erweist sich auch ihm selbst als Fiktion. Nicht ihn also gilt es länger zu verteidigen, sondern den für Robert Müller realsten "germanischen" Typus, den "Deutschen". Damit gewinnt das Denken Müllers - paradox und doch zutreffend - an Realitätsgehalt. Das kommt auch an den Stellen zum Ausdruck, an denen er eingesteht, keinen Kontakt zu den Schalthebeln politischer Macht gewonnen zu haben. In diesen Passagen ist die Einsicht, daß es nicht allein zu den Pflichten des politischen Publizisten gehört, seine Thesen und Forderungen unmißverständlich zu formulieren, sondern auch, nur solche Thesen und Forderungen aufzustellen, die in den Händen der politischen Machthaber nicht als Scheinlegitimation für freilich ungeliebte Handlungen und Ziele mißbraucht werden können.

Die ebenfalls nachgewiesene Abänderung seiner außenpolitischen Zielsetzungen schließlich ist aber nur zum Teil als taktische Selbstbeschränkung angesichts mangelnder politischer Einflußnahme zu interpretieren. Dahinter steht ebenso eine realitätsnähere Einschätzung der Kräfteverhältnisse im Europa der Kriegszeit.

Robert Müller sieht deutlich, daß seine vor Kriegsbeginn geäußerten weltpolitischen Ziele allein schon aufgrund eines psychologischen Fehlschlusses nicht realisierbar sind: in allen Vorkriegspublikationen hatte er angenommen, daß allein den "germanischen" Nationen eine hohe Widerstandsfähigkeit und ein nicht zu brechender Überlebenswille innewohne. Daraus hatte er den Schluß gezogen, daß ein siegreich abgeschlossener Krieg Österreich-Ungarns und Deutschlands gegen andere Staaten und Nationen ohne Umschweife zu einer "Germanisierung" der Besiegten führen müsse.

Jetzt hält er es für ratsamer, die größeren Staaten und Nationen nach einem erfolgreich geführten Krieg lediglich in wirtschaftlicher oder militärischer Hinsicht an Österreich-Ungarn bzw. Deutschland zu binden - - und übersieht dabei völlig, daß er sich durch die letztliche Preisgabe der kulturpolitischen Zielsetzung, "Germanisierung" nämlich, in nichts mehr von den ihm widerstrebenden "materialistischen" Imperialisten unterscheidet.

Müller beschließt diesen Essay mit einer neuen Staatsutopie. Unter dem bezeichnenden Titel "Atlantis, ein deutscher Kontinent" heißt es:

"Kontinent bedeutet etwas Zusammenhängendes. Wir wollen, was deutsch ist, durch eine große Brücke zusammenfügen, und diese große Brücke nenne ich Atlantis mit einem ungeographischen aber sehr weisen Begriffe. (...) Wir wollen eine große deutsche Brücke bilden, wir wollen nicht einen Kontinent erobern, nein, wir sind viel frecher und deutscher: wir wollen sogar einen Kontinent herstellen und taufen: Atlantis."[52]

In dieser Anführung liegt das Schwergewicht auf dem Verb "herstellen". Damit knüpft Robert Müller in seinem Staatsdenken an Positionen der Vorkriegszeit an. Auch dort wurde immer wieder betont, daß der Staat nicht organisatorischer Ausdruck eines historisch Gewachsenen, nicht Ausdruck einer Nation zu sein habe, sondern der organisatorische Ausdruck einer Idee sein solle, somit also beabsichtigtes Konstrukt.

Indem Müller für den zu schaffenden Staat bzw. Kontinent den Namen "Atlantis" wählt, diesen "märchenhaft überrealen Begriff"[53], kommt dies besonders zum Ausdruck. "Atlantis", so Robert Müller, werde das adäquate Produkt eines "Imperialismus des Geistes" sein. Er fordert uns auf, doch einmal zu "träumen" und skizziert die Grenzen des neuen "atlantischen Kontinents": "Die großen Brücken werden heißen: Berlin-Bagdad, Warschau-Kamerun, Kiel-Katanga, Hamburg-Tiflis."[54]

Es wird deutlich, daß Müllers außenpolitische Zielsetzungen wesentlich bescheidener geworden sind, mißt man sie an jenen der Vorkriegszeit. Die Gründe dafür wurden bereits genannt. Auffallender aber ist, daß die diesem Staatsentwurf zugrundeliegenden Kriegsziele denen der Mittelmächte weitestgehend gleichen. Vergrößerung des Kolonialbesitzes, Beseitigung der englischen Herrschaft in Nordafrika und im Orient und die wirtschaftliche Einheit

Zentraleuropas waren auch die erklärten Ziele des Deutschen Reiches. Österreich-Ungarn erstrebte zudem (seit 1916) eine Gebietserweiterung im Südosten. Außerdem sollte Rußland zumindest politisch gebunden oder neutralisiert werden. Hier geht Robert Müller weiter, indem er die Einverleibung Westrußlands bis hinunter zum Kaspischen Meer fordert. Der Einfluß Deutschlands auf den Vorderen Orient scheint ihm allein schon durch die politische und militärische Bindung des Osmanischen Reiches an Deutschland gesichert. In seiner Afrikapolitik geht R. Müller über die Kriegsziele der Mittelmächte noch hinaus. Er begnügt sich nicht mit der Beseitigung des englischen Einflusses auf Nordafrika, sondern fordert auch die Inbesitznahme der französischen und italienischen Kolonien. Denn, so er selbst über seine annexionistischen Pläne: "Türkische, arabische, sudanesische und Bantu-Gehirne warten auf seinen (des Deutschen; G.H.) exploitierenden und findigen Fleiß in gleicher Weise wie Kupferminen in Katanga, Erze in der reichen Ukraine, Kohlen in Asien, Früchte und Erdprodukte auf unermeßlichen, heute toten Flächen. Die Politik des westöstlichen Diwans, der G e i s t e r b e t r e u u n g wie Landbetreuung wird gefunden werden."[55]

Es scheint mir bezeichnend, daß Robert Müller für sein Verhältnis zu anderen Völkern und Gebieten den Begriff "Exploitation" verwendet. Dem proklamierten "Imperialismus des Geistes" steht ganz deutlich ein solcher aus "Exporteursgründen"[56] zur Seite. Die letzte Anführung läßt keinen Zweifel daran, daß Müllers außenpolitische Zielsetzungen ganz wesentlich auf die Erschließung und Inbesitznahme von Rohstoffquellen gerichtet sind. Um das zu erreichen, konzentriert sich seine verbale außenpolitische Aggression vor allem auf schwache oder vermeintlich schwache außereuropäische Staaten, nicht aber auf die geographisch oder ethnologisch nächstliegenden Gebiete wie beispielsweise das rohstoffreiche Nordfrankreich und Belgien oder die skandinavischen Staaten. Dafür sehe ich drei Gründe.

Zum einen stehen die kulturpolitischen und ethnologischen Zielsetzungen Robert Müllers trotz vielfach anders lautender Beteuerungen nur im zweiten Glied. Der imperiale Gedanke im traditionellen Sprachgebrauch steht ganz im Vordergrund. Wie sonst könnte erklärt werden, daß er keinen Gedanken an eine Eroberung Skandinaviens ("Germanentum" + reiche Rohstoffvorkommen) verliert?

Zum anderen ist R. Müller vor allem Bekenntnis zu "Germanen-" und "Deutschtum" allererst Österreicher. Um Österreich, nicht etwa um Deutschland konzentriert sich sein Weltbild. Der Blick nach West- oder Nordeuropa ist ihm verstellt, liegen diese Gebiete doch in der Interessensphäre Deutschlands.

Zum dritten kommt schließlich in der Konzentrierung Robert Müllers auf Afrika und den Orient ein Gutteil seiner exotistischen Grundgestimmtheit zum Ausdruck, die in seinem Roman Tropen die sinnfälligste Form gefunden hat.

Ganz im Gegensatz zu meiner Ansicht aber hält Robert Müller dafür, daß die Expansionsbestrebungen Deutschlands und Österreich-Ungarns einzig die Folge der "innersten geistigen Spannung und Regung"[57] des "Deutschen" seien und daß es ihnen zur "geschichtlichen Pflicht" werde, daß "die sittliche Arbeit, die der Deutsche an sich selbst vollzogen hat, (...) ein aufklärendes und erlösendes Ergebnis in der sichtbaren Welt der Völker zeitigen"[58] müsse. Freilich, "nirgends ist Gnade für das deutsche Volk, nirgends ist Verständnis."[59] So führe Deutschland mit Österreich-Ungarn einen "Treu- und Pflichtkampf", einen "Nibelungenkampf der Helligkeit gegen den giftigen Dunst aus Nifelheim."[60] Allein bei den "Kulturrassen Asiens" gebe es Verständnis und Unterstützung für diese geschichtliche Auseinandersetzung:

"Der deutsche Christ, der Mohammedaner, der Buddhist, der Konfutseaner, der B u n d   d e r   g r o ß e n   W e l t m o r a l e n hat sich und seine Pflichten zum Kampf wider alles, was Hölle und irdisches Nichts ist, entdeckt."[61] Mit diesem "Bund der Weltmoralen" hebe eine neue Epoche der Weltgeschichte an.

5.3.3. 1915 - 1918. POLITIK ALS REALITÄTSFLUCHT.

Der Essay Österreich und der Mensch aus dem Jahre 1916 nimmt diesen Gedanken wieder auf, indem er herausstreicht, daß die neue Epoche der Weltgeschichte entscheidend von Österreich und Deutschland geprägt werde. Die "Kulturrassen Asiens" sind hier letztlich nur willkommene Kampfgenossen in Zeiten starker Bedrängnis und bei dem Versuch, Österreich und Deutschland zu den führenden Mächten in Europa und Afrika zu machen.
Robert Müller kommt zu einer Neubestimmung des Verhältnisses von Österreich und Deutschland. Vor dem Kriege, in Was erwartet Österreich von seinem jungen Thronfolger?, hatte er das Verhältnis beider Staaten "in einer Art Arbeitsteilung von Kulturerzeugung und Kulturwehr"[62] bestimmt, wobei die "Kulturwehr" Österreich, die "Kulturzeugung" Deutschland zukam. Das aber soll "zu diesem Zeitpunkt der Weltgeschichte" nur noch insofern gelten, als "beide als Verwaltungseinheiten gedacht bleiben."[63]
Heute müsse man, so Müller, zwischen einer äußeren und einer inneren Arbeitsgemeinschaft unterscheiden. Beiden, Österreich und Deutschland, komme es heute zu, "kulturschützend" und "kulturzeugend" zu wirken. Denn zum einen müsse auch Deutschland jetzt (Krieg) für die Verteidigung der deutschen Kultur sorgen. Darin bestehe dann die äußere Arbeitsgemeinschaft. Zum anderen aber habe sich gezeigt, daß Deutschland den Begriff "Kulturzeugung" - dieser Begriff deckt sich für R. Müller weitestgehend mit dem der "objektgemäßen Eroberung" - nur unzureichend verstanden habe. Mit "Kulturzeugung" seien nach wie vor all jene Leistungen bezeichnet, "die unter das Gebiet der geistigen Beherrschung und der Organisation des Stoffes" subsumiert werden können, und jene, "die letzte sittliche und wohl auch künstlerische Normen"[64] erstellen. Von diesen zu fordernden Leistungen aber habe Deutschland nur die der "Organisation" zur Zufriedenheit erbracht. Deshalb müsse nach Kriegsende Österreich einen wesentlichen Teil der "Kulturzeugung" übernehmen. Darin werde dann die "innere Arbeitsgemeinschaft" bestehen:

"Der Preuße, als Idee, mag seine Organisation geben; der Österreicher, als Idee, gibt seine Einbildungskraft, sein sinnliches Raffinement, und das Lauterste seiner musischen Tugenden."[65]

Nach Kriegsende werde auch für Deutschland die "Identität von Staats- und Nationalgedanke" nicht mehr in vollem Umfang gelten. Das werde u.a. zur Folge haben, daß die "rasseschichtigen Parteien" - "die germanischen Feudalkonservativen, die Fremdnationalen, die Deutschnationalen, die jüdischliberale und die grundrassig sozialdemokratische Partei ebensosehr wie die katholische Partei"[66] - gegenstandslos werden. An ihre Stelle werden, so R. Müller, solche Parteien treten, die auf "staatsgedanklich-wirtschaftlicher Grundlage" aufbauen.

Damit scheint mir neuerlich erwiesen, daß Robert Müllers politisches Konzept dieser Zeit nur vordergründig von kulturpolitischen Zielsetzungen getragen wird. Auffallender aber ist, daß sich R. Müller in <u>Österreich und der Mensch</u> erst ganz zum Schluß deutlicher mit politischen, vor allem außenpolitischen Fragestellungen beschäftigt. Seine Thesen und Antworten haben dabei gemessen an denen der Jahre bis 1915 nur noch sehr allgemeinen Charakter. Hier deutet sich bereits eine Tendenz an, die sich bis zum Kriegsende weiter verstärken wird. Müller weicht der Auseinandersetzung mit dem realen politisch-militärischen Geschehen zusehends aus. Eine Überprüfung der Realisierungschancen seiner welt-politischen Zielsetzungen der Vorkriegszeit und der ersten beiden Kriegsjahre anhand der realen historischen Vorgänge wird vermieden. An ihre Stelle treten entweder kulturkritische Betrachtungen oder Wiederabdrucke von politisch besonders markanten Artikeln oder Textpassagen : Essays der Jahre 1912 bis 1915. Das wird besonders deutlich, in man die Essaysammlung <u>Europäische Wege. Im Kampf um den Typus</u> aus dem Jahre 1917 zur Hand nimmt. Sie besteht zum großen Teil aus Arbeiten früherer Jahre, die allerdings unter anderen Titeln erscheinen. Ich beschränke mich daher an dieser Stelle auf einige Hinweise zu dem gleichnamigen Eingangsessay dieser Sammlung.

Dort heißt es, daß die Staatslosigkeit das Endziel aller Staatsentwicklung sei. Doch "um einmal von der Organisation frei zu werden, muß der Mensch die schärfsten und strapaziösesten Arten der Organisation durchmachen. Die Vergeistigung ist nicht im Gegensatz zum Materiellen möglich, sondern auf dem Umweg seiner Beherrschung, nicht in der Verachtungsgeste für das Ungeistige."[67]
In diesem Sinne sei die Förderung des imperialen Staates "gewiß

der beste Weg" gewesen, um den Staat zu überwinden. Dieser Prozeß
der Staatsüberwindung sei durch den Krieg beschleunigt worden:
"Ins Neue gereinigt, sehen wir uns vor einer jungen radikalen Welt,
die wir geboren haben."[68]
In dieser neuen Welt habe sich auch der "Nihilismus", zu dem sich
Robert Müller bekennt, "geklärt" und "gewandelt". Nicht länger mehr
verneine er das geschichtlich Gewordene, den staatlichen, institutionellen und gesamtgesellschaftlichen Status quo. Der jetzige Nihilismus behaupte, daß die "Höhe" des Menschen und der Kultur nicht
aus der Art und Weise der staatlichen Einrichtungen ablesbar sei,
sondern einzig aus der Haltung, die der Mensch zu diesen Einrichtungen einnehme. Das menschliche und kulturelle Fortschreiten lasse
sich "an dem Weniger an Reibung, das zwischen Mensch und Einrichtung"[69] entsteht, erkennen:
Die "Einrichtungen müssen zuletzt ins Unterbewußtsein gesunken
sein, wenn der Mensch sich seiner Vollendung nähert, des Zerimoniells der Einrichtung libertin enthoben ist, da eine gute soziale
Erziehung ihn trägt."[70]
Die politische Grundform der nahen Zukunft werde der " N o r m a l -
u n d   E i n h e i t s s t a a t " sein, der, von "keinerlei irrationalem Beiwerk freundlich überhellt", als vollkommener "Maschinenstaat" eine "Reduktion zur Technik und Langeweile" darstellen
werde. Aber nichts bereite eben den "irrationalen Zukunftsstaat,
den Musikstaat, den Selbstaufhebungsstaat" besser vor als jener "Maschinenstaat": "Wir kämpfen noch um Ordnung, unser innerstes Dasein
aber ist in Fühlung mit dem Weltschöpfungschaos".[71]

Nun ist zu beachten, daß die von Müller prognostizierte und gewünschte Staatslosigkeit nur scheinbar die tatsächliche Aufhebung
staatlicher Einrichtungen im Sinne anarchistischen Denkens meint.
Robert Müller fordert im Gegenteil den perfekten, sozialtechnologisch optimierten Staat, fordert die vollkommene Organisierung
menschlichen Zusammenlebens. Die geforderte Überwindung des Staates
besteht nicht in seiner Zerschlagung, sondern in einer geänderten
Bewußtseinshaltung gegenüber den staatlichen Objektivationen.

Müller geht davon aus, daß sich das menschliche Leben und Zusammenleben, vor allem auch in seinen materiellen Voraussetzungen,
in einem solchen Grade durch Technik und Organisation perfektionieren lasse, daß es ganz überflüssig werde, überhaupt noch einen

Gedanken auf diese Lebensbereiche zu richten. Das werde notwendig zur Folge haben, daß sich der Mensch mit anderen Fragestellungen beschäftigen werde, vorwiegend mit solchen kultureller Art. Indem so der Mensch von den Mühen des Alltags entbunden sein werde, bewege er sich auf der Grundlage des vollkommenen "Maschinenstaats" in einem "Musikstaat", d.h. in einem Gebilde, das ihm die Möglichkeit zu künstlerischer Entfaltung gebe, ja allein diese Form menschlicher Betätigung als die mögliche ins Bewußtsein rücke.

Es braucht an dieser Stelle nicht weiter hinterfragt zu werden, welche Segmente und Sedimente aus der Geschichte der Staatsutopien in den Staatsentwurf Robert Müllers eingegangen sind. Diese Fragestellung erschöpft sich in philologischer Faktizität. Im Hinblick auf eine Beurteilung der hier vorgelegten Erkenntnisleistung scheint mir die Frage erheblicher, in welchem Maße unmittelbare geschichtliche Erfahrungen in diese Erkenntnisleistung eingegangen sind. An dieser Stelle, nicht in dem Mehr oder Weniger an ideengeschichtlicher Solidität liegt das zureichende Kriterium.

Mit Blick auf erfahrbare und erfahrene Geschichte scheint mir Robert Müllers Gedanke realistisch, daß eine zunehmende Technisierung und Organisierung des menschlichen Zusammenlebens, z.B. die der Arbeitswelt, zu einem Mehr an Freizeit führen kann, die u.a. auch für künstlerische Betätigungen genutzt werden könnte.

Allein, indem Müller in seinen weiteren Überlegungen eine perfekte Technisierung und Organisierung des menschlichen Lebens voraussetzt, eine solche zudem, die, da nicht problemerzeugend, sich selbst überlassen werden kann, verläßt er den Standpunkt historischen Erkennens. Um dies zu behaupten, bedarf es nicht erst unserer heutigen Erfahrungen mit einer oftmals destruktiv angelegten Technik und einer staatlichen Organisations- und Registrierungsmanie, die legitime Grundansprüche menschlichen Zusammenlebens und menschlicher Lebensgestaltung zunehmend beschränken.

Schon die Erfahrungen mit den pervertiert - hochentwickelten Kriegswerkzeugen des Ersten Weltkrieges und den staatlichen Übergriffen beispielsweise in den kulturellen Bereich (Zensur) hätten Robert Müller deutlich werden lassen können, daß auch - oder vor allem - ein technisch wie organisatorisch hochentwickeltes Staatsgebilde der ständigen Kontrolle durch alle in ihm Lebenden bedarf. Am Beispiel der Zensur während des Ersten Weltkrieges hätte Müller im eigenen Alltag erkennen können, daß sich Staat und Kultur, "Maschinenstaat" und "Musikstaat" nicht in der gleichgültigen Beziehungslosigkeit gegenüberstehen, in die er sie selbst setzt. Hier bleibt festzuhalten, daß Kultur wesentlich nicht als "irrationales Beiwerk" zu einer technologisch-organisatorischen Grundstruktur gedacht werden kann, sondern im affirmativen, neutralistischen wie kritisch-antizipierenden Sinne als Reaktion und Auseinandersetzung mit dieser Grundstruktur verstanden werden muß.

Doch selbst wenn man Robert Müller zugesteht, daß eine Staatsentwicklung möglich sei, die zum technisch und organisatorisch perfekten Staat, zum in sich ruhenden ens perfectissimum führt, bleibt seine Hoffnung auf einen sich dann entwickelnden "Musikstaat" mehr als fraglich. Diese Hoffnung verneint die Frage, ob der Einfluß, den eine zunehmende Technisierung und Organisierung des Lebens auf die ihr unterworfenen Menschen nimmt, nicht gerade zu einer Abkehr von (traditionellen) Kulturbereichen führt oder führen kann. Robert Müller stellt sich diese Frage nicht, weil sein Denken allein von der Kategorie der Quantität beherrscht ist. Zunehmende Technisierung beispielsweise ist ihm nicht allein mit einer Reduzierung der gesellschaftlich notwendigen Arbeitszeit gleichbedeutend, sie meint für ihn gleichzeitig auch ein notwendiges Mehr an künstlerisch genutzter Freizeit. Robert Müller übersieht, in welch fundamentaler Weise die Gestaltung und Organisierung des Arbeitslebens auf die Grundhaltung jedes einzelnen zu anderen Lebensbereichen einwirkt: das Produkt des Taylor-Systems ist (meistenteils) der 'Taylor-Mensch', nicht der allseits musisch interessierte. In Übertragung bedeutet dies, daß der Mensch, dem die perfektionierten staatlichen Einrichtungen "ins Unterbewußtsein gesunken" sind und den "eine gute soziale Erziehung" trägt, nicht der Mensch auf dem Wege zu seiner Vollendung ist, sondern wahrscheinlicher ein allseits reduziertes Ich, eine normierte Unperson.

5.3.4. 1918 - 1920.

Anhand einiger Anführungen konnten wir verfolgen, wie das politische Denken R. Müllers seit Mitte des Ersten Weltkrieges verflacht. Das ändert sich erst wieder mit dem Ende des Krieges, dem Zusammenbruch des Deutschen Reiches und Österreich-Ungarns und dem Revolutionsgeschehen in Deutschland. Durch diese Geschehnisse werden R. Müllers welt-politische Zielsetzungen, so wie sie in den Jahren 1914/15 formuliert wurden, und die Mehrzahl der daraus abgeleiteten An- und Einsichten historisch widerlegt. Der Rückzug in Betrachtungen allgemeiner Art, in den Wiederabdruck früherer Artikel ist verlegt. Neue Gegebenheiten zwingen zur Stellungnahme. Für Robert Müller beginnt eine neue Phase politischer Theoriebildung. Das dennoch vieles Grundsätzliche der Vorkriegs- und Kriegszeit übernommen wird, zeigen schon die ersten Artikel der Nachkriegszeit.
In "Geist und Republik" (1918) versucht er, die Revolutionsereignisse des November 1918 als Ausdruck des "deutschen Menschen" zu begreifen und knüpft damit an seine zuvor praktizierte,"psychopolitische"Betrachtungsweise an.
Wie der "Deutsche" in den Kriegsjahren "loyal", d.h. in Erfüllung eines abstrakten "Sittengesetzes" zum deutschen Militarismus gestanden habe, so habe er nun gemeutert. Robert Müller bezieht sich dabei auf Reinhard Goerings Drama <u>Seeschlacht</u>, in dem ein Matrose, der zuvor mit anderen erbittert für den deutschen Militarismus kämpfte, zum Schluß bemerkt, daß man auch gut gemeutert hätte. Müller zieht daraus den Schluß, daß es nicht wahr sei, "daß die Deutschen als Volk nur Dienstboten und Polizeibüttel sind. Praktisch mag es sein, da hat dies Vorurteil eine gewisse politische und soziale Empirie für sich. Aber in der Idee sind die Deutschen, die Kant, Fichte, Wagner, Nietzsche hervorbrachten, freier als die freiesten der Völker dieser Erde."[72]
Zwar hätten sich durch die revolutionären Ereignisse die äußeren Gegebenheiten verändert, doch das Volk selbst habe innerlich keinen Umsturz erlebt, sei sich vielmehr gleich geblieben. Diese Revolution sei ebenso ein Ausdruck der Schöpfungskraft des deutschen Volkes, wie es der Krieg gewesen sei. Doch fehle es dem deutschen

Volk an "Sinnlichkeit", um seine Schöpfungen unter Kontrolle zu halten. Im Konkreten könne es über seine Schöpfungen, "die es abstrakt so überlegen meistert"[73], nicht Herr werden. Das habe das "schauerliche Monstrum Militarismus"[74] gezeigt.
Robert Müller zieht den Schluß, daß das deutsche Volk auch "Republik und Demokratie, Sozialismus und Massenwirtschaft"[75] übertreiben werde, und daß es zwar eine vollkommene, niemals aber eine "menschenwürdige politische Ordnung"[76] schaffen könne. Das deutsche Volk brauche "Geister", die es "versinnlichen". Zwar sei mit der Revolution und der Republikanisierung "Großes" geschehen, aber:

"Eine neue Lebensform ist mit der Republik nicht geschaffen worden. Es ist bloß ein freierer Platz geschaffen worden für die großen und wahren Deutschen, die jetzt auftreten sollen, um jene einzige deutsche Politik zu machen, Philosophie, Lebensbewußtheit, Erfüllung des Sinnlichen im Geist. Alles, was wir (...) von dieser Stelle aus an der Demokratie als Geistige begrüßen, ist die Möglichkeit, frei zu sprechen. Sie müßte so absolut sein, daß wir (...) auch dagegen sprechen dürfen müßten. Dann erst kann die Gesellschaft kommen, die wir erwarten."[77]

Für Robert Müllers im folgenden zu entwickelnde politische Theorie sind die zuletzt gemachten Anführungen insofern von Bedeutung, als in ihnen das Urteil ausgesprochen wird, der "Deutsche" als Durchschnittsbürger sei nicht in der Lage, anstehende gesellschaftliche Fragen sachgemäß zu bewältigen, obwohl die sachgemäße Bewältigung dem Volk durch eine geistige Elite als Idee vorgegeben sei. Aus diesem Urteil leitet Müller das Selbstverständnis und die politische Ortsbestimmung der "Geistigen" ab. Sie sind diejenigen, die, zwischen reale doch unvollkommene Schöpfungen des Volkes und eigene vollkommene Ideen gestellt, dazu berufen sind, auch gegen den Mehrheitswillen des Aufbau des Staates zu leiten und seine politische Führung zu übernehmen. Damit spricht Müller den "Geistigen" grundsätzlich dieselbe Machtbefugnis zu wie Kurt Hiller. Auffallend ist aber auch, daß Müller im Unterschied zu seinen Urteilen der Jahre 1914/15 zu einer eindeutigen Aufwertung des Volkes kommt. Die Revolution wird streng aktivistisch als "rasche und kühne Tat" gewürdigt, die auch für die "Geistigen" mehr Raum zu aktiver politischer Einflußnahme geschaffen habe, Raum, der in den

beiden zerfallenen Kaiserreichen nicht gegeben war.
Robert Müller fordert dazu auf, diese Möglichkeiten zu aktiver politischer Einflußnahme zu nutzen. Er bekennt sich zum "Aktivismus", zu jener "Emotion seelischer Grundtatsachen", die das Leben neu zentriere, "und zwar nicht ohne seine Wirkungen unkontrolliert zu lassen wie der Dichter (das ist der "Expressionist", G.H.), von dem er abstammt, sondern mit einer entschiedenen undichterlichen Absicht, an Ort und Stelle zu wirken."[78]
Der "Aktivismus" sei die "P o l i t i k   d e s   G e i s t e s", die jener Menschen, die aus der "Not an dem Seienden" versuchen, sich selbst des Staates und der politischen Macht zu bemächtigen. In diesem Sinne opfere sich der "Aktivist" für den Dichter, vor allem für den expressionistischen Dichter auf: "Er ist das fliegende Korps des Expressionismus."[79]
Der "Aktivist" verzichte auf das eigene Kunstwerk, ihm gehe es um "das Kunstwerk der Umwelt, die Formgewalt über das soziale Chaos".[80] Der Expressionismus stelle Weltformen dar, die innerhalb der bestehenden Welt nicht erreicht werden könnten, sondern erst nach der "Zersetzung, Liquidation, Elementarisierung der jetzigen möglich werden."[81] Darum nun gehe es dem "Aktivismus", "die Welt bessernd so vorzubereiten, daß jene 'Weltauflösungs-Weltsynthese' (des Expressionismus; G.H.) (...) eintreten kann."[82]
Der "Aktivist", so Robert Müller, sei Rationalist, doch gelte es, exakt "zwischen der Ratio des Erkenntnisphilosophischen und der Ratio des Willensphilosophischen"[83] zu unterscheiden. Die Erkenntnis des "Aktivisten" könne von den Wissenschaften niemals restlos nachvollzogen werden, da sie nicht allein das Produkt eines "Systems von Hierweltorganen"[84] sei. Allein, dies dürfe für den "Aktivisten" nicht bedeuten, das zu Wollende und das Handeln gänzlich spontaner Willkür zu überlassen. Müller kommt zu einer Konkretisierung der aktivistischen Zielsetzungen: er fordert die Beseitigung des "Systemdeutschen" zugunsten des "Menschen der Schwungkraft", bereichert um die "deutsche Ratio", und er fordert die Begründung einer neuen "Universalrasse", die an die Stelle der bisherigen - preußischen - "Herrenrasse" treten soll. Das Ziel des "Aktivismus" sei es, "daß die Deutschen wieder deutsch würden."[85]

Im folgenden gilt es zu sehen, mit welchen politischen Mitteln Robert Müller diese Ziele zu erreichen sucht. Eine erste Auskunft dazu gibt der Artikel "Der Bürger, Der Kommunist Und Der Geistige" aus dem Jahre 1918. Hier handelt R. Müller in enger Anlehnung an die tatsächlichen tagespolitischen Fragen über Demokratie und Sozialismus.

Zunächst zur Demokratie: sie sei, selbst wenn sich künftig wieder eine straffe hierarchische Gesellschaftsordnung durchsetzen sollte, "die den aktiven Politizismus an angeborene Kriterien bindet"[86], die unverzichtbare "latente Grundstimmung" des menschlichen Zusammenlebens. Doch sei hier und jetzt mit der Demokratie keine neue Gesellschaft geschaffen worden; die Demokratie habe lediglich die Voraussetzungen geschaffen, unter denen der "Verkehr" zwischen den Menschen neue Wege gehen könne. Sie selbst sei "formlos" und "unschöpferisch", und ihr Verdienst liege einzig darin, die Kräfte freigesetzt zu haben, die zur "Formung des Gesellschaftlichen" befähigt sind. Eine Gesellschaft, die sich die Demokratie zur dauernden Staatsform wähle, werde politisch und gesellschaftlich unproduktiv bleiben. Demokratie werde geradezu zu einem logischen Nonsens, wenn man ihr das Adjektiv "bürgerlich" zuordne, formiere sich doch dann unter neuem Gewand lediglich Altes neu:

"Mit der Betonung der Bürgerlichkeit sind stille und gerade die ödesten Monarchismen verbunden. Diese verdammte Deutschlerei stellt sich unter dem Bürger Wohlgeratenheit vor, die sie in Gegensatz bringt zu der befleckten Existenz des Proletariers. Es wird mit diesem Vokabel 'Bürger' die Einstellung propagiert, als drohe dem gewaschenen Menschen der Untergang durch den kohle- und erdgeschwärzten Unterweltler."[87]

Bevor ich mich Müllers Kritik des Sozialismus zuwende, sei auf einige Positionsänderungen und auf Parallelen zum Denken Kurt Hillers hingewiesen.

Zunächst fällt ins Auge, in welch abschätzigem Ton Robert Müller in den letzten Anführungen von der monarchischen Gesellschaft und Staatsform spricht. Wir erinnern uns, daß bei ihm zu Beginn die Forderung nach einer "geistgerechten" Gesellschaft mit der nach der unbedingten Beibehaltung der realen Monarchien zusammenfiel. Diese Identität wird nun - letztlich ohne explizite Vorbereitung -

preisgegeben. Es scheint mir jedoch gerechtfertigt, schon die
deutliche politische Abstinenz, die seit 1916 in dem Verzicht auf
neue Programmatiken und in dem Ausweichen vor dem realen historischen Geschehen zum Ausdruck kam, als implizite Distanzierung von
den Monarchien zu interpretieren.

R. Müller jedenfalls empfindet das Revolutionsgeschehen als Befreiung und kommt darin mit Kurt Hiller überein, daß erst auf der
Grundlage eine vollzogenen Revolution an den Aufbau einer "geistgerechten" Gesellschaft gedacht werden kann. Indem er so das überkommene monarchische Prinzip ablehnt, ändert sich in Teilen auch
sein Demokratieverständnis. Galt sie zuvor als "artfremdes", in
jeder Hinsicht abzuurteilendes Prinzip, so wird ihr nun immerhin
zugestanden, durch die Revolution einen Beitrag auf dem Wege zu
einer "geistgerechten" Gesellschaft geleistet zu haben. Es bleibt
allerdings eindeutig, daß Robert Müller ebenso wie Kurt Hiller mit
Blick auf eine erstrebte zukünftige Staats- und Gesellschaftsform
an einer unmißverständlichen Absage an das demokratische Prinzip
festhält. Ein Grund dafür liegt darin, daß er nicht länger glaubt,
sinnvoll zwischen "Masse" und "Volk" unterscheiden zu können. In
seinen ersten Entwürfen war das "Volk" noch jener Menschenteil,
der die Befugnis zu politischem Handeln intuitiv an die einzig dazu Berufenen erteilte. Nun hält Müller die gesamte Bevölkerung,
egal ob "Masse" oder "Volk", für unfähig, diese Berufenen zu erkennen. Daher fordert er ganz im Sinne Kurt Hillers eine politische Ordnung, "die den aktiven Politizismus an angeborene Kriterien bindet" (s.o.), wobei diese "angeborenen Kriterien" - auch
dies ist neu - nicht länger mehr als solche bestimmt werden, die
einzig einer bestimmten Gesellschaftsklasse zukommen.

Schließlich hatte Robert Müller vor 1916 den "Geist" zu bestimmen
gesucht, indem er die Äußerungen einer bestimmten ethnologischen
Gruppe, die der "Germanen", diesem Begriff subsumierte. Das ändert
sich nun insofern, als bestimmte Namen oder künstlerische Entwicklungen unbeschadet ethnologischer Vorüberlegungen mit dem Begriff "Geist" assoziiert werden (Kant, Nietzsche, die Expressionisten). Ihnen, nicht einer bestimmten Gesellschaftsklasse wie
beispielsweise dem Adel fühlt sich Müller nun verpflichtet.

Der Kommunismus, so in "Der Bürger, Der Kommunist Und Der Geistige", sei in moralischer und wirtschaftlicher Hinsicht von Nachteil. Nach der "politischen und klassenwirtschaftlichen Vernichtung" des bisherigen Bürgertums werde der "Sozialbürger" entstehen, dessen Mangel der sei, daß er "vom Operettengenre" sein werde. Diesem "moralischen" Nachteil des Kommunismus stünden zwei "wirtschaftliche" Nachteile zur Seite: der Kommunismus atomisiere entweder die Produktionsmittel und beschneide damit ihre volle Effizienz, oder er zentralisiere sie in einer so monotonen Weise, daß eine "gräßliche Bürokratie", ein "Parasitismus kommunistischer Beamter, die an der Allgemeinheit schmarotzen"[88], die Folge sein werde. Beide möglichen Verhaltensweisen des Kommunismus aber seien für jeden einzelnen von Schaden. Aus dem Urteil des "Geistigen" sei der "moralische" Nachteil des Kommunismus der erheblichere: "Rentnerwesen, kurze Arbeitsdauer, ein verhältnismäßig sorgenloses Dasein werden die gewöhnlichen Menschen oberflächlich machen. (...) Den Librettisten wird es am flottesten gehen. Der Sozialbürger wird den heutigen Bürger ins Absurde fortsetzen."[89]

Der "Sozialbürger" werde das Leben " v e r amüsieren", werde den Bürger der Monarchie und "ihres Ersatzes 'demokratische Republik'" ästhetisch vervollkommnen, werde also nicht, so wie es der "Geistige" wünsche, einen neuen Menschentypus repräsentieren. Dabei müsse der "Geistige" den Sozialismus "aus Geist und Herz heraus bejahen"[90], solange er sich um eine gerechtere Gestaltung des wirtschaftlichen Lebens bemühe. Doch für das "Unabsehbare der moralischen Wirkung" einer sozialistischen Wirtschaftspolitik könne er nur dann aufkommen, "wenn ihm im weitesten Maße der kompensierende Einfluß auf die Politik, die Gesellschaftsgestaltung, die Menschenerziehung gewahrt ist."[91] Das geschehe am besten durch eine " K a m m e r d e r G e i s t i g e n ", die dafür zu sorgen hätte, daß die "tiefen Kulturwerte" gesichert und gegen den verhängnisvollen Einfluß eines unbeschwerten "Soziallebens" gestellt werden.

Hervorzuheben ist, daß Robert Müller damit explizit die mechanistische Entgegensetzung, die in seinem Modell eines Zugleich von "Maschinenstaat" und "Musikstaat" zum Ausdruck kam, zurücknimmt. Die Bestimmung der Aufgaben, die die "Kammer der Geistigen" im Staate zu übernehmen hat, macht deutlich, daß er zu der Erkenntnis

gelangt ist, daß Wirtschaft, Staat und Kultur nicht in einem beziehungslosen Nebeneinander, sondern in einem vielseitig verflochtenen Wechselverhältnis zueinander stehen.
Auffallend ist zudem, daß er sich nun unmittelbar an Kurt Hiller anlehnt. Die Formulierung einer "Kammer der Geistigen" trifft nicht allein exakt Hillers Ton; Müller schreibt dieser Institution auch dieselben Aufgaben zu, die bei Hiller das "Haus der Aristoi" zu übernehmen hat: Die Lenkung des politischen Geschehens, die Erziehung des Volkes und die Gestaltung des gesamtgesellschaftlichen Lebens sind die Aufgabenfelder, die auch Kurt Hiller seinen "Geistigen" übertrug. Und wie Kurt Hiller, so bejaht auch Robert Müller grundsätzlich eine Wirtschaftspolitik und -ordnung nach sozialistischen Maßstäben, ohne hier freilich (beispielsweise in der Frage nach dem Eigentum an den Produktionsmitteln) ins Detail zu gehen.
Müllers "Kammer der Geistigen" und Kurt Hillers "Haus der Aristoi" gleichen sich zudem darin, daß sich beide nur mittelbar mit wirtschaftspolitischen Fragestellungen zu beschäftigen haben. Zu gegebener Zeit werden wir fragen müssen, welcher Institution Robert Müller die Ordnung und Leitung des Wirtschaftslebens überträgt und wie sich diese Institution zur "Kammer der Geistigen" verhält. Doch soll zunächst weiter verfolgt werden, wie sich Müller zu den Revolutionsereignissen in Deutschland stellt. Dazu heißt es bereits im Januar 1919:
"Das heutige nachrevolutionäre und nationalversammelte Deutschland unterscheidet sich aber vom Deutschland Wilhelms II. durch gar nichts als einen radikaleren Vorsprung der alten Tüchtigkeitstendenz. Auch wenn S p a r t a k u s gesiegt hätte, hätte sich nur das sozialistische Vorzeichen, nicht aber der Habitus des Deutschtums und seine äußere oder innere Politik verändert. Nun hat sich aber nicht einmal recht das Vorzeichen geändert."[92]
Die meisten derjenigen, die für das Wett- und Weltrüsten und den Annexionismus eingetreten sind und den U-Boot-Krieg und Brest-Litowsk geduldet haben, seien durch die Revolution nicht entmachtet worden. Man habe lediglich die obersten "Staatsfunktionäre" in Pension geschickt, "aber nur, weil sie Pech gehabt haben."[93] Im Grunde also habe das republikanische Deutschland das alte System übernommen. Überall fehle es an politischem Einfallsreichtum, kein großer Geist, "kein Wilson, Lenin oder Trotzky" sei aufgetaucht. Selbst

Liebknecht sei nur ein "energischer Bataillonskommandant"[94]: "Die Lust am Kommando (...), an der Reih- und Glied- Romantik ob für oder gegen dieselbe Sache, ist vielleicht zweitwichtig - sie steckt (...) dem potsdam'sch erzogenen modernen Deutschreicher im Gemüte."[95] Dieser "Deutschreicher" sei und bleibe von einer "soldatischen Arbeitsmoral" geprägt, und schon habe man sich "mit Größe" in die schwere Lage eines verlorenen Krieges geschickt. Man finde sich "zu einem einig Volk von Nationalversammlern" zusammen. Es sei das erklärte Ziel, durch noch mehr Disziplin und Arbeit die alte Weltmachtstellung zurückzuerobern. Die Industrie und Technik, die man aufbaue, werde nicht nur ein "eminentes Friedenswerk, eine alles niederschlagende Ausstellungskonkurrenz" sein, sondern ebenso "irgend etwas wie ein Mobilmachungsplan."[96]
Es sei abzusehen, daß Deutschland "an Stelle einer wirklich schöpferischen, weil erstmaligen planetarischen Politik eine herkömmliche Bündnis- und Gleichgewichtspolitik mit Rußland, mit Italien, mit Japan"[97] eingehen werde. Das Ziel einer solchen Politik sei die Wiederherstellung des alten Imperiums, "ob unter junkerlicher, ob unter sozialbürgerlicher Führung, jedenfalls aber unter preußischer (...)."[98]
Im Abbau der Großmächte liege ein historisch notwendiger Prozeß, da sich die Großmächte als "Feinde der geistigen Entwicklung"[99] erwiesen hätten; ein intensives Geistesleben sei nur in Kleinstaaten möglich und entstanden.
Robert Müller zieht Fazit: "Der A u s s c h l u ß d e r g r o ß e n M e n s c h e n, der Vertreter des Geistes von der Politik, war eine Folge des Großmachtstrebens. In dem von Soldaten regierten Deutschland bildeten die Geistigen eine Enklave; im revolutionierten, vom Arbeiter verwalteten Reich bilden sie das Gleiche."[100]

Schon recht früh also kommt Müller zu einer negativen Beurteilung dessen, was durch die Revolution in Deutschland an politischem Aufbau geleistet wurde. Seine Kritik ist dabei in wesentlichen Punkten zutreffend und wird durch neuere historische Untersuchungen bestätigt: tatsächlich blieb die s.g. Novemberrevolution im wirtschaftlichen, sozialen und politischen Bereich in Halbheiten stecken und brach nicht mit den institutionellen Trägern des Kaiserreichs, wie dies beispielhaft die Geschichte des Rechtwesens in der Weimarer

Republik ausweist. Ebenso beachtenswert sind R. Müllers mentalitätsgeschichtliche Hinweise. Für ihn selbst besteht das größte Versagen dieser Revolution freilich darin, die "Geistigen" nicht angemessen am politischen Aufbau beteiligt und ihnen keine herausragende, institutionalisierte Einflußnahme zugesichert zu haben. Erinnern wir uns, wie abschätzig Müller von der politischen Schöpfungskraft des "Volkes" sprach, so wird zudem einsichtig, daß er der Entscheidung für eine Nationalversammlung nur ablehnend gegenüberstehen kann. Doch steht hinter dieser Ablehnung auch die
- berechtigte - Befürchtung, daß diese Nationalversammlung vor allem jene gesellschaftlichen Interessengruppen favorisieren und erhalten werde, für die die Revolution nur insofern Gegenstand ist, als sie möglichst rasch überwunden werden muß.
Wichtig erscheint mir zudem die Selbstkritik, die R. Müller in seine Auseinandersetzung mit der Revolution und der Republik einfließen läßt. In allen Konzeptionen der Zeit vor der Revolution vertrat er die Ansicht, daß die Entwicklung eines großen Staatsgebietes, eines Imperiums auch für die kulturelle Entwicklung nur förderlich sein könne. Aus diesem Grunde, so seine damalige Argumentation, unterstütze er alle Großmachtbestrebungen Österreichs und Deutschlands.
Nun bekennt er, daß sich sein damaliges Denken als falsch erwiesen habe. Was er und mit ihm andere "Geistige" als Mittel verstanden hätten, Großmachtpolitik nämlich, sei von Österreich und Deutschland als Zweck aufgefaßt worden.
Robert Müller fordert Kleinstaaten. Inwieweit dadurch auch seine These einer Revision unterliegt, daß der Staatsgedanke nicht auf dem Nationalgedanken aufbauen dürfe, wird an späterer Stelle zu fragen und zu beantworten sein. Dringlicher ist an dieser Stelle die Frage, welche Möglichkeiten Müller sieht, das materielle Niveau der Kleinstaaten so zu heben, daß dennoch ein reich entfaltetes kulturelles Leben möglich wird. Zu dieser Frage geben mehrere Artikel des Jahres 1919 Auskunft.

In "Der Kolonialmensch Als Romantiker Und Sozialist" kommt Robert Müller zu dem Ergebnis, daß die "soziale" wie die "kulturelle Frage" für Kleinstaaten nur über eine "Innenkolonisation" und/oder

die Erschließung von Kolonialgebieten zu lösen sei, wobei die Kolonialfrage "aber nur ein Teil (...) der Innenkolonisation"[101] sein könne. Was ist damit gemeint?
Robert Müller konstatiert in Deutschland und Österreich einen wachsenden "Auswanderertrieb", den er zum einen als Folge der materiellen und sozialen Verschlechterungen bürgerlicher Kreise, zum anderen als Folge der "blutgemäßen" Anlagen der "Germanen" interpretiert. Es gehe aber nicht an, daß Auswanderer, zumal qualifizierte, notleidenden Völkern wie Österreich und Deutschland verlorengingen. Die Arbeit der "Volksentwanderten" müsse den beiden Völkern zugute kommen. Das aber könne nur dann geschehen, wenn zum einen keine "schöpferische" Nation - also auch nicht Österreich und Deutschland - an der "Mitarbeit an dem Kultur- und Zivilisationswerk in Übersee und unter primitiven Rassen"[102] gehindert würde, und wenn zum anderen durch überstaatliche Instanzen garantiert sei, daß die betreffenden Staaten auch die Früchte der Kolonisierungsarbeit einsammeln könnten. Der "Erdstern" müsse politisch so "hergerichtet" werden, "daß die diasporierten Völker - und nur solche wird es geben - in überstaatlichen Kongressen, Volksräten, tuteliert sind."[103]
Doch komme der ganzen Kolonialfrage nur vom Standpunkt des Sozialismus aus Bedeutung zu. Er allein könne garantieren, daß die Kolonien in der gewünschten Weise verteilt werden, daß die Güter der Kolonien dem gesamten Volk in gleicher Weise zugute kommen und daß die Volksteile, die sich heute deklassiert fühlen oder deklassiert sind, wieder in die Gesellschaft integriert werden.
Die erste Aufgabe des Sozialismus aber sei nicht die Kolonisierung fremder Gebiete, sondern die "Innenkolonisation". In Deutschland beispielsweise könne nach den Plänen "des genialen Volkswirtes Franz O p p e n h e i m e r "[104] das landwirtschaftliche Personal verzweihundertfacht werden: "Deutschland kann, wenn es keine politischen Schnitzer macht (...), dadurch wieder eine führende Rolle in der Welt spielen, daß es der erste intensive und kultivierte B a u e r n s t a a t wird. Das ist nämlich auch die L ö s u n g d e r   s o z i a l e n   F r a g e."[105]
Das würde u.a. auch bedeuten, daß das "überflüssige, auch geistige Proletariat" der Großstädte nutzbringend eingesetzt werden könnte.

Überhaupt bleibe Deutschland angesichts der Pläne der Entente, alle deutschen Kolonien zu konfiszieren, wohl nur der Weg über die "Innenkolonisation, um ein ansprechendes materielles wie kulturelles Niveau zu sichern.
In Österreich sehe es anders aus. Dort fehle es an Agrarland, um über eine "Innenkolonisation" ein ansprechendes materielles und kulturelles Niveau zu sichern. In den "Sukzessionsstaaten" der Monarchie verhalte es sich ebenso. Daher liege die ideale Lösung aller sozialen und wirtschaftspolitischen Fragen der Donaustaaten in einem "Afrikanisch-Österreich" unter internationaler Kontrolle. Deutschland aber müsse sich vor allem angesichts zunehmender Auswanderungen entscheiden: entweder schaffe man eine schnelle "Innenkolonisation", oder man organisiere die Auswanderung "im Einvernehmen mit der I n t e r n a t i o n a l e n F r i e d e n s k o n f e r e n z ".[106]
In "Aus Deutschösterreich" thematisiert Müller erneut das Verhältnis der Staaten Österreich und Deutschland. Wir erinnern uns, daß er in den Kriegsjahren dieses Verhältnis als arbeitsteilige "Kulturwehr" und "Kulturzeugung" bestimmte. Der unmittelbare Anlaß für Müllers jetzige Überlegungen sind zeitgenössische Vorschläge, die einen Anschluß des deutschsprachigen Österreichs an Deutschland befürworten.
Robert Müller wendet sich entschieden gegen diese Idee eines Anschlusses, weil sich Österreich in diesem Falle weniger an das "deutsche Volk" anschließen würde als vielmehr "an eine noch immer recht reaktionäre Ordnungsidee der Welt, an die Idee Deutschland."[107] Der deutsche Nationalismus, der sich als "Maximalismus" äußere, lasse einen solchen Anschluß nicht in einem vorteilhaften Licht erscheinen. Sollte es aber dennoch zu einer Vereinigung beider Territorien kommen, so werde eine wesentliche Aufgabe darin bestehen, die "österreichische Persönlichkeit" gegen die "preußische" zu verteidigen. "Im Kampf mit der Hegemonie des zähen und skrupellosen Berlin" werde diese Aufgabe "nicht allzu leicht ausfallen."[108]

Ich denke, die auf den letzten Seiten referierten Äußerungen Robert Müllers zu aktuellen tagespolitischen Fragestellungen brauchen nicht in aller Ausführlichkeit diskutiert zu werden. Vor allem der Vorschlag einer "Innenkolonisation" Deutschlands zum in-

tensiven "Bauernstaat" spricht - allein an R. Müllers Utopie eines Zugleich von "Maschinenstaat" und "Musikstaat" gemessen - in seiner Realitätsferne für bzw. gegen sich selbst.
Seine Haltung zur Kolonialfrage insgesamt läßt überaus deutlich werden, daß seine Absage an Großmachtpolitik und an imperialistische Zielsetzungen nur mit größtem Bedenken als aufrichtiges Bekenntnis zu werten ist. Letztlich haben sich in seinen außenpolitischen Überlegungen nur die Namen verändert: aus der Großmacht, die sich geographische Gebiete in Europa oder Asien einzuverleiben sucht, ist der Kleinstaat geworden, dessen imperiale Ziele sich auf Überseegebiete erstreckt.
Nicht unzutreffend dagegen erscheint Müllers Kritik an deutschen Verhältnissen, wenn es ihm auch nicht gelingt, die wirklichen, d.h. klassenspezifischen, historischen und mentalitätsgeschichtlichen Ursachen des deutschen "Maximalismus" herauszuarbeiten.

Im folgenden sehe ich davon ab, die Äußerungen R. Müllers, die sich als direkter Beitrag zur Tagespolitik verstehen, weiter zu verfolgen. Vorrangig wird nun die politische Theorie Robert Müllers, aus der alle zeitbezogenen Stellungnahmen erwachsen, in ihrer Entwicklung und (gegebenenfalls) Systematik dargestellt.

Müller selbst faßt diese Theorie unter dem bereits mehrmals angeführten Stichwort "Aktivismus" zusammen. Bisher wurde bereits deutlich, um was es sich beim "Aktivismus" grundsätzlich - gleich welcher Ausprägung - handelt. Formelhaft wurde von einer "Emotion seelischer Grundtatsachen" und einer "Politik des Geistes" gesprochen. Die Oppositionshaltung gegen jede Form der Erbmonarchie und gegen die politischen Strukturen der Nachkriegszeit wurde betont.

In "Aus Deutschösterreich" präzisiert R. Müller seine früheren Ausführungen. In Österreich gebe es eine zweifache, sich überschneidende und ergänzende Opposition gegen die "mißglückte Revolution", die aus "Aktivisten" und "herrschaftslosen Sozialisten" bestehe.

Im Wiener "Aktivismus" wiederum habe man zwei Typen zu unterscheiden: einen sich gänzlich am Marxismus orientierenden "Aktivismus", eine "salongemäßere Form der Sozialdemokratie"[109], und einen "Aktivismus", der sich nicht mit dem einzig an wirtschaftlichen Fragen

interessierten Programm der Marxisten begnüge, sondern der "mehr eine biologische Variation des schon erreichten Menschentypus dadurch hervorbringen" wolle, "daß er in den Vertretern des kulturschöpferischen Individualismus die soziale Verantwortung, aber ohne, ja eventuell gegen den Marxismus großziehen"[110] wolle. Beiden Richtungen des "Aktivismus" sei die Ansicht gemein, daß der Geist, "bevor er als chronisch zurücktreten darf hinter pragmatischen Abwicklungen, also so wie er bisher war und am Schluß der entwickelten Gesellschaft wieder sein wird"[111], akut hervortreten müsse. "Geist" bedeute in diesem Zusammenhang, "geistige Dinge wichtig zu nehmen" und "stoffliche Dinge stofflich zu lassen", wirtschaftliche Belange also etwa vom "Geist" freizuhalten, um diesen nicht zu verderben.
Widme sich der "Geistige" wirtschaftlichen Dingen, so nicht, um diese zu "vergeistigen", sondern um sie so zu vollenden, daß der Mensch innerlich "entwirtschaftet" wird: "Letztes Ziel, die Entlastung des menschlichen Bewußtsein von der Maschine als Symbol ist an den Vortritt der unwiderruflich letzten Erfindung, der höchsten Technik auch im Gesellschaftlichen gebunden."[112] Wie diese "Technik" auszusehen habe, sei in der "aktivistischen" Bewegung umstritten.
Der eine, rechte Flügel des "Aktivismus, der in seiner Haltung der unabhängigen Sozialdemokratie nahe stehe, habe noch eine "konservative Beziehung zur letzten bürgerlichen (antibürgerlichen) Ordnung"[113], während der linke Flügel auch von den unabhängigen Sozialdemokraten so unabhängig sei, daß er sich um Fragen wie Bürgerlichkeit oder Klassenkampf nicht schere. Zu diesem linken Flügel rechnet sich Müller selbst und verweist auf zwei Zusammenschlüsse der "geistigen Menschen" im Nachkriegs-Wien die "Katakombe" und den "Bund der Geistig Tätigen". Kritisch merkt er zu beiden Zusammenschlüssen an (er selbst initiierte die "Katakombe"), daß es ihnen nicht gelungen sei oder nicht gelinge, direkt in das politische Geschehen einzugreifen. Viele Mitglieder der "Katakombe" hätten kein Interesse an tagespolitischen Anforderungen gezeigt oder kein politisches Handlungswissen gehabt; im "Bund der Geistig Tätigen" habe sich der direkte politische Wille vollends verflüchtigt.

Diese Hinweise, die zunächst nur in biographischer Hinsicht von Interesse scheinen, sind dennoch insgesamt für das weitere politische Denken Robert Müllers von großer Bedeutung. Aus den Unzulänglichkeiten der "Katakombe" und des "Bundes der Geistig Tätigen" schließt Müller, daß man den Gedanken an eine Diktatur der "Geistigen", etwa in der Form einer "Kammer der Geistigen", gänzlich fallen lassen müsse: "Ein idealer Erfolg wäre es schon, wenn an die Stelle der Vereinsredner und Ordnernaturen der jetzigen republikanischen Regierungen geschmeidige, interessante und geistreiche Persönlichkeiten treten würden."[114]

Kurt Hiller hatte trotz negativster Erfahrungen mit Zusammenschlüssen der "Geistigen" unbeirrt an seinem Entwurf eines idealen Staatswesens - der "Logokratie" - festgehalten.
Robert Müller verzichtet aufgrund seiner Erfahrungen auf einen Entwurf eines idealen Staatswesens und läßt vor allem von dem Anspruch ab, allein die "Geistigen" seien zu einem "geistgerechten" Handeln in der Lage. Er beschränkt sich im wesentlichen darauf, in der Diskussion verschiedener politischer Grundhaltungen die Positionen und Richtlinien zu erarbeiten, die nach seinem Dafürhalten einem "geistgerechten" Handeln zugrunde liegen sollten. Dies bedeutet jedoch nicht, daß nicht auch gelegentlich über aktuelle politische Modelle geurteilt wird. Am Schluß von "Aus Deutschösterreich" heißt es beispielsweise, daß sich der "Aktivismus" auch "sehr intensiv mit der Lösung jener aktuellen Frage des Rätesystems"[115] auseinandersetze. Robert Müller hält dafür, daß sowohl parlamentarische als auch autokratische Staatsformen ungeeignet sind, den "Geist" in gesellschaftliche Konkretionen zu transformieren. Er plädiert für ein "Parlamentissimum", ein System von Räten, da sich allein in Räten die "arbeitswillige Essenz aller Funktionäre eines Fragenkomplexes" konzentrieren könne.

5.3.5. 1920. BOLSCHEWIK UND GENTLEMAN.

Der Essay Bolschewik und Gentleman (1920) gehört zu den bedeutendsten Arbeiten Robert Müllers. In ihm wird weiter die Frage verfolgt, welchen politischen Weg Österreich und Deutschland grundsätzlich gehen sollten.

In der Politik, so die allen Ausführungen zugrundeliegende These, habe es immer darum zu gehen, daß dem "Besseren" die uneingeschränkte Möglichkeit zur Entfaltung gegeben werde. Heute gebe es zwei Systeme, die von sich behaupteten, "auf kürzestem und bestem Wege den B e s s e r e n auszulosen. Das System des Westens ist die sogenannte Demokratie. Die Methode - noch weit entfernt vom System - des Ostens ist der sogenannte Bolschewismus. Beide sind Ideologien und wollen dasselbe, die Sicherstellung der Herrschaft des Besseren oder der Besseren."[116]

Robert Müller vergleicht den "faktische(n) Bolschewismus" mit dem "paulinische(n) Christentum". Der "Bolschewismus" sei weit mehr als eine "bloße nachmarxistische Bewegung", er vereinige "soziale, nationale, rassiale, religiöse und generationelle Strebungen".[117] Er vereinige alles, was nur "konterintellektuell und emotional" ist. Im heutigen Rußland gehe es mehr "divinatorisch als planvoll", "mehr genial als geübt", also "wirklich aktivistisch"[118] zu.

Dieser "Bolschewismus" sei "die Fortsetzung jenes antiwestlerischen Slawophilentums (...), das damals schon das Organisch-Natürliche gegen das Konstruktiv-Technische Europas ausspielen wollte".[119] In diesem Sinne sei er auch die Fortsetzung jenes "aktivistischen Kunstempfinden(s), das die Welt schaffend souverän umgestalten will"[120], des Expressionismus. In ihm finde auch wahres "Aristokratentum" seinen Platz. Der "Bolschewismus" befreie die Gesellschaft von der "bürgerlichen, aristokratelnden Plutokratie" und werde so zum "Magneten" für den subjektiven Künstler wie für den antikapitalistischen Adeligen.

Doch liege das Anziehende am "Bolschewismus" nicht allein in seiner weltanschaulichen Grundhaltung. Robert Müller hält die realen politischen und sozialen Erfolge des Bolschewismus für ebenso beeindruckend. Während sich im Westen die sozialen Verhältnisse "von

Tag zu Tag" verschlechterten, werde die Situation der Menschen in Rußland "von Woche zu Woche" besser: "Nach einer furchtbaren Umwälzung aller Schichten, die viele Unschuldige in unverdientes Unglück riß, beginnt sich langsam ein Gleichgewicht der Verdienste und Tüchtigkeiten herzustellen."[121]
Überhaupt der Westen: in den Ententestaaten untergrabe "ein furchtbarer Zersetzungsprozeß (...) die Gesundheit der westlichen Zivilisation", die Wirtschaft liege darnieder, und schon seit längerer Zeit habe die Entente keine politischen Erfolge mehr erzielt. Im Westen strafe sich die Demokratie selbst lügen, sei sie doch überall nichts als Plutokratie: "Das demokratische Prinzip der Bestenlese verkehrt sich zur zweideutigen Auslegung."[122] Unter Fortschritt verstehe der Westen nichts anderes als nur technisch-ökonomische Weiterentwicklung. Das habe zur Folge, daß im Westen die "kulturellen Schöpfergaben atrophieren."[123] Deutschland also, zwischen die Entente und Rußland gestellt, habe sich zu entscheiden, welchen Weg es zu gehen wünsche. Insofern versteht R. Müller diesen Essay nicht nur als Analyse zweier möglicher politischer Systeme, sondern auch als Grundlegung jeder künftigen "geistgerechten" Politik Deutschlands und Österreichs.
Der "Bolschewismus" betreibe eine "synthetische" Politik, denn er verspreche die "Meliorisierung der Lebensumstände" und die "Aufzucht" eines neuen Menschentypus zugleich. Anders als im westlichen Demokratiemodell, in dem die Meliorisierung der Lebensumstände nicht gleichzeitig zu einer "Hinaufsetzung der Lebensgewohnheiten, des Geschmacks und der sozialen Instinkte"[124] führe, sei das Versprechen des "Bolschewismus" ernst zu nehmen, weil er als betont antikapitalistische Bewegung den westlichen Ökonomismus überwinde. Das aber bedeute nicht, daß der "Bolschewismus" jene "individuellen, unternehmerischen Energien", "die eigentlich die Größe der westlichen Zivilisation auch im Schlechten und durchs Schlechte gefördert haben"[125], nicht nutze. Der Weitblick Lenins beweise sich gerade darin, daß er "die Orthodoxie des Endziels, in dem kein Kompromiß gelten darf, zuerst auf die der Mittel anwendete"[126], sobald sich die bolschewistische Herrschaft in Rußland etabliert hatte.
Lenin habe erkannt, welche konstruktive Rolle die "großen Wirt-

schaftseroberer" für die westliche Zivilisation gespielt haben
und welche große Rolle sie gleichermaßen für die Entwicklung Rußlands im antikapitalistischen "Bolschewismus" spielen könnten.
Indem Lenin die "literarisierte" russische Intelligenz durch
"tüchtige deutsche Unternehmer, Ingenieure, Offiziere, Praktiker"[127]
ersetzt habe, sei der "Bolschewismus" erst "diskussionsfähig" geworden. So richte sich die bolschewistische Revolution letztlich
nicht gegen die "kapitalistische Energie" als solche, sondern gegen den Kapitalismus als alleinbestimmendes Gesellschaftssystem.

Ziehen wir ein erstes Fazit: Robert Müllers Urteil gründet auf
der 'Analyse' gesellschaftlicher Gegebenheiten in den Entente-Staaten einerseits und auf einer gesellschaftspolitischen Utopie andererseits. Dabei setzt er seine Vorstellungen eines idealen politischen Systems weitgehend mit dem faktischen Bolschewismus in
eins, d.h. er projiziert Teile seines politischen Konzeptes auf
das reale historische Phänomen Bolschewismus.
Es ist offensichtlich, daß sich das Bild, daß er so vom "Bolschewismus" zeichnet, nur in Teilen mit der realen historischen Bewegung deckt. Hier bedarf es keiner ausführlicheren Erläuterungen.
Wichtiger scheint mir zu sein, daß Müller in den vorhergehenden
Passagen zu einer Überwindung seines radikal antidemokratischen
Denkens gelangt. Demokratische politische Strukturen werden nun
allein unter bestimmten historischen wie anthropologisch-psychologischen Voraussetzungen abgelehnt. Solche Voraussetzungen sind
für ihn durch eine nach kapitalistischen Prinzipien organisierte
Gesellschaft gegeben. Unter solchen Voraussetzungen, so Müllers
bedenkenswertes Argument, könne das gesellschaftspolitische Ergebnis einer demokratischen politischen Ordnung letztlich immer
nur in der Reproduktion der als negativ gewerteten Wirklichkeit
bestehen. Damit werde die erstrebte Weiterentwicklung des Menschen zu einem neuen Typus verhindert.
Robert Müller fordert die Beseitigung der kapitalistischen Wirtschafts- und Gesellschaftsordnung und die Diktatur derjenigen,
die im Sinne des "Geistes" einen neuen Menschentypus konzipiert
haben. Die Perspektive dieser Diktatur sei nicht der "Sozialbürger", sondern der "soziale Bürger", der den "Sozialbürger" in sich
aufgehoben habe. Erst wenn dieser Menschentypus des "sozialen Bür-

gers" erreicht sei, könne über das Modell eines demokratischen
Staatswesens positiv entschieden werden.
Doch folgen wir zunächst weiter Müllers Ausführungen in Bolschewik
und Gentleman.
Am "Bolschewismus" sei das "Kommunistische" nicht das Wesentliche.
In der russischen Revolution spiele "der religiöse und emotionelle
Gedanke eine größere Rolle als der beschränkt marxistische."[128]
Es äußere sich das "Gefühl der Zusammengehörigkeit der schlechthin
Lebenden."[129]
In diesem Sinne fragt Robert Müller, ob nicht "Expressionismus",
"Aktivismus" und "Bolschewismus" Synonyme "für dieselbe moderne
Erregung sind, je nachdem sie sich auf verschiedenen Formgebieten
ausspricht, dem der Kunst, der Kultur, der Politik."[130]
In dieser Anführung wird einmal mehr deutlich, daß sich Müllers
Einschätzung des "Bolschewismus" an den eigenen Wunschvorstellungen, weniger aber an dem tatsächlichen historischen Phänomen
orientiert. Deutlich wird zudem, daß sich sein Verständnis des
"Aktivismus" eindeutig von dem Kurt Hillers unterscheidet. Für
Kurt Hiller ist "Aktivismus" vor allem eine politische Theorie,
die Formen eines idealen politischen Handelns und Strukturen eines
idealen Staatswesens formuliert. Hiller fragt allererst nach der
Art und Weise, in der ein bestimmtes politisches Ziel erreicht werden kann. Im Verständnis Müllers ist "Aktivismus" weiter als kulturelle Theorie gefaßt, die darauf Antwort gibt, in welcher Richtung sich eine bestimmte Nation und gar die gesamte Menschheit
entwickeln soll. Robert Müllers Bemühen geht wesentlich um das
Ziel selbst; die Frage, wie dieses Ziel zu erreichen sei, steht
im Hintergrund.
Eine weitere Parallele zwischen "Expressionismus", "Aktivismus"
und "Bolschewismus" sieht Müller darin, daß alle drei ihr Denken
um das Subjekt zentrierten und "jene westliche Objektivität", jenes Denken in Sachzwängen nicht übten. Wie für Jack Slim, die
Hauptfigur in dem Roman Tropen (1915), könne auch für den "Expressionismus", den "Aktivismus" und den "Bolschewismus" gelten:
"Gestalte dich und deine Umwelt direkt, schleudere das Simultane,
Untechnifizierte deines Ablaufs hinaus in die Welten der Erscheinung. (...) Gestalte unmittelbar, gleichgültig ob sich die inneren

Zusammenhänge mit denen der Objekte, d.i. des schon, wenn auch nicht endgültig Gestalteten decken. Denn das Sichtbare und Wirkliche ist auch nur eine ehemals aktivistische Konzeption."[131] Ob im "Geiste" oder gegenüber Natur und Technik: überall herrsche allein die Tat.

Die Ich-Zentrierung des "Bolschewismus" bringe es mit sich, daß man ihn nicht verstehe, wenn man ihn als System oder Theorie begreife. Man begreife ihn nur, wenn man vom "lebenden bolschewistischen Individuum" ausgehe. Hier liege die entscheidende Differenz zwischen "Bolschewismus" und "Marxismus", daß sich im letzteren das handelnde Individuum in einem System objektiver Gegebenheiten und als notwendig behaupteter Abläufe verflüchtige. "Jenes Phänomen, das wir Bolschewismus nennen, geht nicht von einer Idee aus, sondern von einer Art Mensch. (...) Dem Phänomen nähert man sich nur durch An- und Einschauung. Das Verzeichnis der Gefühle, Unwägbarkeiten und Hauchwichtigkeiten ist immanent, nicht namenhaft."[132]

Damit hat Robert Müller das Phänomen "Bolschewismus" vollends enthistorisiert und als Ansammlung bestimmter anthropologisch-psychologischer Momente charakterisiert. In eben der Weise, in der er in früheren Abhandlungen vom "Germanen" oder vom "Deutschen" sprach, spricht er nun vom "Bolschewiken". Das wird einmal mehr bestätigt, wenn er die "bolschewistische" Politik als die des "élan vital"[133] kennzeichnet. Im Gebrauch Müllers ist mit "élan vital" gerade das benannt, was in Vorkriegsarbeiten den Namen "Blut" trug.

Wir sind damit an einer neuen, signifikanten Bruchstelle in der politischen Konzeptionsbildung Robert Müllers angelangt. Der "bolschewistische Typus" wird zum Zentrum seines politischen Weltbildes. In allen früheren Überlegungen zentrierte sich die politische Weltordnung um Mitteleuropa, besonders um Österreich und Deutschland. Jetzt heißt es, die zukünftige Welt werde "im nächsten Zeitraum ihr Schwergewicht an den Stillen Ozean"[134] verlegen. Das bolschewistische Rußland werde zu einer imperialen Politik gezwungen sein, um die Bedrohungen von außen abzuwehren; es werde nicht eher zur Ruhe kommen, bis die gesellschaftlichen Probleme "am ganzen Globus" vollkommen gelöst sind. Um den Osten zu "bolschewisieren",

brauche Rußland geeignete Erzieher. "Und hier setzt eine deutsche Mission ein. (...) Die historischen Voraussetzungen wirklicher deutscher Geisteshegemonie, von unseren Philosophen erträumt, liegen im Osten. Wenn nichts es bewiese, der deutsche Aktivismus beweist es."[135]
Wie schon die Äußerungen zur Kolonialfrage in "Der Kolonialmensch Als Romantiker Und Sozialist" erkennen ließen, hält Robert Müller auch nach Kriegsende an (kultur-) imperialistischen Zielsetzungen fest. Österreich und Deutschland scheiden nach Kriegsende als Träger dieser (kultur-) imperialistischen Zielsetzungen aus; an ihre Stelle tritt Rußland. In und mit Rußland glaubt er nun seine Ziele verfolgen zu können. Darin sehe ich auch begründet, warum er auf eine Analyse des realen russischen Bolschewismus verzichtet und seinen Überlegungen stattdessen das Phantomgebilde eines "aktivistischen Bolschewismus" oder "bolschewistischen Aktivismus" zugrundelegt.
Müllers gesamten bisherigen politischen Konzeptionen haben gezeigt, daß er als notorischer (Kultur-) Imperialist zu klassifizieren ist. Alle Überlegungen sind von dem unbedingten Willen getragen, "das Deutsches über die Welt komme" (s.o.). Aus diesem Grunde schließt er sich durchgängig solchen politischen Gruppierungen bzw. Staaten an, die nach seinem Dafürhalten diese Zielsetzung mit Aussicht auf Erfolg vertreten. Aus diesem Grunde schließt er sich nun zu Anfang der zwanziger Jahre einem freilich "aktivistisch" verbrämten "Bolschewismus" an.
Politisch schätzt Müller den "Bolschewismus" auch deshalb, weil er im Gegensatz zu den Erhebungen in Mitteleuropa in der Lage gewesen sei, "einen schöpferischen Konstitutionsgedanken zu fassen"[136]: das Rätesystem. Damit habe er "die Verderbtheit des parlamentarischen Fraktionswesens", das "immer nur das Spiegelbild der internen Kämpfe des Kapitals"[137] gewesen sei, überwunden.
Durch das Rätesystem werde der Begriff der "Diktatur" "in seiner punkthaften Starre" aufgehoben. Das Rätesystem sei ein natürliches "Akzidens" des "Bolschewismus", eine Folge seines Wesens, das Spontaneität sei. Die Räte seien aufgrund "sachlicher und seelischer Tatsachen" entstanden und in ihrer politischen Haltung "außerhalb der Formel vom antikapitalistischen Klassenkampf"[138] ohne besondere

Dogmengläubigkeit. So praktiziere das "bolschewistische" Rußland die "Inthronisation der schöpferischen Willkür."[139]
Die erstaunlichsten Fortschritte habe das "bolschewistische" Rußland im kulturellen Bereich unter Lunartscharsky gemacht. Unter diesem sei die Kultur unabhängig "vom Kapital, besser: von den Kapitalisten" geworden. Zwar liege einer der wichtigsten Gründe für den wirtschaftlichen Ruin Rußlands darin, daß man um der Kultur willen "rücksichtslos in den Staatssäckel gegriffen" habe, doch sei das "niemals verbrecherisch" gewesen "und irgendwie immer entschuldbar".[140] Dennoch müsse über Wege nachgedacht werden, diesem wirtschaftlichen Ruin entgegenzusteuern. Der "Geistige" des Ostens sei bedauerlicherweise "Passivist des zivilen Lebens", d.h. er richte sein Interesse allein auf alles "Antiwirtschaftliche, Bohemienne, Vagabundische", sei also "unmittelbarer Verwirklicher aller Lebensmotive nichtökonomischer Natur".[141] Für den "Bolschewismus" sei daher die Frage, ob "das Lebensniveau Aller ohne Ausnahme und ohne jede Lohnsklaverei bis zu einem schönen Minimum gehoben werden kann" viel unwesentlicher als die Forderung, "die Expansion des Kapitals in die Kulturalien zurückzudrängen."[142] Deshalb besitze der "Kommunismus" allein zu geringe "motorische Kräfte", um wirtschaftsstabilisierend oder gar produktionsfördernd zu wirken. Im zivilisatorischen Sinne sei bisher einzig der Kapitalismus produktiv gewesen. "Wirtschaftstechnisch und rein materiell gedacht" besitze der Kapitalismus allerdings alle Vorteile, doch sei heute seine "Logik der Tatsachen" "durch eine menschliche und geistige Forderung einfach durchbrochen".[143]
Für die "geistige" Forderung, für den neuen, antikapitalistischen, kulturellen Menschentypus verzichteten die Menschen heute gern auf materielle Vorteile, ja nähmen es gar hin, wenn ein Teil der Menschheit aufgrund mangelnder wirtschaftlicher Erfolge zugrunde ginge. Darin begründe sich eine neue Vernünftigkeit "im höhern Sinne, grausam, irrational, eigensinnig, auch pathologisch; aber es ist die Pathologie der menschlichen Gebärakte."[144]
R. Müller kommt auf Deutschland zurück. Deutschland habe noch einmal eine "Weltchance". Entweder könne es sein Reich "suspendieren und als diasporiertes Deutschtum, das innerlich und überterritorial organisiert wäre, seinen Einfluß geltend machen"[145], oder es

könne im "bolschewistischen Weltreich" "eine geistige Führerschicht", "könne der Geistesadel einer Hemisphäre werden."[146]
Die ebenfalls mögliche Entscheidung für den Westen aber sei in jedem Falle eine Entscheidung für die "Erstarrung". Im übrigen solle man nicht länger zaudern, wieder imperiale Ziele zu verfolgen. Alles hänge davon ab, ob diese Ziele solche "niederer" oder "höherer" Art seien. Das Streben nach "geistiger Führung" sei immer ein "hohes" Ziel - und also ein imperiales Streben Deutschlands gerechtfertigt.
Auffallendstes Merkmal des zuletzt Vorgetragenen ist es, daß Robert Müller explizit bekennt, die von ihm unter dem Namen der Menschheit gestellten Forderungen entbehren jeder rationalen Begründung und stünden dennoch über jeder rationalen Einsicht. Damit nimmt er wieder exakt die Haltung aus <u>Was erwartet Österreich von seinem jungen Thronfolger?</u> (1914) ein, wo es ja hieß, daß der "schönstgegliederte Gedanke" jener sei, "der mit unbegründbaren Ansprüchen jünglingsfrisch sich einstellt" (s.o.). Mit dem Festhalten an (kultur-) imperialistischen Zielsetzungen ergibt sich eine weitere Parallele zu früheren Arbeiten. Zum dritten - auch darauf wurde bereits hingewiesen - liefert Müller in seiner Darstellung des "Bolschewismus" keine Analyse des historischen Phänomens, sondern entwirft wie im Falle des "Germanen" und den "Deutschen" ein von dem eigenen Wollen geprägtes Ideal. Wo also liegen bei so greifbaren Analogien zu früheren Denkansätzen die Unterschiede zu den am Anfang vorgestellten Arbeiten, und gibt es diese überhaupt?
Ich glaube gezeigt zu haben, daß sich Robert Müllers Denken in dem bisher abgehandelten Zeitraum strukturell gleichgeblieben ist. In allen Phasen nimmt es in einem unbedingten Wollen seinen Anfang, formuliert dann aus diesem Wollen heraus ein mehr oder minder präzises kulturpolitisches Programm, setzt dieses schließlich mit gegebenen oder scheinbar gegebenen politischen Richtungen und Gruppierungen in eins und entwirft - Fragen der Realisierbarkeit weitestgehend außerachtlassend - ein kulturpolitisches Zukunftsbild der Welt.
Inhaltlich hat sich allerdings einiges verändert. Erinnern wir uns, daß Müller in früheren Überlegungen das Entstehen eines neuen Kul-

turkreises immer von der Existenz eines vollendeten technischen und wirtschaftlichen Systems und eines perfekt organisierten Staatswesens abhängig machte, dann wird das Neue in <u>Bolschewik und Gentleman</u> deutlich.

Hier hebt Robert Müller hervor, daß es den Kulturrevolutionär gerade auszeichne, wirtschaftliche Erwägungen aus seinen Überlegungen auszuschließen. Er fordert die rücksichtslose Zerschlagung des Kapitalismus. Die Frage, was an seine Stelle treten soll, wird durch das Schlagwort "Sozialismus" nur scheinbar beantwortet. In Wirklichkeit versteckt sich hinter dieser Antwort das Desinteresse Robert Müllers an 'hautnahen' gesellschaftlichen Fragestellungen. Seine Kritik an politisch-wirtschaftlichen Gegebenheiten hat in fast allen Belangen nur negativen Charakter. Ihm geht es nunmehr einzig um "Kultur", um den "deutschen Geist", der in die Welt zu tragen sei. Dem Inhalt nach bleibt der "deutsche Geist" unbestimmt. Es wird lediglich angegeben, wie und unter welchen Voraussetzungen "Kultur" aus "deutschem Geist" entstehen könne, nämlich dergestalt, daß das Individuum, jedes einzelne, ungeachtet aller objektiven Gegebenheiten das in ihm unreflektiert Präsente in die Außenwelt trage. Indem sich Müller in der beschriebenen Weise darauf beschränkt, allein die Voraussetzungen kultureller Produktion, nicht aber reale Kulturprodukte zu beschreiben und zu werten, nimmt sein kultur-politisches Denken jene Unwägbarkeit an, die wir in den Äußerungen aus <u>Bolschewik und Gentleman</u> verfolgen konnten.

Zudem: Robert Müller sah "Aktivismus" und "Bolschewismus" dadurch geschieden, daß sich der erste auf Kultur, der zweite auf Politik im engen Wortsinne richte. Im Essay selbst jedoch finden sich kaum Beispiele, die diese Unterscheidung nach Gegenstandsbereichen rechtfertigen würden. Meistenteils wird auch der "Bolschewismus" als eine kulturpolitische Haltung vorgestellt; an den Stellen, wo er mit politischen Programmen oder Systemen in Zusammenhang gebracht wird, bleiben diese weitestgehend unerörtert. Dabei sollte doch gerade der "Bolschewismus" paradigmatisch jene Lücke schließen, die der "Aktivismus" im Urteil R. Müllers läßt: der "Bolschewismus" sollte die explizit politische Theorie innerhalb der aktivistischen Weltanschauung sein. Es entsteht der Eindruck, als sei Müller zu diesem Zeitpunkt in seinem Bemühen, eine Theorie gesamtgesellschaftlichen Handelns zu entwerfen, in eine Sackgasse geraten. Wie weitere Veröffentlichungen des Jahres 1920 zeigen, muß dieser Eindruck auch bei ihm selbst entstanden sein.

5.3.6. 1920. DER KREIS DES AKTIVISMUS. EIN DIALOG VOM AKTIVISTISCHEN CHARAKTER.

In "Der Kreis des Aktivismus. Ein Dialog vom aktivistischen Charakter", abgedruckt im 4. Ziel-Jahrbuch Kurt Hillers, versucht er erneut, das Verhältnis von "Aktivismus" und "Bolschewismus" bzw. "Kommunismus" zu bestimmen. Es diskutieren ein "Aktivist" und ein "Kommunist". Das Gespräch gerät zur Selbstdarstellung des "Aktivisten". Der "Kommunist" hat lediglich die Aufgabe, dem "Aktivisten" die Steigbügel zu seinen gedanklichen Ausflügen zu halten.

Der "Aktivist" erklärt sich zum "Nihilisten". Bevor er - "vielleicht" - etwas setze, wolle er erst "ganz scharf alles aufgehoben haben".[147] Zwar sei auch er "Kommunist", doch halte er nichts vom politischen "Kommunismus", der ihm nichts anderes als eine "furchtbare irrationale Begriffsverwirrung"[148] zu sein scheine. Er, der "Aktivist", habe in den "reaktionären Köpfen" immer die "aufgeklärtesten" Geister gefunden. Das Alte, die " a n o n y m e n   g r o ß e n   W i r k l i c h k e i t e n   d e r   N a t u r "[149] komme immer wieder und siege.

Als "Aktivist" glaube er an den Fortschritt, doch sei gar nicht zu sagen, was Fortschritt sei, worin fortgeschritten werde und auf welche Weise fortgeschritten werden solle: "Du (gemeint ist der "Kommunist"; G.H.) siehst den Fortschritt in einer Verallgemeinerung der Zivilisation, ich sehe ihn in einer ganz unkenntlichen kleinen Verfeinerung, die je im Chaos Gegenwart verschwindet."[150] Beispielsweise sei er der Meinung, daß der vom "Kommunismus" verachtete Bürger eine Entwicklungsmöglichkeit besitze. Die bürgerliche Gesellschaft habe immerhin die Entwicklung des einen oder anderen um ein "Gehirnwülstchen" ermöglicht. Der "Kommunismus" aber vermehre nur die von ihm gehaßte "Spezies Bürger", ohne dem ein-

zelnen die Möglichkeit zu geben, sich in irgendeiner Weise weiterzuentwickeln. Während der "Aktivist" dem Bürger entwachse, wachse der "Kommunist" in ihn hinein.
Nun sei es leicht, dem "Aktivisten" Widersprüchlichkeiten in seiner Argumentation nachzuweisen. Doch sei er eben "Nihilist" und daher seine Bejahungen immer nur als "Akt, bewußte Zeugung, Kunstwerk" zu verstehen. Auch die "lauterste Wahrheit" des "Aktivisten" sei nur "Tendenz": "Reines Erkennen ist immer unverfälscht persönliche Handlung, selbst die Analyse ist synthetische Force."[151]
Der "Kommunismus" verkenne, daß die "Kommunisierung" des Lebens allein nicht eine positive Veränderung des Menschen garantiere. Er mache vor allem den Fehler, politisch auf dem "Volk", auf der "Masse" aufzubauen. Was so genannt werde, sei eine "unpsychologische abstrakte Konstruktion, die exklusive Zusammenfassung alles Negativen, Amorphen und Irrationellen, wenigstens: noch nicht Rationalisierten."[152] Daran eben leide der "Kommunismus", daß in ihm "Abstraktes und Sinnliches" in einem unausgewogenen Verhältnis stünden. Es sei die Erkenntnis des "Aktivismus", daß aller konkreter "Kommunismus" nur in Verbindung mit der Kirche möglich sei. Wolle also der "Kommunismus" siegen, so nur in "engster Verbindung mit der Reaktion". Das bedeutet konkret:
Der "Kommunismus" muß mit der katholischen Kirche zur Synthese gelangen. Diese habe bis zur Stunde "durch die Synthese des Üppigen und Asketischen die größte irdische und geistige Macht zu entfalten vermocht".[153] Und wie diese die Welt, das "Werk des Satans" habe bestehen lassen müssen, so werde der "Kommunismus" "die kapitalistische Hölle mitsamt ihren gehörnten Raubtier-Unternehmern, Bosses, pferdebefußten Initiativlern, eitel beschweiften Individualisten bestehen lassen müssen."
Die wirkliche "Masse", nicht die in der Phantasie des "Kommunismus", habe gar kein Interesse an einem bestimmten System. Sie habe "Hunger auf Schaulust". Es komme darauf an, dieser "Masse" zu schmeicheln, nicht darauf, sie zu überzeugen oder zu belehren: "Darum gebt ihr panem und circenses, das heißt den Kommunismus, die Rente, aber auch die Hierarchie, Prozessionen, Repräsentationen, Prinzentum. Le Nombre, wie der Franzose das formlose Multiple besser festhaltend sagt, gebt ihm circenses, bürgerliche Zivili-

sation, den schönen Skandal, (...) Monte Carlo, König Eduard VII, die Kronprinzessin von Koburg und dererlei (...); und gebt ihm, Nombre, den Pfaffen dazu."[154]
Das Ziel könne nicht länger darin bestehen, die "Masse" zu vervollkommnen; umgekehrt müsse es darum gehen, sie dumm zu halten und sie in ihrer Beschränktheit so glücklich zu machen wie eben möglich. Die wahre Aufklärung sei allein "das Reservat der Auguren", und entstehe auch in "konsolidierteren Verhältnissen" der "höhere Dumme", der "Gebildete", so könne ihm der wahrhaft "Geistige" doch nur Verachtung, ja "Haß" entgegenbringen.
Indem man die "Masse" in der beschriebenen Weise behandele, bekomme sie endlich "ihren biologischen Platz in der Welt. (...) Es beginnt die Revolution des Geistes gegen die Masse."[155] Zu dieser Revolution gehöre es auch, alle demokratischen Prinzipien aus der künftigen Gesellschaft fernzuhalten. Im politischen Bereich müsse die Reaktion herrschen. Sie allein vermöge die "Masse" sachgerecht zu verwalten. In der beschriebenen Weise sei die künftige Gesellschaft eine Synthese von "Kommunismus" im sozialen und "Hierokratie" im politischen wie gesellschaftlichen Bereich.

Der "Aktivist" fordert den "Kommunisten" auf, statt "jedes Bolschewismus" dem "Aktivismus" eine Chance zu geben. Nur er könne wieder den "religiösen Menschen (...) mit dem praktischen Menschen (...) vereinigen."[156]

Auf den letzten Seiten habe ich mich darum bemüht, den Gedankengang Robert Müllers so nachzuzeichnen, wie er sich im Text selbst entwickelt. An einem überschaubaren Beispiel sollte der spontanassoziative Charakter von Müllers gesamten Denken demonstriert werden. Dieses Denken steckt voller Unwägbarkeiten, Widersprüche, überraschender Schlüsse, Phantasiegebilde - und treffender Beobachtungen. Dennoch soll nun versucht werden, das Vorgetragene im möglichen Rahmen zu systematisieren.
Robert Müller, der zweifelsfrei mit dem "Aktivisten" des Dialogs in eins gesetzt werden kann, bezeichnet sich als "Nihilist". Das impliziert, daß auch für ihn alle Äußerungen nicht als Wahrheit im traditionellen Begriffssinn gelten können. Sie sind Setzungen. Als solche sind sie für Robert Müller selbst keine Produkte eines

wie auch immer verfahrenden Schließens, sondern unreflektierte Ausdrücke einer schöpferischen Willkür. Trotzdem haben sie im Selbstverständnis R. Müllers Erkenntnischarakter, wenn auch nicht der Anspruch erhoben wird, daß die einzelnen Setzungen in einer widerspruchsfreien Beziehung zueinander stehen. Das deutet darauf hin, daß Müller seinen Überlegungen auch keine homogene Wirklichkeitsauffassung zugrunde legt. Den widersprüchlichen Einzelerkenntnissen bzw. Setzungen korrespondiert eine in sich widersprüchliche Wirklichkeit.

Die Ratio ist aus dem Erkenntnisprozeß verbannt. Sie wird erst dann befragt, wenn es darum geht, die verschiedenen Einzelerkenntnisse handlungsorientiert zu aktualisieren. Dasjenige aber, was die schöpferische Willkür hervorbringt, kann nicht vorhergedacht werden. Daher ist auch für Müller nicht allgemeingültig entscheidbar, in welche Richtung sich der Mensch und die menschliche Gesellschaft entwickeln werden bzw. zu entwickeln haben. Jedes "Kunstwerk", jede Erkenntnis (als Setzung gedacht) ist nur an ein bestimmtes Subjekt gebunden und tritt (zunächst) allein diesem Subjekt als Imperativ entgegen. Das Kräfteverhältnis der Imperative einzelner Subjekte entscheidet über die künftige geschichtliche Entwicklung. Jedes Subjekt also ist aufgerufen, seinen Imperativ in öffentlicher, d.h. politischer Auseinandersetzung darzustellen und zu behaupten. Robert Müller tut dies im vorliegenden Falle, indem er sich mit dem "Kommunismus", mit dem in seiner Einschätzung stärksten anderen Imperativ auseinandersetzt. Er äußert sich ebenfalls dazu, wie es unter den beschriebenen Voraussetzungen möglich ist, daß sich das Kräfteverhältnis zwischen zwei Imperativen zugunsten eines der beiden verschiebt:

"Überzeugen ist (...) auch bei strengster logischer Transparenz ein sympathetisches Geschehen, es gehört wie bei der sichtbareren sozialen Form, der Suggestion, von beiden Seiten eine oft gewaltige Kraftanstrengung dazu, den Rapport herzustellen. Und wenn diese Anstrengung wenigstens von einer Seite enorm ist, muß sie bei allen Menschen Erfolg haben, denn letzten Endes schließt uns Alle ein Kreis."[157]

Dieser große Kreis, in den alle Menschen eingebunden sind, bestehe aus den "großen anonymen Wirklichkeiten der Natur".

Offensichtlich setzt Robert Müller voraus, daß alle Produkte schöpferischer Willkür durch diese "Wirklichkeiten der Natur" bestimmt sind, daß sie alle nur Modifikationen dieser jeden umfassenden Natur sind. Der Akt des Überzeugens besteht daher nicht darin, einem Anderen die eigene Position als wahr bzw. die Position des Anderen als falsch zu vermitteln; rationale Einsicht spielt im Akt des Überzeugens nur insofern eine Rolle, als sie die prinzipielle Gleichberechtigung aller Positionen - weil aus dem selben Ursprung - darlegt. Jede Entscheidung, die darüber hinausführt, ist selbst Setzung. Die Überzeugungsleistung des Einen kommt dem Willen zur Setzung des Anderen gleich. Alles gilt, weil nichts gilt, und alles möge sein, weil nichts anderes (legitimer Weise) sein kann. Durch diese prinzipielle Auffassung wird Müllers politisches und gesellschaftliches Planen bestimmt. Ihm geht es um die Synthese heterogenster Modelle: Kapitalismus, "Kommunismus", Katholizismus und Monarchismus schließen einander nicht aus, sondern ergänzen sich im Sinne Müllers ideal, ja sind ihm allesamt Ausdruck ursprünglichster menschlicher Schöpfergaben.

Der Kapitalismus ist ihm dies, insofern er den Menschen in seinem Drang nach Initiative und Individualismus unterstütze; der "Kommunismus" entspreche dem menschlichen Wunsch nach Gemeinschaft und sozialer Sicherheit; Katholizismus und Monarchismus schließlich befriedigten das menschliche Bedürfnis nach metaphysischer Geborgenheit und nach "Schaulust".

Es wird deutlich, daß die genannten Ismen nach Meinung R. Müllers immer nur Teile des ahistorisch gefaßten Menschen anzusprechen vermögen. Allein der "Aktivismus" sieht den gesamten Menschen in seiner anthropologischen Konstanz; er fungiert als Metatheorie, die über allen partikularen Modellen steht und dieses handlungsanleitend integriert.

Der "Aktivismus" weist allen Ismen den Platz zu, den sie im Sinne menschlicher Ursprünglichkeit in einer künftigen Gesellschaft einzunehmen haben: Kapitalismus in der Wirtschaft, "Kommunismus" im Sozialbereich, Katholizismus im Wissens- und Glaubensbereich und Monarchismus im politischen Leben.

Es würde in diesem Rahmen zu weit führen, die vorgetragene Position Robert Müllers einer Detailkritik zu unterziehen. Ich beschränke mich daher darauf, noch einmal an Aussagen des Essays Bolschewik und Gentleman zu erinnern, die in ihrer Gegensätzlichkeit zu den hier vorgetragenen Äußerungen u.a. auch als (Selbst-)Kritik dienen mögen.

In Bolschewik und Gentleman, wie "Der Kreis des Aktivismus" aus dem Jahre 1920, wies sich Müller noch als entschiedener Antikapitalist aus und führte dazu beispielsweise das bedenkenswerte Argument an, daß in einer kapitalistischen Wirtschafts- und Gesellschaftsordnung eine umfassende kulturelle wie anthropologische Entwicklung behindert würden. Das soll nun nicht mehr gelten. Durch das selektionistische Nebeneinander verschiedener Ismen in "Der Kreis des Aktivismus" wird die Einsicht in die Interdependenz verschiedener Gesellschaftsbereiche ad acta gelegt. Das Wissen um die kulturelle wie politische Erziehbarkeit des Menschen und damit auch das Wissen um die legitime Möglichkeit demokratischer politischer Strukturen ereilt das gleiche Schicksal. Nun heißt es in direkter Entgegensetzung, der Mensch müsse geradezu dumm gehalten werden, und allein die Diktatur einer "geistigen" Elite komme in Betracht.

Schließlich der "Bolschewismus" selbst: Noch in Bolschewik und Gentleman als politisierter "Aktivismus" gesehen und bewundert, in seinen politischen Maßnahmen, der Zerschlagung des Kapitalismus verteidigt, wird er nun als historisch-"geistiger" Fehlgriff abqualifiziert.

Diese wenigen Entgegensetzungen sollen genügen, um zu verdeutlichen, daß das politische Denken Robert Müllers mit dem Beginn der zwanziger Jahre zunehmend an Geradlinigkeit und Beständigkeit verliert. Die Möglichkeit des Interpreten, übergreifend-gültige Thesen zu formulieren, schwindet immer mehr. Das bedeutet, daß es in der Mehrzahl der Fälle nur noch möglich ist, Artikel eines sehr begrenzten Zeitraums als Einheit oder gar nur einzelne Artikel zu interpretieren. Rastlos werden Ideen formuliert, mit anderen kombiniert, dann verworfen, in anderen Zusammenhängen wieder aufgegriffen und so fort. Was bleibt ist der ungebrochene Wille, Welt als ein Ganzes zu denken und zukunftsweisend zu entwerfen.

5.3.7. 1920 - 1924.

In "Der Aktivist" beschäftigt sich R. Müller besonders mit Kurt Hiller. Er gibt sich als Hamsun-Verehrer zu erkennen und bewundert den Leutnant Glahn aus Hamsuns Pan (1894), diese Geschichte "des männlichen Tierblicks, des 'Gut und Böse' der nackten extrem männlichen Seele (...), die gewaltige Epopoe des Geschlechts und des Triebes in einem immerhin bis zum schieren Wahnsinn vergeistigten Exemplar der Gattung Mann."[158]
Die "Hamsunmenschen" seien durchweg konservative Naturen, die beispielsweise auch dem Krieg eine "natürliche Schönheit" abgewinnen könnten. Hamsun und seine Figuren, das sei "der schöne und apotheotische, hinreißende Rückfall in die Tierheit, auch wenn es die Güte selbst bedeutet. (...) Und die Güte der Hamsunschen Person ist von dieser tierischen Selbstverständlichkeit, es steht nicht Gehirn und Proportion, sondern die Maßlosigkeit des Anfalles dahinter."[159]
Diesem Hamsun und seinen Figuren könne Kurt Hiller nichts abgewinnen. In Hiller äußere sich der scharfe Protest gegen das "laisser faire gegenüber der Natur", in dem Robert Müller selbst gerade das Faszinierende an Hamsun sieht.
Der "Kurt-Hiller-Aktivist" hasse den Mann mit dem "Tierblick", sei ein "Vernünftler", der den Intellekt gegen den "Alkoholismus" Hamsuns stelle und alles unter die "weltökonomische Kontrolle" des Intellekts bringe wolle. Im Gegensatz zu Hamsun - und ihm selbst - erstrebe Kurt Hiller "die zunehmende Beherrschung der Lebensäußerungen durch die Vernunft": "Das wollüstige Mitrasen mit dem eigenen Triebleben ist an die Kette gelegt, das Flackern der Sinne, das bald roh, bald edel ansteckt, ist durch ein heiliges Vestafeuer der geistigen Sorge ersetzt. Es ist eine Männlichkeit, die das Manntier leugnet."[160]
Es sei das Ziel Kurt Hillers, immer mehr den Zufall, d.h. für Müller die "schöpferische Willkür" aus dem menschlichen Zusammenleben zu verdrängen. Er verzichte lieber auf das "Edle", das neben dem "Rohen" aus den "Quellen des tief Menschlichen" ströme, sobald es nur mit "Schlacke" vermengt vorkomme:

"Der Aktivist (in der Art Hillers; G.H.) ist absoluter Ethiker, der Ästhet auch im höchsten Format ist sein Feind."[161]

In den vorangegangenen Erörterungen wurde schon gelegentlich auf Unterschiede zwischen den "Aktivismus"-Konzeptionen Robert Müllers und Kurt Hillers hingewiesen. Hier nun ist der Ort, wo diese Unterschiede paradigmatisch diskutiert werden können. Was R. Müller in <u>Bolschewik und Gentleman</u> in der Formel "Gestalte dich und deine Umwelt direkt" (s.o.) forderte, ist ihm in Hamsuns "hinreißende(m) Rückfall in die Tierheit" (s.o.) real gegeben. Daß das menschliche Handeln im Trieb seinen Ausgang nehme, daß "Ästhetik" in diesem Sinne höher zu werten sei als Ethik ist der Ausgangspunkt seines Urteilens. So ist für Müller das Prädikat "gut" allererst kein ethischer, sondern ein ästhetischer Begriff. Der Gegenstand des Urteils ist nicht die Qualität eines Produktes, sondern das "Wie" seiner Entstehung. Was immer im menschlichen Trieb seinen Ausgangspunkt nimmt, kann nicht ungut sein, höchstens "roh". So gilt für Robert Müller die Paradoxie, daß das Vernünftige das Triebhafte ist.

Das gilt in dieser Weise nicht für Kurt Hiller. Auf Defizite seiner Begriffsbildung, vor allem auf den unscharf gefaßten Begriff des "Geistes", wurde bereits verwiesen. Daß Hiller nicht so rationalistisch verfährt, wie ihn Robert Müller zeichnet, dürfte ebenfalls einsichtig geworden sein. Doch anders als Müller, fordert Kurt Hiller nicht "schöpferische Willkür", sondern die intellektuelle Auseinandersetzung mit der Wirklichkeit und die rationale Durchdringung des sich als Wille Äußernden. Kurt Hillers Denken nimmt, 'wider Willen', seinen Ausgangspunkt im Willen als Folge der "metaphysischen Verlassenheit der Welt" (s.o.). Das jeweilige Handeln aber ist dennoch, zumindest als Forderung, allein der Ratio unterworfen.

Bei Robert Müller ist der Ausgang im Willen nicht erkenntnistheoretischer Notbehelf, sondern die als perfekt empfundene Entscheidung für ein blut- und schweißtriefendes Männlichkeitsideal.

Neben dem Essay <u>Bolschewik und Gentleman</u>, dem Dialog "Der Kreis des Aktivismus" und dem gerade erörterten Artikel "Der Aktivist" gehört "Thomas Mann, Frankreich, Aktivismus" (1922) zu den wichtigsten politischen Selbstbekenntnissen Müllers in der Nachkriegszeit. Dort heißt es: "Geschichtlich stellt es sich folgendermaßen dar: Theoretisch konzipiert unter der herausfordernden Mechanisierung des kapitalistischen Großkaisertums Wilhelms II., wurde der praktische Aktivismus gegründet im Auftrieb jener Welle der revolutionären Begeisterung. Heute, nach vier Jahren, besteht der Aktivismus praktisch nicht mehr. Das heißt, er besteht praktischer. Roi mort, vive Roi."[162]

Diese Anführung läßt erwarten, daß R. Müller ähnlich wie Kurt Hiller in der Sammlung Verwirklichung des Geistes im Staat (1925) nicht allein zu einer Skizzierung der "aktivistischen" Theorie ansetzt, sondern auch ein Resümee der "aktivistischen" Tätigkeiten zwischen 1918 und 1922 gibt.

Auch heute noch, so Müllers These, sei die gesamte jüngere Generation viel stärker "von dem Geist der Revolution" und dem Willen zu einer neuen Gesellschaft belebt "als von der spezifischen Fähigkeit, im einzelnen die Formen für diesen Besserungstrieb zu finden".[163] Im politischen wie im volkswirtschaftlichen und pädagogischen Bereich sei von der Revolution nichts als eine gewisse Stimmung geblieben, die man "Aktivismus" nenne. Diese Stimmung sei mit der Erkenntnis verbunden, daß die jetzige Gesellschaftsordnung nicht dem "Geist" entspreche. Der "Aktivismus" sei heute keine organisierte politische Gruppierung mehr, er sei vielmehr ein "geistiges Band".

Die einzelnen "Aktivisten" hätten sich "spezialisiert" und stünden "in allen Bezirken": "Pazifismus. Jugendbewegung. Erziehung. Kampf um die Geschlechtsfreiheit (Sexualreform).Bodenreform. Siedlerbewegung (...). Strafrechtsreform (gegen Todesstrafe etc.). Gründung von Wirtschaftslaboratorien, Musterfarmen."[164] Einige hätten sich den verschiedenen sozialistischen Parteien und Gruppierungen angeschlossen, andere seien ins "Geschäftliche" eingestiegen. Auch das sei legitim, denn es genüge nicht, dem "hypertrofe(n) Merkantilismus" dieser Zeit ein bloßes Nein entgegenzusetzen; das "Geschäft" müsse zur "Expedition des Geistigen" gebogen werden. Das bringe freilich auch Abstriche von den theoretischen Grundeinsichten mit sich, doch "in einer dringlichen pragmatischen Zeit wird auch die geistige Haltung pragmatisch abgedämpft sein müssen."[165]

In ihren Aktivitäten gehe es den heutigen "Aktivisten" darum, sich mit "differenten Menschen über Differentes"[166] zu einigen. Dabei hielten sie an ihrer Überzeugung fest, daß der "Geist" mehr als bloße "logische Richtigkeit", daß er "vitaler Überschuß" sei. Das Leben des schöpferischen Politikers friste sich von Begeisterung zu Begeisterung. Deshalb brauche sich der "Aktivist" auch weder seiner Kriegs- noch seiner Revolutionsbegeisterung zu schämen, insofern er sich nur begeistert habe oder sich begeistere.

Der "aktivistische" Gedanke sei eine Synthese aus "dämonischem und zivilem Gedanken"[167], d.h. der "Aktivist" sei "unendlich gesonnen" und "endlich bewillt" zugleich. Er schätze das "Tiefe", das "vernichtend, saugend, erotisch, geheimnissend (...), von Todes- und Lebensekstase umspielt, nicht gewußt, sondern gelebt, und wenn gewußt, apokalyptisch prophetisch gewußt"[168] wird. Dennoch glaube er, daß, wer "schaffen will auf dieser Erde", nichts anderes als "Zivilist" sein könne. Doch sei der "Aktivist" mit dem "Zivilisten" nur im "vorletzten Grade" vertraut. Ihm sei die "Maschine", sei die "Zivilisation" das Dämonische schlechthin; es gebe "nichts Destruktiveres auf dem Erdball als die Maschine, als die Zivilisation."[169] Indem der "Aktivist" also die Höchstzivilisation fordere, wünsche er das Aufbauende und Destruktive zugleich. Der "dämonische" und der "zivile" Gedanke seien in ihm wie "subordinierte Grade" vereinigt, und je nachdem sei "das Eine oder das Andere an der Tagesordnung."[170]

Und die Ziele des "Aktivismus"? Der "Aktivismus" wolle den Weltfrieden. Er trete für den gesellschaftlichen Aufbau am Leitfaden logischer Erkenntnis ein. Das mache neue Organisationsformen nötig. Der "Aktivist" fordere die Aufhebung des Gegensatzes von "moralischer und politischer Mission"; er fordere "Machtpolitik vom Geiste her."[171] Von Deutschland werde bald wieder gesprochen, sobald es nur "reif" sei, "Macht" im Sinne des "Aktivismus" auszuüben.

Der "Aktivismus" verstehe unter "Macht", daß alle Nationen, die als solche gar nicht vereint werden sollten, unter die "Botmäßigkeit" eines bestimmten Typus, unter die des "deutschen Geistigen" kämen. Das könne nicht, wie von Thomas Mann behauptet, "Sklaverei" genannt werden. Er, Robert Müller, nenne es "'Zähmung' oder

'Zucht'".[172]

In diesen letzten Äußerungen kommt zum Ausdruck, daß das politische Denken Robert Müllers zu seinen Anfängen zurückkehrt. Ein "Imperialismus des Geistes" war die zentrale Forderung der Vorkriegszeit und der ersten Kriegsjahre und ist es auch jetzt. Den Artikeln Robert Müllers, die nach 1922 publiziert werden, können keine grundsätzlich neuen politischen Aspekte mehr abgewonnen werden.
Zusammenfassend kann gesagt werden, daß sich das politische Denken Müllers immer, ob akut oder latent, in der Nähe totalitärer bzw. faschistoider Konzeptionsbildungen bewegt. Ein abschließendes Zitat aus einer seiner letzten Arbeiten streicht dies noch einmal heraus:
"Erst in jüngster Zeit sehen wir gerade bei dem aus einem wüsten Mittelalter zu einer plötzlichen Staatseinheit zusammengeschweißten Italien einen starken, politischen Commonsense, der zu jener Bewegung geführt hat, die man heute allgemein als Faschismus bezeichnet. Der Faschismus ist in seiner praktischen Tendenz reaktionär. Er entstammt aber (...) aus sozialen, um nicht zu sagen sozialistischen Ordnungsprinzipien."[173]
Erinnern wir uns, welch guten Klang das Wort "reaktionär" im Sinne R. Müllers hat, dann kann dieses Zitat unkommentiert für sich stehen.

6. FEUILLETONISTIK UND ESSAYISTIK ALS LITERATUR. ZUR THEORIE UND PRAXIS DES "DOPPELSTILES".

In Kapitel I - Exkurs II und den Kapiteln III - V habe ich die feuilletonistischen und essayistischen Texte Robert Müllers als Beiträge zur Ideologiegeschichte und literarischen Theoriebildung des literarischen Expressionismus vorgestellt. Mein Erkenntnisinteresse richtete sich dabei auf den Sachgehalt der Texte. Das Verhältnis von Sachgehalt und literarischer Form blieb in aller Regel unberücksichtigt und wurde nur dann betont, wenn es für den Sachgehalt unmittelbar konstitutiv war (Analogiebildung über die gleichzeitige Verwendung verschiedener Sprachebenen und Fachsprachen).

In diesem Kapitel werden die nicht-fiktionalen Texte Robert Müllers als Literatur vorgestellt. Meiner Analyse lege ich zwei Texte zugrunde, die einerseits exemplarisch für die Gegenstandsbereiche Zivilisationskritik, Politische Theorie und Kulturgeschichte stehen können, und die andererseits Phasen der Werkgeschichte insgesamt charakterisieren. Es handelt sich um "Apologie des Krieges" (1912) und <u>Bolschewik und Gentleman</u> (1920). Die Bestimmung von Wortfeldern, Satztypen, Stilelementen, Aussagestrategien, Argumentationsweisen etc. stehen im Vordergrund.

In "Die Frage des Doppelstiles" kommt Robert Müller selbst auf die sprachliche wie stilistische Gestaltung feuilletonistischer und essayistischer Texte zu sprechen. Er greift in eine Diskussion ein, die 1919 zwischen Richard A. Bermann und Kurt Hiller in der "Wochenschrift für Politik, Volkswirtschaft und Literatur" <u>Der Friede</u> geführt wurde. Robert Müller verteidigt den Kurt Hiller zum Vorwurf gemachten "Doppelstil":

"Um ein politisches Geschäft zu befürworten, wird sich der auf die einfachste Logik und die Redewendung aufgebaute Stil empfehlen. Das Temperament und innere Feuer des Sprechers - ein solcher bleibt er dann auch als Schreibender - wird vielleicht stellenweise durchbrechen, aber nur als Resultat, nicht in seinen Prozessen. Um wieder Dinge der äußersten menschlichen Reife darzustellen, <u>die auf jeden Fall nur einer Auswahl von Menschen zugänglich sind</u> (Hervor-

hebung von mir; G.H.), wird die freischaffende Sprache, die äußerste Originalität und Unmittelbarkeit notwendig sein, der Sprachprozeß, das Wachsen, nicht das Bauen aus dem Worte. Gerade diejenigen, denen die moderne Trennung von Kunst und Volk Qualen der Forschung und Erkenntnis bereitet, werden mit Erlösung zu dem Bekenntnis für einen Doppelstil kommen."[1]
Es sei ein "'Ziel' der politischen Neophyten, Politik über das Budgetäre hinaus zu entwickeln (...), in die Politik einzugreifen, um das Niveau zu heben, nicht umgekehrt. Der Mechanisierungsprozeß im Äußeren (Politik) soll so vorwärtsgestoßen werden, daß er die Befreiung des Menschen von der Maschine und von der Organisation ermöglicht. Die Folgen sollen Zeit, Muße und Verfeinerung sein". Dann erst gebe es wieder "eine Volkskunst, und das wird gerade die sein, die heute einer solchen einfach entgegengesetzt scheint."[2]
Diese Volkskunst könne es heute noch nicht geben, "da wir ja Bürgerzirkel und Arbeitermassen haben und entwurzelt darüber die Intellektuells."[3] Die jetzige Zeit sei eine "Übergangskultur", in der "die beiden Seiten der menschlichen Gesamtseele, bauende Logik und schaffende Vision, bis zur Unkenntlichkeit voneinander getrennt" seien. Der sprachliche Ausdruck dieser Trennung sei der "Doppelstil". Und Robert Müller bekennt: "Ich kann, so sehr ich mich, von der Seite der Vision her, über diese Entwicklung (der heutigen Kultur; G.H.) hinwegzuturnen versucht habe, heute nicht mehr daran zweifeln. Statt über diesen Spalt zu klagen, sollten wir uns klar darüber werden."[4]
Robert Müllers Überlegungen gehen zum einen von einem Zeitbild, zum anderen von einem neuen Politikbegriff aus. Das Zeitbild besagt, daß es am Maßstab prinzipieller menschlicher Möglichkeiten gemessen keine Einheit unter den Staatsbürgern, kein "Volk" gebe. "Volk", das wäre u.a. das allseitige Zugleich von "bauende(r) Logik und schaffende(r) Vision" und damit auch eine Voraussetzung für ein politisches Schreiben, das sich nicht allein auf die "einfachste Logik und die Redewendung" beschränken würde. In dem vertretenen Politikbegriff wird die Aufgabe formuliert, den Status quo des Zeitbildes im Sinne des zu realisierenden Begriffes "Volk" zu überwinden. Um aber dieser Aufgabe gerecht zu werden, muß sich nach Robert Müller der schreibende Politiker über die Masse poten-

tieller Rezipienten hinwegsetzen und nur für diejenigen schreiben, von denen angenommen werden kann, daß sie Gesellschaft in "Volk" transformieren können und wollen. Ein Schreiben, das sich an den Rezeptionsbedingungen und -möglichkeiten der heutigen Vielen orientieren würde, wäre also für Robert Müller alles andere als volkstümlich, da es gerade die allererst zu bewirkende Entstehung des "Volkes" verhindern würde. Das Attribut "volkstümlich" wird hier also am Falsifikationsmaßstab der politischen Utopie verweigert. Andererseits kann auch das politisch visionäre Schreiben, diesmal aus der Sicht einer breiten potentiellen Rezipientenschicht, nicht als volkstümlich bezeichnet werden, obwohl es dies vor dem Hintergrund der politischen Utopie ist. Volkstümliches Schreiben kann dergestalt erst dann entstehen, wenn politische Utopie und Zeitwirklichkeit ineinsfallen, für die Zeit dahin bleibt nur der "Doppelstil", hier als anspruchslose, allgemein zugängliche schreibende Bewältigung der Forderungen des Alltags, dort als zweifach exklusive, geschriebene Utopie.

6.1 "APOLOGIE DES KRIEGES"

Robert Müllers "Apologie des Krieges" erscheint 1912 in der vom "Akademischen Verband für Literatur und Musik in Wien" herausgegebenen Zeitschrift Der Ruf. Das betreffende Heft des Ruf trägt den Titel "Krieg", und wie der Klappentext ausweist, soll "das Reinerträgnis dieses Heftes (...) dem Verein zur Schaffung einer österreichischen Luftflotte"[5] vorbehalten sein. Damit sind Aussage und Absicht dieses Heftes insgesamt vorgezeichnet, und nicht von ungefähr steht der Artikel Müllers allen anderen Beiträgen voran.

Müller schreibt hier die Dichotomie der Menschheit in Masse und "Geistige" unter den Stichworten "Intelligenz" und "Intellekt" fest:

"Intelligenz prämiiert den Menschen als Berufstier: Werk und Philosophie drehen sich um die Abwicklung seines spezifischen Geschäftes, das Gemüt ist in Berufswerten aufgegangen und er selber als geistiger Kontur in die Hilfslinien zurückzerlegt, die als das Technische seines Berufes da sind. (...) Über das Ganze entscheidet besser der Laie, dessen Interessen nicht in einer Spezialisierung gefangen sind. Der Laie ist der beste Staatsmann, darum sind Knaben mit ihrer frischen, naiven Urteilskraft und ohne die sogenannte bürgerliche 'Erfahrung', die eigentlich nur die praktische Kenntnisnahme von den Annehmlichkeiten des geschäftlichen Egoismus darstellt, die reinen politischen und staatsmännischen Genies. (...) Die staatsmännische Phantasie, instinktive Praxis, Aufopferungsfreude und Ideenkraft des gesunden Knaben sind enorm".[6]

Mit dieser Festschreibung erreicht Robert Müller mehrere Ziele:

Zum einen begründet und legitimiert sie die eigene, staatspolitischen Geltungsanspruch heischende Auseinandersetzung mit dem folgenschweren Thema "Krieg" durch eine radikale politische Standesaufwertung des "Laien" allgemein. In eben dieser Weise werden auch alle anderen Beiträger dieses Ruf-Heftes legitimiert. Diese Legitimation erscheint umso stichhaltiger, als der Generationenkonflikt, Topos in der Literatur dieses Zeitraumes, zugunsten der "Jungen" entschieden wird.

Einhergehend mit dieser politischen Standesaufwertung des "Laien" und der jungen Generation im besonderen verfolgt Robert Müller in der wiedergegebenen Passage eine sachbezogene, menschliche und moralische Abwertung weiter Bevölkerungsteile.

Zum dritten eröffnet die implizite Definition von "Intellekt" an dieser Stelle für Müller Schreib- und Argumentationsweisen, die ihn von sprachlicher Präzision, fachsprachlicher Scheidung und diskursiven Verfahrensweisen entbinden.

Die umfassende Abwertung aller Nicht-"Laien" und Nicht-"Jungen" betreibt Robert Müller, indem er sie in die Nähe des Tierreichs rückt:

Der Durchschnittsmensch im Sinne Robert Müllers ist ein "Berufstier" und kann bestenfalls, einem Pfingstochsen gleich, "prämiiert" werden. Er ist ohne Individualität und somit auch unter allen Umständen austauschbar, ist als Funktion, ohne "Gemüt", und nicht als Wesen. Er ist nur insofern, als er die Strukturprinzipien des ihm auferlegten, berufsspezifischen Verwertungsprozesses handelnd darstellt, in diesem Sinne "zurückzerlegt" und zerlegbar und folglich dem Urteil des Metzgerblicks ausgesetzt.

Müller selbst verzichtet freilich darauf, diese und ähnliche Schlüsse explizit zu ziehen und verläßt sich ganz auf die Suggestivkraft und immanente Bilderfolge der von ihm gewählten Worte und auf die Assoziationsleistung des Lesers.
Diesem erscheint denn auch einsichtig, daß der Durchschnittsmensch als "Berufstier" oder Funktion in seinem "Interesse" oder seiner unmittelbarsten Bedürfnisbefriedigung "gefangen" und in seinem Handeln von "Egoismus" geprägt sein muß, und daß dieses Handeln allein auf "Annehmlichkeiten" zielen kann. Welcher Ochse, so müßte sich dieser Leser sonst fragen, weidet nicht dort am liebsten, wo das Gras am saftigsten ist?
Daß einem solchen, im Text nur mit wenigen Worten evozierten Lebewesen schließlich durch die ironisierende Verwendung von Anführungszeichen auch abgesprochen wird, praxisrelevante "Erfahrungen" zu machen, liegt in der Schlüssigkeit des herangezogenen Bildbereichs und der für diese Lebenswelt angemessenen Bedeutungszumessung.

Die radikale politische Standesaufwertung des "Laien", des jungen Menschen zumal erfolgt wie oben einerseits durch eine Benennung des Gegenstandes, die emotional-appellative Züge trägt:
Schon die Verwendung des Wortes "Laie" sichert die Aufmerksamkeit des durchschnittlichen Rezipienten, ohne diesen durch den unmittelbaren Hinweis auf seine Durchschnittlichkeit zu verprellen. Das implizite "Du", das in dieser Benennung zum Ausdruck kommt, stiftet zusammen mit dem selbstbewußten Bekenntnis des Autors zum Laientum ein "Wir"-Gefühl zwischen Rezipientem und Autor, das dem Rezipienten schmeichelnd Selbstsicherheit vermittelt und sein Wohlwollen erregt.
Der favorisierte "Laie" wird als "Knabe" bezeichnet, wodurch eine Reihe attributiver Ergänzungen - unverbraucht, gefühlvoll, rein, zukunftsweisend, "gesund" etc. - nahegelegt wird oder ausgesprochen werden kann.

Dieser Verwendung emotional-appellativ bestimmter Substantive in der Benennung des Gegenstandes stellt Robert Müller die rational oder emotional bestimmter Substantive und Attribute in der Charakterisierung seines Gegenstandes zur Seite, wobei ein rational (oder mehrere) und ein emotional (oder mehrere) gefärbtes Wort kombiniert werden. Der Übergang von der bloßen Benennung zu Charakterisierung des Gegenstandes erhält dadurch einen besonderen Effekt, daß zum Teil Substantive zusammengestellt werden, die im landläufigen Verständnis unterschiedlichen Wirklichkeitsbereichen oder Aussagegegenständen zukommen: Der "Knabe" ist "Staatsmann" und in dieser Hinsicht ein "Genie" und verfügt über "Urteilskraft" und "Ideenkraft". Da er zugleich durch "Phantasie" und "Aufopferungsfreude" ausgezeichnet ist, erweist er sich nicht allein im Kontrast zu dem Menschen als "Berufstier", sondern auch mit Blick auf das bürgerlich-klassische Menschheitsbild als ganzheitlicher Mensch. Der "Knabe" ist nicht wie das "Berufstier" nur als Funktion bestimmbar, sondern ist Mensch in seinem (angeblich) ursprünglichen Wortsinne.

Robert Müller bringt diese Differenz zwischen dem "Berufstier" und dem "Laien" bzw. "Knaben" auch in der Grammatik der jeweiligen Sätze und durch die jeweils verwendeten Wortarten zum Ausdruck. Während das "Berufstier" als Objekt der Satzlogik erscheint, tritt der "Laie" bzw. "Knabe" als Subjekt der betreffenden Aussagen in Erscheinung.

Die Charakterisierung des Menschen als "Berufstier" erfolgt ausschließlich durch Abstrakta, die nicht aus dem Bereich des Menschlichen stammen, und sie wird durch keine Attribute, weder rational noch emotional gefärbte, veranschaulicht.

Im Gegensatz dazu wird der "Laie" bzw. "Knabe" durch Abstrakta aus dem Bereich des Menschlichen charakterisiert, und diese Charakterisierung wird durch die Verwendung rational wie emotional bestimmter Attribute vertieft.

Schließlich wird das Verb "sein" in Bezug auf den Menschen als "Berufstier" nur als Hilfsverb oder als (semantisch gesehen) grammatischer Teil von Passivkonstruktionen benutzt, während es für den "Laien" bzw. "Knaben" als vollwertiges Prädikat gebraucht wird.

Sprachlich schlagen sich also die bisher in den Vordergrund gestellten Intentionen Robert Müllers - die politische Standesaufwertung der eigenen Person und Gleichgesinnter bei gleichzeitiger Abwertung von bislang politisch legitimierten Bevölkerungskreisen und der Zugewinn an Gleichgesinnten - folgendermaßen nieder:

Für Gleichgesinnte wird geworben, indem über eine bestimmte Wahl an Benennungen schon vor den eigentlichen Ausführungen an die präexistente Gemeinschaft zwischen Autor und Rezipient appelliert wird. Diese präexistente Gemeinschaft scheint umso verlockender, als die Zugehörigkeit zu ihr mit einer Aufwertung der eigenen Person verbunden ist.

Der Gegner wird durch Benennungen und Charakterisierungen, die ihn seiner Menschlichkeit entkleiden, diffamiert. Er wird zum frei verfügbaren Gegenstand reduziert, indem er ins grammatikalische Abseits gestellt und somit als bloßes funktionales "Sein" abgestempelt wird.

Die eigene Aufwertung erfolgt über Benennungen und Charakterisierungen, die die ganze Breite des Menschen als Möglichkeit direkt ansprechen oder evozieren. Attributive Ergänzungen vermitteln die angesprochenen oder evozierten Teilbereiche des Menschlichen zu einem Ganzen. Die prädikative Verwendung des Verbs "sein" und das Erscheinen als grammatikalisches Subjekt sichern in jedem Falle die Bedeutung des Aussagegegenstandes.

In der Eigenschaft, über "Intellekt" zu verfügen, laufen in dem angeführten Textauszug alle Eigenschaften des "Knaben" zusammen. "Intellekt" erweist sich so als das Zugleich von "staatsmännische(r) Phantasie, instinktive(r) Praxis, Aufopferungsfreude und Ideenkraft" (s.o.). Nach den bisherigen Ausführungen unterliegt es keinem Zweifel, daß sich Robert Müller selbst in diesem Sinne als "Knabe" bezeichnen würde. "Intellekt" wird dergestalt auch zum Bestimmungsgrund der Schreibhaltung, die die "Apologie des Krieges" kennzeichnet. Der Text beginnt wie folgt:

"Der Krieg kommt aus dem Blute in die Welt; Blut ist eigentlich Krieg in tropfbar flüssigem Zustand. Das irgendwie Bestechende am Krieg ist seine Blutigkeit; wo Krieg ist, da ist Blut, aber wo Blut ist, da ist auch Krieg und eins ist die Eigenschaft des andern. Der Mensch ist sein Blut, daher kommt es, daß gutes Blut sich keine Ruhe läßt, den ganzen Menschen, so sein Geschöpf ist, bejaht, aber ihn zu sich, zu Blut, reduziert. Blut macht den Menschen kriegerisch und schwemmt die Erfahrungen des Verstandes, der jede Ruhestörung als höchst unsittlich und unbrauchbar ablehnt, hinweg. (...) Denn wenn das Körperliche vehement wird, ist es Geist, und wenn Tausende in der Schlacht als empirisch wertbare Objekte eingehen,

steht einer siegreich auf - der Mensch."[7]
Auffallendstes Kennzeichen dieses einleitenden Abschnittes ist es, daß sich seine Aussage trotz vieler Wörter in der anfänglichen Setzung der substantiellen Identität von Blut, Krieg und Mensch erschöpft.
Die aufeinanderfolgenden Satzreihen, die u.a. durch ihre Verbindung mit "wo...dann", "daher" und "denn wenn" einen auf Erfahrung beruhenden Gewinn an Erkenntnis zu offerieren scheinen, sind de facto bestenfalls Begriffsexplikationen und erläuternde Variationen des behaupteten Grundverhältnisses.
Müller treibt Sprachspiele, indem er die Bausteine der gesetzten Identität in ihrer (seines Erachtens) akzidentiellen Form gegen- und zueinander wendet. Insofern kann der Schlußsatz des zitierten Abschnittes nicht als die Vermittlung von Erkenntnis, sondern nur als Tautologie gewertet werden.
Den Wirkungsmöglichkeiten dieses Abschnittes tut die Erkenntnis dieses Sachverhaltes freilich keinen unmittelbaren Abbruch, ist sie doch erst über ein Rezeptionsverhalten zu gewinnen, daß der hier vorliegenden Textsorte in aller Regel nicht zuteil wird. Dieser Text wirkt im Sinne des Autors, weil er dem Rezipienten durch den Gebrauch von Argumentations- und Schlußfiguren ein erkenntnishaftes Vorwärtsschreiten suggeriert.

Wie in dem hier eingangs analysierten Textabschnitt, so beruht auch an dieser Stelle ein Gutteil der Wirkung des Textes auf der von Müller getroffenen Wortwahl.
Nicht von einem Krieg, sondern von dem "Krieg" schlechthin ist die Rede, von etwas Ahistorischem also, das deshalb gerade genuiner Bestandteil jeder Geschichte ist. Und dieser "Krieg" entsteht nicht etwa, sondern "kommt (...) in die Welt", wodurch seine Entstehung als Herkunft umgedeutet und in das Assoziationsfeld von Geburt oder extraterristischer Abstammung gerückt wird. "Krieg" gerät so zum Mythos, ebenso wie der Komplementärbegriff ("eins ist die Eigenschaft des andern") "Blut", das nicht allein grammatikalisches Subjekt, sondern auch bewußt aktiver, realer Entscheidungsträger sein kann: Das "Blut" "bejaht" und "reduziert".
"Blut" ist die substantielle Bestimmung des Menschen, und seinem (ihm von Müller unterstellten) Wollen gegenüber ist jede Gegenwehr

zum Scheitern verurteilt. Einer unbezähmbaren Naturgewalt gleich, "schwemmt" das "Blut" alles es Hindernde "hinweg", zumal den Verstand, der als Feind jeder "Ruhestörung", als biedermännisch abqualifiziert und dem (zu bewirkenden) Spott des anvisierten, revoltierenden Rezipientenkreises ausgesetzt wird.
Im Schlußsatz des hier verhandelten Textauszuges vollendet sich Müllers angedeutete Technik, u.a. durch die Wahl der Bezeichnungen und Charakterisierungen Gegenstände und Sachverhalte je nach Intention zu maskieren, zu diffamieren, zu stilisieren oder zu mythisieren.
"Blut" verwandelt sich unter Ausnutzung des zu Gebote stehenden Assoziationsspielraumes in "das Körperliche", repräsentiert dieses zugleich ganz, wird unter der Hand wieder als bewußt aktiver, realer Entscheidungsträger gefaßt und als solcher in "Geist" transformiert. In diesem Aggregatzustand als in der ihm eigentlichen Seinsweise ist "Blut" unvergänglich, und mit ihm der jetzt allerdings nur metaphysisch gefaßte "Mensch", dessen substantielle Bestimmung es ja ist. Daher kann Müller folgern, daß in einem Krieg nichts vernichtet wird, von dem zu Recht behauptet werden könnte, daß es "Sein" habe. Körperliches, nicht "das Körperliche" mag in einem Krieg "eingehen", so wie Pflanzen unter bestimmten Umständen einzugehen pflegen. Was vernichtet wird, sind "empirisch wertbare Objekte", Gegenstände also, die voneinander und von anderen Gegenständen ihrem Wesensgehalt nach nicht mehr unterschieden sind und deshalb auch nicht eigens benannt werden können. Diese behauptete Indifferenz der Gegenstände rechtfertigt den Gebrauch der sinnleeren Bezeichnung "Objekt".
Jedoch ist zu beachten, daß diese Analyse des Schlußsatzes nicht das Erscheinungsbild des Satzes selbst in seiner Unmittelbarkeit verhandelt, sondern die vor der schriftsprachlichen Fixierung festgelegte Aussage des Autors rekonstruiert. Die vorliegende schriftsprachliche Fixierung ist die nach den Intentionen des Autors modifizierte und damit vermittelte Form dieser Aussage.
Eine dieser Intentionen Robert Müllers liegt offensichtlich darin, dem Rezipienten zu verschleiern, daß er gegebenenfalls im Falle eines Krieges eines jener "empirisch wertbare(n) Objekte" ist, dessen "Eingehen" begrüßt oder doch zumindest in Kauf genommen wird.

Müller verschweigt diese Konsequenz, indem er u.a. auf zeit- und rezipientenspezifische Reizworte zurückgreift: "Körperliche(s)", "Geist" und "Mensch" stehen in innerer Verknüpfung auf der positiven, Interesse und Zustimmung findenden Seite, während "empirisch", "wertbar" und "Objekt" als Vokabeln der saturierten Bürger- und Wissenschaftssprache negativ belegt sind und dazu reizen, überlesen zu werden. So wird der Rezipient mit Blick auf die Wahrung der eigenen Existenz in die Irre geleitet und - der Hurra-Patriotismus in allen Klassen und Schichten bei Ausbruch des Ersten Weltkrieges legt dies nahe - zum willfährigen Kanonenfutter der Kriegstreiber.

Betrachtet man abschließend die beiden hier verhandelten Textauszüge aus "Apologie des Krieges" unter stilistischen Aspekten, so ergibt sich folgendes Bild:
Müller bevorzugt mittellange bis lange Sätze, meist alternierend, wobei die längeren Sätze als Explikationen der vorangehenden kürzeren Sätze gesehen werden können. Die Anzahl der verwendeten Substantive übertrifft eindeutig die der verwendeten Verben. Am häufigsten wird das Verb "sein" gebraucht. Unter den Substantiven finden sich eine Reihe von abstrakten Wörtern, wenige Fachausdrücke (und die unter nicht fachspezifischer Verwendung) und nur solche Fremdworte, die in die Umgangssprache Eingang gefunden haben. Die Sätze stehen im Präsens. Aufgrund der angeführten Eigenschaften wirken sie rational, nüchtern und objektiv und beanspruchen für ihre Aussage Allgemeingültigkeit.
Attribute werden meistenteils nur dort eingesetzt, wo das näher zu Bezeichnende aufgewertet werden soll. Die Attribute haben in aller Regel appelativen oder emotionalen Charakter. Sie tragen entscheidend dazu bei, daß die Textauszüge als Ganze auch normative Elemente aufweisen, die mittelbar auf das Handeln, Verhalten und Denken des Rezipienten wirken.
Die Wirkungsmöglichkeiten der angeführten Textauszüge werden dadurch erhöht, daß die jeweilige Grundaussage in wechselnden Formulierungen wiederholt wird.
Die Aussagen der Texte werden nicht an Beispielen explizit veranschaulicht; Veranschaulichung gehört zu den Aufgaben des Rezipienten, die ihm jedoch insofern nahegebracht wird, als Teile der verwendeten Substantive, Attribute und Verben an das Assoziationsver-

mögen appellieren.

Unter Berücksichtigung dieser Ergebnisse erscheint "Apologie des Krieges" als kognitiver Text, der Elemente normativer und appellativer Texte enthält. Unter der eingangs von Robert Müller aufgeworfenen Frage des "Doppelstiles" betrachtet, erweist sich "Apologie des Krieges" als Text, der "ein politisches Geschäft zu befürworten" hat, wenn auch "als Resultat" "das Temperament und innere Feuer des Sprechers (...) stellenweise" (s.o.) durchbricht.

6.2. BOLSCHEWIK UND GENTLEMAN

Wie im Falle von "Apologie des Krieges", werden auch hier zunächst zwei ausgewählte Textauszüge einer Einzelanalyse unterzogen, bevor in einem dritten Schritt generelle stilistische Eigenheiten beschrieben werden.

Bolschewik und Gentleman erscheint im Jahre 1920, mit mehrmonatiger Verzögerung, wie Robert Müller in einem Nachtrag bemerkt. An derselben Stelle heißt es, im Essay sei "das Wesen des bolschewistischen Russenreiches" "angeschaut" und für Deutschland damit "ein Beispiel" und "eine Aufgabe gegeben" worden: Die unmittelbare Verwirklichung des Kulturstaates" als eines "Selbst-Höherrücken, ein Höher eines Subjektes."[8]

Damit sind Gegenstand, Verfahrensweise und Intention dieses Essays umrissen. Gegenstand und Verfahrensweise lassen sich in dem Begriff "Wesensschau" zusammenfassend ausdrücken.

Das Interesse des Autors richtet sich nicht auf die Welt der sinnfälligen Erscheinungen, auf die zahlenmäßigen, prozessualen und faktischen Vereinzelungen, sondern auf das allem Gestalt Gewordenen zugrunde liegende Prinzip oder Wesen.

Dieses Prinzip oder Wesen kann, da weder sinnfällig noch in sonstiger Weise fixiert, nicht unmittelbar erfahren, analysiert und beschrieben werden, sondern ist nur in der "Schau", in einem Akt bildlichen Erfassens und Ausdrückens erkennbar.

Die Absicht des Autors erschöpft sich nicht in der Erkenntnis und Fixierung dieses Prinzips oder Wesens. Als vorbildlich erkannt, soll es zum handlungsleitenden Maßstab für andere, hier für Deutschland, erhoben und als solches dargestellt werden. Daraus ist zu schließen, daß sich der Autor mit diesem Essay nicht an ein Massenpublikum wendet, sondern an die Zahl derer, die als tatsächliche oder mögliche politische und kulturpolitische Entscheidungsträger in Deutschland eingestuft werden. Der Autor wendet sich an ein sachlich vorgebildetes, zum Urteil legitimiertes Publikum.

Der Essay beginnt wie folgt:
"Wir schwanken durch Täler und Pausen zu Gipfeln der Erregung. In Augenblicken tun sich menschliche und politische Abgründe auf: immer wieder haben sie sich in gemütliche bürgerliche Ebenen geglättet. Aber jedes nächste Mal schon ist solch ein Tal tiefer.
Die Entente drückt vom Westen. In einer Art Fluch der Erkenntnislosigkeit provoziert sich dieses Häuflein Regierungen, der schandbare Rest einer mehr verlebten als abgelebten Welt, den berühmten Mückenuntergang an der Flamme des Kriegsruhms.
Vom Osten naht sich der Zyklon mystischer Massenregungen, der Chor der düstersten Stimmen aus der europäischen Seele, die erotische Ausschweifung als Politik, der Aufstand des dumpfen aber rassigen Fleisches gegen den Verstand: eine Welt, in ihrem sozialen Orgasmus von Gustav Meyrink erfunden?
Kohlennot, Lichtmangel, die leere Tischplatte, nirgends Fettflecke, aber dreiste Worte, Paradieseszaubereien der Fingerfertigen von allen Seiten in der Mitte zwischen diesem politisch klügelnden Westen und diesem rauschig sich ergießenden Seelenosten, das ist der erste Bergrutsch zum Chaos."[9]

Der erste Absatz ist durch die Opposition von "wir" und "sie" (die anderen) strukturiert; dieser Opposition entsprechen andere, die die jeweiligen Subjekte und allgemeine Verhältnisse näher bestimmen und veranschaulichen, indem sie in extremer Weise metaphorisch gehalten sind. Die Oppositionen lauten hier Gebirgslandschaft ("Täler" und "Gipfel") vs. "Ebene", "Erregung" vs. Erschlaffung ("gemütlich") und Taumel ("schwanken") vs. Ruhe ("geglättet"). Diese Metaphorik bewirkt, daß das "wir" in seinem Empfinden und seiner Auseinandersetzung mit der Lebenswelt titanenhafte Züge erhält, während die anderen des "sie" in derselben Hinsicht als langweilig, satt und furchtsam erscheinen. Landschaft als Metapher erweist sich als besonders aussagekräftig, da in ihr nicht allein gesellschaftliche und politische Wirklichkeit, sondern auch "Seelenlandschaften", d.h. kulturelle Tendenzen abgebildet werden. So zeichnet Robert Müller in diesem ersten Absatz in wenigen Zeilen (s)ein expressives Bild Deutschlands der unmittelbaren Nachkriegszeit, in dem wesentliche reale Oppositionen des politischen, gesellschaftlichen wie kulturellen Lebens jener Zeit grell und verkürzt enthalten sind. Und es fehlt auch nicht an einer These, wird doch behauptet, daß diese Oppositionen einer Entscheidung zudrängen, die im folgenden als die Wahl zwischen "Westen" und "Osten" bestimmt wird.

Selbstverständlich verhandelt Robert Müller im zweiten Absatz zunächst den "Westen", d.h. die schlechte Wahl, die Deutschland seines Erachtens treffen könnte, um dann im dritten Absatz an vorteilhafterer Stelle umso deutlicher auf die Vorzüge des "Ostens" verweisen zu können.

Der "Westen" wird als Pendant zu den "sie" des ersten Absatzes vorgestellt, erscheint als vollendete Realisation der Eigenschaften und Tendenzen, durch die diese "sie" gekennzeichnet wurden. Müller bewirkt diesen Eindruck, indem er durch die Wahl von Substantiven und Attributen drastischer charakterisiert und verwirft. Wo zunächst noch von "gemütlich" und "bürgerlich" die Rede war, steht nun "schandbar" und "verlebt".
Die Bedeutungslosigkeit dieser Alternative "Westen" wird zusätzlich dadurch hervorgehoben, daß ihre Repräsentanten auf ein "Häuflein" und einen "Rest" zusammengestrichen und gar Insekten ("Mückenuntergang") gleichgestellt werden. Wie Insekten, bereiten sich auch diese Vertreter zielstrebig ("provozieren") ihren eigenen Untergang, und wie bei jenen, ist auch ihr Untergang unvermeidlich, vermögen sie doch nicht einmal die ihnen drohende Gefahr zu erkennen ("Fluch der Erkenntnislosigkeit"). Müller zieht hier also wieder wie in "Apologie des Krieges" Vergleiche zum Tierreich, um den politischen Gegner zu entwerten.
So erscheint der "Westen" moralisch wie politisch disqualifiziert, und Müller steigert diesen Eindruck noch um eine Nuance, wenn er die Selbstgefälligkeit des "Westens" andeutet, der dennoch auf

Deutschland "drückt", sich also selbstbewußt und fordernd aufdrängt. Für sich allein genommen, läßt der erste Satz des zweiten Absatzes in seiner Kürze und Prägnanz den "Westen" als respektable und ernstzunehmende Alternative erscheinen. Umso eindringlicher wirkt die sich erst in einem neuen Satz anschließende Demaskierung dieser Alternative, die unter Verwendung rhetorischer Mittel - Metaphorik, Häufung von Substantiven und Attributen, Beifügung, Gliedsätze - das Legitime der Faktizität des ersten Satzes aufhebt.

Anders als der "Westen", "naht" sich der "Osten", wodurch einerseits die Tatsache des Näherrückens selbst zum Ausdruck gebracht ist, wodurch andererseits aber auch die Weise dieses Näherrückens charakterisiert wird: Nicht selbstgefällig und fordernd, so doch bestimmt, nicht unvermittelt und massiv, so doch unabweislich. Die Verwendung des Verbs "nahen" hier korrespondiert der des Verbs "schwanken" im ersten Absatz, wodurch die innere Verbindung der "wir" dort mit dem "Osten" hier signalisiert wird.
Im Falle des "Westens" legte die Differenz von Anspruch und Wirklichkeit die auch optisch kontrastierende Aufspaltung der Gesamtaussage in zwei Sätze nahe. Da mit Bezug auf den "Osten" Anspruch und Wirklichkeit nicht im Widerspruch zueinander stehen, kann Müller die Gesamtaussage in einem Satzgefüge fassen. Dieses Satzgefüge ist vor allem durch die Häufung von Beifügungen bestimmt.

Als Subjekt dieses Satzgefüges und als Bezeichnung des Ostens steht zunächst "Zyklon mystischer Massenerregungen", eine Metapher also, die in (wechselseitiger) Ergänzung zu der Vagheit des Verbs "nahen" (und vermittelt auch zu der von "schwanken") gebraucht ist. Als Metapher ist sie zum einen der begrifflichen Exaktheit am Anfang der Charakterisierung des "Westens" ("Entente") entgegengesetzt, und sie verweist zum anderen auf die prozessuale Offenheit des "Ostens" (und vermittelt der des "wir").
Der"Osten" kann nicht unmittelbar benannt, sondern nur durch einen Vergleich bezeichnet werden. Müller wählt, wie so oft zuvor, anfangs eine Metapher aus dem Bereich der Natur, hier die des Wirbelwindes. Darin sind die Eigendynamik, die alles mit sich reißende Energie, das Vorwärtsschreiten, das Unbezähmbare und die unerklärte Herkunft ("mystisch") der "Massenerregungen" des "Ostens" auf-

gehoben. Wie bei "nahen" und "schwanken" zuvor, korrespondiert auch die Metapher "Zyklon" den positiv besetzten Landschaftsmetaphern ("Täler" und "Gipfel") des ersten Absatzes und verweisen auf die Nähe der "Massenbewegungen" und des "wir". Zusammengenommen ergeben diese Metaphern das Bild einer Wirklichkeit, die unwirtlich erscheint und die die gestaltend-schöpferische Kraft des titanischen Menschen herausfordert.

Mit der zweiten Bezeichnung der "Massenerregungen" des "Ostens" wählt Robert Müller eine Metapher aus dem menschlichen Bereich. Die Metapher wird durch die beiden syntaktischen Eckpfeiler "Chor" und "Seele" dem Erscheinungsbild wie dem Gehalt nach begrenzt. "Chor" evoziert das Bild eines geschlossenen, so doch mehrstimmigen Ganzen. Eine sakrale Note, die sich durch die Erinnerung an die Bedeutung und Funktion des Chors in der antiken wie christlichen Kulturtradition einstellt, schwingt unüberhörbar mit. Daß dieser "Chor" die "düstersten Stimmen" in sich vereint, ist nicht pejorativ aufzufassen. Hier wird lediglich ein gängiger attributiver Topos aufgegriffen, der in romantisierender Sicht auf die Weite und Unergründlichkeit Rußlands und seiner Menschen verweist. Zudem werden eventuelle Irritationen sofort dadurch aufgelöst, daß diese "Stimmen" als Teile der "europäischen Seele", d.h. als Teile des Autor und Rezipienten gemeinsamen Kulturkreises bezeichnet werden.

"Seele" verstärkt das sakrale Moment, auf das eben hingewiesen wurde, und deutet zugleich auf die Dauerhaftigkeit (Ursprung und Zukunft) und Substanzhaltigkeit dieser "Massenerregungen" hin. Diese erscheinen so als ursprünglichstes Menschsein.

Die dritte Bezeichnung des "Ostens", nämlich "erotische Ausschweifung als Politik", hat eine zweifache Mittlerfunktion. Zum einen leitet sie auf das zentrale Thema "Politik" über, indem der gängige Politikbegriff durch eine schockierend wirkende als-Verbindung vorab in Frage gestellt wird. Zum anderen werden die Massen durch den Hinweis auf Erotik (als geist-sinnlichem Vergnügen) aus den sakralen Höhen von "Seele" in alltäglicheres Menschsein hinab verweltlicht, ein Prozeß, der in der letzten Bezeichnung des "Ostens" als "dumpfe(s) aber rassige(s) Fleisch" vollendet wird.

Müller bewirkt so, daß für den "Osten" das Bild eines ganzheitlichen ("Seele", Erotik, "Fleisch"), titanischen ("Zyklon") Menschen

entsteht, der im Vergleich zum "Westen" alle Vorteile in seiner Hand hat. Dieser "Westen" wird abschließend noch einmal gebrandmarkt, indem er unter der Vokabel "Verstand" zum beschränkten Gegner des "Ostens" und seines ganzheitlichen Menschen erklärt wird.
Robert Müller beschließt diesen Absatz mit einer Frage, die, das möglicherweise noch zweifelnde Interesse des Lesers auf die nun folgenden Ausführungen richtend (eine "erfundene" Welt?), doch auch eigene literarische Ambitionen erkennen läßt, indem die eigene Darstellung des "Ostens" einem schmeichelhaften Fiktionalitätsverdacht (Meyrink) ausgesetzt wird.

Der letzte von mir zitierte Absatz fällt denn auch konkreter aus, ohne freilich auf metaphorische Umschreibungen realer Sachverhalte zu verzichten. Müller spricht beispielsweise nicht von Lebensmittelknappheit, sondern von der "leere(n) Tischplatte", und schieberhaftes Kriegsgewinnlertum wird als "Paradieseszauberei() der Fingerfertigen" vermerkt. Die Dringlichkeit, mit der Deutschland eine Entscheidung zwischen "Westen" und "Osten" herbeiführen muß, wird noch einmal dadurch herausgestrichen, daß das Schreckgespenst des sonst drohenden "Chaos" beschworen wird. Und auch die zur Wahl stehenden Alternativen werden noch einmal blitzlichtartig beleuchtet, hier als "politisch klügelnd", dort als "rauschig sich ergießend" charakterisiert.
So sich selbst den Weg freigeschrieben und den Rezipienten vorgestimmt, setzt Robert Müller den Essay als argumentative, sachbezogene Auseinandersetzung mit den Modellen des "Westens" und des "Ostens" fort. Ein weiterer Textauszug gibt Einblicke in sprachliche und stilistische Art und Weise dieser Auseinandersetzung:

"Es berührt angenehm und kann als weise gelten, wenn wir Lenin, den wir als repräsentative, gleichsam mythische Person, menschliches Symbol, hier anzuführen pflegen, sich mit jenen unleugbar wichtigen Kräften ausgleichen sehen, die eigentlich die Größe der westlichen Zivilisation (...) gefördert haben: alle jenen individuellen, unternehmerischen Energien, die Korsarennaturen, die Raubmenschen; sie sammeln den Honig und man hat ihn beisammen; aus der Ferne betrachtet, können sie auch schön wirken. Auch das Russentum hat in

seinen sibirischen und kaukasischen Helden, man denke nur an
Jermak den Sibirjaken, solche imperialen Naturen gehabt; in der
Zivilisation des Westens aber spielten großzügige Raubinstitute
wie die 'ostindische Kompanie' Englands in Indien und die holländische 'westindische Kompanie', die den Grundstein zu New York
und dem modernen Amerika legte, eine konstruktive Rolle. (...)
Und es ist interessant, wie Charakterzüge dieser großen Wirtschaftseroberer (Robert Clive, Warren Hasting und Cecil Rhodes;
G.H.) gerade in den antikapitalistischen Drachentötern des Bolschewismus sich wiederholen; die großzügige geldliche Waghalsigkeit, die eigentliche Geldverachtung (...) zeichnen das kapitalistische Genie ebenso aus wie das antikapitalistische. Wie sollte
es denn auch anders sein!"[10]

Auffallend ist zunächst die Fülle der Substantive, der Verben und
der attributiv wie adverbial gebrauchten Adjektive, die dieser
Textpassage eine ungemeine Farbigkeit geben. Diese Farbigkeit ist
u.a. dadurch zu einer Komposition gebunden, daß der gesamte Abschnitt faktisch nur aus drei großen Sätzen besteht, die selbst
wiederum durch Beifügungen, Relativsätze, vergleichende Konstruktionen und Einschübe mit Verweischarakter vielfältig gegliedert
sind. Indem jeder der Sätze gleichgewichtig Aspekte des gesamten
Gegenstandsbereiches, des "Westens" wie des "Ostens", verhandelt,
ist die innere Verknüpfung der Sätze gewährleistet und das Ganze
zu einem Bild abgerundet.

Dieses Bild wirkt umso imposanter, als es in verschiedenen Hinsichten immense Erstreckungen in sich vereint: Geographisch geht
es von Amerika über Indien bis nach Sibirien, historisch vom 17.
Jahrhundert bis in die Jetztzeit (Müllers), von Clive über Rhodes
zu Lenin, typologisch von den "Raubmenschen" bis zu den "Drachentötern", von den "Korsarennaturen" über die "Helden" bis hin zu
den "Genie(s)".

Diese Erstreckungen weisen zum einen wiederum darauf hin, daß sich
Müller mit diesem Essay an ein gebildetes Lesepublikum wendet; argumentationsstrategisch haben sie aber ebenso die Aufgabe, das umfassende Wissen des Autors zu dokumentieren und damit die Solidität wie Originalität seiner Betrachtungen unter Beweis zu stellen.

Diese auf Wissen gründende Komplizenschaft zwischen Autor und Rezipient versucht Müller dadurch zu befördern, daß er den Rezipienten mittelbar anspricht ("man denke nur an Jermak den Sibirjaken") und augenzwinkernd an ein beliebiges, doch angeblich wohlvertrautes ("nur") Beispiel erinnert. Der eigentliche Effekt dieser Technik liegt aber darin, daß dieses Beispiel meines Wissens durchaus nicht aus dem allgemeinen Wissensfundus stammt(e), so daß der Leser mit einem Anflug von Beschämung die gründlichere Bildung des Autors anerkennen muß. Müller kalkuliert also an dieser Stelle mit dem psychologischen (Kurz-)Schluß des Lesers, daß ein Mehr an Faktenwissen zwangsläufig mit einem größeren Maß an Urteilsfähigkeit verbunden sein müsse, versucht somit, sich vor allen Urteilen in einen prinzipiellen Vorteil zu setzen.

Wie in "Apologie des Krieges" und dem hier zunächst verhandelten Auszug, zeugt auch der jetzt zur Rede stehende Textteil aus <u>Bolschewik und Gentleman</u> von dem teils herablassenden Selbstbewußtsein und der Gewißheit des Autors.
Vergebens sucht man nach einer Schreibhaltung, die, etwa in der Art Montaignes und seiner Tradition, durch ein "tastendes Suchen nach Wahrheit" und die "probeweise Anwendung dieser Wahrheit"[11] gekennzeichnet wäre. Es fehlt die grundsätzliche Skepsis gegenüber den eigenen Erkenntnismöglichkeiten. Das Ziel liegt nicht darin, die Bewegtheit des Denkens selbst darzustellen, und nur vordergründig kann der Eindruck entstehen, als gehe es Müller darum, im Leser selbst eigenständige Denkbewegungen auszulösen. Durch die verschiedenen verbalen, syntaktischen, stilistischen und kompositorischen Mittel, die bislang nachgewiesen wurden, wird das Denken des Rezipienten der Autorintention nach zu einem bloßen Nachvollzug der vorformulierten oder implizierten Ergebnisse reduziert.

Müller schreibt im Gegensatz zu Montaigne eher wie Francis Bacon, "wie einer, der sich seiner Sache sicher ist und von oben herabblickt."[12] Der Verweis auf andere Autoren, historische Gestalten und Ereignisse dient nicht der Vorstellung von Denkmöglichkeiten, sondern wird als argumentatives, plakatives oder rhetorisches Beweismittel eingesetzt. In ihrer Eigenart, durch die genannten sprachlichen Mittel stark auf die Suggestibilität des Rezipienten zu rekurrieren, kommen sie weltlichen "Predigten"[13] gleich und erinnern damit auch an Emerson.

Doch soll einer abschließenden Kritik der Feuilletonistik und Essayistik Robert Müllers am Maßstab der betreffenden literarischen Tradition an dieser Stelle nicht vorausgegriffen und zunächst der Text selbst weiter beschrieben werden.

Müller äußert, Lenin könne als "weise gelten" und gibt damit ein augenfälliges Beispiel des von mir angesprochenen, herablassenden Selbstbewußtseins. Diese Formulierung wird dadurch zur Anmaßung, daß das Urteil über den Gegenstand in dem sprachlich weitest möglichen Maße in die Subjektivität des Urteilenden zurückverlegt ist. Der Urteilende allein entscheidet über die Gültigkeit ("gelten") der Zuordnung. Auch in der Verwendung des pluralis majestatis an dieser Stelle kommt das Selbstbewußtsein Müllers zum Ausdruck.[14] Diese egotistische Schreibhaltung zieht sich durch den gesamten Satz (und Essay), so wenn Müller gleich im Anschluß formuliert, daß "wir Lenin, den wir (...) anzuführen pflegen, sich (...) ausgleichen sehen". Doch ist zu beachten, daß nur das zweite "wir" eindeutig die Person des Autors meint, wie das Verb ausweist. Das erste "wir" hingegen bezieht als Möglichkeit den Leser mit ein, da das zugehörige Verb auch appellativ gelesen werden kann. Damit wäre gegebenenfalls ein weiterer Beleg für die Versuche Robert Müllers erbracht, eine Komplizenschaft zwischen Autor und Leser zu stiften.

Egotistisch sind diese Formulierungen insofern, als Lenin in seinem Handeln nicht direkt (Lenin gleicht sich aus), sondern nur vermittelt durch das "Sehen" des "wir" ausgedrückt wird. Die Aufgeblasenheit, die in "anzuführen pflegen" steckt, braucht nicht eigens erläutert zu werden.

Müller unterstreicht durch eine wohldosierte Zahl an sprachlichen Signalen die Richtigkeit seiner Beobachtungen und Ergebnisse und versucht so, eventuell keimende Zweifel des Lesers von vornherein zu ersticken: Dinge sind "unleugbar" wichtig, für bestimmte Sachverhalte braucht "man nur an" Beispiel 'X' zu denken, und andere sind von naturgesetzlicher Gewißheit ("Wie sollte es denn...").

Das erste dieser Beispiele erfüllt zudem die Aufgabe, die Ausgewogenheit des Urteils des Autors deutlich zu machen, bezieht es sich doch auf den "Westen", der zu Anfang allerdings in Bausch und Bogen verdammt wurde. Aber gerade weil hier im Nachhinein in einer

Detailkritik auch Gutes über den "Westen" geäußert wird, erweist sich das vorab formulierte negative Gesamturteil als umso bestimmter. Es gewinnt durch das implizite "trotzdem".
Beiläufig sei angemerkt, daß dieses Verfahren Müllers, zunächst ein Gesamturteil zu formulieren und erst dann Detailkritik zu üben, zu der Charakterisierung dieses Essaytypus' insofern beiträgt, als es zeigt, daß Müller Ergebnisse, nicht die Prozessualität des eigenen Denkens liefern möchte.
Die anfangs beschriebene Farbigkeit dieser Textpassage, deren kompositorische Einheit belegt wurde, erscheint im Detail als kontrastreiche Buntheit. Dieser Eindruck wird beispielsweise dadurch hervorgerufen, daß für die Benennung von Gegenständen, Institutionen und Sachverhalten vorwiegend emotionsarme, deskriptive Substantive gewählt werden, während Menschen durch emotionsweckende, metaphernhafte Substantive mit abenteuerhaften, atavistischen und titanenhaften Beiklängen bezeichnet werden (s.o.).

Abschließend ergibt sich also für <u>Bolschewik und Gentleman</u>, im Gegensatz auch zu "Apologie des Krieges", der folgende Gesamteindruck: Robert Müller wendet sich mit <u>Bolschewik und Gentleman</u> an einen bestimmten, durch Verfügungsgewalt, Sachwissen und Lesegewohnheiten vorbegrenzten Rezipientenkreis. Insofern fällt der Text mit Blick auf das verwendete Vokabular und in syntaktischer wie stilistischer Hinsicht deutlich anspruchsvoller aus als "Apologie des Krieges". Der Grund für diese Literarizität von <u>Bolschewik und Gentleman</u> ist aber nicht allein in dem von Müller anvisierten Rezipientenkreis zu suchen, sondern ebenso in dem gewählten Untersuchungsgegenstand: Dieser ist nicht unmittelbar im Sinne sinnlicher Gewißheit oder intellektueller Eindeutigkeit und intellektuellen Gemeinwissens <u>gegeben</u>, sondern erst auf dem Wege der "Schau" zu <u>konstruieren</u>. Nicht das "Bauen aus dem Worte", d.i. der Prozeß der Wirklichkeitserfassung innerhalb eines durch eindeutige Zuordnungsvorschriften gekennzeichneten Systems des Verhältnisses von Zeichen und Gegenstand ist angesagt, sondern das "Wachsen (...) aus dem Worte", d.i. das Schaffen einer neuen Wirklichkeit durch die Eigendynamik der "freischaffende(n) Sprache". Sprache tritt hier also nicht als <u>Abbild</u> von Wirklichkeit auf, sondern als Vorbild. Sprache ist Sein, natura naturans und natura naturata in einem, und nichts ist ohne sie und eigenständig außerhalb ihrer Bezüge von Zeichen. In diesem Sinne ist Bolschewik und Gentleman Dichtung, unbeschadet der Intention des Autors, vor allem auch ein "politisches Geschäft (...) befürworten" zu wollen. Politische Publizistik und literarische Utopie, "bauende Logik" (Kompositionsprinzip) und "schaffende Vision" (Gegenstand), Prosa und Poesie fallen in eins. Der "Doppelstil", sprachlicher Ausdruck ler Trennung der "beiden Seiten der menschlichen Gesamtseele", ist das Charakteristikum von Bolschewik und Gentleman.

"Apologie des Krieges" und Bolschewik und Gentleman wurden als repräsentative Beispiele der Feuilletonistik und Essayistik Robert Müllers unter literarischen Gesichtspunkten vorgestellt. Literarhistorisch wurde durch den Verweis auf Montaigne, Bacon und Emerson bereits ein erster, grober Bezugsrahmen erstellt. Es gilt nun, diese näher zu bestimmen.

Haas verweist darauf, daß sich der Essay weitestgehend einer definitorischen oder auch nur deskriptiven Erfassung entziehe und daß der kleinste gemeinsame Nenner der als Essay bezeichneten Texte einzig in der "Freiheit vom System" und in der "geistigen Exclusivität als Erwartungshorizont" liege. Und Max Bense hält fest: "Essayistisch schreibt, wer experimentierend verfaßt, wer seinen Gegenstand nicht nur hin und her wendet, sondern diesen Gegenstand während des Schreibens, während der Bildung und während der Mitteilung seiner Gedanken findet oder erfindet, betastet, prüft, durchreflektiert und zeigt, was unter den ästhetischen und ethischen, manuellen und intellektuellen Bedingungen des Autors überhaupt sichtbar werden kann."[15]

Legt man diese Äußerungen zugrunde, dann kann die Mehrzahl der nicht-fiktionalen Texte Robert Müllers, wie "Apologie des Krieges" und Bolschewik und Gentleman zeigen, als Essays bezeichnet werden. Dies gilt umso mehr, wenn zudem die auf die erkenntnistheoretische Struktur essayistischer Texte gerichtete Beobachtung Adornos hinzugezogen wird, daß der Essay nicht unlogisch sei, sondern nur die Gedanken "anders als nach der diskursiven Logik" entwickele: "Weder leitet er aus einem Prinzip ab noch folgert er aus kohärenten Einzelbeobachtungen. Er koordiniert die Elemente, anstatt sie zu subordinieren; und erst der Inbegriff des Gehalts, nicht die Art von dessen Darstellung ist den logischen Kriterien kommensurabel".[16]

Besonders <u>Bolschewik und Gentleman</u> kann außerdem für einen weiteren Beschreibungsversuch Benses, den, dem Essay ein "Konfinium" zuzuweisen, an welchem Poesie und Prosa gleichen Anteil haben, als bemerkenswertes Beispiel dienen. In diesem Essay lösen sich in der Tat die Grenzen zwischen Dichtung und Nicht-Dichtung auf; er ist "Ausdruck eines ästhetischen Stadiums" und verweist auf den Essayisten Müller als (freilich problematischen) Ethiker.

Mörchen hat darauf verwiesen, daß durch die Entwicklung zur Massengesellschaft den "bürgerlichen Autoren während der zwanziger Jahre bei dem Versuch, neue politische Inhalte einem neuen Publikum zu vermitteln, die traditionelle Form des Essays problematisch" und das der "Publikumsbezug" von entscheidender Bedeutung geworden sei.[17] "Ästhetisch" bestimmten Essays, die auf das Bildungsbürgertum und die literarisch gebildete "Oberschicht" zielten, seien "publizistisch" orientierte Essays, die die Masse zu erreichen suchten, zur Seite gestellt worden. In <u>Bolschewik und Gentleman</u> und "Apologie des Krieges" wird diese Typologie bestätigt, freilich mit der Einschränkung, daß sich diese Typologie am "Doppelstil" der Texte gemessen nur als Modell mit Tendenzcharakter erweist. Wie im Falle des Gehaltes der Texte, sitzt Müller auch unter literarischen Gesichtspunkten zwischen den Stühlen. Diese exakter zu reihen, kann hier nicht geleistet, so doch aufgrund der verhandelten Texte vorgeschlagen werden.

7. ZUSAMMENFASSUNG.
ROBERT MÜLLER UND DIE "ZERSTÖRUNG DER VERNUNFT".

In diesem Kapitel werden die Ergebnisse der Kapitel 2 - 6 resümiert. Dabei geht es um eine ideologie- wie literaturgeschichtliche Einordnung Robert Müllers in das s.g. expressionistische Jahrzehnt.

Von Anbeginn ist Robert Müllers gesellschaftspolitisches Denken durch die Absicht bestimmt, einen neuen Menschentypus zu schaffen. Diese Absicht entsteht aus der Ansicht, daß der zeitgenössische Mensch durch die ausschließliche Konzentration auf ökonomische Fragestellungen "kulturlos" geworden sei und nicht länger gemäß seinen "blutbestimmten" Anlagen lebe. Indem der Mensch nur noch der Ratio und dem ökonomisch-technischen Fortschritt huldige, habe er das Leben "entidealisiert".
Der ökonomisch-technische Fortschritt habe zudem zu einer "Blutsverschlechterung" der Menschheit geführt, da immer mehr "Schwache" überlebten und sich vermehrten.
Robert Müller setzt dem "ratio-fizierten" Menschen sein Ideal eines gesamtheitlich entwickelten Menschen gegenüber, eines solchen, der durch sein "Blut" bestimmt alle gegebenen Anlagen in der ihnen eigenen Weise auslebt. Die näheren Bestimmungen, in denen Müller diesen neuen Typus konkretisiert, verändern sich jedoch im Prozeß wechselnder Konzeptionsbildungen.
M.E. läßt sich dieser Prozeß politischer Konzeptionsbildung in vier Phasen untergliedern, die allerdings nicht als beziehungsloses Nebeneinander gesehen werden dürfen, sondern sich an ihren End- bzw. Anfangspunkten überschneiden. Inhaltlich, nicht zeitlich, würde man also besser von Tendenzen sprechen.
Die erste Phase erstreckt sich von 1912 bis etwa Mitte des Ersten Weltkriegs und endet mit dem Essay _Österreich und der Mensch._ _Eine Mythik des Donau-Alpenmenschen_ (1916). Diese Phase ist dadurch gekennzeichnet, daß der "Neue Mensch" mit dem "Germanen" gleichgesetzt wird. Die hervorstechendsten Merkmale dieses "Germanen" sind seine kriegerische Natur und sein "Wille zur Macht".

Als prototypische "germanische" Nationen und Staaten gelten Österreich und Deutschland, doch sind ihm in Österreich (für Deutschland fehlen vergleichbare Angaben) allein der Geburtsadel und das Herrscherhaus vollwertig "germanisch".
Das "Germanische" als Prinzip ist für Müller vor allem dadurch bestimmt, daß es die Ungleichwertigkeit der Menschen betont und eine analoge politische wie gesellschaftliche Organisierung favorisiert. Es ergeben sich folgende politische Grundsätze und Forderungen:

In staatspolitischer Hinsicht ist der Rassegedanke bedeutsamer als der Nationalgedanke. Österreich und Deutschland, in ihren politischen Repräsentanten als "germanische Rassestaaten" ausgewiesen, haben nicht allein eine größere Daseinsberechtigung als andere Nationen und Staaten, sondern sind dazu aufgerufen, diese anderen Nationen und Staaten durch eine umfassende "Germanisierung" zu "beglücken". Robert Müller ruft zum Krieg Österreichs und Deutschlands gegen die Welt auf, kleidet diesen Aufruf allerdings in die zeittypische Behauptung, das "Germanische" werde von anderen Rassen und Nationalitäten bedroht und müsse sich wehren.
Doch soll es nicht allein das Ziel dieses Krieges sein, die Welt zu "germanisieren". Durch diesen Krieg sollen vor allem auch jene Rohstoffquellen und Handelswege erschlossen werden, die in Österreich und Deutschland eine rapide zivilisatorische Entwicklung und in Folge davon eine alleinige Konzentrierung auf kulturelle Fragestellungen möglich machen. Allerdings folgen der "Neue Mensch" und eine ideale Kultur nicht zwangsläufig aus der erstrebten "Höchstzivilisation". Es bedarf politischer wie moralischer Instanzen, die genügend Einfluß haben, um die gewünschte Entwicklung zu befördern. Robert Müller argumentiert für eine streng hierarchisch gegliederte politische Ordnung, die nur wenigen realen politischen Einfluß gewährt. Diese wenigen sind diejenigen, die als prototypische "Germanen" gelten oder doch wenigstens den "germanischen" Gedanken teilen und befördern. Robert Müller fordert die Beibehaltung des monarchischen Prinzips und die Ausschaltung aller plebiszitären Elemente. Mit Österreich und Deutschland zieht er bei vermeintlich gleicher Zielsetzung in den Ersten Weltkrieg.
Als zweite Phase der politischen Theoriebildung Robert Müllers

können die Jahre zwischen 1916 und dem Beginn der revolutionären Ereignisse in Deutschland gelten. Sie ist dadurch charakterisiert, daß sich Müller jedes aktuellen politischen Urteils enthält und jede direkte zeitbezogene politische Forderung unterläßt. Seine politischen Stellungnahmen haben eine sehr allgemeine Form. Diese Phase ist durch eigene Kriegserlebnisse und den objektiven Kriegsverlauf vorbereitet.

Schon in Macht. Psychopolitische Grundlagen des gegenwärtigen Atlantischen Krieges (1915) deuten sich konzeptionelle Änderungen an. Der "germanische" Gedanke wird dort durch den "deutschen" Gedanken ersetzt. Damit bringt Müller erste Zweifel an der Lauterkeit der Kriegsziele Österreichs und Deutschlands zum Ausdruck. Zudem macht der Kriegsverlauf deutlich, daß die eigenen, vor Kriegsbeginn formulierten außenpolitischen Zielsetzungen nicht erreichbar sind. Müller gesteht dies explizit nicht ein, doch steht dies implizit als Einsicht hinter den Äußerungen der Jahre 1916 - 1918. Dem Buchstaben nach steht er, zumindest in den Grundanschauungen, zu seinen Entwürfen der ersten Phase.

Mit dem Zusammenbruch Österreichs und Deutschlands und dem Beginn der revolutionären Ereignisse in Deutschland sind Robert Müllers weltpolitische Zielsetzungen und die ihnen entsprechenden politischen An- und Einsichten unwiderruflich widerlegt. Die dritte Phase seines politischen Denkens setzt ein. Sie ist durch die Auseinandersetzung mit den neuen politischen Gegebenheiten in Österreich und Deutschland und durch die Diskussion sozialistischer Gesellschaftsmodelle bestimmt. Müller lehnt zu diesem Zeitpunkt die Erbmonarchie als legitime Staatsform ab. Die revolutionären Ereignisse werden als Befreiung von "öden Monarchismen" begrüßt. Es ist charakteristisch, daß Müller diese revolutionären Ereignisse nicht als Folge ökonomischer, sozialer und politischer Veränderungen begreift und darstellt, sondern sie als Ausdruck psychologischer Grunddispositionen des "Deutschen" interpretiert. Als ein solcher Ausdruck sind sie ihm in nichts von den Kriegsereignissen unterschieden, die auch als Ausdruck der "deutschen Seele" ausgelegt wurden.

Indem Robert Müller an einer psychologisch-anthropologischen Ausdeutung historischen Geschehens festhält und damit jedem historischen Ereignis die ihm stets eigene Qualität abspricht, ist ihm die Möglichkeit gegeben, an bestimmten politischen Forderungen der Vorkriegszeit festzuhalten.

Zu den wesentlichsten Forderungen gehörte, daß es einer Elite vorbehalten bleiben müsse, das politische Leben zu gestalten. Dies wurde damit begründet, daß weder das "Volk" noch die "Masse" in der Lage seien, "geistgerechte" Politik zu treiben. An diesem Grundsatz hält Müller fest. Er fordert die Herrschaft der "Geistigen". Diese "Geistigen" werden aber nun nicht länger mit einer bestimmten Gesellschaftsklasse identifiziert oder ethnologisch definiert. Müller läßt es offen, was den "Geistigen" auszeichne, und verweist nur auf einige Namen und künstlerische Entwicklungen. Entschieden wendet er sich gegen demokratische Bestrebungen. Er plädiert für eine "Kammer der Geistigen" als oberste politische Instanz. Der imperiale Gedanke, der die Konzeptionen der Zeit vor 1918 wesentlich prägt, tritt zunächst in den Hintergrund und wird erst mit einer zunehmenden Konsolidierung der deutschen Verhältnisse wieder aufgegriffen.

Im Wirtschafts- und Sozialbereich tritt Müller für Sozialisierung und Kommunisierung ein. Das aber bedeutet nicht, daß er sich etwa einer der sozialistischen oder kommunistischen Gruppierungen oder Parteien anschließt. Am Maßstab des "Geistes" gemessen sieht er keine Unterschiede zwischen diesen Gruppierungen und Parteien und denen des Kaiserreichs; die "nationalversammelte" Republik gleicht dem Deutschland Wilhelms II. Diese Phase schließt mit dem Essay <u>Bolschewik und Gentleman</u>. In den "Bolschewisten" und ihren politischen Leistungen sieht Müller erstmals "aktivistisches" Denken in großem Stil verwirklicht.

Allerdings liefert er in diesem Essay keine Analyse des historischen Bolschewismus. Bezeichnend ist seine Ansicht, daß am Anfang der russischen Revolution nicht die bolschewistische Bewegung, sondern der "bolschewistische Mensch" gestanden habe. Dieser "bolschewistische Mensch" könne in allen Zeiten nachgewiesen werden; er sei der Mensch des "élan vital".

Robert Müller behauptet, das wesentliche Streben des "Bolschewismus" richte sich nicht auf eine neue kommunistische Wirtschafts-

und Sozialordnung, sondern auf die Entwicklung eines "neuen Menschen" und einer neuen Kultur, die von allen "materiellen Einflüssen" befreit sein werde. Er fordert, daß die "neue Kultur" und der "neue Mensch" notfalls auch gegen alle Vernunftgründe, d.h. vor allem auch gegen alle wirtschaftlichen Erwägungen durchgesetzt werden müßten. Eine solche Politik betreibt seiner Ansicht nach der russische "Bolschewismus". Das gibt ihm die Gelegenheit, wieder stärker (kultur-) imperialistische Zielsetzungen zu verfolgen. Im Osten, so Müller, könne der "Deutsche" "der Geistadel einer Hemisphäre werden" (s.o.).

Schließlich die vierte Phase: in ihr geht es Robert Müller ganz um die Begründung einer eigenen Theorie des "Aktivismus". In "Der Aktivist" werden zwei "Aktivismus"-Konzeptionen typologisch unterschieden: zum einen die R. Müllers selbst, die das "laisser faire gegenüber der Natur" zu ihrem Prinzip erhebt, und die Kurt Hillers, die sich ganz der Ratio verpflichtet glaubt. Die "schöpferische Willkür" wird gegen den planenden Intellekt gestellt.
Der Dialog "Der Kreis Des Aktivismus" ist die umfassendste Selbstdarstellung Robert Müllers. Ein konsequenter Nihilismus wird zum Grundprinzip erhoben. Jede Erkenntnis ist Setzung, jede Bejahung "bewußte Zeugung" oder "Kunstwerk". Zwischen den Setzungen wird keine Widerspruchsfreiheit gefordert. Alle Setzungen werden als Ausfluß der "großen anonymen Wirklichkeiten der Natur" aufgefaßt und die Natur als ens perfectissimum gesetzt. Es ist das Ziel, diese ideale Natur in einer idealen Gesellschaft mit naturbelassenen, ganzheitlichen Menschen zu wiederholen.
Politisch ausgedeutet impliziert das für Müller, daß alle wesentlichen menschlichen Äußerungs- und Organisationsformen - genannt werden Kapitalismus, "Kommunismus", Katholizismus und Monarchismus - in einer künftigen Gesellschaft vorhanden sein müssen.

Die Einsicht in das hier Vorgetragene ist nach Ansicht Müllers freilich nur wenigen Menschen vorbehalten. Von ihnen, den "Geistigen" allein kann erwartet werden, daß sie die entworfene ideale Gesellschaft erstreben und auch realisieren. Die Forderung nach einer Herrschaft des "Geistes", nach einer "Geistes-Monarchie" wird bekräftigt. Sie gipfelt in der Ansicht, daß es ein legitimes

Ziel der "Geistigen" sei, weltweite Macht zum Zwecke der "Zähmung" und "Zucht" der Menschheit auszuüben.

Vergleicht man Robert Müller und Kurt Hiller, dann ist festzuhalten, daß Hillers Äußerung, Müller sei sein "österreichischer Zwilling" gewesen, mehr als ein sentimentaler Rückblick denn als sachlich angemessene Feststellung beurteilt werden muß. Die sachlich-politischen Gemeinsamkeiten zwischen Kurt Hiller und Robert Müller führen nicht über z.T. gleiche Wortwahl, vergleichbare Strukturelemente und gemeinsame Sympathiebekundungen für Einzelnes hinaus. Schlagwortartig ließen sich die Gegensätze etwa so fassen:
Robert Müller ist aggressiver Nationalist, Kurt Hiller pazifistischer Internationalist. Während sich Müller in der Vorkriegszeit und im Verlauf des Krieges auf die Seite der gesellschaftlichen und politischen Reaktion stellt und mit ihr - wenn auch aus anderen Motiven - imperialistische Zielsetzungen teilt, ist Kurt Hiller von allem Anfang an auf die Überwindung des reaktionären wilhelminischen Deutschland bedacht.
Die revolutionären Ereignisse 1918/19 führen zu Annäherungen. Beide gehen davon aus, daß der Zusammenbruch Österreichs und Deutschlands zu einem Machtvakuum geführt habe, in dem die Übernahme der politischen Macht durch die "Geistigen" möglich werde. Und beide kommen in der Ablehnung der politischen Folgeerscheinungen der Revolutionszeit überein. In dieser Zeit finden sich auch zu ökonomischen und sozialen Fragestellungen vergleichbare Äußerungen. Doch dann trennen sich die Wege wieder.
Kurt Hiller bemüht sich weiter um die Formulierung eines "geistgerechten" politischen Modells für Deutschland und um Fragen internationaler Friedenssicherung, während sich Robert Müller wieder zusehends der Frage zuwendet, wie "Deutsches über die Welt kommen" könne.
Diese genannten Entgegensetzungen dürfen nicht darüber hinwegtäuschen, daß sich das Denken Robert Müllers und Kurt Hillers in erkenntnistheoretischer, ontologischer und struktureller Hinsicht in weiten Teilen gleicht. Beiden Denkformen liegt die Polarität von "Masse" und herausragendem Einzelnen zugrunde. In beiden

Denkmodellen wird das Ziel formuliert, über eine Alleinherrschaft weniger herausragender Individuen zu einem "neuen Menschen" und einer "geistgerechten" Gesellschaftsordnung zu gelangen. So kann als wesentlichste Gemeinsamkeit der Elitegedanke oder, in negativer Fassung, der Antidemokratismus gelten.

Zum Abschluß meiner Diskussion Kurt Hillers sagte ich, daß seine Konzeption einer "geistgerechten" Gesellschaft in ihren Denkvoraussetzungen und in Teilen ihrer Forderungen in zweideutiger Nähe zu totalitären Denk- und Gesellschaftssystemen steht und sich so einer möglichen, wenn auch ungeliebten Indienstnahme nicht gänzlich entziehen kann. Das gilt in ungleich stärkerem Maße auch für Robert Müller. Seine Gesellschaftskonzeptionen sind durch die Ablehnung aller Demokratisierungsbestrebungen, durch rassistische und nationalistische Vorurteile, durch ein irrationales, naturhaft ungeschichtliches Wertesystem und durch die Absicht, die menschlichen Primärbeziehungen der vorindustriellen Zeit wieder herzustellen, geprägt. In diesem Sinne geben diese Konzeptionen vor, in alte, vorindustrielle Lebensweisen zurückzuführen; sie erscheinen als Revolution gegen die bürgerlich-industrielle Gesellschaft. Zugleich aber fordern diese Konzeptionen die forcierte Weiterentwicklung von Wissenschaft, Technik und staatlicher Organisation, letztlich also die Perfektionierung der menschlichen Sekundärbeziehungen. Damit sind wesentliche Kennzeichen faschistischer Konzeptionsbildung gegeben.[1]

Den Nachkriegstexten Robert Müllers sind die angeführten Kennzeichen faschistoiden Denkens nicht in vergleichbarer Häufung zu entnehmen. Rassistische und nationalistische Vorurteile werden abgebaut, und an die Stelle eines Wertesystems mit ausschließlicher Fixierung auf mythologisch Vorzeitliches tritt eine Wertetheorie, die die "schöpferische Willkür" zum obersten Prinzip erklärt und somit nur eine formale Bestimmung leistet. Doch macht Müllers Stellung zur "Zivilisation" in "Thomas Mann, Frankreich, Aktivismus" deutlich, daß ein wesentliches Merkmal faschistoider Konzeptionsbildung erhalten bleibt: als Zweck wird die bürgerlich-hochindustrialisierte Gesellschaft abgelehnt; das Mittel aber ihrer Überwindung ist diese bürgerlich-hochindustrialisierte Gesellschaft selbst.

Hermann Lübbes Charakterisierung der politischen Philosophie Deutschlands um 1914 und Wilhelm Krulls Verweise auf die Kriegseuphorie bei Kriegsausbruch zeigen, daß Robert Müller keinesfalls als abseitiger Einzelgänger gesehen werden darf. Seinen Antidemokratismus und Antiliberalismus, seine Umdeutung des Revolutionsbegriffs und des Begriffs "Barbar", seinen Glauben an die weltweite Missionsaufgabe des "Germanen" und seine "Apologie des Krieges" teilt er mit einer beinahe unbegrenzten Zahl zum Teil namhafter und noch heute hochgeschätzter bürgerlicher Intellektueller und Wissenschaftler. Er ist im schlechten Sinne zeittypisch.

Das gilt nicht in gleichem Maße für die Entwicklungen während der Kriegsjahre. Robert Müllers Antimilitarismus ist die Zurückweisung des Krieges als dem "heute unzulängliche(n) und unlogisch-unpraktische(n) Mittel", folgt also aus historisch-taktischen, nicht aber aus sittlich-prinzipiellen Gründen. Im Gegenteil sprechen gerade "physische und sittliche" Gründe für ihn für die ungebrochene Hochschätzung der "kriegerischen Tugenden".

Über die Kriegsjahre hinaus hält er an den antidemokratischen und antirepublikanischen Überzeugungen der Vorkriegsjahre fest. Als Aktivist distanziert er sich von zeitgenössischen monarchistischen, anarchistischen, sozialistischen und demokratischen Bewegungen und parteipolitischen Gruppierungen. Tendenziell favorisiert er Strukturelemente des politischen Totalitarismus, in die er freilich Forderungen nach sozialen Meliorisationen aufnimmt.

Sein Verhältnis zu den unter der "Zerstörung der Vernunft" zusammengefaßten Ideologien Nietzsches, der Rassentheorie und des Sozialdarwinismus läßt sich folgendermaßen bestimmen:
Mit Nietzsche teilt Robert Müller eine Fülle von Merkmalen und Überzeugungen, u.a. im moralischen Bereich die Betonung des sittlichen Wertes der Instinkte, in der Anthropologie die Ablehnung der "Seelen-Gleichheits-Lüge", im Geschichtsbild das Verwerfen des Fortschrittsgedankens als eines immanenten Prinzips, daraus folgend eine politische Theorie, die in den Schlagworten Anti-Demokratismus, Elitarismus und Imperialismus zusammengefaßt werden kann und die "Züchtung" eines "Neuen Menschen" zum Ziel hat,

mit Bezug auf erkenntnis- und wissenschaftstheoretische Prinzipien einen radikalen Subjektivismus, der sich als "Mythisierung aller naturwissenschaftlichen Kategorien", als Systemfeindlichkeit und Agnostizismus niederschlägt, und schließlich im Formalen die Häufung essayistischer und aphoristischer Aussageformen und den Hang zu "hyperrevolutionären Gesten", die als adäquate Darstellungsweisen des mythischen, wissenschaftsfeindlichen und utopistischen Gehaltes gewertet werden können.

Von Gobineau übernimmt Robert Müller das Prinzip, Geschichte als die Abfolge von Rassenkämpfen zu betrachten. In ihren Überlegungen zur Genesis der Kunst kommen beide zu identischen Ergebnissen: Ohne die Zugabe der "sinnlichen Veranlagung" der "schwarzen Rassen", d.h. ohne Rassenmischung kann keine wahre Kunst entstehen. Wie Gobineau, so hält auch Robert Müller an der katholischen Kirche als gesellschaftsbildender Kraft fest, jedoch aus anderen, politisch-strukturellen Gründen.

Robert Müllers mehrfache direkte Kritik am Geschichtspessimismus Senglers zeigt, daß er hier über Gobineau hinausgeht, indem er einem resignativen Fatalismus den optimistischen Züchtungsgedanken einer elitaristischen Gesellschaftsordnung gegenüberstellt.

Doch bleibt dieser Geschichtsoptimismus wie der Gobineau'sche Pessimismus unbegründet, erwächst er doch aus einer wissenschaftsfeindlichen, bestenfalls pseudowissenschaftlichen "intuitionistische(n) Apodiktizität". Lukács sah darin eine wirkungsgeschichtliche Grenze Gobineaus, ein Argument, das in gleicher Weise für Robert Müller Gültigkeit hat.

Mit den Sozialdarwinisten setzt Robert Müller ein Primat der "germanischen Rasse" über alle anderen, und wie sie, so betont auch er, daß "die nordische Rasse (...) die geborene Trägerin der Weltzivilisation" sei. Sieht man von der frühen Phase (ca. 1912 - 1915), in der die "germanische" Rasse mit dem historischen Adel identisch gesetzt wurde, ab, dann formuliert auch Robert Müller die Ideologie der zeitgenössischen imperialistischen deutschen Bourgeoisie. Seine Kritik am Kapitalismus geht über die Verteidigung der Standesinteressen der bürgerlichen Intelligenz nicht hinaus. Robert Müller ist kein Antikapitalist, er hofft vielmehr, durch eine Perfektionierung des Kapitalismus, durch eine "geistgerechte" Verwendung der "kapitalistischen Energien" diesen dergestalt 'überwinden' zu können, daß er als "Unterbewußtes" eines sich darüber erhebenden "Musikstaates" bedeutungslos wird.

H. St. Chamberlain und Robert Müller haben die Verschmelzung von Lebensphilosophie (Irrationlismus und Intuitionismus) und "imperialistisch erneuerte(r) Rassentheorie" gemeinsam.

Ihre wichtigste Differenz besteht in der Beurteilung der historischen wie aktuellen Bedeutung des Judentums. Chamberlains Antisemitismus, der im Nationalsozialismus in der konsequenten physischen wie intellektuellen Vernichtung des Judentums endet, wird so von Robert Müller nicht getragen. An der Dominanz der "germanischen Rasse" gibt es für ihn keinen Zweifel. Aber mit derselben Gewißheit konstatiert er die Ergänzungsbedürftigkeit dieser "Rasse" und nennt in diesem Zusammenhang zuvorderst die unentbehrlichen Eigenschaften der "jüdischen Rasse".

Robert Müller ist Rassist, und in seiner gesellschaftspolitischen wie anthropologischen Utopie haben alle Völker allein die Aufgabe, die "germanische Rasse" ergänzend zu fördern. An dem faschistoiden Gehalt dieser Konzeption gibt es keinen Zweifel.

Ich halte es für wahrscheinlich, daß sich Robert Müller, hätte er länger gelebt, zeitweilig auf die Seite der Faschisten geschlagen hätte. Ebenso wahrscheinlich aber erscheint mir, daß er wie Rutra, wie Hiller (der immerhin überlebte) und viele andere "Zerstörer der Vernunft" das Opfer der Prinzipien der eigenen Ideologie geworden wäre.

8. SCHLUSSBEMERKUNG.
DIE EXPRESSIONISMUSFORSCHUNG UND ROBERT MÜLLER:
EINE PROBE AUFS EXEMPEL.

8.1. DIE EXPRESSIONISMUSFORSCHUNG.

Die Expressionismusforschung ist seit Werner Mahrholz gegen Ende der zwanziger Jahre vielfältige Wege gegangen. Es gab form- und stilgeschichtliche Untersuchungen, Arbeiten mit ideengeschichtlichen, literatursoziologischen und ideologiekritischen Fragestellungen und solche, die den Expressionismus über eine Sozialgeschichte der Literatur zu definieren suchten.
An dieser Stelle käme einer umfassenden Darstellung der Geschichte der Expressionismusforschung kein funktionaler Stellenwert zu. Ich verweise auf die Arbeiten von Richard Brinkmann und Jan Knopf. Dennoch soll die bisherige Forschung in den jeweils zentralen Thesen skizziert und in ihren Ergebnissen an Robert Müller überprüft werden.
Jost Hermand faßt die bisherige Forschungssituation im Expressionismus-Band der Epochen deutscher Literatur folgendermaßen zusammen:
"Doch so hanebüchen manche dieser Urteile auch klingen mögen, erstaunlicherweise treffen sie alle auf irgendeine Weise zu. Der 'Expressionismus' ist nun einmal ein höchst komplexes Gebilde, das sowohl künstlerisch als auch weltanschaulich nur schwer auf einen Nenner zu bringen ist."[1]
In diesem Urteil wird nicht allein auf die Disparatheit der bisherigen Forschung, sondern auch auf die ihres Forschungsgegenstandes verwiesen. Was "Expressionismus" sei, ist ohneweiteres offensichtlich nicht auszumachen.
Sechs mögliche Verwendungsweisen des Terminus haben die bisherige Forschung bestimmt:
Peter Uwe Hohendahl und mit ihm andere stellen fest: "Wir beschränken uns (...) darauf, den Terminus 'Expressionismus' als einen bloßen Namen für eine Epoche der deutschen Literaturgeschichte zu be-

trachten, und entschließen uns, von einer inhaltlichen Fixierung abzusehen (...). Ihr (meint diese Entscheidung; G.H.) Vorteil scheint uns (...) zu sein, daß sie (...) die sachlichen Probleme nicht durch die Frage der Kennzeichnung vorbelastet (Hervorhebung von mir; G.H.)."[2]

Walter H. Sokel hebt einzelne Aspekte als dominant heraus und bestimmt den Terminus "Expressionismus" inhaltlich:
"Unter der Oberfläche der stilistischen Vielfalt findet sich im Expressionismus eine geistige Einheitlichkeit (Hervorhebung von mir; G.H.)", die "Subjektivismus" genannt wird.[3]

Wolfdietrich Rasch bestreitet, daß ein innerliterarisches Phänomen dazu berechtige, von "Expressionismus" als einem spezifischen Phänomen zu sprechen: "Sobald man die Einheit des Expressionismus von einer gemeinsamen Gesinnung und Thematik her zu fassen sucht, wird klar, wie mit solchen Bestimmungen nicht allein die Dichtung seit 1910 bezeichnet wird, sondern das ganze literarische Jahrhundert seit Nietzsche und der Wende um 1890 (Hervorhebung von mir; G.H.)."[4]

Klaus Kändler sieht im Expressionismus eine abgrenzbare Stufe innerhalb der bürgerlichen Ideologiegeschichte:
"Die grundsätzliche Erneuerung der Gesellschaft wird erst in einigen Dramen des Expressionismus proklamiert. Auch ihre Schöpfer sind in bürgerlichen Ideologien befangen. Statt realer geschichtlicher Perspektiven bieten sie subjektiv-idealistische Utopien. Doch den Gedanken an bloße reformerische Verbesserung der alten Gesellschaftsordnung haben sie verabschiedet. Und unter diesem ideologiegeschichtlichen Aspekt sind solche Werke als Teil der Vorgeschichte der sozialistischen Dramatik in Deutschland zu betrachten (Hervorhebung von mir; G.H.)."[5]

Paul Raabe weist auf die Dominanz bestimmter Textsorten hin und sieht darin das typisch "Expressionistische":
"Aufs Ganze gesehen aber war die Literatur stärker als die Dichtung. Es war die große Zeit der Programme und Manifeste, der Auf-

rufe und Konfessionen (Hervorhebung von mir; G.H.)."[6]

Roy F. Allen versucht schließlich, über die Besonderheiten des literarischen Lebens zwischen 1910 und 1920 die Einheit dieses Zeitraumes zu begründen:
"If we wish to account for the unity which a certain body of writers were alluding to when they called themselves 'Expressionists' (...), then <u>we must search for a unity on an alternative level to that of style and themes</u> (Hervorhebung von mir; G.H.)."[7]
Allen begreift den "Expressionismus" als "Bewegung", als "the concentrated activities of an organized group or groups of individuals working or tending towards some goal in behalf of that same literature."[8]

Keine dieser Verwendungsweisen des Terminus "Expressionismus" hat sich forschungsgeschichtlich gegen jeweils andere eindeutig durchsetzen können. Das liegt zum einen an dem gattungsmäßig geschiedenen Material, das in den jeweiligen Untersuchungen herangezogen wurde (die keinen einheitlichen Literaturbegriff haben), zum anderen an den unterschiedlichen wissenschaftstheoretischen Voraussgaben. Diese können an dieser Stelle als solche nicht diskutiert werden, wohl aber ist es möglich, ihre Erkenntnisleistung am Beispiel Robert Müllers zu überprüfen. Dazu bieten sich vor allem jene Arbeiten an, die das Verhältnis von Expressionismus und Aktivismus mit in den Vordergrund stellen.

Werner Mahrholz überschreibt das Expressionismuskapitel in seiner <u>Deutschen Literatur</u> mit "Die Ideenwelt des Expressionismus" und signalisiert damit einen Frageansatz, der sich über die Jahrzehnte zäh behauptet hat. Es geht um Geistesgeschichte und folglich um eine Bestimmung des Expressionismus aus dem Fundus gelebter, verlebter oder gar längst verwester Gedankenwelten. Schnell ist das Netz geknüpft, das, weitmaschig und so mit viel unbestimmtem Raum, auch den Expressionismus aufzunehmen vermag:
"V i e r   G r u n d s t r ö m u n g e n   lassen sich also im Expressionismus unterscheiden; die aktivistische, die primitivistische, die gotische und die barocke. Damit ist gegeben, daß

sowohl die aufklärerischen wie die romantischen Elemente der europäischen Geistesbewegung im Gesamt-Expressionismus zu einem Gewebe zusammenschießen, das im einzelnen fast nicht mehr zerlegbar erscheint."[9] Freilich, auch der unbestimmteste Raum hat seine Grenzen, doch liegen diese hier nicht in der Sache selbst, sondern in den Äußerungen der Tradition, auf die expressionistisches Denken projiziert wird. Dabei gewinnt der Expressionismus eklektisches Aussehen, wie vor allem Mahrholz' Bestimmung des "aktivistischen Expressionismus" zeigt:
"Der Aktivismus ist die Wiederaufnahme aller aufklärerischen Theorien: die Kritik an der Zivilisation, an der Mechanisation, am Bureaukratismus ist ebenso vorhanden wie der Wille zur Glückseligkeit und seine Folgerungen: radikaler Pazifismus, radikaler Antikapitalismus, Menschheitsgesinnung, Gemeinschaftsgesinnung, Naturseligkeit, Preis und Lob eines idyllischen Urzustandes der Menschheit."[10]

Noch im gleichen Jahrzehnt (1935) erscheint Wolfgang Paulsens bahnbrechende Arbeit über Expressionismus und Aktivismus. Hatte noch Mahrholz eingeräumt, daß seine vier Grundbestimmungen des Expressionismus angesichts der "Verschlungenheit" des Materials "Abstraktionen und Vereinfachungen"[11] darstellen, so meint Paulsen dennoch programmatisch:
"Noch Mahrholz sprach (...) durchaus irreführend von einem 'aktivistischen Expressionismus'. Hier jedoch darf nun keinerlei Verwirrung mehr herrschen."[12]
Für Paulsen sind Expressionismus und Aktivismus "ausgesprochen feindliche Brüder", geistige Polaritäten, die nur "die Verneinung des Überkommenen, die Bekämpfung und Verachtung der vergangenen Zeit" zu einer "einheitliche(n) Front" vereint.[13] Paulsen glaubt, die geistig-typologischen Unterschiede von Expressionismus und Aktivismus an dem jeweiligen Menschenbild und dem jeweiligen Verhältnis zur Religion und zur Welt verankern zu können: "Indem er (der Expressionist; G.H.) die Welt zugunsten irgendeiner Jenseitigkeit oder Erhabenheit überwinden will, will sie der Aktivist erst erfüllen, will er sie selbst neu schaffen, will er alle Kräfte des Menschen nach unten, auf die Erde hinwenden."[14]

Der Expressionismus sei "eine Erneuerung der Religion"[15], und über ihm stehe das "Gebot", "das ist das Göttliche schlechthin".[16]
Der Aktivismus aber sei der Schöpfer "eines neuen Rationalismus"[17] als eines "Miteinander und Ineinander von Verstand und Mystik"[18]: "Seine Religion (...) ist die Revolution".[19]
Paulsen erkennt die Gegensätzlichkeit beider in den Entgegensetzungen von "Dostojewskij und Nietzsche, Dichter und Theoretiker, Künstler und Politiker, Seele und Ratio, Glauben und Tat, Innerlichkeit und äußerlichem Machtstreben, östlichem und westlichem Geist".[20]
Es ist, und damit schließt sich Paulsen hier wieder an das Vokabular von Mahrholz an, "der Zwiespalt zwischen der gotisch-barockromantischen und der klassischen Linie".[21] In Franz Werfel und Kurt Hiller (Paulsens Untersuchungsgegenstände), sprich Expressionismus und Aktivismus, träten sich "diese beiden _ewigen_ Pole menschlichen Denkens (...): Irrationalismus und Rationalismus wieder einmal scharf gegenüber (Hervorhebung von mir; G.H.)."[22]
Drei Jahrzehnte später stellt Paulsen den eigenen frühen Typologisierungsversuch selbst in Frage. Nun geht es ihm nicht länger um die als Bannstrahl gebrauchte exklusive Definition, sondern er fragt: "Ist etwa diese Offenheit, in der historische Definierbarkeit durch eine Energie-Bedingtheit der Bewegungen ersetzt worden ist, charakteristisch für die geistigen Bewegungen unseres Jahrhunderts?" Auf den Expressionismus treffe diese Vermutung jedenfalls "in weitestem Maße zu": "Niemand könnte genau sagen, woher er kommt und wohin er geht."[23] Zwar hält er die "längsweise Zerlegung in Expressionismus und Aktivismus (...) immer noch (für; G.H.) die überzeugendste"[24], doch wie weit er sich selbst von seiner frühen Einschätzung entfernt hat zeigt u.a. sein jetziges Verhältnis zu der These der Wesensgleichheit von barocker und expressionistischer Literatur:
"Wenn sich wenigstens einmal irgendwo _textliche Entsprechungen_ _zwischen der Literatur des Barock und des Expressionismus nachweisen ließen_, irgendetwas Konkretes, an das man sich halten könnte, wäre die Sache in Ordnung. _Die aber gibt es nicht_ (Hervorhebungen von mir; G.H.)."[25]
Paulsen fordert "elastischere Bestimmungen", mit denen "auch

Brechungserscheinungen ins Auge zu fassen sind wie - horribile dictu! - 'impressionistischer Expressionismus' und ähnliches."[26]

Wolfgang Rothe legt in den sechziger Jahren eine Dokumentensammlung zum Aktivismus und einen umfangreichen Sammelband zum Expressionismus als Literatur vor.

Die Dokumentensammlung Der Aktivismus 1915 - 1920 setzt eine in den späten fünfziger und dann sechziger Jahren verstärkt auftretende Reihe von Editionen fort, die die vielfach vergessenen Texte zwischen 1910 und 1925 wieder zugänglich machen. Wolfgang Rothe orientiert sich in seiner Kommentierung der aktivistischen Texte vor allem auch an zwei Rezeptionsphänomenen: An Paulsens Expressionismus und Aktivismus und an der Studentenbewegung der späten sechziger Jahre. Entgegen der landläufigen Meinung betont Rothe, daß die Aktivisten "alles andere als wirre Hitzköpfe und enge Ideologen, sprich: Abstraktionisten und Dogmatiker, oder gar romantisch-schwärmerische Jünglinge" gewesen seien.[27] Das sind eher Kennzeichnungen, die Rothe den Aktivisten der Studentenbewegung zuschreiben möchte. "Mit einem Wort: die Phänomenologie beider Aktivismen ergibt praktisch keine einzige bemerkenswerte Kongruenz."[28]

Rothe versucht, den originalen Aktivismus und den Expressionismus theologisch zu begreifen. Er wendet sich gegen die Ansicht, daß sich der Expressionistische Gemeinschaftsbegriff von Tönnies' Gemeinschaft und Gesellschaft (1887) herleite und vermutet religiöse Quellen. Das gelte ebenso für die beiden anderen Vokabeln von Expressionismus und Aktivismus, "Bruder" oder "Mitmensch" und "Geist". Damit wendet sich Rothe auch gegen Paulsens typologische Unterscheidung der beiden Ismen und behauptet:
"Heute (...) darf eher Robert Müller (...) zugestimmt werden, der (...) den Aktivismus als eine 'Abspaltung' vom Expressionismus bezeichnete".[29]

Die Subsumierung der Aktivisten unter theologische Aspekte rechtfertigt Rothe mit dem Hinweis auf seine zeitgenössische "Gott ist tot"-Theologie und die "Theologie der Befreiung". Der angebliche Atheismus der Aktivisten richte sich allein gegen die reformfeindliche und "geistlose" Institution Kirche, die einer menschengerechten Veränderung der Welt im Wege stehe. Der theologische Kern des Aktivismus trete hervor, wenn Kurt Hiller in der Philosophie des

Ziels zugestehe, "daß das Intellektuelle zwinge, 'die metaphysische Haltung nie ganz aufzugeben'."[30] Rothe merkt an, daß "hier mit dem vom Aktivismus perhorreszierten Terminus 'metaphysisch' wohl eher transzendental, jenseitsgerichtet, das Irdische überschreitend" gemeint sei.[31]

Aus Rothes Expressionismus als Literatur sind in unserem Zusammenhang die Beiträge von R. Hinton Thomas und Karlheinz Daniels zu nennen.
Thomas verweist auf die Diskontinuität von wirtschaftlicher Entwicklung und Stagnation im gesellschaftlich-politischen Bereich im wilhelminischen Deutschland, die sich beispielsweise darin ausdrücke, daß "der noch fortlebende bürgerliche Bildungsbegriff immer noch Ideale der Harmonie und der Totalität proklamieren konnte." Dies führe bei den expressionistischen Schriftstellern oft zu einer eigenartigen Vereinigung von "Konservativismus mit einer tiefgreifenden Sehnsucht nach Veränderung".[32]
Die Möglichkeit einer Identitätsfindung und einer adäquaten Theorie der Gesellschaft sei den Expressionisten dadurch erschwert worden, daß die Industrialisierung und die zunehmende Urbanisierung der Gesellschaft zu einer größeren Verfügbarkeit an Rollen geführt habe. Der Expressionismus reagiere auf Industrialisierung und Urbanisierung durch die "Idealisierung des Menschen als 'absolut', 'beseelt', 'ursprünglich', 'elementar'", klammere sich an einen zum "neuen Menschen" dynamisierten, bürgerlichen Individualitätsbegriff und übe vermittels dieses Menschenbildes Sozialkritik.[33]

Karlheinz Daniels hält am Expressionismusbegriff fest und begründet ihn damit, daß die betreffende Literatur die einzige zwischen 1850 und 1920 sei, die eine "existentielle Auseinandersetzung mit der (...) zu einer übermächtigen Realität herangewachsenen Technik" wagte.[34]
Hier trete an die Stelle von "Wissenschaftsbeflissenheit" "Wissenschaftsfeindlichkeit": "Der lückenlosen Determiniertheit des Menschen setzt man die Forderung nach Freiheit, ja nach schrankenloser Subjektivität entgegen."[35]

Daher habe sich der Expressionismus letztlich auch von der Technikbegeisterung Marinettis und der Futuristen distanziert. Durch den Ersten Weltkrieg trete dann die ethische Problematik der Technik besonders deutlich hervor. Die "Brutalität der Massenvernichtungsmittel"[36] führe bei den Expressionisten zu der Erkenntnis, daß "Menschenverbrüderung mit Hilfe der Technik (...) sich als tragische Fehleinschätzung nicht so sehr der technologischen als der menschlichen Fähigkeiten" erwiesen habe.[37]

Eva Kolinsky verzichtet in ihrer Arbeit im Sinne Hohendahls darauf, "ausmachen zu wollen, was Expressionismus heißen dürfe".[38] Indem sie sich "weitgehend auf literarische Zeitschriften" stützt, greift sie die Impulse auf, die Paul Raabe durch seinen Hinweis auf die außerordentliche Bedeutung der Zeitschriften für das historische Verständnis des Expressionismus gemacht hat.[39] Kolinsky stellt heraus, daß es zum Programm der expressionistischen Generation während des Krieges geworden sei, "Literatur in den Dienst einer umfassenden gesellschaftlichen oder menschlichen Erneuerung zu stellen", und daß dieses Programm in der Nachkriegszeit "deutlichere politische Züge" gewonnen habe: "Der umfassende Appell, der Dichter solle die Erneuerung des Menschen fördern (...), grenzt sich zu dem Aufruf ein, der Dichter solle für den politischen Neubeginn wirken."[40] Ihrer Untersuchung liegt ein weit gefaßter Politikbegriff zugrunde, der es ermöglicht, den Expressionismus nicht von der Warte politischer Theoreme oder abstrakter politischer Ideale zu geißeln, sondern ihn (ganz im Sinne Blochs[41]) am Maßstab des historisch Gegebenen wie Möglichen zu beurteilen. Indem Kolinsky das Engagement der Expressionisten als Reflex auf die sich überstürzenden politischen und sozialen Veränderungen nachweist und begreift, durchbricht sie in differenzierter Einzelanalyse die These vom jenseitigen, apolitischen "O-Mensch-Pathos" des Expressionismus. Es entsteht der Bildungsprozeß der Bewußtseinsformen der expressionistischen Generation, in dem diese sich analog zu dem realen historischen Verlauf zusehends politisieren. Es wird deutlich, daß dieses politische Engagement aber nicht mit der Erarbeitung einer realitätsnahen politischen Alternative verwechselt werden darf. Historisches Verstehen ist

ist nicht gleichbedeutend mit historischem Relativismus: "Die künstlerisch-politischen Impulse der Revolutionszeit klangen ab, ohne den Expressionismus zu einer engagierten Literatur zu wandeln, die sich nicht in Aufruf und Anruf zu Neubeginn jenseits politisch fixierbarer Ziele erschöpft."[42]

Mit Vitalismus und Expressionismus steht Gunter Martens stellvertretend für eine Reihe von Versuchen, das weltanschauliche Umfeld des Expressionismus abzustecken. Martens sieht den Expressionismus eng an die lebensphilosophische Bewegung, also an Nietzsche, Bergson und Simmel gebunden. Martens unterscheidet streng zwischen philosophischem und literarischem Vitalismus, da er beide als "eigenständige Ausprägungen einer gleichen Zeitströmung" begreift. In der expressionistischen Literatur finden sich nach Martens zwei grundsätzliche Möglichkeiten des Vitalismus, die prototypisch bereits in Kurt Hillers "Der Neue Club" angelegt seien: "Eine mystisch-metaphysische Richtung (z.B. Ernst Loewenson; G.H.), die nach Erfahrung und Intensivierung des Lebens strebt (...), die das Geheimnis intuitiv zu ergründen sucht oder gar zur religiösen Transzendierung der vitalen Urkraft neigt. Die politische und gesellschaftliche Wirklichkeit ist für diese Autoren von geringer Bedeutung (...). Demgegenüber führt die Besinnung auf das Leben bei mehr intellektuell bestimmten Expressionisten (...) zu dem Versuch (vgl. Kurt Hiller; G.H.), vom vitalistischen Standpunkt aus die bestehende Gesellschaft zu reformieren (...)."[43]
Beide Richtungen aber, so Martens, gründen in den Schriften Friedrich Nietzsches.

Christoph Eykman unternimmt den ehrgeizigen Versuch, "das gesamte dichterische wie nichtdichterische Schrifttum der Expressionisten, vom großen Dichter bis herab zum unbekannten Beiträger der Zeitschriften und Manifeste" zu diskutieren. Er befragt dieses "Schrifttum" "unter bestimmten gehaltlichen wie strukturellen Aspekten auf seine überindividuelle und somit w e r k t r a n s z e n d e n t e Physiognomie".[44] Eykman kommt zu dem auch schon eingangs bei Hermand formulierten Schluß, daß sich "die Vielfalt einander zum Teil direkt widersprechender Haltungen (...) nicht zum einheitlichen

Bild" zusammenschließe.[45]

Vietta / Kemper schließlich fassen die Epoche des Expressionismus als eine Einheit, die in der "Dialektik der Erfahrung der Ichdissoziation, die ihrerseits vielfältig motiviert ist", und in der mit ihr einhergehenden "Beschwörung eines neuen Menschen" gründe. Damit sei der Expressionismus von anderen Literaturepochen wie Naturalismus, Neuromantik und Impressionismus geschieden. Mit Hugo Ball führen Vietta und Kemper die als "Ich-Dissoziation" beschriebene "schwere Strukturkrise des modernen Ich" auf die Entgötterung der Welt durch die zeitgenössische Philosophie, die Auflösung des Atoms in der Wissenschaft und auf die 'Massenschichtung' der Bevölkerung in Europa zurück.[46] Die Disparatheit dessen, was Expressionismus genannt worden sei, erwachse aus dem gemeinsamen Versuch, "den Substanzverlust des Ich noch einmal rückgängig zu machen".[47]

Vietta und Kemper unterscheiden zwischen einem messianischen Expressionismus, der von einem "Verkündigungs- und Erlösungspathos" getragen sei, und einem zivilisations- und kulturkritischen Expressionismus, der die Auseinandersetzung mit der Zeitwirklichkeit suche. Als Textgrundlage dienen Vietta und Kemper überwiegend die dichterischen Texte der Expressionisten, "nicht die andersweitigen Äußerungen der Autoren. So aufschlußreich diese sein können, es ist altbekannt, das literarische Texte zumeist 'mehr wissen' als die theoretischen Äußerungen ihrer Verfasser."[48]

Damit sind die Positionen bestimmt, deren theoretische Vorgabe wie literarhistorische Kennzeichnungen des Expressionismus die Forschung bis in die achtziger Jahre hinein bestimmen.

8.2. ROBERT MÜLLER ALS PROBE AUFS EXEMPEL.

Im Verhältnis zu den an Robert Müller gewonnenen Ergebnissen stellt sich folgende Situation dar:
Werner Mahrholz' Charakterisierung des Aktivismus als "radikalen Pazifismus und Antikapitalismus", als "Preis und Lob eines idylli-

schen Urzustandes der Menschheit" und als scharfe Kritik an "Zivilisation und Bureaukratismus" trifft auf den Aktivisten Robert Müller nicht zu. Er ist weder in dem Sinne zivilisationsfeindlich, daß er "Technik" und "Bureaukratismus" ablehnt und einem "idyllischen Urzustand der Menschheit" das Wort redet, noch ist er "radikaler Pazifist und Antikapitalist". "Technik" als Ausdruck der Ratio, das "Kriegerische" und die "kapitalistische Energie", ja der Kapitalismus selbst sind für ihn Zeichen ursprünglichsten Menschseins. Im Sinne seiner "regressiven Utopie" werden sie zu wesentlichen Bestimmungen auch des "neuen Menschen".

Ähnlich fehl wie Mahrholz' Bestimmung greift die typologische Unterscheidung von Expressionismus und Aktivismus bei Wolfgang Paulsen. Die Gegenüberstellungen von "Seele" und "Ratio", "Irrationalismus" und "Rationalismus", von "östlichem" und "westlichem" Denken ist für Robert Müller untypisch. Der Begriff "Seele" ist auch in seinem Aktivismus-Konzept von zentraler Bedeutung, und die Betonung der "irrationalen" Vermögen des Menschen wird gar zur Legitimation der eigenen Theoriebildung. Das "östliche" Denken schließlich ist für die "Ratio" des zukünftigen Menschentyps unabdingbar.

Rothes Ansicht, der Aktivismus sei eigentlich nicht atheistisch gewesen, sondern habe sich lediglich gegen die Institution Kirche gewendet, trifft auf Robert Müller gerade nicht zu (auch nicht auf t Hiller). Bei ihm liegen die Dinge genau umgekehrt: Religion bedeutet ihm nichts, die Institution Kirche aber, zumal die katholische, als Wahrerin hierarchisch organisierten Gesellschaftens sehr viel.

Raabes Behauptung (mit Blick auch auf die Arbeiten von Kolinsky und Allen), daß es zum Verständnis der Literatur zwischen 1910 und 1920 unerläßlich sei, die damalige Zeitschriftenliteratur zu studieren, da sich in ihr die Programmatik dieser Generation niederschlage, wird am Beispiel Robert Müller bestätigt. Hier finden sich nicht allein die zentralen gesellschaftspolitischen Programme, sondern auch die literaturtheoretischen und literatursoziologischen Überlegungen, ohne deren Kenntnis eine Entschlüsselung und Bewertung der fiktionalen Texte kaum möglich scheint. M.E. sind die vielfältigen Bemühungen Raabes um die nicht-fiktionale Literatur des Expressionismus von der bisherigen Forschung bei weitem nicht genügend berücksichtigt worden.

Thomas beobachtet richtig, wenn er als ein Kennzeichen der expressionistischen Schriftsteller das Zugleich von Konservativismus und Veränderungswille festhält. Bei Robert Müller äußert sich der Wille zur Veränderung nicht allein in seinem regressiven Utopismus; im literar-ästhetischen Bereich tritt er als Avantgardismus auf.

Die "Idealisierung des Menschen" ist bei ihm freilich dahingehend relativiert, daß er sie zum einen biologistisch-rassistisch begrenzt und innerhalb dieser Begrenzung noch einmal auf eine Elite rekurriert. Diese Elite ist dann die realisierte Vollendung des "bürgerlichen Individualitätsbegriffs".

Das Urteil von Thomas, dieser neue "bürgerliche Individualitätsbegriff" sei als Reflex auf die zunehmende Industrialisierung und Urbanisierung zu verstehen, erscheint zutreffend. Industrialisierung und Urbanisierung sind für Robert Müller unumkehrbare historische Entwicklungen und stellen in ihren Ausformungen ein Faszinosum dar (das "geschmackvoll erdachte Elektrizitätswerk" etc.). Die Regressivität seiner Utopie liegt zum Teil darin, daß er einerseits die perfekte Organisierung und Mechanisierung des öffentlichen Lebens fordert, andererseits aber gleichzeitig die Privatwelt der gesellschaftlichen Elite nach dem Maßstab des "bürgerlichen Individualitätsbegriffs" zu konzipieren können glaubt.

Die Ausführungen von Daniels sind hingehend zu ergänzen, daß für die Aktivisten der Zweifel an den "menschlichen Fähigkeiten" der Masse zu der Forderung nach einer elitären Gesellschaft führt, die einen sinnvollen Weg technologischen Fortschreitens garantieren soll. Robert Müller ist sowohl "wissenschaftsbeflissen" wie "wissenschaftsfeindlich", je nachdem, über welche Gesellschaftsgruppen und gesellschaftlichen Bereiche er handelt.

Eva Kolinskys Arbeit gehört zu den herausragenden Leistungen der Expressionismusforschung überhaupt. Ihre Ergebnisse können unkommentiert für sich stehen. Kritisch ist lediglich anzumerken, daß sie weitestgehend in ihrer deskriptiven Haltung verharrt und ihre

Ergebnisse an keinen (weder zeitgenössischen noch eigenen) expliziten Bezugsrahmen mißt.

Martens zeigt mit dem Verweis auf Nietzsche etc. den affirmativen Bezugsrahmen der Expressionisten auf. Darin liegt die Bedeutung seiner Untersuchung. Er mißt diesen aber nicht wiederum an den Ergebnissen der fortgeschrittensten zeitgenössischen Gesellschaftstheorie, dem wissenschaftlichen Sozialismus. So bleibt auch seine Arbeit letztlich, wenn auch ideologiegeschichtlich breiter angelegt, deskriptiv.

In Bezug auf Robert Müller gilt, daß bei Martens die zwei grundsätzlichen Möglichkeiten des Vitalismus, die er als Kriterium der Einteilung an der expressionistischen Literatur aufweist, in eins fallen. Je nach Textsorte und anvisiertem Rezipientenkreis ist Müller Intuitionist oder Rationalist, lebenshungriger Vitalist oder politischer Reformer.

Vietta und Kemper kommen grundsätzlich zu ähnlichen Ergebnissen wie Thomas und Martens. Über den Terminus "Ich-Dissoziation" gelingt eine wenn auch nicht prinzipielle (vgl. Martens), so doch einsichtige Unterscheidung des Expressionismus von vorhergehenden literarischen Strömungen. Blickt man jedoch über den Zeitraum des s.g. Expressionismus in das zwanzigste Jahrhundert hinaus, dann zeigt sich, daß die "Ich-Dissoziation" auch das Kennzeichen nachfolgender bedeutender Autoren und Literaturströmungen ist (von Döblin s Arno Schmidt, vom Existentialismus bis hin zur Neuen Innerlichit). Als Kriterium der Differenz kann hier allein die "Beschwörung eines neuen Menschen" dienen, die sich auf expressionistische Art und Weise in der späteren Literatur nicht wiederfindet. Dieses Kriterium wäre dann das eigentliche Signum expressionistischer Literatur, akzidenzielle Bestimmung der Krise des bürgerlichen Ichs seit dem Ausgang des 19. Jahrhunderts.

Der Vergleich der summarisch zusammengestellten Expressionismusforschung mit den an Robert Müller gewonnenen Erkenntnissen zeigt, daß die Forschungsergebnisse immer nur partiell auf Robert Müller applizierbar sind. Da diese Forschungsergebnisse häufig innerhalb eines bestimmten Wissenschaftssystems stehen, erweist sich die Möglichkeit dieser Applikation als zufällig.

Eykman versuchte, wie angeführt, die Teilergebnisse und Widersprüche der bisherigen Expressionismusforschung dadurch aufzuheben, daß er nicht allein chronologisch nach traditionellem Muster begrenzte, sondern auch "das gesamte (...) Schrifttum der Expressionisten (d.h. eines Zeitraumes; G.H.) zum Untersuchungsgegenstand machte - und scheiterte. Insofern ist das Unterfangen Eykmans die paradigmatische Vollendung und das paradigmatische Scheitern der bisherigen Partialversuche, Expressionismus auf diese Weise zu definieren.

Niemand wird unter "Ballspiel" mehr verstehen als den menschlichen Umgang mit einem Ball. Im Begriff selbst wird nichts über die Beschaffenheit des Balles, über die Handhabung des Balles, über die Anzahl der mit dem Ball Beschäftigten, über die Regeln des Umganges mit dem Ball und über die Motive, die zu einer Beschäftigung mit dem Ball führen, ausgesagt. Zeitliche wie quantitative Aspekte sind in den Begriff nicht aufgenommen. Möglicherweise ergeben sich aus einem Vergleich mit diesem Beispiel doch produktive Konsequenzen für unseren Umgang mit einer unüberschaubaren Fülle von Texten, die innerhalb eines bestimmten Zeitraumes publiziert wurden.

Zum einen: der Zeitraum selbst ist keine vorab getroffene, definitorische Begrenzung, sondern wird allein aus pragmatischen Gründen gewählt.

Zum zweiten: Soweit möglich, unterbleiben beim ersten Umgang mit (einem) betreffenden Text(en) komparatistische Erwägungen. Literarhistorische (nicht literaturkritische) Kenntnisse verstellen gegebenenfalls den Blick auf den neuen Untersuchungsgegenstand.

Zum dritten: Der Text ist zunächst auf seine 'Spielregeln' hin zu befragen. Darunter wären produktionsästhetische, wirkungsästhetische, sprachlich-stilistische, ideologische etc. Aspekte zu verstehen.

Erst danach lassen sich Vergleiche zu anderen Texten ziehen. In diese Vergleiche hätten dann literarische, historische, literatursoziologische und ideologiegeschichtliche Vorkenntnisse einzufließen.

Möglicherweise ergeben sich dann Autorengruppen, die unter der Berücksichtigung der individuellen wie metaliterarischen Vorausgaben unter einer gemeinsamen Bezeichnung zusammengefaßt werden können.

Andere Verfahrensweisen scheinen zu einem Zirkelschluß oder zu literarhistorisch exklusiven Definitionen zu führen.

8.3. ÜBER DIE VERGESSENHEIT ROBERT MÜLLERS.

Unter Berücksichtigung dieser Überlegungen bliebe abschließend zu fragen, wie ein Autor, der auf das Vielfältigste am literarischen Leben seiner Zeit teilnahm, in z.T. herausragenden Organen und Verlagen (vgl. Bibliographie) publizierte, mit seiner Prosa wie mit Feuilletonistik und Essayistik weitreichende Beachtung fand und in verschiedenen Genres bedeutende Produkte des literarischen Expressionismus lieferte, schon kurz nach seinem Tode nahezu gänzlich aus dem literarhistorischen Bewußtsein und den aktuellen Diskussionen um die literarische "Moderne" verschwinden konnte.

Meine Antworten können nur vorläufigen Charakter haben, da distributions- und rezeptionsgeschichtliche, sozial- und wissenschaftsgeschichtliche Einzeluntersuchungen fehlen bzw. hier weitestgehend ausgeblendet bleiben und nur von den Texten selbst und allgemeinen Tendenzen der Sozialgeschichte der Literatur seit den zwanziger Jahren her auf das Vergessen Robert Müllers geschlossen wird.

Es scheint mir zunächst wichtig, in Bezug auf die aufgeworfene Fragestellung zwischen den fiktionalen und nicht-fiktionalen Texten Robert Müllers zu unterscheiden. Die nicht-fiktionalen Texte sind thematisch wie wirkungsästhetisch um vieles zeitgebundener als die fiktionalen Texte und unterliegen daher einem z.T. anderen Rezeptionsinteresse.

Für die fiktionalen Texte Robert Müller gilt die Einschränkung, daß ich mich im Rahmen dieser Arbeit diesen Texten nur einleitend nähern konnte. Diese Einschränkung stelle ich an dieser Stelle eine weitere, persönlichkeitsgebundene Beschränkung zur Seite, die des eigenen Leseerlebnisses.

Die fiktionalen Texte Robert Müllers wirken inhaltlich nach dem ersten Lesen - in einer Zeit und einem Berufsfeld, die Literatur als Massenware zu konsumieren geneigt sind - oftmals banal, verstiegen, obskur, trivial-reißerisch, je nachdem. Sie verleiten zu 'seitenfressendem' Herunterlesen und zu subjektivem Urteil. Der literarhistorisch vorbelastete Erwartungshorizont, der sich in das Lesen beständig mit Expressionismusvorstellungen einmischt, gibt seinen Teil dazu.

Erst wenn man das Gelesene zu vergegenwärtigen oder nachzuerzählen versucht, stößt man auf unerwartete Schwierigkeiten. Es will sich keine in sich schlüssige Geschichte einstellen, die Geschichte, die man gelesen zu haben glaubt, wird von einer Reihe anderer Geschichten beständig in Frage gestellt. Das gilt im besonderen für die Romane Robert Müllers. Die Erinnerung schwindelt zwischen Bejahung und Verneinung, Gewußtem und Vermutetem und einem Sowohl-Als-Auch. Ein Schlüssel will sich nicht einstellen. Wendet man sich an diesem Punkt nicht von der widerspenstigen, nicht unmittelbar aneigbaren und aufzuzehrenden Ware ab, wie es der durchschnittliche Freizeitleser wohl tun würde, dann bleibt nur der Weg zu einer wiederholten Lektüre.

Man wird die Erfahrung machen, daß man bei etlichen fiktionalen Texten Robert Müllers die Suche nach einem (vordergründigen) Geschehen und die nach einer Aussage oder Bedeutung zunächst vernachlässigen muß, um sich allererst der z.T. verwirrenden Zeit- und Fiktionsebenen zu vergewissern. Erst die Entschlüsselung dieser erzähltechnischen Besonderheiten erlaubt einen anschließenden Interpretationsversuch, wie vor allem Ingrid Kreuzer in ihrer beispielhaften Analyse der <u>Tropen</u> nachgewiesen hat.

Damit kann als erste These auf die aufgeworfene Fragestellung geantwortet werden:

Die fiktionalen Texte Robert Müllers wenden sich trotz scheinbarer Simplizität, die u.a. auch als bewußtes Spiel mit literarischen Traditionen und Moden zu interpretieren ist (Exotismus, Amerikanismus, Detektivgeschichte etc.), an ein exklusives, fachlich vorgebildetes und zur Muße freigesetztes Lesepublikum.

Sie sind in einer biographischen Ausdeutung auch das fixierte Understatement des Aktivisten Robert Müller, der behauptete, er verzichte "auf das eigene Kunstwerk" und opfere sich "für den Dichter (...), im besonderen für den Expressionisten" auf.

Meine zweite These leitet sich aus den jeweiligen Gehalten der fiktionalen Texte ab.
Zunächst gilt es daran zu erinnern, daß sie aus einer ontologischen wie erkenntnistheoretischen Position heraus geschrieben sind, die zeitgenössischen wie heutigen Theorieansätzen nicht unmittelbar vertraut erscheint. Sie zwingen dazu, sich auf das ihnen zugrunde liegende Weltbild einzulassen.
Zum anderen geben die fiktionalen Texte Robert Müllers in aller Regel im Unterschied zu anderen erzähltechnisch schwierigen oder dem Geschehen nach absonderlichen Texten (<u>Berlin-Alexanderplatz</u> oder die <u>Verwandlung</u>) hintergründig keine zeitkritischen Analysen oder existentiellen Grunderfahrungen, sondern anthropologische, kulturelle, gesellschaftliche und politische Utopien. Sie sind auf die Zukunft verweisende Bekenntnisliteratur und fordern, ist das ästhetische Vergnügen der erzähltechnischen Analyse erlebt, zum eigenen Ja oder Nein über die vorgestellte Utopie heraus. Im Vordergrund steht nicht das Identifikationserlebnis (zeitkritische oder existentielle Literatur), sondern das bewußte Urteil über eine zu erwirkende Zukunft.
Ich habe in meinen Hinweisen auf die fiktionalen Texte angedeutet, daß sie in einem engen Zusammenhang zu den nicht-fiktionalen Texten Robert Müllers stehen. Diesen Zusammenhang als gegeben voraussetzend, lautet meine zweite These:
In den fiktionalen Texten Robert Müllers werden Tendenzen einer gesellschaftlichen und menschlichen Utopie formuliert, die sich, zu seinen Lebzeiten noch diskutiert, nach seinem Tode rasch für die meisten als utopistische Konstruktionen mit z.T. fatalen Konsequenzen (z.B. Faschismus) erweisen.
Von den Texten selbst her sind es also möglicherweise zwei Aspekte, die zu ihrem baldigen Vergessen entscheidend beigetragen haben:
Einerseits ihr ästhetisches Niveau, das einer verbreiteten Kenntnisnahme im Wege steht, und zum anderen ihr ideologischer Gehalt, der selbst den versierten, in Toleranz geübten Leser von einem zustimmenden, traditionsbildenden Urteil abhält. In diesem Zusammenhang sei darauf verwiesen, daß nicht von ungefähr mit <u>Das Inselmädchen</u> (1946^2) und <u>Flibustier</u> (1984^2) zwei erzähltechnisch wie

ideologisch relativ unverfängliche Texte Robert Müllers nach 1945 als einzige eine eigenständige Neuauflage erfahren haben.
Ein drittes Argument beträfe u.a. unsere eigene Wissenschaftsdisziplin.
Robert Müller selbst hat in einer Besprechung von Musils Die Schwärmer beklagt, daß um 1920 die frühen Novellen Musils (Vereinigungen) nirgendwo mehr Erwähnung oder Aufnahme in Anthologien fänden, obwohl Musil mit ihnen an den Anfang der expressionistischen Literatur gesetzt werden müßte. Als Gründe dafür nennt er die fehlende Protektion Musils, die prinzipielle Abhängigkeit des Autors vom Verleger und vom Literaturmarkt ("Eben, die Verleger haben es in der Hand. Wie den Demagogen in der Politik, sind wir in der Literatur der kapitalistischen Gesellschaft Jenen im Guten wie im Schlechten ausgeliefert, dienstbar und dankbar."[49]) und die Praxis der Literaturhistoriker, Literatur so zu selektieren, daß sich die Schubfächer des literarischen Magazinverwalters mühelos bedienen lassen. In den Worten Robert Müllers: "Unsere im Historismus sich ausschöpfende Gesellschaft findet oft das Kapitel zur Weltgeschichte früher als das eigentliche Erlebnis; so scheint es ihr auch mit dem sogenannten Expressionismus zu gehen. Mehr als zehn Jahre ist die Richtung nicht alt (...). Aber schon hat die Literaturgeschichte ihr mit Spenglerhaftem Gärtnergeschick Wurzelabkunft und Wachstum vorgezeichnet."[50]
Hat sich an diesem Verdikt Robert Müllers seither Wesentliches geändert? Die späte Rezeption Robert Musils kommt einer Ehrenrettung gleich, vermag aber die bittere und entwürdigende Lebenspraxis des Autors, die ihm das zeitgenössische Literatursystem aufnötigte, nicht aufzuwiegen. Robert Müller hat nicht einmal in seinen Werken überlebt. Er teilt dieses Schicksal mit einer ganzen Reihe von Autoren des sogenannten Expressionismus, die dem "Gärtnergeschick" der Literaturhistoriker zum Opfer fielen.

Nicht ohne Berechtigung konnte Wilhelm Krull noch jüngst mit Blick auf die Expressionismusforschung beklagen, daß es "unter den literarischen Werken des zwanzigsten Jahrhunderts (...) wohl keine andere Textgruppe" gibt, "die heute so wenig Beachtung findet wie die Prosa des Expressionismus."[51]

Robert Müller ist nur ein freilich herausragendes Beispiel für diese These. Es gilt, ihn und mit ihm andere Autoren wie Paul Adler, Edmund Edel, Curt Corrinth, Andreas Latzko, Martin Beradt, Arnold Ulitz etc. wissenschaftlich zu erschließen und einem breiteren Lesepublikum wieder zugänglich zu machen.

Mit Bezug auf den Feuilletonisten und Essayisten Robert Müller kann Krulls Feststellung dahingehend erweitert werden, daß die nicht-fiktionalen Texte des sogenannten Expressionismus kaum zum Gegenstand literaturwissenschaftlicher Untersuchungen gemacht worden sind. Wie schon an früherer Stelle ausgeführt, blieben die außergewöhnlichen bibliographischen Vorarbeiten Paul Raabes weitestgehend ungenutzt. Helmut Kreuzers Argumente für einen erweiterten Literaturbegriff scheinen in der Expressionismusforschung kaum rezipiert worden zu sein. Daher lautet meine erste These über die Vergessenheit Robert Müllers mit Bezug auf die nicht-fiktionalen Texte:
Für eine Forschung, die Literatur auf Dichtung reduziert und Begriff und Gegenstand wiederum durch die Kennzeichnung "schöngeistig" ideologisiert, können nicht-fiktionale Texte prinzipiell kein legitimer Forschungsgegenstand sein. Das gilt selbst dann - oder vor allem dann! - wenn diese Texte wie im Falle Robert Müllers auch unter literarischen Gesichtspunkten rezipiert werden können. Denn solche Texte verstoßen gegen das säuberlich erstellte und zäh verteidigte Gebäude normativer Poetiken und laden doppelte Schuld auf sich: Sie sind nicht allein <u>keine</u> "Dichtung", sondern setzen sich auch über das vorformulierte poetische Regelwerk hinweg. Im Sinne exklusiver Definitionen genügen sie damit nicht einmal mehr den Spielregeln der schriftstellerischen Niederungen.

Wir konnten verfolgen, wie Robert Müller unter ontologischen, erkenntnistheoretischen, produktionsästhetischen und wirkungsästhetischen Gesichtspunkten die Dichotomie von s.g. Dichtung und Literatur theoretisch wie praktisch durchbricht. Allein wirkungsästhetische Überlegungen führen bei ihm gegebenenfalls zu prinzipiell unterschiedenen Textsorten. Max Krell hat darauf verwiesen, daß alles von Müller Geschriebene eigentlich Essays seien. Mit derselben Berechtigung könnte man, ohne Krell zu widersprechen, auch so formulieren, daß alles von Müller Geschriebene eigentlich Dichtung sei. Damit ist die Literaturgeschichtsschreibung vor die Alternative gestellt, entweder in Robert Müller einen zu Recht vergessenen, da literarisch unzulänglichen Autor zu sehen, oder aber ihr poetologisches Handwerkszeug wie ihre literarhistorische Modellbildung am Gegenstand selbst zu überprüfen und möglicherweise zu revidieren.

Über den Gehalt der nicht-fiktionalen Texte Robert Müllers braucht an dieser Stelle, soweit nicht literarische Fragestellungen ihr Gegenstand sind, nicht nochmals diskutiert zu werden. Hier gilt, was in diesem Zusammenhang auch bereits über die fiktionalen Texte gesagt wurde. Ohne Zweifel lassen sich in allen nicht-fiktionalen Texten Robert Müllers eine Fülle von Beobachtungen und Urteilen finden, die auch einem heutigen Leser z.B. angesichts der zunehmend lebensfeindlichen Verwertung wissenschaftlicher und technischer Entwicklungen bedenkenswert erscheinen (star wars). Auf's Ganze gesehen käme aber eine solche Leseart der gesellschaftspolitischen Texte Robert Müllers einem Eklektizismus gleich, der nicht zwischen einer Kritik von Rechts bzw. von Links zu unterscheiden wüßte. Robert Müller ist einer jener Vertreter der "konservativen Revolution", die sich selbst historisch zu Genüge desauvoiert hat. Inhaltlich sind sie daher wohl im Sinne einer Ideologiegeschichte des literarischen Expressionismus von nicht zu unterschätzender Bedeutung, sie gehören aber nicht zum anzueignenden Erbe.

Trotzdem möchte ich abschließend Robert Müller auch insofern Gerechtigkeit widerfahren lassen, als ich auf sein Todesjahr verweise. Sucht man in den unterschiedlichen weltanschaulichen Beurteilungen des Expressionismus in der bisherigen Forschung nach einem möglichen Konsens, so könnte dieser der Tendenz nach in einer Unentschiedenheit liegen, die sich erst dann zu einem Urteil festigt, wenn die s.g. nachexpressionistische Phase überlebender und weiter publizierender Autoren zum Maßstab herangezogen wird. Gottfried Benn und Johannes R. Becher können hier als augenfällige Beispiele dienen.

Expressionismus als brain storming einer heranwachsenden, mit (subjektiv so empfundenen) Zeitmöglichkeiten und Weltanschauungen experimentierenden Generation löst sich in dem Moment auf, wo die Zeitwirklichkeit zusehends desillusioniert und zu (mehr oder weniger) eindeutigen gesellschaftlichen wie politischen Stellungnahmen zwingt. Der Faschist Mussolini findet als Tatmensch in den frühen zwanziger Jahren von unterschiedlichster Seite kritisch-affirmative Anerkennung. Robert Müller bildet da keine Ausnahme, die allein durch sein elitär-konservatives Gesellschaftsbild zu erklären wäre. Erst in der zweiten Hälfte der zwanziger Jahre tritt jener Polarisierungsprozeß der ehemaligen Expressionisten in politische Lager ein, der für die einen im KZ oder im Exil, für andere in der Inneren Emigration, für zum Glück wenige in der künstlerischen Apologie des faschistischen Totalitarismus endet.

Robert Müller stirbt im Jahre 1924. Ideologisch betrachtet bleibt er mit seinem Werk zwischen den Stühlen sitzen, die freilich erst nach seinem Tode innerhalb der bürgerlichen Intelligenz in Reih und Glied gestellt wurden. Im Zuge der angesprochenen Polarisierungen in der zweiten Hälfte der zwanziger Jahre kann sein Versuch eines weltoffenen, diskutierfreudigen Konservativismus mit anti-dogmatischer Grundhaltung keine Rezeption mehr finden. Die objektive Geschichte der "Zerstörung der Vernunft" schlägt in die Zerstörung der Wirklichkeit um. Spätbürgerlicher Utopismus kann da nur hemmend, bestenfalls naiv und weltfremd wirken. So sind es schließlich auch sozialgeschichtliche und politische Entwicklungen, die über einen "Zerstörer der Vernunft" hinweggehen und ihn in die Vergessenheit geraten lassen.

ANMERKUNGEN

VORWORT

1 Hermand, Jost, "Germania germanicissima. Zum präfaschistischen Arierkult um 1900", in: Ders., Der Schein des schönen Lebens. Studien zur Jahrhundertwende, Frankfurt 1972, S. 53.

2 Für Georg von Schönerer, die historisch einflußreichste Person in diesem Kreis, vgl. u.a.:
Berchtold, Klaus (Hg.), Österreichische Parteiprogramme 1868-1966, Wien 1967.
Wandruszka, Adam, "Österreichs politische Struktur. Die Entwicklung der Parteien und politischen Bewegungen", in: Benedikt, Heinrich (Hg.), Geschichte der Republik Österreich, München 1977, S. 289 - 486.
Wandruszka, Adam, "Deutschliberale und deutschnationale Strömungen", in: Quellen und Studien zur österreichischen Geistesgeschichte im 19. und 20. Jahrhundert, hrsg. von Peter Heintel, Norbert Leser, Gerald Stourzh u. Adam Wandruszka, hier Bd. 1, Das geistige Leben Wiens in der Zwischenkriegszeit, Wien 1981, S. 28 - 33.

3 Vgl. auch den von Werner J. Schweiger redigierten "Sonderteil Robert Müller" in: Die Pestsäule, 2. Folge, Nr. 12, 1974/75, und: Kreuzer, Helmut / Helmes, Günter (Hg.), Expressionismus, Aktivismus, Exotismus. Studien zum literarischen Werk Robert Müllers (1887-1924), Göttingen 1981.

4 Kreuzer, Helmut, "Einleitung...", in: Kreuzer / Helmes (Hg.), Expressionismus..., a.a.O., S. 13.

5 Vgl. Robert Müller, "Der schreibende Politiker", 1919, a.a.O.

6 Raabe, Paul, "Der Expressionismus als historisches Phänomen", in: Rötzer, Hans Gerd (HG.), Begriffsbestimmung des Literarischen Expressionismus, Darmstadt 1976, S. 257.

7 Vgl. dazu Allen, Roy F., Literary Life in German Expressionism and the Berlin Circles, Göppingen 1974.

8 Hiller, Kurt, Leben gegen die Zeit (Logos), Reinbek bei Hamburg 1969, S. 137.

9 Vgl. u.a. Hiller, Kurt, Ein Deutsches Herrenhaus, Leipzig 1918.

10 Müller, Robert, "Die Geistrasse",1918, a.a.O., S. 210.

11 Paulsen, Wolfgang, Expressionismus und Aktivismus. Eine typologische Untersuchung, Bern - Leipzig 1935.

Vgl. in diesem Zusammenhang u.a. auch Paulsen, Wolfgang, "Die deutsche expressionistische Dichtung des 20. Jahrhunderts und ihre Erforschung" (1962), in: Rötzer, Hans Gerd (Hg.), Begriffsbestimmung des Literarischen Expressionismus, Darmstadt 1976, S. 227 - 240.

Kolinsky, Eva, Engagierter Expressionismus. Politik und Literatur zwischen Weltkrieg und Weimarer Republik. Eine Analyse expressionistischer Zeitschriften, Stuttgart 1970.

Peter, Lothar, Literarische Intelligenz und Klassenkampf. "Die Aktion" 1911-1932,Köln 1972.

Wichtige Primärtexte finden sich außerdem in

Rothe, Wolfgang (Hg.), Der Aktivismus 1915-1920, München 1969.

Pörtner, Paul (Hg.), Literaturrevolution 1910-1925, Bd. 2: Zur Begriffsbestimmung der Ismen, Berlin und Neuwied 1961.

Raabe, Paul (Hg.), Ich schneide die Zeit aus. Expressionismus und Politik in Franz Pfemferts "Die Aktion" 1911-1918, München 1964.

Anz, Thomas / Stark, Michael (Hg.), Expressionismus. Manifeste und Dokumente zur deutschen Literatur 1910-1920, Stuttgart 1982.

12 Lenk, Kurt, Volk und Staat. Strukturwandel politischer Ideologien im 19. und 20. Jahrhundert, Stuttgart 1971, S. 146.

ANMERKUNGEN - 1. KAPITEL

1   Die biographischen Angaben ergeben sich aus den verschiedenen Beiträgen von Werner J. Schweiger, aus dem Beitrag von Ernst Fischer in dem von Helmut Kreuzer und mir herausgegebenen Sammelband zu Robert Müller und aus eigenen Nachforschungen.

2   In einem Brief an Ludwig von Ficker vom 27.1.1912 heißt es: "Wenn Euer Wohlgeboren das Pseudonym Ole Bert nicht passend erscheint, dann, bitte, den Artikel ("Das Drama Karl Mays"; G.H.) mit meinem bürgerlichen Namen zu zeichnen. Ole Bert ist allerdings der Name, unter dem meine Arbeiten auch anderwärts erscheinen. Der nordische Klang ist durch meine skandinavische Abkunft mütterlicherseits nahegelegt. Ich selbst bin ein geborener Wiener."
Vgl. u.a. auch das Oberhaupt der "völkischen" Kritik Adolf Bartels, der in Müller "Jüdisches" vermutet (Geschichte der deutschen Literatur, a.a.O., S. 701), Schweigers biographischen Abriß in Österreichisches Biographisches Lexikon, a.a.O., S. 426 ("Sohn eines Kaufmanns") und die Äußerungen von Zeitgenossen im Sonderteil der Pestsäule, a.a.O..

3   Vgl. Schweiger in der Pestsäule.

4   Offensichtlich stützt sich Schweiger hier auf Müllers eigene Angaben bzw. auf solche, die nach der Version Müllers von Zeitgenossen weitergetragen wurden (vgl. die Beiträge der Pestsäule). Der Versuch einer Überprüfung dieser Angaben scheint nicht erfolgt zu sein. Ich konnte beispielsweise für den New York German Herold keinen Chefredakteur mit dem Namen William Emmert nachweisen (vgl. Die deutschsprachige Presse Amerikas hrsg. von Karl J.R. Arndt u. May E. Olson, Bd. 1, München, verbesserte 3. Auflage, 1976, Bd. 2, München 1973. Auch eigene Nachforschungen beim NYGH waren negativ).
Ingrid Kreuzer weist in ihrer Interpretation der Tropen darauf hin (Anm. 18, S. 141), daß "das Programm(...)für die knappe

Zeitspanne ab Frühjahr 1910 ähnlich überfüllt wie bei Müllers Helden Slim" zu sein scheint; Müller habe wohl mit Bezug auf diesen Zeitraum "Legenden" bilden wollen.
Ich erinnere daran, daß Werner, die Hauptfigur von Die Politiker des Geistes, von sich behauptet, Cowboy, Matrose und Steward in Nord- und Südamerika gewesen zu sein (S. 52ff.).
Sollte eine voreilige biographische Ausdeutung der Politiker des Geistes (Identität von Werner und Robert Müller) dazu geführt haben, auch die Biographie Müllers zu "amerikanisieren"? Ist aber eine solche biographische Ausdeutung des Stückes statthaft, warum sollte man dann nicht ebenso die Aussage Werners ernstnehmen, er habe zwei Jahre seines Lebens in einer psychiatrischen Anstalt verbracht. Ebenda S. 66ff.
Vgl. vor allem Müller selbst in einem Brief an Ludwig von Ficker vom 4.6.1912:
"Ich habe ja alle die möglichen Erschütterungen und Darniederbrüche mitgemacht, ich bin mein eigener Krafftflinz gewesen und habe eine eingehende Neurosen-Praxis hinter mir. Das biogenetische Grundgesetz, aufs Psychische angewandt, hat in mir ein gut erhaltenes Beschichtungsexemplar." (Unterstreichungen von mir; nicht eindeutig identifizierte Wörter; G.H.)
Andererseits heißt es in einem Brief vom 21.2.1912 an L.v. Ficker:
Der Roosevelt-Artikel "enthält neben der Perspektive, die er für diese historische Figur (ich hatte die Gelegenheit, sie aus der Nähe zu beobachten) erstellt, auch (...) eine Einschätzung des Mannes mit Rücksicht auf den Entwicklungsgang und die Ideale dieser heraufkommenden Generation (Hervorhebung von mir; G.H.)."
Möglicherweise war Müller für kurze Zeit in Amerika und dann für längere Zeit in einer Nervenklinik. Auf jeden Fall ist er Anfang Oktober 1911 wieder in Wien, wie aus einem Brief an L.v.Ficker vom 17.2.1912 hervorgeht:
"Seit ich wieder in Wien bin, d.i. seit ungefähr 5 Monaten...".

5   Robert Müller, "Frontleute", a.a.O., S. 402.

6   Vgl. dazu näher Kapitel 1, Exkurs I u. II, und die Kapitel 3 - 5 dieser Arbeit.

Vgl. auch I. Kreuzers Interpretation der <u>Tropen</u> und Daniela Magills Interpretation der Novelle <u>Das Inselmädchen</u>.

7 Vgl. Müllers "Das Drama Karl Mays", die Beiträge Franz Cornaros zum Verhältnis Karl May - <u>Brenner</u> bzw. Müller und Hans Wollschlägers Aufsatz zum Verhältnis Karl May - "Akademischer Verband für Literatur und Musik" in der <u>Pestsäule</u>, a.a.O.
n einem Brief an L.v.Ficker vom 4.3.1912 gibt Müller zu erkennen, warum er ausgerechnet Karl May eingeladen hat: "Und dann, ich bin hier (in Wien; G.H.) Kultur-Unternehmer, verführen wir über May zu Kokoschka, Kraus, Loos und Shaw, wenn wir das Vertrauen einer breiteren Masse zusammen haben. Um einen Mann durchzusetzen, muß man die Statisten, die Mitläufer, drillen. Das ist die Dialektik, mittels der ich jetzt eine vielleicht, nein sicherlich künstlerisch nicht einwandfreie und meiner Empfindung unorganische Idee zu stützen suche." Im übrigen scheint Müller in den Jahren 1912 beständig in Geldnöten gewesen zu sein. Offensichtlich brachten auch seine Arbeiten nicht den gewünschten Erfolg:
"Da ich aber wirklich sehr arm bin und sehr frugal lebe, und zum Zeitungsgeschäft gar nicht tauge - abgesehen davon, daß man als Mitarbeiter betrogen wird... ."
(Brief an L.v.Ficker vom 26.5.1913)
"Sie werden bereits an dem vorgeschrittenen Datum merken, daß ich mein Versprechen bez. Rückerstattung der mir so freundlich vorgestreckten K. 60,-- nicht halte. (...) Ich gehöre nun nicht zu jenen Jüngern, die sich für entehrt halten, wenn sie eine Geldkalamität haben (...); aber unwohl ist mir darum doch sehr zumute, da ich diesen Ersten mit leeren Händen erscheine. Bitte, lassen Sie mir noch etwas Zeit. Ich habe mich verrechnet (...). (Ich; G.H.) habe die vollständige Erfolglosigkeit meiner Arbeit - und ich habe ein Recht, diese nicht zu unterschätzen, weniger was das Talent, als was den Ernst, Wollen und die Preisgabe des Ichs anlangt - zu verzeichnen."
(Brief an L.v.Ficker vom 4.10.1913)

8   J.M. Fischer gibt in seinem Aufsatz "Deutschsprachige Phantastik..." eine treffende Kurzinterpretation der Erzählung. Im Schicksal des Doktor Heilemann (Berufsbezeichnung und Namensgebung suggerieren Rationalität und Gesundheit; G.H.) wolle Müller nicht "die unheimliche Begebenheit und ihre Wirkung auf den Menschen" darstellen, sondern den "Prozeß des Grauens selbst". Müller gehe es um das Räsonnement über den "Kurssturz der Vernunft", um das Aufzeigen des begrenzten Lebensbereichs, in dem die Vernunft erkenntnis- und handlungsanleitend sei. (S. 113)

9   U.a. das Gedicht "An die Jüdin", das,literarisch kaum von Bedeutung, mit Blick auf die Werkgeschichte aber schon die Idee der Genesis eines neuen Menschen erkennen läßt.
Das Bett. Eine Ode, charakterisiert Müller so:
Das Bett "nenne ich mit Absicht Ode, es ist rhythmische Prosa bei angemessenem Inhalt, vollständige und radikale Auflösung der Form bis ins Druckbild und in die Interpunktation, welch letztere übrigens rhythmisierend wirkt."
(Brief an L.v.Ficker vom 4.3.1912)

10 In seiner Gedichtsammlung Die Tragische Gebärde (1913) widmet Nowak Müller zwei Gedichte mit den sprechenden Titeln "Krieg" und "Damenringkampf".

11 Müller bespricht das Hermann-Bahr-Buch aus Anlaß des 50. Geburtstags von Hermann Bahr. Für Müller ist Bahr der "Geologe der sozialen und seelischen Schichtungen (Österreichs, freilich ohne das "wienerisch-jüdische"; G.H.) und hat seine Zeit vom Naturalismus bis zur Nervokratie geführt." (S. 59) Apologetischer lassen sich Bahrs ständige Modewechsel kaum beschreiben.

12 "Der Nationalitätenstaat", S. 2.

13 Für Müllers Pamphlet gegen Kraus mag auch sein Streit mit Kraus um Georg Trakl von 1913 Anlaß gegeben haben. Gerald Stieg be-

richtet in seinem Buch Der Brenner und die Fackel:
"Nach der Rückkehr aus Venedig versuchte Trakl unter dem offensichtlichen Einfluß Kraus', seine Beiträge aus einer von Robert Müller vorbereiteten Anthologie (Die Pforte. Eine Anthologie Wiener Lyrik, Heidelberg 1913) zurückzuziehen. Schon vorher hatte er die Mitarbeit an der Wiener literarischen Zeitschrift Der Ruf aus demselben Grund aufgegeben. Müller reagierte in einem Brief an Erhard Buschbeck wütend: "Wie kann ein Mensch nur so wenig Rückgrat haben und sich von dem buckligen Juden, dem Kraus, kommandieren lassen (...) Das will ich dem Kraus nicht vergessen, so ein Krüppel an Leib und Seele." (S. 262)

14 Müller, Affe oder Dalai Lama, S. 35.

15 Hans Heinz Hahnl, "Harald Brüller und Ekkehard Meyer" (1968) und Jens Malte Fischer, "Affe oder Dalai Lama? Kraus-Gegner gestern und heute" (1975).

16 Fischer, "Affe...", S. 149.

17 Müller, Affe oder Dalai Lama, S. 26f.

18 ebenda, S. 29.

19 L.G. Oberländer rechnet Müller der "Neuromantik" zu und spricht vom "blassen Aesthetizismus" der Erzählung (S. 350).
Müller äußert sich in zwei Briefen an L.v.Ficker über Irmelin Rose:
"Wegen der 'Irmelin Rose' möchte ich noch etwas sagen. Bitte, seien Sie nicht ungehalten, wenn ich Sie nun ersuche, mir die 'Irmelin' gleich wieder zurückzusenden, wenn sie ihnen nicht paßt. Die Neuromantische Gesundheit hat länger Zeit und verlangt wohl auch ein mehrmaliges Durchsehen. (...) So, in der engen Maschinenschrift, scheint mir beim vorwärtsspringenden Lesen manchmal etwas im Rhythmus zu knarren, und wenn ich es dann langsam lese, höre ich es wieder nicht. Ich habe gefunden,

daß man über so feinere Dinge ein besseres Urteil hat, wenn
sie gedruckt vor einem liegen. Man liest anders, kann die
Wirkung anders kontrollieren.
Ich denke mir, daß es in zwei Fortsetzungen gehen könnte.
Die erste hieße: Irmelin Rose, I. Der Garten. Die zweite:
Irmelin Rose II, Die Stadt. Die römischen Ziffern könnten aber
auch wegbleiben." (Unterstreichung von mir; nicht eindeutig
identifiziertes Wort; G.H.) Brief vom 10.9.1912.

"Die Irmelin ist natürlich wertlos und zufälligerweise haben
Sie im Resultate Recht, aber der Kodex, den Sie gegen sie be-
nötigen, scheint mir zu sehr nachträglich zu einem schlechten
Eindrucke dazu gesucht, als a priori gegeben. - Ich finde natürlich das Motiv nicht "künstlerisch unansehnlich." Ich finde
den Literar. Apparat noch immer unzulänglich; dieses mysthi-
sche Monstrum. 3. Verkehr ist nicht genügend klotzig, schrill,
spektakelnd, kurz nicht dämonisch genug herausgekommen. Es
fehlen noch Züge zur Wahrheit. Aber hätte nicht das Motiv, das
Sie so unterschätzen, mich so grauenhaft fasziniert, das Motiv: Höchste raffinierte Technik gegenübergestellt der einfäl-
tigen blumigsten schwierigsten Poesie eines Mädels und einer
Kitsch-Seele von Mann und zusammengefaßt in dieser Katastro-
phe: Elektrischer Waggon und Tod von blühendem Fleisch, wo die
Prinzessin plötzlich Annerl heißt - so hätte ich das ja nie
geschrieben und mir solche Mühe gegeben, eine transzendent sich
gebende Idee in Figur zu bringen." (Unterstreichung von mir;
nicht eindeutig identifiziertes Wort; G.H.)
Brief vom 4.12.1912.

Ich erinnere daran, daß auch eine Ballade von Jens Per Jacobsen
den Titel "Irmelin Rose" trägt.
Überhaupt scheint Robert Müllers Affinität zur skandinavischen
Literatur (Jensen, Hamsun etc.) über die Herkunft der Mutter
erklärbar. Ole Estermann, Robert Müllers spätere Frau, ist
Norwegerin.

20 Mir stand nur die zweite Auflage zur Verfügung. Dort heißt es
    im Klappentext, die Ausgabe sei von der Zensur um ein Kapitel
    gekürzt. Zu dem fehlenden Kapitel habe ich keine Informationen.

21 Müller, Was erwartet..., S. 34.

22 Der/Die erste, der/die sich aufgrund dieser Anmerkung bei mir meldet, erhält eine Flasche Sekt.

23 Daß diese Erfahrungen auch zu einschneidenden konzeptionellen Änderungen führen, werde ich bei der Diskussion der weltanschaulichen Grundpositionen Müllers in den Kapiteln 3 - 5 näher belegen.

24 Müller, "Auf Vorposten", S. 1538.

25 Müller, "Frontleute", S. 402.

26 ebenda, S. 403.

27 Müller, "Isonzobibel", S. 547.

28 ebenda, S. 546.

29 Vgl. auch die Rezension von Engelbert Pernerstorfer, neben V. Adler Führer der österreichischen Sozialdemokratie. Pernerstorfer hält Macht für eine "verständig geordnete, an tieferen Einsichten und Aussichten reiche Untersuchung über politische und Kulturfragen."
Müller gehe es mehr als um einen "Imperialismus der äußeren Macht" um einen "Imperialismus des Geistes", und "mit einem solchen Imperialisten läßt sich reden". Pernerstorfers Hochschätzung von Müllers Macht wirft damit auch ein bezeichnendes Licht auf die Kriegshaltung der damaligen österreichischen Sozialdemokratie.

30 Conrad Schmidt, Sp. 1019.

31 Kurt Hiller, "Vorbemerkung zu R. Müller, 'Die Geistrasse'",a.a.O., S. 49.

32 Alfred Döblin, "Der Knabe bläst ins Wunderhorn", S. 143.

33 Wolfgang Reif, Zivilisationsflucht..., S. 121.

34 Reif orientiert sich hier an den Arbeiten des englischen Psychiaters Ronald D. Laing über die schizoide Persönlichkeitsstruktur.

35 Reif, a.a.O., S. 143.

36 ebenda, S. 148.

37 Werner, die Hauptfigur der Politiker des Geistes, beruft sich gar ausdrücklich auf Jack Slim (vgl. S. 52).

38 Vgl. Den Beitrag Ernst Fischers "Ein doppelt versuchtes Leben. Der Verlagsdirektor Robert Müller (und der Roman Flibustier)", in: Kreuzer/Helmes (Hg.), Expressionismus....

39 Vgl. u.a. Müllers späte Beiträge "Austria ultima" und "Die Politisierung Österreichs".

40 Reif, a.a.O., S. 148.

41 Ansätze dazu finden sich u.a. in Klaus Vondung (Hg.), Das wilhelminische Bildungsbürgertum, Göttingen 1976.

42 Ingrid Kreuzer, "Robert Müllers 'Tropen'. Fiktionsstruktur, Rezeptionsdimensionen, paradoxe Utopie", S. 194 (LiLi).

43 ebenda, S. 194 f.   44 ebenda, S. 198.

45 ebenda, S. 205.   46 ebenda, S. 215.

47 ebenda, S. 216 f.

48 Für die Zeit an den Belgrader Nachrichten liegen mir nur wenige Informationen vor. Beiträge Müllers aus den BN sind mir nicht bekannt.

49 Müller, "Der Roman des Afrikanismus", S. 143. Wir erinnern uns an "Frontleute" und wissen diese literarische Etikettierung einzuschätzen.

50 ebenda, S. 143.

51 Müller, "Phantasie", S. 1421.

52 ebenda, S. 1424ff.   53 ebenda, S. 1426.

54 Jack Slim und Werner, Hauptfiguren von Camera obscura bzw. Die Politiker des Geistes, sind beide von asiatischen Kulturwelten beeinflußt und wenden sich gegen Osten.

55 ebenda, S. 1426.

56 Müller, "Die europäische Seele im Bilde", S. 189.

57 ebenda, S. 190.   58 ebenda, S. 192f.

59 Vgl. u.a. zeitgenössische Urteile von Kurt Hiller, Iwan Goll, René Schickele, Kasimir Edschmid, Kurt Pinthus etc., in: Anz / Stark,(Hg.) Expressionismus, a.a.O., S. 29 - 97, und die literatur- und kunstwissenschaftlichen Konzeptionen bei Paul Raabe, "Der Expressionismus als historisches Phänomen", in: Rötzer, Hans Gerd, Begriffsbestimmung..., a.a.O., S. 241 - 262, Fritz Martini, "Der Expressionismus als dichterische Bewegung", in: Rötzer, a.a.O., S. 137-179, Roy F. Allen, Literary Life..., Thomas Anz, Literatur der Existenz..., Christoph Eykman, Denk- und Stilformen..., Gunter Martens, Vitalismus und Expressionismus, Wolfdietrich Rasch, "Was ist Expressionismus?", in: Ders., Zur deutschen Literatur..., S. 221-227, Wolfgang Rothe, Der Expressionismus..., Walter H. Sokel, Der literarische Expressionismus, György M. Vajda, "Outline of the Philosophic Backgrounds of Expressionism", in: Ulrich Weisstein (Hg.), Expressionism as..., Silvio Vietta / Hans Georg Kemper, Expressionismus. Überblicke zur Expressionismusforschung finden sich bei Richard Brinkmann, Expressionismus.

Internationale Forschung zu einem internationalen Phänomen (Stuttgart 1980), Günter Helmes, Hausarbeit zur Ersten Staatsprüfung, Universität Siegen 1979, und bei Jan Knopf, "Expressionismus - Kritische Marginalien zur neueren Forschung", in: Bernd Hüppauf (Hg.), Expressionismus und Kulturkrise, a.a.O.
Vgl. auch die Schlußbemerkung dieser Arbeit.

60 Karl Kraus reagierte auf Müllers Bühnenstück, indem er ihn in Literatur oder Man wird doch da sehn (1921) ebenfalls parodierte. Kraus spaltet Müller in zwei Figuren, Harald Brüller und Brahmanuel Leiser, auf.

61 Hans Heinz Hohnl, "Robert Müller" (1971), a.a.O., S. 30.

62 ebenda, S. 30.
Für Julius Bab ist Robert Müller ein "beachtenswertes Talent als Essayist" und ein "geistreicher Plauderer über kulturpolitische Situationen". Als Dramatiker müßte für ihn, so Bab, einstweilen die Formel lauten: "Zuviel Kopf und zu wenig Blut". Es entstehe der Eindruck, daß in Die Politiker des Geistes "mit einem Gesellschaftsproblem von tragischer Unlösbarkeit ("wie Freiheit zur Herrschaft, Geist zu Gewalt und Gewalt zu Geist kommen können"; G.H.) ein kokettes Spiel getrieben wird." Robert Müller rutsche zu sehr ins "Feuilletonistische" ab.
Vgl. Bab, "Talente", a.a.O., S. 336.

63 Robert Müller, Österreich und der Mensch, a.a.O., S. 102 ff.

64 Robert Müller, Europäische Wege, a.a.O., S. 7-20.

65 Vgl. Robert Müller, "Literaria. Keine Geschichte..." (1921), a.a.O.

66 ebenda, S. 106f.   67 ebenda, S. 107.

68 Fischer, "Ein doppelt versuchtes Leben...", a.a.O., S. 220.

69 Musil, "Wiener Theatermesse", a.a.O., S. 43.

70 Vgl. Fischer, "Ein doppelt versuchtes Leben...", a.a.O., S. 227.

71 Vgl. Fischer, ebenda, S. 227ff.

72 Vgl. Fischer, ebenda, S. 237f.

73 ebenda, S. 241.

74 Flake, + Entgegnung (1927), a.a.O., S. 8.

75 Fischer, "Ein doppelt versuchtes Leben...", a.a.O., S. 246.

76 Robert Müller, "Wehrpflicht und Gewissensgegner", 1919, a.a.O., S. 137.

77 ebenda, S. 136.

78 Robert Müller, "Militarismus (1916)", 1919, a.a.O., S. 28.

79 ebenda, S. 28.

80 Robert Müller, "Wehrpflicht und Gewissensgegner", 1919, a.a.O., S. 136.

81 Robert Müller, "Der Friede als Leistung und Genie", 1919, a.a.O., S. 75.

82 ebenda, S. 75.   83 ebenda, S. 77.

84 Robert Musil, "Robert Müller" (PP), 1924, a.a.O., S. 6.

85 ebenda, S. 4. Vgl. auch Max Krell: "Alles" von Robert Müller Geschriebene, selbst Novellen und Romane, seien letztlich Essays, gehe es in ihnen doch im Grunde immer nur um das Herausarbeiten des "Begrifflichen", der "Idee". Das sei die "eigentliche Essenz" aller Texte, und immer finde sich in ihnen Gelegenheit, "von allem zu sprechen, was Erde und Menschheit heute ausmacht." Krell, "Expressionismus...", a.a.O., S. 52.

86 Robert Musil, "Robert Müller" (PP), 1924, a.a.O., S. 4.

87 ebenda, S. 4.
Marie-Louise Roth vertritt die Auffassung, daß es gerade dieses Vorwärtsdenken, dieses Utopische bei Robert Müller und Kurt Hiller gewesen sei, das Musil zu diesen hinzog, daß aber deren "Entweder-Oder-Ideologie" bei aller Wertschätzung und "Affinität" zu einer deutlichen ideologischen Distanzierung geführt habe. M.-L. Roth, Robert Musil, a.a.O., S. 116ff.

88 Robert Musil, "Robert Müller" (PP), 1924, a.a.O., S. 4f.

89 Otto Flake, "Robert Müller", 1924, a.a.O., S. 1083.

90 ebenda, S. 1084.

91 Arthur Ernst Rutra, "Robert Müller" (Das Dreieck), 1924, a.a.O., S. 95.

92 ebenda, S. 95.   93 ebenda, S. 96.

94 Arthur Ernst Rutra, "Pionier und Kamerad", 1927, a.a.O., S. 1.

95 ebenda, S. 1.
Trifft diese Aussage Rutras zu, dann ist sie ein weiterer Beleg dafür, daß Krumka in Flibustier als Teil-Ich der intellektuellen Biographie Robert Müllers zu lesen ist.

96 Vgl. auch die Erinnerungen von Zeitgenossen im "Sonderteil Robert Müller" der Pestsäule.
Adalbert Muhr behauptet, Robert Müller sei durch und durch "paradox" gewesen, "wenn man darunter nicht die übliche Bedeutung widersinnig oder widersprüchig versteht, sondern im Sinne des griechischen Ursprungwortes paradoxon 'das Unerwartete'." (S. 141). Betrachte man Person und Werk, dann ergäben sich erstaunliche Parallelen zu Charles Sealsfield und Herman Melville. Karl May und Johannes V. Jensen seien literarische Orientierungen Robert Müllers gewesen. (S. 145f.) Am liebsten habe er Flake, Schickele, Dauthendey, Altenberg, Kipling, Conrad, Chesterton und Hamsun gelesen. Zu den Lieblingsbüchern hätten Die Schatzinsel, Zirkus Mensch von Aage Madelung, Der

Tod in Venedig und Manhattan Transfer gezählt. (S. 156)
Biographisch von Interesse ist die vorsichtig formulierte Vermutung Muhrs, der Selbstmord Robert Müllers sei auch in Zusammenhang mit einer unglücklich verlaufenen Liebesbeziehung Robert Müllers zu sehen. In dieser Vermutung trifft sich Muhr mit Kurt Hiller (Hiller, Leben gegen die Zeit, a.a.O., S. 137).

Ludwig Ullmann, seit dem ersten Gymnasialjahr 1898 mit Robert Müller befreundet, betont, daß sich der einstige Apologet des Krieges Robert Müller im Ersten Weltkrieg "zum wütenden Pazifisten und Kosmopoliten" (S. 167) gewandelt habe. Freilich habe er an ein "Faustrecht des Geistes" geglaubt. (S. 167)

Theodor Sapper sieht in Robert Müller einen ersten Vertreter der Idee eines vereinten Europas und meint, jeder "gewissenhafte Elementarunterricht zum Thema Völkerverständigung" könne Robert Müllers Hauptwerke "getrost" zum Unterricht heranziehen. Müller sei ein "all-liebender Bekenner des weltweiten Menschentums" gewesen. (S. 169ff.)

ANMERKUNGEN - EXKURS I

1   Das Inselmädchen, a.a.O., S. 15.
    In seinem Nachwort zu der Neuauflage (1946) von Das Inselmädchen spricht Otto Basil von einer "Reminiszenz" an die "Stilerscheinung des Expressionismus", an den "um die zwanziger Jahre im Schwange gewesenen Exotismus amerikanisch angeekelter Maschinenweltbewohner." Vgl. Basil, "Nachbemerkung..." a.a.O., S. 63.
    Für Hahnl bietet Das Inselmädchen das "faszinierende Schauspiel (...), wie Robert Müller die elementare und zivilisatorische Geschichte in wenigen Sätzen rafft, die Jahrtausende überspringend und in kühnen Schlüssen zusammenfügt, wie er bürgerliche Konflikte, das exotische Parfüm und ein mythisches Urraunen mit seiner Utopie des neuen Menschen zusammenzwingt (...) und schließlich noch die ironische Einsicht fin-

det: 'Er hatte sich mit den Urkräften ringen sehen und blätterte beschriebenes Papier um.'" Vgl. Hahnl, "Robert Müller" (1971), a.a.O., S. 30.

2   Das Inselmädchen, a.a.O., S. 15f.

3   ebenda, S. 23.   4   ebenda, S. 8.

5   ebenda, S. 42.   6   ebenda, S. 55.

7   ebenda, S. 57.

8   Vgl. Reif, Wolfgang, Zivilisationsflucht und..., a.a.O.

9   Das Inselmädchen, a.a.O., S. 6f.

10 ebenda, S. 5.

11 Wilpert, Gero von, Sachwörterbuch der Literatur, a.a.O., S. 713.

12 Arena, a.a.O., S. 752.

13 ebenda, S. 749f.   14 ebenda, S. 751.

15 Vgl. u.a. das Kapitel 123 (Die Umkehrung) im Mann ohne Eigenschaften.

16 Der Barbar, a.a.O., S. 127.

Max Krell, Herausgeber einer Anthologie expressionistischer Novellen und einer der profiliertesten Literaturkritiker der Zeit, nimmt in seine Besprechung "Romane 1920" neben Sternheim, Wassermann, Döblin u.a. auch Robert Müller mit dem Roman Der Barbar auf. Bei Müller habe "der Roman an sich, das Auskurven, Abmessen, Pointieren keine Wichtigkeit mehr (...), obwohl er, das zu balanzieren, Reichtümer genug hinwerfen könnte." In Der Barbar gehe es darum, "in schneller Bahn die Aggregate der Menschheit, die physischen wie die geistigen, zu durchmessen, um dann einzuschwenken in die Versammlung der Völker: Amerika". Doch finde sich auch dort schon die Zivilisation, und die sei gegen neue Inhalte wie durch eine "chinesische Mauer" gewappnet. Es sei außer Frage, daß für Robert

Müller der Ansturm "gegen das stählerne Korsett der Zivilisation Erfolg" haben werde. Vgl. Krell, "Romane 1920", a.a.O., S. 1415f.

17 Der Barbar, a.a.O., S. 12.

18 ebenda, S. 23. 19 ebenda, S. 105.

20 Camera obscura, a.a.O., S. 21, 23.

21 Vgl. Exkurs II, dort vor allem die Ausführungen zu Robert Müllers "Der Denkroman".

22 Camera obscura, a.a.O., S. 146. Diese Äußerung Jack Slims ist z.T. wörtlich aus Robert Müllers "Die Wiedergeburt des Theaters aus dem Geiste der Komödie" übernommen.

23 ebenda, S. 31. 24 ebenda, S. 23.

25 ebenda, S. 23.

26 Flibustier, a.a.O., S. 64.
In Flibustier deute sich, so Hahnl, an, daß der "Flibustier" in Robert Müllers Bewußtsein langsam das Übergewicht gewinnt über den "'als Nervenmenschen wiedergewonnenen Jägertyp der Vorzeit, über den Menschen mit dem weitesten Bewußtsein, den stärksten und feinsten Nerven, der sich unauffällig benimmt, weder lyrisch noch dramatisch, eben wie ein alter Mohikaner'". Vgl. Hahnl, "Robert Müller" (1971), a.a.O., S. 31f.

27 Flibustier, a.a.O., S. 8.

28 ebenda, S. 19. 29 ebenda, S. 31.

30 ebenda, S. 62. 31 ebenda, S. 81.

32 Zu der hier nicht interpretierten Erzählung Manhattan Girl (1920) vgl. Heinz Schöffler. Schöffler rechnet Robert Müller zu den "Verschollensten der Verschollenen" (S. 470); er sei

die bemerkenswerteste Wiederentdeckung aus dem Wiener Umkreis. (S. 483). In Manhattan Girl schildere Robert Müller "den Prozeß der Identifikation des Ego mit der Welt und der Welt mit einem Ego", die Stadien einer "Selbsterkenntnis" über die "Welterkenntnis". Im Jahr der "Menschheitsdämmerung" herrsche hier "Menschheitsaufbruch". (S. 483) Robert Müller sehe in an sich bedenklichen Symptomen eine progressive Bedeutung. So werde beispielsweise "Hysterie" als "Fortschritt", "Angst" als "Ahnen" und "Intimität höherer Kräfte" erlebt. Durch Robert Müller werde Amerika zum drittenmal entdeckt. Er segele unter der "Flagge Walt Whitmans (...), des großen Rhapsoden. Robert Müller erfand, wenn man so will, die Nuance des kühlen Rhapsoden - einer durch das Gehirn kontrollierten Blutwallung." Karl Otten habe in Manhattan Girl einen "Hymnus" gesehen, "der in eine utopische Vision alle Gedanken reißt und sie zu einer Philosophie anthropomorphen biologischen Denkens häuft." In Manhattan Girl, so Schöffler, haben "die demiurgisch in die Gegenwart geworfenen Wunschträume vom Paradies auf Erden (...) einen Ort, wo sich Utopie zu einem Realisationskern verdichtet, der als Stein des Anstoßes Politiker mehr noch als Schriftsteller zu neuartigen Überlegungen provozieren müßte." Vgl. Schöffler in Karl Otten (Hg.), Ego + Eros, a.a.O., S. 484.

Vielleicht könnte man auch fragen, ob es sich bei dem Tod Robert Müllers wirklich um Selbstmord handelte oder ob nicht vielmehr ein Unfall vorlag. In den biographischen Verweisen bei Schweiger etc. wird als Todesursache ein Lungenschuß angegeben - liegen Autopsieberichte vor, die klären, welche Lungenhälfte betroffen war? Erscheint ein Lungenschuß bzw. möglicherweise ein verfehlter Schuß ins Herz bei einem so erfahrenen Soldaten wie Müller nicht unwahrscheinlich? Robert Musil schreibt in einem Brief an Arne Laurin vom 31.8.1924 (siehe Bibliographie): "Auch ist mir Robert Müllers Tod so nahe gegangen, daß ich lange meine Gedanken überhaupt nicht in Ordnung bringen konnte. Ich schicke nun diesen Versuch einer Würdigung auch an eine Wiener und Berliner Zeitung (...), weil ich möglichst ausgiebig auf ihn aufmerksam machen will,

seinethalben und wegen der Familie, die er in ärgster Unsicherheit zurückgelassen hat."
(Ebenda S. 356)
Aus dieser Äußerung ist zum einen die völlige Fassungslosigkeit Musils über den Tod Robert Müllers zu entnehmen. Offensichtlich gab es für ihn, den langjährigen Bekannten, keinen Anlaß, vor dem Tode an eine mögliche Selbstmordabsicht Müllers zu denken. Haben auch ihn erst die Umstände des Todes auf Selbstmord schließen lassen?
Zum zweiten ist ersichtlich, daß Robert Müller zum Zeitpunkt des Todes in großen finanziellen Schwierigkeiten gewesen sein muß. Andererseits lernen wir Robert Müller in seinen Publikationen, aber auch in der uns bekannten Lebenshaltung als zielstrebig, gewissenhaft und nach einem selbstformulierten, streng eingehaltenen Pflichtgesetz schreibend und handelnd kennen. Paßt in dieses Bild ein Freitod, der ihn zwar seiner Probleme enthebt, aber eine dreiköpfige Familie in "ärgster Unsicherheit" zurückläßt? Ist der angebliche Selbstmord Robert Müllers möglicherweise der Gipfelpunkt der (z.T. selbstverfaßten) Mythenbildung um sein Leben?

ANMERKUNGEN - EXKURS II

1   Robert Müller, "Das moderne Ich", 1921, a.a.O., S. 646.

2   Vgl. Wilpert, Sachwörterbuch..., a.a.O., S. 807.

3   Robert Müller, "Die europäische Seele...", 1917, a.a.O., S. 189.

4   Lukács, "'Größe und Verfall'...", a.a.O., S. 13.
    Vgl. dazu näher meine Ausführungen im Schlußkapitel dieser Arbeit.

5   Robert Müller, "Die europäische Seele...", 1917, a.a.O., S. 190.

6   ebenda, S. 189.   7   ebenda, S. 190.

8   ebenda, S. 191.   9   ebenda, S. 192f.

10 ebenda, S. 193.

11 Robert Müller, "Ein Beginner", 1920, a.a.O., S. 861.

12 Robert Müller, + Rez. zu Theodor Däubler, Mit silberner Sichel, 1916, a.a.O., S. 508f.

13 Robert Müller, "Kosmoromantik", 1920, a.a.O., S. 255f.

14 Vgl. zum Begriff "Ausdruck" Wilhelm Dilthey, Der Aufbau der geschichtlichen Welt in den Geisteswissenschaften, a.a.O.

15 Diese Ausführungen stützen Ingrid Kreuzers und meine Interpretationen der fiktionalen Texte.

16 Robert Müller, "Das Schwerschreiben", 1920, a.a.O., S. 2.

17 Robert Müller, "Der Denkroman", 1921, a.a.O., S. 110f.

18 Robert Müller, "Das Schwerschreiben", 1920, a.a.O., S. 2f.

19 Vgl. Helmut Kreuzer (Hg.), Mathematik und Dichtung, 1968.

20 Die Rezension zu Oswald Spenglers Der Untergang des Abendlandes gehört zu den wenigen Ausnahmen. Zu bedenken ist allerdings, daß Robert Müller auch hier in eigener Sache schreibt, kritisiert er doch eine Position, die ideologiegeschichtlich in das gleiche Spektrum fällt wie die Müllers. Insofern handelt es sich um eine ideologieimmanente Auseinandersetzung. Vgl. Robert Müller, "Homosozialität", 1921, a.a.O.
    Eine zweite Rezension, die deutlich aus dem üblichen Rahmen herausfällt, ohne jedoch ein Verriß zu sein, ist "Ein Buch - Ein Ereignis" (1920), in der Robert Müller Thomas Manns Herr und Hund und Gesang vom Kindchen bespricht. Beide, Hund und Kindchen, so Robert Müller, geben ein umfassendes "Panorama der Deutschheit": "Zwei Stücke Rückhalt, zwei Erfolge natürlicher Konservativität sind da aus uns hervorgegriffen, und

wer den Griff tun konnte, ist wohl unser erster deutscher Dichter, ohne den üblichen Nachklang, den das sonst zu besitzen pflegt." Ganz kann sich Robert Müller jedoch auch an dieser Stelle die Spitze gegen Thomas Mann nicht verkneifen, der nach Wilhelm Krull (<u>Politische Prosa des ...</u>, a.a.O.; vgl. auch Robert Müller, "Thomas Mann, Frankreich, Aktivismus" (1921/22)) im Lager der konservativen Elitedenker <u>der</u> Antipode der Aktivisten war: "Und unser Künstler (Th. Mann; G.H.) hat etwas Plebejisches, gerade in seiner auffallenden neuen Eleganz, die uns so in die Augen sticht: in seinem Stil zeigt sich bei aller Exklusion die Pratze, die Pratze des Schriftstellers, jene französisch-englisch-dänische Schilderungsgabe, Reportage aus dem demokratischen Westen, heißhungrige Wiedergabe, frische Aufmachung für die Sinne, durchaus nicht zu verachten und ein Charakteristikon der Zeit, die aktuelle Begabung, Zivilisationserscheinung - Erscheinung eben jener demokratischen massialen Zivilisation, die der <u>metaphysische Instinktpatrizier</u> mit Recht bekämpft. Also altdeutsch gegen neudeutsch, im Kampf gegeneinander gefesselt, in einem Autor widersprüchlich und darum schöpferisch zum Ausdruck gebracht. <u>Plebejisch angestochene Vornehmheit, verpintscherter Rüde: der Hund, der Deutsche, sein Künstler.</u>" (Ebenda S. 14)

21 Vgl. dazu näher die beiden Beiträge von Franz Cornaro, "Bedenker des Wortes...", a.a.O., und "Robert Müllers Stellung...", a.a.O.
Die Briefe Robert Müllers an Ludwig von Ficker zeigen, daß sich Müllers privates Urteil über Karl May von dem öffentlich Geäußerten negativ abhebt.

22 Robert Müller, "Das Drama Karl Mays", 1912, a.a.O., S. 602.

23 ebenda, S. 605.   24 ebenda, S. 609f.

25 Robert Müller, "Totenstarre...", 1912, a.a.O., S. 919.

26 Von Krumka, dem deutlichen Teil-Ich in <u>Flibustier</u>, wird u.a. berichtet: "Er las viel, besonders <u>Reisebeschreibungen, Geographie, Dinge, die eine gegenständliche Phantasie anregen;</u> Romane nur, wenn sie keine Liebe, aber auch keinen Krieg, dagegen sonstige Verwicklungen darstellten, also besonders <u>Detektivgeschichten</u> (Hervorhebungen von mir; G.H.)."
Ebenda, S. 23.
Als <u>intellektuelle</u> Biographie gelesen, wären das Hinweise auf <u>Tropen</u> und <u>Camera obscura</u>.

27 Robert Müller, "Phantasie", 1916, a.a.O., S. 1423.

28 ebenda, S. 1424f. 29 ebenda, S. 1426.

30 Robert Müller, "Hans Sachs", 1912/13, a.a.O., S. 239.

31 ebenda, S. 240. 32 ebenda, S. 241.

33 ebenda, S. 242.

34 Robert Müller, "Der Reporter", 1914, a.a.O., S. 299f.

35 ebenda, S. 300.

36 ebenda, S. 300.
Müller spricht hier davon, daß er ein "Eigenarrest" wie das Flauberts selbst "geprüft" habe. Hierfür kämen nur die Jahre 1909 bis 1911 in Frage, die Zeit, die er angeblich ganz in Amerika verbracht hatte.
Sollte die Äußerung Werners in <u>Die Politiker des Geistes</u>, er habe zwei Jahre in einer Nervenheilanstalt verbracht, als verstecktes Autorbekanntnis zu lesen sein (und Werners Äußerung verweist auf die Jahre 1909 bis 1911!), und trifft Ingrid Kreuzers Interpretation zu, die Erlebnisse in <u>Tropen</u> vollzögen sich "daheim am Schreibtisch oder auf der Couch der Analyse", dann meint Müller hier mit "Eigenarrest" den eigenen Aufenthalt in einer Nervenklinik um 1910. Möglicherweise ist der Roman <u>Tropen</u> in dieser Zeit entstanden, vielleicht als 'Tagebuch' der Analyse.

Vgl. auch Kapitel I, Anm. 4, dort den Auszug aus Müllers Brief an L.v.Ficker vom 4.6.1912.

37 Robert Müller, "Der Reporter", a.a.O., S. 301.

38 ebenda, S. 302f.

39 Robert Müller, "Skandinavier", 1912, a.a.O., S. 623.

40 ebenda, S. 623f. 41 ebenda, S. 625.

42 ebenda, S. 624. 43 ebenda, S. 619-622.

44 Eine psychoanalytische Ausdeutung dieser Analogiebildung liegt nicht in meinem Erkenntnisinteresse, das auf Ideologie- und Formengeschichte, nicht aber auf "Männerphantasien" gerichtet ist.

45 ebenda, S. 627. 46 ebenda, S. 628.

47 ebenda, S. 627f.

48 Robert Müller, "Der Roman des Amerikanismus", 1913, a.a.O., S. 254f.

49 ebenda, S. 256.

50 ebenda, S. 258.
Vgl. hier auch Robert Müllers Brief an L.v.Ficker vom 17.2.1912. Da heißt es u.a.:
"Ferner habe ich eine Reihe von Arbeiten über Amerika, _gegen_ Amerika."

51 Robert Müller, "Die Wiedergeburt des Theaters...", 1920, a.a.O., S. 77.

52 ebenda, S. 71. 53 ebenda, S. 70.

54 ebenda, S. 71. 55 ebenda, S. 78.

56 Vgl. auch Robert Müllers "Die Geltung der Kunst", 1919, wo es heißt:
"Darum Achtung vor dem kleinen Manne und laßt ihm seine Kunst! Auf der anderen Seite aber ob dieser humanen und gesunden Meinung nicht gleich mit allen Expressionisten auf den Scheiterhaufen." Ebenda, S. 2.

57 Robert Müller, "Die Wiedergeburt des Theaters...", a.a.O., S. 72f.

58 ebenda, S. 76.   59 ebenda, S. 73.

60 ebenda, S. 74.   61 ebenda, S. 74ff.

62 ebenda, S. 78ff.

63 Robert Müller, "Zwischen den Theatern", 1924/25, a.a.O., S. 51.

64 ebenda, S. 51.   65 ebenda, S. 52.

66 ebenda, S. 52.   67 ebenda, S. 53.

68 ebenda, S. 52f.
Schon in einem frühen Brief an Ludwig von Ficker vom 4.12.1912 heißt es:
"Man sagt das, was man sagen will, und so prägnant, wie möglich. Man soll doch nicht unter die Gilde der Künstler kommen (...). Lieber Polizist sein und SOS für die Arrestierung eines besoffenen Lyrikers bekommen, als je selbst ein schönes vollendetes Gedicht machen! Also unkünstlerisch bin ich bis auf die Knochen. Ich werde aber trotzdem weiter schreiben, und zwar gegen die Kunst; (d.h. gegen die moderne Kunst; Walter von der Vogelweide ist mir schon recht)(...) Die Sprache ist zum Ausquetschen da, nicht zum getrunken werden. Und darum sind rationale Stellen in einer Arbeit absolut nicht schlecht oder anfechtbar."

69 Robert Müller, "Der Untergang des Geistes", 1924, a.a.O., S. 84f.

70	ebenda, S. 85.	71	ebenda, S. 85f.
72	ebenda, S. 87f.	73	ebenda, S. 90.

74 ebenda, S. 91.

75 Vgl. E. Fischer, "Ein doppelt versuchtes...", a.a.O.

76 Robert Müller, "Der Untergang...", a.a.O., S. 94f.

77 ebenda, S. 94ff.

ANMERKUNGEN - 2. KAPITEL

1 Lukács, Die Zerstörung der Vernunft, Bd. 2, Darmstadt und Neuwied 1980^2, S. 14.

2 Nietzsche, Antichrist, zit. nach Lukács, a.a.O., S. 47.

3 Nietzsche, Antichrist, zit. nach Lukács, a.a.O., S. 60.

4 Lukács, Die Zerstörung..., Bd. 2, S. 35.

5 Nietzsche, Wille zur Macht, zit. nach Lukács, a.a.O., S. 65.

6 Lukács, Die Zerstörung..., Bd. 2, S. 66.

7 Nietzsche, Wille zur Macht, zit. nach Lukács, a.a.O., S. 66.

8 Lukács, Die Zerstörung..., a.a.O., S. 67.

9 Nietzsche, Wille zur Macht, zit. nach Lukács, a.a.O., S. 67.

10 Lukács, Die Zerstörung..., a.a.O., S. 68.

11 ebenda, S. 81f.

12 Lukács, Die Zerstörung..., a.a.O., S. 12.

13 ebenda, S. 17.   14 ebenda, S. 19.

15 Lukács, Die Zerstörung der Vernunft, Bd. 3, a.a.O., S. 113.

16 ebenda, S. 114f.

17 Gobineau, Die Ungleichheit..., zit. nach Lukács, Die Zerstörung..., a.a.O., S. 119.

18 Lukács, Die Zerstörung..., Bd. 3, a.a.O., S. 117.

19 ebenda, S. 117.   20 ebenda, S. 116.

21 ebenda, S. 126f.   22 ebenda, S. 127.

23 ebenda, S. 124.

24 Gumplowicz, Grundriß der Soziologie, zit. nach Lukács, Die Zerstörung..., Bd. 3, a.a.O., S. 127.

25 Gumplowicz, Die soziologische Staatsidee, zit. nach Lukács, Die Zerstörung..., Bd. 3, a.a.O., S. 133.

26 Lukács, Die Zerstörung..., Bd. 3, a.a.O., S. 136.

27 Woltmann, Politische Anthropologie, zit. nach Lukács, Die Zerstörung..., Bd. 3, a.a.O., S. 136.

28 Woltmann, Politische Anthropologie, zit. nach Lukács, Die Zerstörung..., a.a.O., S. 137.

29 Lukács, Die Zerstörung..., Bd. 3, a.a.O., S. 137.

30 ebenda, S. 138f. Für die Lebensphilosophie vgl. näher Die Zerstörung..., Bd. 2, viertes Kapitel.
In "Der schreibende Politiker" (1919) urteilt Robert Müller über Chamberlain: "Der Chamberlain vor dem Kriege, man mag über die wissenschaftlichen Grundlagen seines 19. Jahrhunderts noch so streng urteilen, war ein Kulturschatz des deutschen Bewußtseins (Hervorhebung von mir; G.H.). Ebenda, S. 18.

31 Chamberlain, Die Grundlagen des 19. Jahrhunderts, zit. nach Lukács, Die Zerstörung..., Bd. 3, a.a.O., S. 143.

32 Lukács, Die Zerstörung..., Bd. 3, a.a.O., S. 143.

33 ebenda, S. 146.   34 ebenda, S. 140.

35 ebenda, S. 146.   36 ebenda, S. 147.

37 Lukács, Die Zerstörung..., Bd. 3, a.a.O., S. 152.

38 Lukács, Die Zerstörung..., Bd. 3, a.a.O., S. 152.

39 Chamberlain, Die Grundlagen..., zit. nach Lukács, Die Zerstörung..., Bd. 3, a.a.O., S. 151.

40 Chamberlain, Die arische Weltanschauung, zit. nach Lukács, Die Zerstörung..., Bd. 3, a.a.O., S. 151.

41 Lukács, Die Zerstörung..., Bd. 3, a.a.O., S. 152.

42 Lübbe, Hermann, Politische Philosophie in Deutschland, a.a.O., S. 207f.

43 Plenge, Johann, Der Krieg und die Volkswirtschaft, Münster i.W., 1915.
    In "Das kulturpolitische Schreiben" (1922) nennt Robert Müller u.a. Plenges Vertiefung des Sozialismus und hält es für "spannend durch eine Kontroverse mit Hermann Bahr über die Ideen von 1914 (von Rudolf Kjellén; G.H.). Ebenda, S. 34.

44 Lübbe, a.a.O., S. 208.

45 Plenge, Der Krieg..., zit. nach Lübbe, a.a.O., S. 209.

46 Lübbe, a.a.O., S. 208f.

47 ebenda, S. 209.
    Robert Müller hat sich an mehreren Stellen, meist ablehnend, mit Oswald Spengler auseinandergesetzt. So heißt es beispielsweise in "Homosozialität" (1921): "Ein Gongschlag verkündet den Untergang des Abendlandes. Man wird zum Abendessen gerufen, eine profane Kommunion wird verteilt. Gibt es Abendländischeres? Das Müdeste ist eine Müdigkeit, die sich in Szene setzt. Der Oswald Spenglersche Pessimismus kann sich auf sich selbst als reichhaltigstes Symptom berufen." Ebenda, o.S. Müller weist in dieser Rezension überzeugend den Pessimismus Spenglers als "logische Lüge" zurück.

48 Lübbe, a.a.O., S. 211.

49 Robert Müller bespricht unter anderen Kjellén in "Der schreibende Politiker" (1919). Kjellén sei an der "allgemeinen Romantik", d.i. der "Groß-Deutschland-Literatur" beteiligt gewesen. Müller nennt außerdem Chamberlain, Albrecht Wirth, Paul Rohrbach, Tisza, Rathenau und Gustav F. Steffen: "Sie sind alle gute Prosaiker gewesen, selbst die politischsten, wie Rohrbach und Tisza beseelte ein künstlerischer Schwung, ihre Bücher waren symmetrisch, oft romanhaft glückvoll, mit lyrischen Ausgängen aufgebaut." Ebenda, S. 18.
Statt einer prinzipiellen Distanzierung verlegt sich Müller also auf eine ästhetische Kritik.

50 Lübbe, a.a.O., S. 212.

51 Kjellén, Rudolf, Die Ideen von 1914. Eine weltgeschichtliche Perspektive (1915), Leipzig 1918, zit. nach Lübbe, a.a.O., S. 212.

52 Lübbe, a.a.O., S. 212f.

53 Sombart, Werner, Händler und Helden. Patriotische Besinnungen, München und Leipzig 1915, zit. nach Lübbe, a.a.O., S. 213.

54 Lübbe, a.a.O., S. 213.

55 Sombart, zit. nach Lübbe, a.a.O., S. 215.

56 Lübbe, a.a.O., S. 215.

57 ebenda, S. 216.

58 Krull, Wilhelm, Politische Prosa des Expressionismus, Frankfurt/M. 1982, S. 52.

59 ebenda, S. 52.   60   ebenda, S. 53.

61 ebenda, S. 54f.

62 Krull, a.a.O., S. 56.

63 ebenda, S. 56.

64 ebenda, S. 57.
    Vgl. auch Kurt Hiller, Gustav Wyneken's Erziehungslehre und
    der Aktivismus, a.a.O., in der er sich stark von Wyneken be-
    einflußt zeigt.

65 Krull, Politische Prosa..., a.a.O., S. 58.
    Die Ausführungen von Krull lassen erkennen, daß es augen-
    fällige Parallelen zu den Öko-Freaks der heutigen 2001-
    Generation gibt.

66 Krull, a.a.O., S. 59.
    Zur Begriffsgeschichte von Erlebnis verweist Krull zu Recht
    auf die informative Einleitung von Manfred Riedel in: Wilhelm
    Dilthey, Der Aufbau der geschichtlichen Welt in den Geistes-
    wissenschaften, a.a.O., S. 9-80.

67 Krull, a.a.O., S. 60.

68 ebenda, S. 61.   69 ebenda, S. 66.

70 ebenda, S. 67.
    Krull nennt bei den anfänglich Kriegsbegeisterten u.a. Wilhelm
    Hausenstein, René Schickele, Rudolf Borchardt, Johannes Schlaf,
    Theodor Heuß, Hans von Weber, Th. Mann, Richard Dehmel, Ger-
    hart Hauptmann, Hermann Sudermann und Max Reinhardt. Er
    macht jedoch deutlich, daß die Motive für die jeweilige
    Kriegsbegeisterung durchaus unterschiedlich waren. Th. Mann
    habe beispielsweise im Ersten Weltkrieg für Deutschland den
    "Bringer des Dritten Reiches" gesehen, doch habe dieses "Drit-
    te Reich" Th. Mann's "noch nichts gemein mit dem später von den
    Nationalsozialisten geprägten Mythos", signalisiere aber "ins-
    gesamt (...) ein großes Maß an Verbundenheit mit militaristi-
    schen Positionen." Ebenda, S. 74f.

71 ebenda, S. 79-85. Zitat S. 85.

72 ebenda, S. 85.

73 ebenda, S. 85.
    Zum Aktivismus vgl. vor allem Kapitel 3 dieser Arbeit.

74 Robert Müller leistet diese Analyse in Ansätzen (vgl. Kapitel 1 - Exkurs II), allerdings zu einem Zeitpunkt, da sich die gesellschaftlichen Verhältnisse zugunsten einer kapitalistischen Gesellschaftspraxis längst konsolidiert hatten.

ANMERKUNGEN - 3. KAPITEL

1 Robert Müller, <u>Was erwartet Österreich von seinem jungen Thronfolger?</u>, 2., kriegsministeriell genehmigte Ausgabe, München 1915, S. 8.

2 ebenda, S. 7.   3 ebenda, S. 10.

4 Robert Müller, "Spätlinge und Frühlinge", in: <u>Der Ruf</u> (Frühling), Wien 1912, S. 14.

5 ebenda, S. 14.   6 ebenda, S. 14.

7 Robert Müller, "Vernunft oder Instinkt", in: <u>Der Ruf</u>, H. 4, 1913, S. 11.

8 Robert Müller, "Apologie des Krieges", in: <u>Der Ruf</u> (Krieg), 1912, S. 2.

9 ebenda, S. 1f.

10 Robert Müller, "Contre-Anarchie", in: <u>Saturn</u> 4, H. 1, 1914, S. 4.

11 ebenda, S. 5.   12 ebenda, S. 6.

13 Robert Müller, "Spätlinge und Frühlinge", a.a.O., S. 14.

14 ebenda, S. 14.

15 Robert Müller, "Contre-Anarchie", a.a.O., S. 16.

16 ebenda, S. 3.

17 Robert Müller, "Spätlinge und Frühlinge", a.a.O., S. 15.

18 ebenda, S. 15.

19 Robert Müller, "Psychotechnik", in: <u>Saturn</u> 4, H. 5/6, 1914, S. 129

20 ebenda, S. 129.   21 ebenda, S. 129.

22 Robert Müller, "Heroisch Bürgerlich", in: Saturn 3, H. 12, 1913, S. 333.

23 Robert Müller, "Spätlinge und Frühlinge", a.a.O., S. 19.

24 Robert Müller, "Apologie des Krieges", a.a.O., S. 1.

25 ebenda, S. 8.

26 Robert Müller, "Spätlinge und Frühlinge", a.a.O., S. 15.

27 Robert Müller, Macht. Psychopolitische Grundlagen des gegenwärtigen Atlantischen Krieges, München 1915, S. 12.

28 ebenda, S. 43.   29 ebenda, S. 45.

30 ebenda, S. 53.   31 ebenda, S. 55.

32 ebenda, S. 60.   33 ebenda, S. 62.

34 ebenda, S. 64.   35 ebenda, S. 64f.

36 ebenda, S. 65.   37 ebenda, S. 65.

38 ebenda, S. 66.   39 ebenda, S. 68.

40 ebenda, S. 70.   41 ebenda, S. 69.

42 ebenda, S. 79.   43 ebenda, S. 82.

44 ebenda, S. 82.   45 ebenda, S. 83.

46 Robert Müller, Österreich und der Mensch, Berlin 1916, S. 24.

47 ebenda, S. 25.

48 Robert Müller, "Frontleute", in: Die Schaubühne 12, Bd. 1, 1916, S. 402.

49 ebenda, S. 403.   50 ebenda, S. 402f.

51 ebenda, S. 403.   52 ebenda, S. 404.

53 ebenda, S. 405.

54 Robert Müller, "Isonzobibel", in: <u>Die Neue Rundschau</u> 27, Bd. 1, 1916, S. 546.

55 ebenda, S. 546f.   56 ebenda, S. 546.

57 ebenda, S. 547.   58 ebenda, S. 548.

59 ebenda, S. 548.

60 Robert Müller, <u>Europäische Wege. Im Kampf um den Typus. Essays,</u> Berlin 1917, S. 7f.

61 ebenda, S. 9.   62 ebenda, S. 10.

63 ebenda, S. 10f.   64 ebenda, S. 11.

65 ebenda, S. 12.   66 ebenda, S. 12.

67 ebenda, S. 18.   68 ebenda, S. 17.

69 ebenda, S. 19f.   70 ebenda, S. 93.

71 ebenda, S. 7.

72 Robert Müller, "Die Zeitrasse I", in: <u>Der Anbruch</u> 1, Flugblatt 1, 1917, o.S.

73 Robert Müller, "Organisation und ihr Ende I", in: <u>Der Anbruch</u> 1, H. 5, 1918, S. 2.

74 ebenda, S. 2.   75 ebenda, S. 4.

76 ebenda, S. 4.   77 ebenda, S. 5.

78 Robert Müller, "Zivilisationspolitik und Sozialismus", in: <u>Der Neue Merkur</u> 3, H. 4, 1919, S. 295.

79 ebenda, S. 295.

80 Robert Müller, "Territorialpolitik - Zivilisationspolitik", in: <u>Der Neue Merkur</u> 3, H. 7, 1919, S. 506.

81 ebenda, S. 506.

82 Robert Müller, "Abbau der Sozialwelt", in: Die Neue Rundschau 30, Bd. 1, 1919, S. 549.

83 ebenda, S. 551.   84   ebenda, S. 553.

85 ebenda, S. 551.   86   ebenda, S. 551.

87 Robert Müller, "Der Kreis des Aktivismus", in: Das Ziel, Bd. 4, 1920, S. 199.

88 Robert Müller, "Geist und Republik", in: Der Anbruch 1, H. 12, 1917/18, S. 2a.

89 Robert Müller, "Im Kampf um den Typus", in: Der Friede, Bd. 1, Nr. 16, 1918, S. 378.

90 ebenda, S. 378.

91 Robert Müller, "Militarismus. Auch ein Gedicht", in: Aufschwung 1, H. 7, 1919, S. 28.

92 Robert Müller, "Wehrpflicht und Gewissensgegner", in: Der Friede, Bd. 3, Nr. 58, 1919, S. 135.

93 ebenda, S. 136.

94 Robert Müller, "Der Friede als Leistung und Genie", in: Saturn, 5, 1919/20, S. 77.

95 ebenda, S. 77.

96 Robert Müller, Bolschewik und Gentleman, Berlin 1920, S. 11.

97 ebenda, S. 16.   98   ebenda, S. 19.

99 ebenda, S. 20.   100   ebenda, S. 29.

101 ebenda, S. 36   102 ebenda, S. 19f.

103 ebenda, S. 20.

104 Robert Müller, "Deutschland und der Mensch", in: Das Tagebuch, 22.1.1921, S. 69.

105 ebenda, S. 69.

106 Robert Müller, "Der letzte Österreicher", in: Die Neue Rundschau 34, Bd. 1, 1923, S. 560.

107 ebenda, S. 565.   108 ebenda, S. 566.

109 ebenda, S. 566f.   110 ebenda, S. 568.

111 ebenda, S. 568.   112 ebenda, S. 565.

113 Robert Müller, "Austria ... ultima", in: Die Neue Rundschau 34, Bd. 2, 1923, S. 657.

114 Robert Müller, "Der Roman des Amerikanismus", in: Saturn 3, H. 9, 1913, S. 258.

115 Robert Müller, "Kritik des Amerikanismus", in: Die Schaubühne 10, Bd. 1, Nr. 20, 1914, S. 543.

116 ebenda, S. 545.   117 ebenda, S. 542.

118 Robert Müller, "Austria ... ultima", a.a.O., S. 657.

119 ebenda, S. 657.

120 Robert Müller, "Kritik des Amerikanismus", a.a.O., S. 543.

121 ebenda, S. 544.

122 Robert Müller, Europäische Wege, a.a.O., S. 115.

123 Robert Müller, "Der Amerikanische Typus", in: Faust, H. 10, 1923, S. 7.

124 ebenda, S. 8.   125 ebenda, S. 8.

126 ebenda, S. 9.   127 ebenda, S. 14.

128 ebenda, S. 14.   129 ebenda, S. 14.

130 Robert Müller, "Orient und Okzident", in: Faust. H. 8, 1923, S. 6.

131 ebenda, S. 6.

132 Vgl. Vietta, Silvio/Kemper, Hans Georg, Expressionismus, München 1975.

133 Robert Müller, Rassen, Städte, Physiognomien, Berlin 1923, S. 36.

134 ebenda, S. 47.   135 ebenda, S. 48.

136 Robert Müller, "Der Untergang des Geistes", in: Künstlerhilfe Almanach der Literaria, 1924, S. 86.

137 ebenda, S. 84.   138 ebenda, S. 88.

139 ebenda, S. 89.   140 ebenda, S. 89.

141 ebenda, S. 90.

142 Robert Müller, "Der Trugschluß der Organisation" (Aus dem Nachlaß), in: Die Neue Rundschau 35, Bd. 2, 1924, S. 1084.

143 ebenda, S. 1085.   144 ebenda, S. 1086.

ANMERKUNGEN - 4. KAPITEL

1   Robert Müller, <u>Was erwartet Österreich von seinem jungen Thronfolger?</u> 2., gekürzte Ausgabe München 1915, S. 43.

2   Robert Müller, "Das Kompliment der Neuen", in: <u>Der Ruf</u>, Heft 1 (Karneval), Wien 1912, S. 3.

3   Robert Müller, <u>Was erwartet Österreich...</u>, a.a.O., S. 45.

4   ebenda, S. 45.

5   Robert Müller, "Spätlinge und Frühlinge", in: <u>Der Ruf</u>, Heft 2 (Frühling), Wien 1912, S. 15.

6   Robert Müller, "Das Kompliment der Neuen", a.a.O., S. 3.

7   Robert Müller, "Apologie des Krieges", in: <u>Der Ruf</u>, Heft 3 (Krieg), Wien 1912, S. 6.

8   ebenda, S. 6.

9   Robert Müller, "Roosevelt", in: <u>Der Ruf</u>, Heft 3 (Krieg), Wien 1912, S. 16.

10   ebenda, S. 16.   11   ebenda, S. 17ff.

12   ebenda, S. 19.

13   Robert Müller, "Vernunft oder Instinkt", in: <u>Der Ruf</u>, Heft 4, Wien 1913, S. 8.

14   ebenda, S. 8.   15   ebenda, S. 8.

16   ebenda, S. 12.   17   ebenda, S. 11.

18   ebenda, S. 12.

19 Robert Müller, "Neue Helden", in: Saturn, 3, H. 10, 1913, S. 276.

20 Robert Müller, "Heroisch Bürgerlich", in: Saturn, 3, H. 12, 1913, S. 334.

21 Robert Müller, "Contre-Anarchie", in: Saturn, 4, H. 1, 1914, S. 2.

22 ebenda, S. 2.

23 Robert Müller, "Psychotechnik", in: Saturn, 4, H. 5/6, 1914, S. 123.

24 ebenda, S. 123.   25 ebenda, S. 124.

26 ebenda, S. 127.

27 Robert Müller, "Der jüdische und der christlich-soziale Gedanke in Österreich", in: Allgemeine Flugblätter deutscher Nation, H. 4, 1914, o.S.

28 ebenda, o.S.   29 ebenda, o.S.

30 ebenda, o.S.   31 ebenda, o.S.

32 ebenda, o.S.   33 ebenda, o.S.

34 ebenda, o.S.   35 ebenda, o.S.

36 Robert Müller, Was erwartet Österreich..., a.a.O., S. 14.

37 ebenda, S. 17.   38 ebenda, S. 18.

39 ebenda, S. 20.   40 ebenda, S. 20.

41 ebenda, S. 56.   42 ebenda, S. 58.

43 ebenda, S. 83.   44 ebenda, S. 27.

45 ebenda, S. 29.   46 ebenda, S. 29.

47 ebenda, S. 29.					48 ebenda, S. 32.

49 ebenda, S. 32.					50 ebenda, S. 33.

51 ebenda, S. 33.					52 ebenda, S. 33f.

53 Robert Müller, Österreich und der Mensch, Berlin 1916, S. 9.

54 ebenda, S. 9f.					55 ebenda, S. 11.

56 ebenda, S. 12.					57 ebenda, S. 13.

58 ebenda, S. 15.					59 ebenda, S. 16.

60 ebenda, S. 18.					61 ebenda, S. 18.

62 ebenda, S. 25.					63 ebenda, S. 30.

64 ebenda, S. 32.					65 ebenda, S. 33.

66 ebenda, S. 33.					67 ebenda, S. 41.

68 ebenda, S. 42.					69 ebenda, S. 43.

70 ebenda, S. 48.					71 ebenda, S. 52.

72 ebenda, S. 53.					73 ebenda, S. 56.

74 ebenda, S. 105.					75 ebenda, S. 105f.

76 ebenda, S. 107.

77 Robert Müller: "Die Poesie der Masse", in: Ders., Europäische Wege. Im Kampf um den Typus, Essays, Berlin 1917, S. 57.

78 ebenda, S. 58.					79 ebenda, S. 58.

80 ebenda, S. 62.					81 ebenda, S. 62.

82 ebenda, S. 63.					83 ebenda, S. 64.

84 ebenda, S. 64f.					85 ebenda, S. 65.

86 ebenda, S. 65.					87 ebenda, S. 66.

88	ebenda, S. 66.	89	ebenda, S. 66.
90	ebenda, S. 67.	91	ebenda, S. 68.
92	ebenda, S. 69.	93	ebenda, S. 69f.
94	ebenda, S. 73.	95	ebenda, S. 73.
96	ebenda, S. 75.	97	ebenda, S. 80.
98	ebenda, S. 81.	99	ebenda, S. 83.
100	ebenda, S. 82.	101	ebenda, S. 90.

ANMERKUNGEN - 5. KAPITEL

EXKURS III: KURT HILLER

1   Hiller, "Philosophie des Ziels", S. 193.

2   ebenda, S. 191.

3   ebenda, S. 194.

4   Hiller, "Gustav Wyneken's Erziehungslehre und der Aktivismus", S. 3.

5   ebenda, S. 4.

6   ebenda, S. 5.

7   ebenda, S. 4.

8   Hiller, "Überlegungen zur Eschatologie und Methodologie des Aktivismus" (in: Verwirklichung...), S. 139.

9   ebenda, S. 144.

10 ebenda, S. 147.
    Hiller bestreitet, daß der Begriff "Klasse", angewendet auf das Nachkriegsdeutschland, überhaupt noch von Bedeutung sei. Zwischen Proletariern und Bürgern bestehe aufgrund der langjährigen Inflation kein Gegensatz mehr. Nicht Klassen, sondern "Willenssysteme, Denkstile, Typen" bildeten die gesellschaftlichen Pole. "In Todfeindschaft gegenüber stehen sich tatsächlich andere Menschenballungen, solche, deren jede aus Proletariat und Bourgeoisie zusammengesetzt ist". ("Die neue Partei oder Politik der Synthese" (1924), in: Verwirklichung..., S. 293). Hiller nennt die "sozialistisch-revolutionären" Gruppen und das Hakenkreuz.

11 In der Vorrede zu Verwirklichung des Geistes im Staat (1925) wird Hiller bemerken, daß der "Politische Rat geistiger Arbeiter" u.a. an der "entschlossenen Unsolidarität" der "geistigen

Arbeiter" (Hiller nennt vor allem Arthur Holitscher) und an der "granitenen Dummheit der Arbeiterführer", die deutsche "Clarté" an dem "gut gemeinten, doch ahnungslosen Hineinregieren der französischen Gründer in deutsche Dinge" (vor allem durch René Schickele) gescheitert sei (<u>Verwirklichung...</u>, S. 10ff.).

12 Hiller, "Überlegungen zur Eschatologie...", S. 160.
Im Falle eines Dissens zwischen Arbeiterräten und Geistigenräten hat für Hiller der Arbeiterrat "als die allein staatsrechtliche von beiden" "von vornherein allemal...gesiegt". ("Überlegungen...", S. 153f.)
Ich merke an, daß Hiller die Kompetenzverteilung zwischen Arbeiter- und Geistigenräten (unter anderen Namen) in <u>Ein Deutsches Herrenhaus</u> (1918) noch ganz anders sah, war ihm doch nach eigenem Bekunden bei der Abfassung von <u>Ein Deutsches Herrenhaus</u>, in dem er einem "Bund der Geistigen" ein "Parlament" entgegensetzt, "das System der Arbeiterräte als eine Möglichkeit von Verfassung" noch nicht bewußt ("Überlegungen zur Eschatologie...",S 161). Doch ließe sich zeigen, daß die ablehnende Haltung, die Hiller in <u>Ein Deutsches Herrenhaus</u> gegenüber dem "Parlament" einnimmt, als Konsequenz seines Denkansatzes auch auf die Arbeiterräte übertragbar ist. Vgl. dazu u.a. Anmerkung 11, wo Hiller von der "granitenen Dummheit" der Arbeiterführer spricht.

13 Hiller, "Überlegungen...", S. 163.

14 Hiller, "Überlegungen...", S. 276.

15 Hiller, ebenda, S. 282.

16 Hiller, ebenda, S. 288.

17 Vgl. ebenda, S. 290.

18 Vgl. ebenda, S. 293ff.

19 Hiller, <u>Die Weisheit der Langeweile</u>, Leipzig 1913. Bd. 2, S. 7.

20 ebenda, Bd. 1, S. 18.   21 ebenda, Bd. 1, S. 19.

22 ebenda, Bd. 1, S. 19.   23 ebenda, Bd. 1, S. 164.

24 ebenda, Bd. 1, S. 164.   25 ebenda, Bd. 1, S. 203.

26 ebenda, Bd. 1, S. 203.   27 ebenda, Bd. 1, S. 203.

28 Vgl. ebenso Robert Müller.

29 Vgl. u.a. Hans-Ulrich Wehler, Das Deutsche Kaiserreich 1871-1918, Göttingen 1973. Dort vor allem S. 122-135.

Arthur Rosenberg, Entstehung der Weimarer Republik, Frankfurt/M. 1973[15]. Dort vor allem S. 35-67.

30 Hiller, Die Weisheit..., Bd. 2, S. 54.

31 ebenda, Bd. 2, S. 55.   32 ebenda, Bd. 2, S. 56.

33 ebenda, Bd. 2, S. 10.

34 Hiller, "Eudämonie und Evolution", in: Der Neue Merkur, 4, H. 2/3, S. 109.

35 ebenda, S. 109.

36 Hiller, Die Weisheit..., Bd. 2, S. 11.

37 ebenda, Bd. 2, S. 11.

38 Hiller, Ein Deutsches Herrenhaus, Leipzig 1918, S. 3.

39 ebenda, S. 4.

40 ebenda, S. 6.   41 ebenda, S. 10.

42 ebenda, S. 13.   43 ebenda, S. 12.

44 ebenda, S. 12.   45 ebenda, S. 8.

46 ebenda, S. 15.   47 ebenda, S. 16f.

48	ebenda, S. 32.	49	ebenda, S. 32f.
50	ebenda, S. 35.	51	ebenda, S. 36.
52	ebenda, S. 40.	53	ebenda, S. 20.
54	ebenda, S. 18.	55	ebenda, S. 40.
56	ebenda, S. 40f.	57	ebenda, S. 44.

58 Hiller, "Logokratie oder Ein Weltbund des Geistes", in: Das Ziel. Jahrbücher für geistige Politik, Bd. 4, München 1920, S. 217.

59	ebenda, S. 217.	60	ebenda, S. 218.
61	ebenda, S. 218.	62	ebenda, S. 219.
63	ebenda, S. 220.	64	ebenda, S. 220.
65	ebenda, S. 223.	66	ebenda, S. 228.
67	ebenda, S. 228.	68	ebenda, S. 231.
69	ebenda, S. 231.	70	ebenda, S. 231.
71	ebenda, S. 231.	72	ebenda, S. 233.
73	ebenda, S. 233.	74	ebenda, S. 235.
75	ebenda, S. 241.	76	ebenda, S. 244.

77 ebenda, S. 245.

78 Hiller, Leben gegen die Zeit. (Logos), Reinbek bei Hamburg 1969, S. 315.

79 Hiller, "Logokratie...", S. 236.

ANMERKUNGEN - 5. KAPITEL
ROBERT MÜLLER.

1   Robert Müller, "Skandinavier", in: <u>Der Brenner</u>, 2, H. 18, 1912, S. 627.

2   ebenda, S. 626.   3   ebenda, S. 627.

4   Robert Müller, "Contre-Anarchie", in: <u>Saturn</u>, 4, H. 1, 1914, S. 1.

5   ebenda, S. 3.   6   ebenda, S. 16.

7   ebenda, S. 16.   8   ebenda, S. 6.

9   Robert Müller, "Contre-Anarchie", a.a.O., S. 3ff.

10   Robert Müller, <u>Was erwartet Österreich von seinem jungen Thronfolger?</u> 2. kriegsministeriell genehmigte Ausgabe, München 1915, S. 1.

11   ebenda, S. 1.   12   ebenda, S. 2.

13   ebenda, S. 34.   14   ebenda, S. 5.

15   ebenda, S. 35.   16   ebenda, S. 36.

17   ebenda, S. 35f.   18   ebenda, S. 36f.

19   Robert Müller, "Der Nationalitätenstaat", in: <u>Der Ruf</u>, H. 5, 1913, S. 2.

20   Robert Müller, <u>Was erwartet...</u>, a.a.O., S. 38.

21   ebenda, S. 39.   22   ebenda, S. 39.

23   ebenda, S. 44.   24   ebenda, S. 42.

25   ebenda, S. 43f.   26   ebenda, S. 45.

27   ebenda, S. 25.   28   ebenda, S. 87.

29 ebenda, S. 86.   30 ebenda, S. 104ff.

31 Kurt Hiller, "Überlegungen zur Eschatologie und Methodologie des Aktivismus", wieder in: <u>Verwirklichung des Geistes im Staat. Beiträge zu einem System des logokratischen Aktivismus</u>, Leipzig 1925, S. 148.

32 Robert Müller, <u>Macht. Psychopolitische Grundlagen des gegenwärtigen Atlantischen Krieges</u>, München 1915, S. 8.
    Hans Heinz Hahnl behauptet, in <u>Macht</u> habe Robert Müller das blutige Zeitgeschehen deshalb zugrunde gelegt, um die Forderung nach der intellektuellen Bewältigung des Machtproblems zu beweisen. Er habe die Intellektuellen hier dazu aufgefordert, die Macht nicht zu verachten, sondern sie programmatisch zu nutzen. Vgl. Hahnl, "Robert Müller" (1971), a.a.O., S. 28.

33 <u>Macht</u>, a.a.O., S. 8.

34 ebenda, S. 10.   35 ebenda, S. 12.

36 ebenda, S. 13.   37 ebenda, S. 14.

38 ebenda, S. 18.   39 ebenda, S. 32.

40 ebenda, S. 32.   41 ebenda, S. 33.

42 ebenda, S. 37.   43 ebenda, S. 38.

44 ebenda, S. 41.   45 ebenda, S. 81.

46 ebenda, S. 82.   47 ebenda, S. 84.

48 ebenda, S. 85.   49 ebenda, S. 86.

50 ebenda, S. 90.   51 ebenda, S. 19.

52 ebenda, S. 92f.   53 ebenda, S. 92.

54 ebenda, S. 95.   55 ebenda, S. 96f.

56 ebenda, S. 94.   57 ebenda, S. 96.

58 ebenda, S. 96.   59 ebenda, S. 97.

60 ebenda, S. 98.   61 ebenda, S. 100.

62 Robert Müller, Österreich und der Mensch. Eine Mythik des Donau-Alpenmenschen, Berlin 1916, S. 102.
Oskar Maurus Fontana, selbst Erzähler, Dramatiker und einer der bekannteren Wiener Theaterkritiker und Journalisten, mißtraut dem in Österreich und der Mensch gebotenem "Völker- und Rassenfasching, der da als verkleideter Männergesangsverein zur Mythik des Österreicher aufgeboten wird." "Der Donau-Alpenmensch" sei nicht der "Österreicher": "Er gehört zu ihm, aber er ist es nicht." Robert Müllers Österreich und der Mensch sei ein "neues, weltreisehaftes Feuilleton, amüsant, weil es verdreht und umstülpt, doch darin hemmungslos und - gefährlich". Vgl. Fontana, "Eine Mythik...", a.a.O., S. 259.

In den Essaybänden Österreich und der Mensch und Europäische Wege, so Hahnl, drücke sich die Erwartung eines neuen Menschen aus, eines Typus, der eine Mischung der Konzeption des zeitgenössischen Irrationalismus und des Expressionismus darstelle. Robert Müllers eigene Leistung bestehe in der "technischen Nüchternheit (...), mit der er die Rösselsprünge seiner Phantasie und des Zeitgeistes unter Kontrolle zu halten versteht, die Vernunft, mit der er sein eigenes Pathos ironisiert."
Vgl. Hahnl, "Robert Müller" (1971), a.a.O., S. 29.

63 Österreich und der Mensch, a.a.O., S. 102.

64 ebenda, S. 102f.   65 ebenda, S. 104.

66 ebenda, S. 104f.

67 Robert Müller, Europäische Wege. Im Kampf um den Typus, Berlin 1917, S. 18.

68 ebenda, S. 18.   69 ebenda, S. 19.

70   ebenda, S. 19.   71   ebenda, S. 20.

72   Robert Müller,"Geist und Republik", in: Der Anbruch, 1, H. 12, 1917/18, S. 86.

73   ebenda, S. 87.   74   ebenda, S. 86.

75   ebenda, S. 87.   76   ebenda, S. 87.

77   ebenda, S. 88.

78   Robert Müller, "Die Geistrasse", in: Daimon, H. 4, 1918, S. 210.

79   ebenda, S. 210.   80   ebenda, S. 210.

81   ebenda, S. 210.   82   ebenda, S. 211.

83   ebenda, S. 211f.   84   ebenda, S. 212.

85   ebenda, S. 213.

86   Robert Müller, "Der Bürger, Der Kommunist und Der Geistige", in: Der Anbruch, 1, H. 13, 1918, S. 3.

87   ebenda, S. 3.   88   ebenda, S. 3.

89   ebenda, S. 3.   90   ebenda, S. 3.

91   ebenda, S. 3.

92   Robert Müller, "Österreich und das deutsche Geschäft", in: Der Friede, Bd. 3, Nr. 54, 1919, S. 32.

93   ebenda, S. 32f.   94   ebenda, S. 33.

95   ebenda, S. 33.   96   ebenda, S. 33.

97   ebenda, S. 33.   98   ebenda, S. 33.

99   ebenda, S. 34.   100 ebenda, S. 34.

101 Robert Müller, "Der Kolonialmensch Als Romantiker und Sozialist", in: Der Friede, Bd. 3, Nr. 60, 1919, S. 183.

102 ebenda, S. 183.   103 ebenda, S. 183.

104 ebenda, S. 183.   105 ebenda, S. 182.

106 ebenda, S. 183.

107 Robert Müller, "Aus Deutschösterreich", in: Der Neue Merkur, 3, H. 4, 1919, S. 236.

108 ebenda, S. 238.   109 ebenda, S. 241.

110 ebenda, S. 241.   111 ebenda, S. 241.

112 ebenda, S. 241.   113 ebenda, S. 241.

114 ebenda, S. 243.   115 ebenda, S. 243.

116 Robert Müller, Bolschewik und Gentleman, Berlin 1920, S. 9.
Für Max Krell ist Bolschewik und Gentleman eine "Legierung (...) aller heute flüssigen Elemente im menschlichen, staatlichen, wirtschaftlichen Auf- und Abbau", gibt die Summe dessen, was der "Zustand im bolschewistischen Rußland" "für Europa und die Welt produktiv hinterlassen muß." Charakteristisch aber sei für Müller die immer zutreffende "Frische und Kühnheit der Gedankenführung".
Vgl. Krell, "Expressionismus...", a.a.O., S. 53.

Richard Nikolaus Coudenhove-Kalergi, Repräsentant der paneuropäischen Bewegung und Herausgeber der Zeitschrift Pan-Europa, sieht in Bolschewik und Gentleman eine "Perspektive", die "räumlich planetar, zeitlich millenar" ist. Das Thema des Essays sei "die Konzeption des bolschewistischen Zukunftsmenschen". Der Essay sei "philosophische Betrachtung und dichterischer Entwurf zugleich: kühne Gedanken in blendender Form." Robert Müller, so Coudenhove-Kalergi, "verbindet zu höherer Einheit den Marschschritt Berlins mit dem Tanzschritt Wiens, heroische Lebensgestaltung mit ästhetischer Lebensbetrachtung." Der Autor wolle weder die Diktatur des Proletariats noch die der Bourgeoisie, sondern ihm gehe es um die "Diktatur des lebendigen Geistes über tote Formeln und Formen". Im Bolschewismus als einer "platonischen Idee", auf dem der in Rußland gründe, sehe Müller den ersten politischen Versuch einer werdenden Menschheit, "dereinst die rationalistische Oberflächenkultur der hellen atlantischen Völker durch eine emotionale Seelenkultur der dunklen pazifischen Rassen abzulösen." Für Robert Müller sei Bolschewismus primär eine Seelenform, eine Willenseinstellung, ein psychologisch-kulturelles Problem. Der bolschewistische Mensch stehe im Vordergrund des Interesses. Deshalb seien "Wert und Bedeutung dieser Broschüre (...) unabhängig von allen Wechselfällen der Politik: denn sie handelt von ewigen Ideen, Formen, Energien", von solchen, die sich auch in Aktivismus und Expressionismus als "schöpferische Initiative, Rückkehr zur Natur, Protest gegen die Mechanisierung des Lebens und gegen die Unterwerfung des Geistigen unter das Materielle" äußerten. Vgl. Coudenhove-Kalergi, "Bolschewik...", a.a.O., S. 1447f.

117 Bolschewik und Gentleman, a.a.O., S. 10.

118 ebenda, S. 13.   119 ebenda, S. 15.

120 ebenda, S. 15.   121 ebenda, S. 13.

122 ebenda, S. 14.   123 ebenda, S. 16.

124 ebenda, S. 16.   125 ebenda, S. 18.

126 ebenda, S. 17.   127 ebenda, S. 17.

128 ebenda, S. 23.   129 ebenda, S. 24.

130 ebenda, S. 28.   131 ebenda, S. 29.

132 ebenda, S. 36.   133 ebenda, S. 37.

134 ebenda, S. 35.   135 ebenda, S. 35.

136 ebenda, S. 41.   137 ebenda, S. 41.

138 ebenda, S. 43.   139 ebenda, S. 45.

140 ebenda, S. 45f.   141 ebenda, S. 50.

142 ebenda, S. 54f.   143 ebenda, S. 58.

144 ebenda, S. 58.   145 ebenda, S. 62.

146 ebenda, S. 62.

147 Robert Müller, "Der Kreis des Aktivismus. Ein Dialog vom aktivistischen Charakter", in: Das Ziel, Bd. 4, 1920, S. 190.

148 ebenda, S. 191.   149 ebenda, S. 191.

150 ebenda, S. 191.   151 ebenda, S. 192.

152 ebenda, S. 194.   153 ebenda, S. 196.

154 ebenda, S. 197.   155 ebenda, S. 198.

156 ebenda, S. 203.   157 ebenda, S. 192.

158 Robert Müller, "Der Aktivist", in: Der Neue Merkur, 4, H. 2/3, 1920, S. 183.

159 ebenda, S. 184.   160 ebenda, S. 184.

161 ebenda, S. 185.

162 Robert Müller, "Thomas Mann, Frankreich, Aktivismus", in: Der Neue Merkur, 5, 1922, S. 718.

163 ebenda, S. 718.   164 ebenda, S. 719.

165 ebenda, S. 719.   166 ebenda, S. 720.

167 ebenda, S. 723.   168 ebenda, S. 721f.

169 ebenda, S. 722.   170 ebenda, S. 723.

171 ebenda, S. 725.   172 ebenda, S. 725.

173 Robert Müller, "Die Politisierung Österreichs", in: Der Neue Merkur, 7, München 1923/24, S. 176.

ANMERKUNGEN - 6. KAPITEL

1   Robert Müller, "Die Frage des Doppelstiles" (1919), a.a.O., S. 112.

2   ebenda, S 113.   3   ebenda, S. 113.

4   ebenda, S. 112.

5   Der Ruf, H. 3, Wien 1912.

6   Robert Müller, "Apologie des Krieges" (1912), a.a.O., S. 2f.

7   ebenda, S. 1f.

8   Robert Müller, Bolschewik und Gentleman, (1920), a.a.O., S. 64.

9   ebenda, S. 5.   10   ebenda, S. 18f.

11 Gerhard Haas, Essay, a.a.O., S. 1.

12 ebenda, S. 14 (Bacon in der Übersetzung von Haas).

13 Herman Grimm, Fünfzehn Essays, 4. Folge, zit. nach Haas, Essay, a.a.O., S. 19.

14 Vgl. dagegen Bolschewik und Gentleman, S. 29. Hier spricht Müller in Bezug auf Tropen von "meinem Roman". Die Verwendung des der Ich-Form entsprechenden Possessivpronomens an dieser Stelle ist freilich keine Geste der Bescheidenheit, würde doch die Verwendung des dem pluralis majestatis entsprechenden Possessivpronomens nur die Autorschaft des zu diesem Zeitpunkt nur noch wenigen bekannten Romans im Unklaren lassen.

15 Max Bense, zit. nach Haas, Essay, a.a.O., S. 41.

16 Theodor W. Adorno, zit. nach Haas, Essay, a.a.O., S. 40.

17 Helmut Mörchen, Schriftsteller in der Massengesellschaft, a.a.O., S. 3.

ANMERKUNGEN - 7. KAPITEL

1 Vgl. Greß, Franz, "Faschismus", in: Handlexikon zur Politikwissenschaft, 2. Bde., hrsg. von Axel Görlitz, München 1972, Bd. 1, S. 109.

ANMERKUNGEN - 8. KAPITEL

1 Hamann/Hermand, Epochen..., Bd. 5, Expressionismus, a.a.O., S. 7.

2 Hohendahl, Das Bild..., a.a.O., S. 12.

3 Sokel, Der literarische Expressionismus, a.a.O., S. 10.

4 Rasch, "Was ist Expressionismus?", a.a.O., S. 224f.

5 Kändler, Drama und Klassenkampf, a.a.O., S. 17.

6 Raabe, "Der Expressionismus als...", a.a.O., S. 257.

7 Allen, Literary Life..., a.a.O., S. 5.

8 ebenda, S. 19.

9 Mahrholz, Deutsche Literatur..., a.a.O., S. 363.

10 ebenda, S. 363.   11 ebenda, S. 363.

12 Paulsen, Expressionismus und Aktivismus, a.a.O., S. 221 (Anm. 4).

13 ebenda, S. 6.   14 ebenda, S. 10.

15 ebenda, S. 12.   16 ebenda, S. 26.

17 ebenda, S. 13.   18 ebenda, S. 37.

19 ebenda, S. 53.   20 ebenda, S. 82.

21 ebenda, S. 19.   22 ebenda, S. 94.

23 Paulsen, "Die deutsche expressionistische Dichtung...", a.a.O., S. 227.

24 ebenda, S. 229.   25 ebenda, S. 233.

26 ebenda, S. 234f.

27 Rothe (Hg.), Der Aktivismus..., a.a.O., S. 8.

28 ebenda, S. 9.   29 ebenda, S. 14f.

30 ebenda, S. 19.   31 ebenda, S. 19.

32 Thomas, "Das Ich und...", a.a.O., S. 20.

33 ebenda, S. 25f.

34 Daniels, "Expressionismus und...", a.a.O., S. 171.

35 ebenda, S. 171.   36 ebenda, S. 181.

37 ebenda, S. 184.

38 Kolinsky, Engagierter Expressionismus..., a.a.O., S. 5.

39 Vgl. Raabe (Hg.), Ich schneide..., a.a.O., S. 8.

40 ebenda, S. 80f.

41 Vgl. dazu die Auseinandersetzung zwischen Lukács und Bloch in der s.g. Expressionismusdebatte.
    Lukács, "'Größe und Verfall'...", a.a.O., und "Es geht um...", a.a.O.,
    Bloch, "Der Expressionismus, Jetzt...", a.a.O., und "Diskussionen...", a.a.O.
    Ein unterschiedlicher Begriff von Wirklichkeit führt in dieser Auseinandersetzung zu einer unterschiedlichen Beurteilung des Expressionismus. Für Lukács ist der Expressionismus "in-

direkte Apologetik" des Kapitalismus in seiner imperialistischen Spätphase ("'Größe'...", a.a.O., S. 13), Bloch dagegen wendet ein: "Und selbst wenn hier nichts als kleinbürgerliche Opposition wäre (...): was steht dem Kleinbürger Besseres zur Verfügung als bestenfalls - Opposition" ("Der Expressionismus...", a.a.O., S. 257). Lukács setze das "Experiment des Zerfällens (des Kapitalismus; G.H.) mit dem Zustand des Zerfalls gleich" ("Diskussionen...", a.a.O., S. 271).

42 Kolinsky, a.a.O., S. 82.

43 Martens, Vitalismus und..., a.a.O., S. 195.

44 Eykman, Denk- und Stilformen..., a.a.O., S. 7.

45 ebenda, S. 26.

46 Vietta, Kemper, Expressionismus, a.a.O., S. 18f.

47 ebenda, S. 22.   48 ebenda, S. 27.

49 Robert Müller, "Ein Beginner", 1920, a.a.O., S. 861.

50 ebenda, S. 860.

51 Krull, Politische Prosa..., a.a.O., S. 2.

LITERATURVERZEICHNIS

Das Literaturverzeichnis hat drei Teile.

Teil I verzeichnet alle mir bekannten Veröffentlichungen Robert Müllers. Wiederabdrucke, Neuauflagen und Adaptionen sind den jeweiligen Erstdrucken zugeordnet. Beiträge, die unter Müllers Pseudonym "Ole Bert" publiziert wurden, konnten nicht nachgewiesen werden. Teil I ist chronologisch geordnet.

Teil II verzeichnet die mir bekannte Sekundärliteratur zu Robert Müller. In Teil II wurden auch marginale Erwähnungen aufgenommen. Die Seitenangaben verweisen auf die jeweilige Nennung Robert Müllers. Teil II ist alphabetisch geordnet.

Die Teile I und II gehen wesentlich über die von mir in Expressionismus, Aktivismus, Exotismus veröffentlichte Bibliographie zu Robert Müller hinaus.

Teil III verzeichnet die von mir für diese Arbeit herangezogene, sonstige Literatur. Doppelnennungen in Teil II und III ergeben sich, da sich Teil II nur als Bibliographie der Sekundärliteratur zu Robert Müller versteht. Teil III ist ebenfalls alphabetisch geordnet.

Alle mit + gekennzeichneten Titel wurden von mir formuliert.

Teil I

Veröffentlichungen Robert Müllers

"Das Kompliment der Neuen", in: Der Ruf (Karneval), H. 1, Wien 1912, S. 2-4.

"Wiener Akademiker gegen Grillparzer (An Herrn Robert Hirschfeld)", in: Das Musikfestliche Wien, Beil., Anhang zu Der Ruf, H. 1, Wien 1912/13, S. 1ff.

"Hymnus", in: Das Musikfestliche Wien, Beil., Anhang zu Der Ruf, H. 1, Wien 1912/13, S. 9f.

+ Brief an Ludwig von Ficker (19.1.1912), wieder in: Jahrbuch der Karl-May-Gesellschaft 1971, hrsg. von Claus Roxin, Hamburg 1971, S. 217.

+ Brief an Ludwig von Ficker (27.1.1912), in Auszügen wieder in: Jahrbuch der Karl-May-Gesellschaft 1971, a.a.O., S. 237.

"Das Drama Karl Mays", in Der Brenner 2, H. 17, Innsbruck 1912, S. 601-610, wieder in: Jahrbuch der Karl-May-Gesellschaft 1970, hrsg. von Claus Roxin, Hamburg 1970, S. 98-105.

"Skandinavier", in: Der Brenner 2, H. 18, Innsbruck 1912, S. 619-628.

"Das Grauen", in: Der Brenner 2, H. 21, Innsbruck 1912, S. 752-766, wieder in: Das Gespensterschiff. Ein Jahrbuch für die unheimliche Geschichte, hrsg. von Toni Schwabe, Jena 1920, S. 167-189, wieder herausgegeben (nicht im Handel) von Werner J. Schweiger (ohne Hinweis gekürzt und mit falschen bibliographischen Angaben), Wiesbaden 1977.

"Nachruf auf Karl May", in: Fremden-Blatt, Wien, 3.4.1912, wieder in: Jahrbuch der Karl-May-Gesellschaft 1970, a.a.O., S. 106-109.

"Spätlinge und Frühlinge", in: Der Ruf (Frühling), H. 2, Wien 1912, S. 13-23.

"Das Bett (Eine Ode)", in: Der Brenner 2, H. 22, Innsbruck 1912, S. 787-795.

+ Brief an Ludwig von Ficker (18.4.1912), in Auszügen wieder in: Georg Trakl, Dichtungen und Briefe, Bd. 2, hrsg. von Walther Killy und Hans Szklenar, Salzburg 1969, S. 681.

+ Brief an Ludwig von Ficker (9.5.1912), in Auszügen wieder in: Georg Trakl, Dichtungen und Briefe, a.a.O., S. 682.

"Tiefer Mittag am Mamluken-Meere", in: Der Brenner 2, H. 24, Innsbruck 1912, S. 894-895.

"Totenstarre der Phantasie", in: Der Brenner 2, H. 24, Innsbruck 1912, S. 917-921, wieder in: Jahrbuch der Karl-May-Gesellschaft 1971, a.a.O., S. 221-225.

"Apologie des Krieges", in: Der Ruf (Krieg), H. 3, Wien 1912, S. 1-8.

"Roosevelt", in: Der Ruf (Krieg), H. 3, Wien 1912, S. 16-20.

"An die Jüdin", in: Der Brenner 3, H. 2, Innsbruck 1912, S. 84-86, wieder in: Die Pforte. Eine Anthologie Wiener Lyrik, Heidelberg 1913, S. 58-60.

"Hans Sachs", in: Der Strom 2, Berlin 1912/13, S. 239-243.

"Die Malaiin", in: Die Pforte. Eine Anthologie Wiener Lyrik, a.a.O., S. 61f.

"Vernunft oder Instinkt?", in: Der Ruf, H. 4, Wien 1913, S. 7-13.

"G.K.C.", in: Saturn 3, H. 7, Heidelberg 1913, S. 205-207.

"Der Roman des Amerikanismus", in: Saturn 3, H. 9, Heidelberg 1913, S. 253-258.

+ Brief an Ludwig von Ficker (20.8.1913), in Auszügen wieder in: Georg Trakl, Dichtungen und Briefe, a.a.O., S. 706.

+ Brief an Erhard Buschbeck (21.8.1913), in Auszügen wieder in: Georg Trakl, Dichtungen und Briefe, a.a.O., S. 706.

+ Brief an Erhard Buschbeck (4.9.1913), wieder in: Georg Trakl, Dichtungen und Briefe, a.a.O., S. 706f.

+ Brief an Georg Trakl (Sept./Okt. 1913), wieder in: Georg Trakl, Dichtungen und Briefe, a.a.O., S. 782.

"Varieté zweier Welten", in: Die Schaubühne 9, Nr. 38, 1913, S. 887-890.

"Neue Helden", in: Saturn 3, H. 10, Heidelberg 1913, S. 270-277.

"Der Nationalitätenstaat", in: Der Ruf, H. 5, Wien 1913, S. 1-6.

"Das Hermann Bahr - Buch", in: Der Ruf, H. 5, Wien 1913, S. 58-60.

"Heroisch Bürgerlich", in: Saturn 3, H. 12, Heidelberg 1913, S. 331-338.

"Contre-Anarchie", in: Saturn 4, H. 1, Heidelberg 1914, S. 1-16.

"Der Reporter", in: Die Schaubühne 10, Nr. 11, 1914, S. 299-303, wieder in: Wege nach Orplid, o.J. (ca. 1924/25).

"Kritik des Amerikanismus", in: Die Schaubühne 10, Nr. 20, 1914, S. 541-545.

"Psychotechnik", in Saturn 4, H. 5/6, Heidelberg 1914, S. 123-130.

"Der jüdische und christlich-soziale Gedanke in Österreich", in: Allgemeine Flugblätter Deutscher Nation, Heft 4 (München?) 1914, o.S.

"Der Futurist", in: Allgemeine Flugblätter Deutscher Nation, Heft 5, (München?) 1914, o.S.

"Gerhard Hauptmann oder: Die Überwindung der Analyse", in: Der Merkur 5, Wien 1914, S. 495-497.

Irmelin Rose. Die Mythe der großen Stadt, Saturn Verlag Hermann Meister, Heidelberg 1914.

Karl Kraus oder Dalai Lama. Der dunkle Priester. Eine Nervenabtötung, Sonderdruck aus: Torpedo, Wien 1914.

Was erwartet Österreich von seinem jungen Thronfolger?, München 1914, 2. veränderte Auflage München, Verlag Hugo Schmidt, 1915.

"Russischer Volksimperialismus", in: Der Merker 4, Heft 22, Wien, 15. November 1915, S. 766ff.

"Auf Vorposten", in: Die Neue Rundschau 26, Band 2, Berlin 1915, S. 1538-1539.

Macht. Psychopolitische Grundlagen des gegenwärtigen Atlantischen Krieges, Hugo Schmidt Verlag, München 1915.

Tropen. Der Mythos der Reise. Urkunden eines deutschen Ingenieurs, Hugo Schmidt Verlag, München 1915, in einem kurzen Auszug wieder in: Technische Zeit, hrsg. von Hannes Küpper, Essen 1928.

"Vom Betrieb", in: Die Schaubühne 12, Nr. 12, 21. März 1916, S. 276-280.

"Frontleute", in: Die Schaubühne 12, Bd. 1, 1916, S. 402-405.

"Der Roman des Afrikanismus", in: Die Neue Rundschau 27, Band 1, Berlin 1916, S. 144-145.

"Österreichisches", in: Die Neue Rundschau 27, Bd. 1, Berlin 1916, S. 225ff.

"Isonzobibel", in: Die Neue Rundschau 27, Bd. 1, Berlin 1916, S. 546-552.

"Phantasie", in: Die Neue Rundschau 27, Bd. 2, Berlin 1916, S. 1421-1426.

"Die deutsche Ostseele und die russische Form", in: Der Merker 7, Wien 1916, S. 11ff.

+ Rez. zu Theodor Däubler, Mit silberner Sichel, in: Der Merker 7, Wien 1916, S. 508-509.

+ Rez. zu Hermann Bahr, Himmelfahrt, in: Der Merker 7, Wien 1916, S. 570-571.

"Österreich und die Welt", in: Das Dreißigste Jahr. Almanach, Fischer Verlag, Berlin 1916, S. 49-51.

Österreich und der Mensch, Berlin 1916.

"Der Tote von Sarajevo" (1916. Angabe nach: LUNZER, Heinz, Hofmannsthals politische Tätigkeit in den Jahren 1914 - 1917, Frankfurt/M. 1981, S. 164).

"Feuilletons und kleine Feuilletons", in: Belgrader Nachrichten vom 1.5.1916 bis 1.3.1917.

"Frauen" ("Die dunkle Frau". "Serbisches Mädchen"), in: Die Neue Rundschau 28, Bd. 1, Berlin 1917.

+ Rez. zu Österreich, Erde und Geist, in: Die Neue Rundschau 28, Bd. 2, Berlin 1917, S. 1294f.

"Johannes V. Jensen", in: Die Neue Rundschau 28, Bd. 2, Berlin 1917, S. 1296.

"Die europäische Seele im Bilde. Zum Verständnis des Expressionismus", in: Das Landhaus 2, Jena 1917, S. 189-193.

+ Rez. zu Österreichische Bibliothek, in: Der Merker 8, H. 3, Wien 1917, S. 544-546.

Die Politiker des Geistes. Sieben Situationen, Berlin 1917.

Europäische Wege. Im Kampf um den Typus. Essays, Berlin 1917.

"Die Zeitrasse I", in: Der Anbruch 1, Flugblatt 1, München 1917/18, wieder in: Expressionismus. Manifeste und Dokumente..., a.a.O., S.135-138.

"Die Zeitrasse II", in: Der Anbruch 1, Flugblatt 2, München 1917/18, wieder in: Der Anbruch (Jahrbuch), München 1920, S. 5-9, wieder in: Expressionismus. Manifeste und Dokumente..., a.a.O., S. 135-138.

"Geist und Republik", in: Der Anbruch 1, H. 12, München 1917/18, S. 2f., wieder in: Der Anbruch (Jahrbuch), München 1920, S. 86-88.

"Wilsonismus", in: Der Anbruch 1, H. 3, München 1918, S. 2.

"Neue Kunst in der 'Sezession'", in: Der Anbruch 1, H. 4, München 1918, S. 6f.

+ Rez. zu Rudolf Panwitz, Die Krisis der europäischen Kultur, in: Der Anbruch 1, H. 4, München 1918, S. 7.

+ Rez. zu Hugo von Hofmannsthal, Prosaische Schriften. Band 3, in: Der Anbruch 1, H. 4, München 1918, S. 7.

"Organisation und ihr Ende", in: Der Anbruch 1, H. 5, München 1918, S. 4f.

+ Rez. zu Theodor Tagger, Der Herr in den Nebeln, in: Der Anbruch 1, H. 5, München 1918, S. 7.

+ Rez. zu Theodor Tagger, Über einen Tod, in: Der Anbruch 1, H. 5, München 1918, S. 7.

"Der Slimismus", in: Der Anbruch 1, H. 7, München 1918, S. 5f.

"Aus Anlaß des Ketzer von Soana. Eine Auseinandersetzung", in: Der Anbruch 1, H. 7, München 1918, S. 6f.

"Kino und Bühne", in: Der Anbruch 1, H. 9, München 1918, S. 6f., in Auszügen wieder in: Hätte ich das Kino! Die Schriftsteller und der Stummfilm, Stuttgart 1976, S. 413.

"Der Bürger, Der Kommunist und Der Geistige", in: Der Anbruch 1, H. 13, München 1918, S. 3.

+ Brief an Oskar Maurus Fontana, in: Das Flugblatt 4, Wien 1918, S. 11f.

"Die Geistrasse", in: Daimon, H. 4, Wien 1918, S. 210-213.

"Aktivistische Sätze", in: Daimon, H. 4, Wien 1918, S. 213-215.

"Die Frage des Doppelstiles", in: Der Friede, Bd. 1, Nr. 5, 1919, S. 112f.

"Im Kampf um den Typus", in: Der Friede, Bd. 1, Nr. 16, 1918, S. 376-378.

"Vieux Jeu!", in: Der Friede, Bd. 2, Nr. 32, 30. August 1918, S. 144.

"Österreich und das deutsche Geschäft", in: Der Friede, Bd. 3, Nr. 54, 3. Januar 1919, S. 32-34.

"Pferde und Hirten", in: Der Friede, Bd. 3, Nr. 55, 7. Februar 1919, S. 68f.

"Das Stadion", in: Der Friede, Bd. 3, Nr. 56, 14. Februar 1919, S. 75f.

"Wehrpflicht und Gewissensgegner", in: Der Friede, Bd. 3, Nr. 58, 28. Februar 1919, S. 135f.

"Der Kolonialmensch als Romantiker und Sozialist", in: Der Friede, Bd. 3, Nr. 60, 14. März 1919, S. 181-183.

"Volk auf der Farm", in: Der Friede, Bd. 3, Nr. 72, 6. Juni 1919, S. 475-479.

"Shaw, Lensch, Rathenau I.", in: Der Friede, Bd. 3, Nr. 75, 27. Juni 1919, S. 533-536.

"Shaw, Lensch, Rathenau II.", in: Der Friede, Bd. 3, Nr. 76, 4. Juli 1919, S. 558-560.

"Revolution - Gewalt - Geist - Geschmack", in: Der Friede, 4, 1919, S. 701-704.

"Der Schreibende Politiker", in: Die Neue Bücherschau, H. 1, München 1919, S. 17-23.

"Bahrs Rotte Korahs", in: Die Neue Bücherschau, Heft 3, 1919, S. 10-11.

+ Rez. zu Otto Soyka, Der Entfesselte Mensch, in: Die Neue Bücherschau, H. 3, 1919, S. 16.

+ Rez. zu Oskar Maurus Fontana, Erweckung, in: Die Neue Bücherschau, H. 3, 1919, S. 20f.

+ Rez. zu Arthur Ernst Rutra, Golgatha, in: Die Neue Bücherschau, H. 3, 1919, S. 19.

+ Rez. zu Arthur Holitscher, Schlafwandler, in: Die Neue Bücherschau, H. 4, 1919, S. 18.

+ Rez. zu Hermann Bahr, Tagebücher, in: Die Neue Bücherschau, H. 5, 1919, S. 15.

"Der Friede als Leistung und Genie", in: Saturn 5, H. 2, 1919, S. 71-77, wieder in: Die Friedens-Warte 21, Zürich und Leipzig 1919, S. 112-114.

"Abbau der Sozialwelt", in: Die Neue Rundschau 30, Bd. 1, Berlin 1919, S. 549-554.

"Militarismus", in: Aufschwung 1, Heft 7, Wien 1919, S. 27f.

"Offener Brief an Tobias Sternberg", in: Aufschwung 1, Heft 7, Wien 1919, S. 28-29.

"Geltung der Kunst", in: Aufschwung 1, Nr. 7, Wien 1919, S. 2-4.

"Der Leutnant", in: Aufschwung 1, Heft 9/10, Wien 1919, S. 46ff.

"Aus Deutschösterreich", in: Der Neue Merkur 3, Heft 4, München, Juli 1919, S. 236-243. Der dritte Abschnitt, überschrieben mit "Aktivismus, Gewaltlosigkeit, Rätesystem", wieder in: Robert Musil, Tagebücher. Anmerkungen. Anhang. Register, hrsg. von Adolf Frisé, Reinbek bei Hamburg 1976, S. 1077-1080.

"Territorialpolitik - Zivilisationspolitik", in: Der neue Merkur 3, Heft 7, München, Dezember 1919, S. 505-506.

"Revolutionäre Typen", in: Das Ziel. Jahrbücher für geistige Politik, Jahrbuch 3, hrsg. von Kurt Hiller, Leipzig 1919, S. 168-174.

Das Inselmädchen, München 1919, wieder herausgegeben und mit einem Nachwort von Otto Basil durch Erwin Müller, Wien 1946.

"Arena", in: Der Neue Merkur 4, 1920/21, S. 737-752, wieder in: Humor der Nationen, hrsg. von Walther Petry, Berlin 1925, S. 303-334.

"Das moderne Ich" (Rez. zum gleichnamigen Essay Gottfried Benns), in: Der Neue Merkur 4, 1920/21, S. 646f.

"Der Aktivist", in: Der Neue Merkur 4, 1. Halbband, April - September 1920, S. 183-185.

"Klingsor", in: Der Neue Merkur 4, 1. Halbband, April - September 1920, S. 259-261.

"Die Kulturpolitik des Bolschewismus", in: Der Neue Merkur 4, 1. Halbband, April - September 1920, S. 411-412.

"Ein Beginner (Robert Musil)", in: Der Neue Merkur 4, Bd. 2, 1920, S. 860-862.

"Brooklyn-Bridge", in: Der Neue Merkur 3, Heft 8, Januar 1920, S. 529-534.

"Ein Buch-Ein Ereignis" (* Rez. zu Thomas Mann, "Herr und Hund" und "Gesang vom Kindchen"), in: Die bunte Stadt I, H. 5, Berlin 15.3.1920, S. 14.

"Der Deutsche Kopf", in: Das Tagebuch 1, Berlin 1920, S. 1043ff.

"Einstein-Hirschfeld", in: Das Tagebuch 1, Berlin 1920, S. 1348ff.

"Majestätsbeleidigung", in: Das Tagebuch 1, Berlin 1920, S. 1357ff.

"Wiedergeburt des Theaters aus dem Geiste der Komödie", in: Die Neue Bühne. Eine Forderung, hrsg. von Hugo Zehder, Dresden 1920, S. 70-80, wieder in: Literatur-Revolution 1920-1925. I. Zur Ästhetik und Poetik, hrsg. von Paul Pörtner, Darmstadt 1960, S. 383-385.

"Kosmoromantik", in: Die Neue Rundschau 31, Bd. 1, Berlin 1920, S. 255-257, wieder in: Literatur-Revolution 1920-1925, a.a.O., S. 305-307.

"Wien, die versinkende Stadt", in: Die Neue Rundschau 31, Bd. 2, Berlin 1920, S. 870-874.

"Konstitutioneller Kapitalismus", in: Die Neue Rundschau 31, Bd. 2, Berlin 1920, S. 1331-1332.

"Manhattan-Girl", in: Die Neue Rundschau 31, Bd. 2, Berlin 1920, S. 1018ff., wieder in: Ego und Eros, a.a.O., S. 100-112, wieder in: Die Pestsäule, 2. Folge, H. 12, 1974/75, S. 173-183.

"Der literarische Hamsun-Mensch", in: Berliner Tagblatt, Berlin, 23.10.1920.

"Die Geist-Rasse", in: Das Ziel. Jahrbücher für geistige Politik, Bd. 4, hrsg. von Kurt Hiller, München 1920, S. 49ff.

"Gralsschar des Geistes", in: Das Ziel. Jahrbücher für geistige Politik, Bd. 4, hrsg. von Kurt Hiller, München 1920, S. 13ff.

"Der Kreis des Aktivismus. Ein Dialog vom aktivistischen Charakter", in: Das Ziel. Jahrbücher für geistige Politik, Bd. 4, hrsg. von Kurt Hiller, München 1920, S. 190ff.

"Aktivismus", in: Kunst- und Kulturrat, H. 11 u. 12, hrsg. von Joseph Aug. Lux, Gmain bei Reichenhall bzw. Großgmain bei Salzburg (für Österreich) 1920.

+ Bericht zur Person, in: Kunst- und Kulturrat, a.a.O.

"Reaktion, Demokratie und goldene Mitte", in Das Tribunal 2, Heft 3, 1920.

*Nachwort zu: Viktor Friedrich Bitterlich, Die erfrorene Grimasse, Hermann Meister Verlag, Heidelberg 1920, S. 112-113.

Bolschewik und Gentleman, Erich Reiß Verlag, Berlin 1920.

Der Barbar, Erich Reiß Verlag, Berlin 1920.

Camera Obscura, Erich Reiß Verlag, Berlin 1921, in einem Auszug wieder in: Literaria-Almanach 1921, Wien o.J., S. 36-49.

"Wien", in: Ganymed. Blätter der Marees-Gesellschaft, Bd. 3, 1921, S. 112-130.

"Claudel-Aufführung in Wien", in: Renaissance 1, Heft 2, Wien 1921, S. 14ff.

(Rez.) "Moritz Heimann", in: Das Tagebuch, Berlin, 29. Januar 1921, S. 110-111.

"Der Jude. I.", in: Das Tagebuch, Berlin, 29. Januar 1921, S. 1268-1272.

"Der Jude. II.", in: Das Tagebuch, Berlin, 29. Oktober 1921, S. 1306-1310.

+ Rez. zu Robert Musil, Die Schwärmer, in: Prager Presse, 7.10.1921, S. 2.

"Der Jude. III.", in: Das Tagebuch, Berlin, 5. November 1921, S. 1338-1342.

"Deutschland und der Mensch", in: Das Tagebuch, Berlin, 22. Januar 1921, S. 67-74.

"Kultur des Buchhandels", in: Literaria Almanach 1921, Wien 1921.

"Literaria. Keine Geschichte mit beschränkter Haftung", in: Literaria-Almanach 1921, Wien 1921, S. 105-108, wieder in: Robert Musil, Tagebücher. Anmerkungen. Anhang. Register, a.a.O., S. 1080-1082.

"Der Literat", in: Die Neue Rundschau 32, Bd. 1, 1921, S. 547-552.

"Der Denkroman", in: Die Neue Rundschau 32, Bd. 1, 1921, S. 110-111.

"Knut Hamsun", in: Die Neue Rundschau 32, Bd. 2, 1921, S. 1230-1232.

(Rez.) "Armand Carrel und sein Autor", in: Der Neue Merkur 5, Heft 2, 1921/22, S. 139.

(Rez.) "Genie und Wahnsinn in Rußland", in: Der Neue Merkur 5, Heft 10, 1921/22, S. 708ff.

"Thomas Mann, Frankreich, Aktivismus", in: Der Neue Merkur 5, 1921/22, S. 717-725.

(Rez.) "Homosozialität", in: Der Anbruch 4, Nr. 1, 1921/22.

"Orient und Okzident", in: Faust, Heft 8, 1922, S. 1-6.

"Erotik des Staates", in: Die Wage, N.F. 3, 1922, S. 260.

+ Brief an Franz Karl Ginzkey vom 8.5.1922 (vgl. Adolf Frisé (Hg.), <u>Robert Musil, Briefe 1901-1942. Kommentar: Register</u>, Reinbek bei Hamburg 1981, S. 150.

"Das Kulturpolitische Schreiben", in: <u>Die Neue Bücherschau</u> 4, 2. Folge, 1. Schrift, 1922.

"Die Kultur des Bürgers", in: <u>Die Neue Rundschau</u> 33, Bd. 2, 1922, S. 1259-1260.

"Technik des Romans", in: <u>Prager Presse. Beilage Dichtung und Welt</u>, Nr. 10, 1922.

"Normannen-Legende", in: <u>Der Neue Merkur</u> 6, 1922/23, S. 284ff.

<u>Flibustier. Ein Kulturbild</u>, Wien - Berlin - New York 1922, wieder herausgegeben und eingeleitet von Werner J. Schweiger, Wien 1984. Der Spielfilm <u>Die Schieber</u> von Hannes Zell, von der ARD am 17.8.1984 ausgestrahlt, ist eine Adaption dieses Romans, ohne allerdings die literarische Vorlage zu nennen. Vgl. auch K.W., "Krieg im Frieden. <u>Die Schieber</u> - Fernsehfilm von Hannes Zell", in: <u>Frankfurter Rundschau</u>, 17.8.1984, und H.V., <u>"Die Schieber"</u>, in: <u>Frankfurter Rundschau</u>, 20.8.1984.

"Der letzte Österreicher", in: <u>Die Neue Rundschau</u> 34, Bd. 1, Berlin 1923, S. 560-569.

"Austria...Ultima", in: <u>Die Neue Rundschau</u> 34, Bd. 2, Berlin 1923, S. 652-659.

"Keyserling in Wien", in: <u>Das Tagebuch</u> 4, 1923, S. 327-330.

<u>Rassen, Städte, Physiognomien</u>, Erich Reiß Verlag, Berlin 1923.

"Okkultismus und Technik", in: <u>Faust</u>, Heft 4/5, Berlin 1923/24, S. 2-14.

"Die Politisierung Österreichs", in: <u>Der Neue Merkur</u> 7, München 1923/24, S. 176-189.

"Europa", in: Der Neue Merkur 7, 1923/24, S. 515-516.

+ Rez. zu Robert Musil, Vinzenz und die Freundin bedeutender Männer, in: Prager Presse, 28.8.1924.

"Der Dichter des Vinzenz", in: Sechs - Uhr - Blatt, 45. Jg., Nr. 13.875, 21.8.1924, S. 4.

"Stegreif und steg-reif", in: Prager Presse, Nr. 210, 31.7.1924, S. 5.

"Der erotischste Schriftsteller", in: Prager Presse, Nr. 35, 31.8.1924, S. 2f.

"Der Trugschluß der Organisation" (Aus dem Nachlaß), in: Die Neue Rundschau 35, Berlin 1924, S. 1084ff.

"Sadistenprozeß in Wien", in: Das Tagebuch, Berlin, 11.3.24, S. 386-392.

"Der Untergang des Geistes", in: Künstlerhilfe Almanach der Literaria, Wien - Leipzig 1924, S. 84-96.

"Zwischen den Theatern" (Aus dem Nachlaß), in: Das Welttheater, Nr. 4, 1924/25, S. 51-54.

"Im Kampf um den Typus", in: Frankfurter Zeitung 69, Nr. 268, 1. Morgenblatt, 10.4.1925.

"Das Chaos des Jack Slim" (Aus dem Nachlaß), in: Die Literarische Welt 3, Nr. 34, Berlin 1927, S. 1ff.

"Zehn Aphorismen über Karl Kraus" (*Auszüge aus Karl Kraus oder Dalai Lama. Der dunkle Priester. Eine Nervenabtötung (1914), in: Békessy's Panoptikum, Nr. 1 - 5, hrsg. von Ferdinand Greis, Budapest, April - Mai 1928, S. 73-76.

"Der österreichische Mensch" (geschrieben 1917), in: Agathon. Almanach an das Jahr 46, Wien (1945?), S. 11f.

Im Brenner-Archiv in Innsbruck befinden sich noch 33 Briefe Robert Müllers (31 Briefe aus der Zeit zwischen 1912 und 1913, 2 Briefe von 1920), die in der Mehrzahl an Ludwig v. Ficker, den Herausgeber des Brenner, adressiert sind (vgl. auch einzelne Hinweise in dieser Bibliographie).

Folgende Zeitschriften bzw. Zeitungen konnten nicht bzw. nur zum Teil eingesehen werden:

Das Zeitalter, Halbmonatsschrift, Wien 1913;
Die bunte Stadt, Berlin ~1920;
Pionier, Wien ~1918;
Finanzpresse, Wien 1918;
Neue Wirtschaft, Wien 1918;
Der Strahl, Wien 1920;
Belgrader Nachrichten.

Nach A. E. Rutra sollen sich im (bisher verschollenen) Nachlaß Müllers noch zwei Romane mit den Titeln Die graue Rasse und Geld sowie eine Essay-Sammlung mit dem Titel Typus und Idee befunden haben.

Teil II

Sekundärliteratur zu Robert Müller

ACHBERGER, Friedrich, Republikbezogene Literatur in Österreich 1919 - 1927, Diss., Madison/Wisconsin 1977, S. 90f., 179f.

ACHBERGER, Friedrich, "Die Inflation und die zeitgenössische Literatur", in: Aufbruch und Untergang. Österreichische Kultur zwischen 1918 und 1938, hrsg. von Franz Kadrnoska, Wien, München, Zürich, 1983, S. 32f.

ALLESCH ALESCHA, Theodor, "Ein Schuss in unsere Sonne", in: Die Pestsäule, 2. Folge, Nr. 12, 1974/75, S. 159-162.

AMANN, Klaus, + Rez. zu Expressionismus - Aktivismus - Exotismus. Studien zum literarischen Werk Robert Müllers (1887-1924), hrsg. von Helmut Kreuzer und Günter Helmes, Göttingen 1981, in: Germanistik, 24. Jg. 1983, 3/4, S. 881f.

ANZ, Thomas / STARK, Michael (Hg.), Expressionismus. Manifeste und Dokumente zur deutschen Literatur 1910 - 1920, Stuttgart 1982, S. 135 (Anm. 2), 138 (Anmerkungen zu Robert Müller, "Die Zeitrasse"),263, 291, 294, 421 (Anm. 5), 467, 690f.

ANZEIGER FÜR DEN BUCH-, KUNST- UND MUSIKALIENHANDEL FÜR ÖSTERREICH, Jg. 1922 - 23, Nr. 5, S. 10.

ANZEIGER FÜR DEN BUCH-, KUNST- UND MUSIKALIENHANDEL FÜR ÖSTERREICH, Jg. 1922 - 23, Nr. 40, S. 385.

ANZEIGER FÜR DEN BUCH-, KUNST- UND MUSIKALIENHANDEL FÜR ÖSTERREICH, Jg. 1924 - 25, Nr. 19, S. 263.

ARNTZEN, Helmut, "Robert Musil und Karl Kraus", in: Musil-Forum 4, 1978, 2, S. 205.

ARNTZEN, Helmut, Musil Kommentar sämtlicher zu Lebzeiten erschienener Schriften außer dem Roman 'Der Mann ohne Eigenschaften', München 1980, S. 43, 84, 195, 213, 250f.

ARNTZEN, Helmut, Musil Kommentar zum Roman 'Der Mann ohne Eigenschaften', München 1982, S. 19, 142.

+ AUSZUG aus dem Handelsregister, Handelsgericht Wien, Bd. C15, p. 249.

+ AUSZUG aus dem Handelsregister, Handelsgericht Wien, Bd. C15, p. 249.

+ AUSZUG aus dem Handelsregister, Handelsgericht Wien, Bd. C32, p. 218.

BAB, Julius, "Talente", in: Die Weltbühne, 14, H. 2, Berlin 1918, S. 335f. Der betreffende Auszug wieder in: Expressionismus - Aktivismus - Exotismus, a.a.O., S. 282.

BAHR, Hermann, + Brief an Josef Redlich vom 2.12.1915, in: Dichter und Gelehrter. Hermann Bahr und Josef Redlich in ihren Briefen 1896 - 1934, hrsg. von Fritz Fellner, Salzburg 1980, S. 140.

BAHR, Hermann, + Brief an Josef Redlich vom 18.1.1916, in: Dichter und Gelehrter, a.a.O., S. 149.

BARTELS, Adolf, Die deutsche Dichtung der Gegenwart. Die Jüngsten, Leipzig 1921, S. 217.

BARTELS, Adolf, Geschichte der deutschen Literatur, Berlin, Leipzig, Hamburg 1937[16], S. 701.

BASIL, Otto, "Nachbemerkung", in: Robert Müller, Das Inselmädchen, wieder herausgegeben von Erwin Müller, Wien 1946, S. 63f., wieder in: Expressionismus - Aktivismus - Exotismus, a.a.O., S. 37f.

BASIL, Otto, "Panorama vom Untergang Kakaniens", in: Das Grosse Erbe. Aufsätze zur österreichischen Literatur, hrsg. von Otto Basil, Herbert Eisenreich und Ivar Ivask, Graz und Wien 1962, S. 87.

BASIL, Otto, Georg Trakl, Reinbek bei Hamburg 1965, S. 37, 87, 113 (Bild), 115ff.

BEIGEL-UHJELY, Margarete, "Revolution der Jugend", in: Deutsch-Österreichische Literaturgeschichte. Ein Handbuch zur Geschichte der deutschen Dichtung in Österreich-Ungarn, hrsg. von Nagl, Zeitler und Castle, Bd. 4, Wien 1939, S. 2120f. (Mit Bild).

BENDA, Gisela, + Rez. zu Expressionismus - Aktivismus - Exotismus, a.a.O., in: Monatshefte, 76:1, 1984, S. 114.

BERGHAHN, Wilfried, Robert Musil, Reinbek bei Hamburg 1963, S. 80, 114.

BLAUHUT, Robert, Österreichische Novellistik des 20. Jahrhunderts, Wien 1966, S. 80, 190.

BLEI, Franz, "Vorschlag zur Güte", in: Berliner Tageblatt, 12.9.1924.

BLEI, Franz, "DER ROBERTMÜLLER", in: Ders., Das grosse Bestiarium der Literatur, Berlin 1924, S. 49f., wieder in: Expressionismus - Aktivismus - Exotismus, a.a.O., S. 273.

BOURFEIND, Paul, + Rez. zu Robert Müller, Das Inselmädchen, in: Das literarische Echo 22, H. 17, 1920, S. 1073.

BRAND, Guido K., + Rez. zu Robert Müller, Rassen, Städte, Physiognomien, in: Das literarische Echo 26, 1924, S. 51, wieder in: Expressionismus - Aktivismus - Exotismus, a.a.O., S. 292f.

BRAND, Guido K., Werden und Wandlung. Eine Geschichte der Deutschen Literatur von 1880 bis heute, Berlin 1933, S. 124.

BRINKMANN, Richard, Expressionismus. Internationale Forschung zu einem internationalen Phänomen, Stuttgart 1980, S. 146, 265.

BROCH, Hermann, Briefe 1 (1913-1938), Frankfurt/M. 1981, S. 29 (Brief Brochs an Ludwig von Ficker aus dem Jahre 1914).

BUSCHBECK, Erhard, + Brief an Georg Trakl (13.5.1912), in: Georg Trakl, Dichtungen und Briefe, Bd. 2, hrsg. von Walter Killy und Hans Szklenar, Salzburg 1969, S. 681.

BUSCHBECK, Erhard, "Von Musil bis Csokor", in: Der Turm 1, Wien 1945, S. 15.

CORNARO, Franz, "Bedenker des Wortes. Das Eintreten des Brenner für Karl May", in: Jahrbuch der Karl-May-Gesellschaft 1971, Hamburg 1971, S. 217 ff.

CORNARO, Franz, "Robert Müllers Stellung zu Karl May", in: Jahrbuch der Karl-May-Gesellschaft 1971, Hamburg 1971, S. 236-245, wieder in: Expressionismus - Aktivismus - Exotismus, a.a.O., S. 261-272.

COUDENHOVE - KALERGI, Richard N., + Rez. zu Robert Müller, Bolschewik und Gentleman, in: Die Neue Rundschau 31, 1920, S. 1447f., wieder in Expressionismus - Aktivismus - Exotismus, a.a.O., S. 287f.

DE LOOTSEN, "Liebe im Urwald" (Rez. zu R. Müllers Tropen), in: Die Umschau 20, Nr. 35, 1916, S. 696f.

DIEZ, H. "Der Reporter", in: Jahresberichte Für Neuere Deutsche Literaturgeschichte, 25. Band, Berlin 1914, S. 811.

DÖBLIN, Alfred (Linke Poot), "Der Knabe bläst ins Wunderhorn", in: Die Neue Rundschau, Bd. 1, Berlin 1920, S. 762f., wieder in: Alfred Döblin, Schriften zur Politik und Gesellschaft, hrsg. von Heinz Graber, Olten 1972, S. 143, wieder in: Expressionismus - Aktivismus - Exotismus, a.a.O., S. 289.

EDSCHMID, Kasimir, Lebendiger Expressionismus, München, Wien, Basel 1961, S. 161f.

EDSCHMID, Kasimir, "Deutsche Erzählungsliteratur", in: Frankfurter Zeitung, Nr. 119, 14.2.1920.

EDSCHMID, Kasimir, "Erzählungsliteratur, IV", in: Frankfurter Zeitung, Nr. 908, 7.12.1921.

EYKMAN, Christoph, Denk- und Stilformen des Expressionismus, München 1974, S. 23f.

EYKMAN, Christoph, "Das Problem des politischen Dicherts im Expressionismus und Robert Müllers Die Politiker des Geistes", in: Expressionismus - Aktivismus - Exotismus, a.a.O., S. 169-177.

FISCHER, Ernst, "Ein doppelt versuchtes Leben. Der Verlagsdirektor Robert Müller (und der Roman Flibustier)", in: Expressionismus - Aktivismus - Exotismus, a.a.O., S. 217-251.

FISCHER, Jens Malte, "Affe oder Dalai Lama? Kraus-Gegner gestern und heute", in: Text und Kritik. Sonderband, hrsg. von H.L. Arnold, München 1975, S. 148ff. Der betreffende Auszug wieder in: Expressionismus - Aktivismus - Exotismus, a.a.O., S. 258-260.

FISCHER, Jens Malte, "Deutschsprachige Phantastik zwischen Décadence und Faschismus", in: Phaicon 3, Almanach der phantastischen Literatur, hrsg. von R.A. Zondergeld, Frankfurt/M., S. 113ff.

FLAKE, Otto, "Robert Müller", in: Die Neue Rundschau 35, Bd. 2, Berlin 1924, S. 1083f., wieder in: Expressionismus - Aktivismus - Exotismus, a.a.O., S. 312-314.

FLAKE, Otto, "Zuschrift", in: Die Literarische Welt 3, Nr. 37, 1927, S. 8, wieder in: Expressionismus - Aktivismus - Exotismus, a.a.O., S. 319f.

FLAKE, Otto, Es wird Abend. Bericht aus einem langen Leben, Gütersloh 1960, S. 321, 330-336.

FLOECK, Oswald, Die deutsche Dichtung der Gegenwart. 1870-1926, Karlsruhe, Leipzig 1926, S. 332.

FONTANA, Oskar Maurus, "Eine Mythik des Österreichers?", in: März 10, Bd. 2, Berlin und München 1916, S. 259f., wieder in: Expressionismus - Aktivismus - Exotismus, a.a.O., S. 279f.

FONTANA, Oskar Maurus, "Das Verbrechen", in: Das Flugblatt, Nr. 3, Wien 1918, S. 12.

FONTANA, Oskar Maurus, "Antwort auf einen Brief R. Müllers", in: Das Flugblatt, Nr. 4, Wien 1918, S. 11f.

FONTANA, Oskar Maurus, "Nachruf für Robert Müller", in: Berliner Börsen-Courier, Nr. 411, 2.9.1924.

FONTANA, Oskar Maurus, "Der Expressionismus in Wien. Erinnerungen", in: Imprimiatur, N.F., Bd. 3, Frankfurt/M. 1961/62, S. 208f., wieder in: Expressionismus. Aufzeichnungen und Erinnerungen der Zeitgenossen, hrsg. von Paul Raabe, Freiburg i.B. 1965, S. 188f.

FONTANA, Oskar Maurus, "Erinnerungen an Robert Musil", in: Robert Musil. Leben - Werk - Wirkung, hrsg. von Karl Dinklage, 1960, S. 326.

FRANCK, Hans, + Rez. zu Robert Müller, Die Politiker des Geistes, in: Das Literarische Echo, 22, H. 17, 1918, S. 1120f.

FRISCH, Efraim, + Brief an Robert Müller vom 14.2.1922.

FRISCH, Efraim, + Brief an Robert Musil vom 11.4.1921, in: Robert Musil, Briefe 1901 - 1942, hrsg. von Adolf Frisé, Reinbek bei Hamburg 1981, S. 224.

FRISÉ, Adolf, Plädoyer für Robert Musil. Hinweise und Essays 1931-1980, Reinbek bei Hamburg 1980, S. 107.

FRISÉ, Adolf, "Der Zeitgenosse Robert Musil", in: <u>Literatur und Kritik</u> 157/158, 1981, wieder in: <u>Musil-Forum</u> 7, 1981 (1983), S. 25.

FRISÉ, Adolf (Hg.), <u>Robert Musil. Briefe 1901 - 1942. Kommentar. Register</u>, Reinbek bei Hamburg 1981, S. 113 (Kommentar zu einem Brief Musils an Max Brod vom 28.3.1920).

FRISÉ, Adolf, ebenda, S. 115 (Kommentar zu einem Brief E. Frischs an Musil vom 29.4.1920).

FRISÉ, Adolf, ebenda, S. 119 (Kommentar zu einem Brief Musils an Berthold Viertel vom 5.12.1920).

FRISÉ, Adolf, ebenda, S. 123 (Kommentar zu einem Brief Musils an E. Frisch vom Februar 1921).

FRISÉ, Adolf, ebenda, S. 127 (Kommentar zu einem Brief Musils an E. Frisch vom 30.3.1921).

FRISÉ, Adolf, ebenda, S. 129 (Kommentar zu einem Brief Musils an Arne Laurin vom 23.4.1921).

FRISÉ, Adolf, ebenda, S. 139 (Kommentar zu einem Brief Musils an Franz Blei vom 14.11.1921).

FRISÉ, Adolf, ebenda, S. 150f. (Kommentar zu einem Brief Musils an Andreas Thom vom 8.5.1922).

FRISÉ, Adolf, ebenda, S.   (Kommentar zu einem Brief Musils an Otto Pick vom 15.7.1922).

FRISÉ, Adolf, ebenda, S. 172 (Kommentar zu einem Brief Martha Musils an Annina vom 7.4.1923).

FRISÉ, Adolf, ebenda, S. 210 (Kommentar zu einem Brief Martha Musils an Arne Laurin vom 30.8.1924).

FRISÉ, Adolf, ebenda, S. 238 (Kommentar zu einem Brief von Hugo von Hofmannsthal an Otto Baron Gemmingen vom Spätsommer - Herbst 1926).

FRISÉ, Adolf (Hg.), Robert Musil, Tagebücher. Anmerkungen. Anhang. Register, Reinbek bei Hamburg 1976, S. 216f. (Anm. 21 zu Heft 8).

FRISÉ, Adolf, ebenda (Anm. 32 zu Heft 8).

FRISÉ, Adolf, ebenda, S. 223 (Anm. 68 zu Heft 8).

FRISÉ, Adolf, ebenda, S. 226 (Anm. 80 zu Heft 8).

FRISÉ, Adolf, ebenda, S. 234f. (Anm. 137, 138 zu Heft 8).

FRISÉ, Adolf, ebenda, S. 240 (Anm. 194 zu Heft 8).

FRISÉ, Adolf, ebenda, S. 243 (Anm. 217 zu Heft 8).

FRISÉ, Adolf, ebenda, S. 248-250 (Anm. 248, 249 zu Heft 8).

FRISÉ, Adolf, ebenda, S. 273f. (Anm. 29, 31 zu Heft 9).

FRISÉ, Adolf, ebenda, S. 282 (Anm. 117, 120 zu Heft 9).

FRISÉ, Adolf, ebenda, S. 319 (Anm. 288 zu Heft 10).

FRISÉ, Adolf, ebenda, S. 513 (Anm. 218 zu Heft 30).

FRISÉ, Adolf, ebenda, S. 534 (Anm. 373 zu Heft 30).

FRISÉ, Adolf, ebenda, S. 652 (Anm. 260 zu Heft 34).

FRISÉ, Adolf, ebenda, S. 802 (Anm.-Nachträge, Heft 8, Anm. 137, 141).

FRISÉ, Adolf, ebenda, S. 1077 (Anhang: Heft 8, zu Anm. 80).

GIEBISCH, Hans / GUGITZ, Gustav, Bio-Bibliographisches Literaturlexikon Österreich, Wien 1964, S. 269.

GUTHKE, Karl S., "Das Drama des Expressionismus und die Metaphysik der Enttäuschung", in: Aspekte des Expressionismus. Periodisierung. Stil. Gedankenwelt, Heidelberg 1968, S. 36.

HABEREDER, Juliane, Kurt Hiller und der literarische Aktivismus. Zur Geistesgeschichte des politischen Dichters im frühen 20. Jahrhundert, Frankfurt/M. 1981, S. 238, 240.

HAHNL, Hans Heinz, "Harald Brüller und Ekkehard Meyer", in: Literatur und Kritik 3, H. 26/27, Salzburg 1968, S. 425-428, wieder in: Expressionismus - Aktivismus - Exotismus, a.a.O., S. 252-257.

HAHNL, Hans Heinz, "Robert Müller", in: Neue Zürcher Zeitung, 12.9.1971.

HAHNL, Hans Heinz, "Robert Müller", in: Ver Sacrum. Neue Hefte für Kunst und Literatur, Wien und München 1971, S. 28-32, wieder in: Expressionismus - Aktivismus - Exotismus, a.a.O., S. 21-36.

HAHNL, Hans Heinz, "Robert Müller und Karl Kraus", in: Die Pestsäule, 2. Folge, Nr. 12, 1974/75, S. 163-166.

HALL, Murray G., "Der Schwärmerskandal 1929. Zur Rezeption von Robert Musils Die Schwärmer", in: Musil-Forum 1, 1975, 1, S. 53, 55.

HALL, Murray G., "Robert Musil und der Schutzverband deutscher Schriftsteller in Österreich", in: Österreich in Geschichte und Literatur, Heft 4, Juli-August 1977.

HAVATNI, P., + Rez. zu Robert Müller, Der Barbar, in: Die Wage, N.F., 1, 1920, S. 164.

HELMES, Günter, Studien zum literarischen Werk Robert Müllers, Hausarbeit der Ersten Staatsprüfung für das Lehramt am Gymnasium, Siegen (Masch.) 1979.

HELMES, Günter, "Katholischer Bolschewik in der 'Schwäbischen Türkey'. Zum politischen Denken Robert Müllers", in: Expressionismus - Aktivismus - Exotismus, a.a.O., S. 178 - 216.

HELMES, Günter, "Bibliographie - Robert Müller", in: Expressionismus - Aktivismus - Exotismus, a.a.O., S. 321-344.

HENNINGER, Peter, "Über Musils Stil und seine Wahrnehmung (aufgrund einer Textprobe aus dem Mann ohne Eigenschaften)", in: Musil-Forum 7, 1981 (1983), S. 33.

HESSE, Hermann, "Schöne neue Bücher", in: März 11, 3. Band, 1917, S. 1063. Der betreffende Auszug wieder in: Expressionismus - Aktivismus - Exotismus, a.a.O., S. 280f.

HESSE, Hermann, + Rez. zu R.M., Der Barbar, in: Wissen und Leben, Nr. 640, 1920/21.

HICKMAN, Hannah, Robert Musil a. The Culture of Vienna, Beckenham/ Kent and Sydney 1984, S. 110, 119.

HILLER, Kurt, "Für Tendenz", in: Das Flugblatt, Nr. 5, Wien 1918, S. 10f.

HILLER, Kurt, "Ortsbestimmung des Aktivismus. Robert Müller, Wien, in enthusiastischer Kameradschaft gewidmet", in: Die Erhebung. Jahrbuch für neue Dichtung und Wertung, Berlin 1919, S. 360.

HILLER, Kurt, + Vorbemerkung zu Robert Müller, "Die Geist-Rasse", in: Das Ziel. Jahrbücher für geistige Politik, Bd. 4, hrsg. von Kurt Hiller, München und Berlin 1920, S. 49.

HILLER, Kurt, Köpfe und Tröpfe, Hamburg und Stuttgart 1950, S. 57.

HILLER, Kurt, "Wer sind wir? Was wollen wir?", in Ders., Ratioaktiv. Reden 1914 - 1964, Wiesbaden 1966, S. 25.

HILLER, Kurt, Leben gegen die Zeit (Logos), Reinbek bei Hamburg 1969, S. 127, 137f., 190.

HIMMEL, Helmuth, Geschichte der deutschen Novelle, Bern 1963, S. 426.

HOFMANNSTHAL, Hugo von / Andrian, Leopold von, Briefwechsel, hrsg. von Walter H. Perl, S. 217 (Brief Hofmannsthals vom 6.10.1915), S. 218.

HOLLANDER, Walther von, "Robert Müller", in: Vossische Zeitung, Nr. 421, Berlin 1924.

HURWICZ, E., + Rez. zu Robert Müller, Das Inselmädchen, in: Die Neue Zeit 38, Bd. 1, Nr. 17, 1920, S. 398.

IMBERG, Kurt Ed., "Rundschau der Kriegsliteratur X", in: Nord und Süd, Berlin 1916, S. 243f.

KAES, Anton (Hg.), Weimarer Republik, Manifeste und Dokumente zur deutschen Literatur 1918 - 1933, Stuttgart 1983, S. 267 (Anm. 3), 268 (Anm. 4).

KAFKA, Franz, Briefe an Felice, hrsg. von Erich Heller und Jürgen Born, New York City 1967, S. 719f. (Postkarte vom 7.10.1916).

KALMER, Josef, + Rez. zu Robert Müller, Der Barbar, in: Renaissance, Nr. 6, Wien 1921, S. 14.

KAMERBEEK, JR., J., "Vergleichende Deutung einer Epiphanie. Robert Müller - Marcel Proust", in: Wissen aus Erfahrung. Werkbegriff und Interpretation heute. Festschrift für Herman Meyer zum 65. Geburtstag, Tübingen 1976, S. 682 - 693, wieder in: Expressionismus - Aktivismus - Exotismus, a.a.O., S. 86-100.

KAYSER, Rudolf, "Amerikanismus", in: Vossische Zeitung, Nr. 458, 27.9.1925, wieder in: Weimarer Republik. Manifeste und Dokumente zur deutschen Literatur 1918 - 1933, mit einer Einleitung und Kommentaren hrsg. von Anton Kaes, Stuttgart 1982, S. 265, 266.

KAYSER, Rudolf, "Robert Müller", in: Berliner Tageblatt, 2.9.1924.

KINDERMANN, Heinz (Hrsg.), Wegweiser durch die moderne Literatur in Österreich, Innsbruck 1954, S. 61.

KLABUNDS Literaturgeschichte, neugeordnet und ergänzt von Ludwig Goldscheider, Nachwort von Rudolf Kayser, Wien 1930, S. 339.

KLÖCKNER, Horst-Werner, Poetologische Analyse von Robert Müllers "Tropen. Der Mythos der Reise" (1915), wissenschaftliche Arbeit im Rahmen der Ersten Staatsprüfung für das Lehramt am Gymnasium, Bonn (Masch.) 1978.

KOLINSKY, Eva, Engagierter Expressionismus. Politik und Literatur zwischen Weltkrieg und Weimarer Republik. Eine Analyse expressionistischer Zeitschriften, Stuttgart 1970, S. 199.

KRAUS, Karl, "Aus der Sudelküche", in: Die Fackel 22, Nr. 561-567, 1921, S. 55.

KRAUS, Karl, Literatur oder Man wird doch da sehn (1921), in: Ders., Dramen, hrsg. von Heinrich Fischer, München-Wien 1967.

KRAUS, Karl, "Kulturbund", in: Die Fackel 24, Nr. 608-612, 1922, S. 25.

KRELL, Max, "Romane 1920", in: Die Neue Rundschau 31, Berlin 1920, S. 1415f. Der betreffende Auszug wieder in: Expressionismus - Aktivismus - Exotismus, a.a.O., S. 286.

KRELL, Max, "Expressionismus der Prosa", in: Weltliteratur der Gegenwart, Band: Deutschland, II. Teil, hrsg. von Ludwig Marcuse, Berlin 1924, S. 52f. Der betreffende Auszug wieder in: Expressionismus - Aktivismus - Exotismus, a.a.O., S. 290-292.

KRELL, Max, "Robert Müller", in: Weser-Zeitung, Nr. 23/24, Bremen, 20.9.1924.

KREUZER, Helmut, Die Boheme. Beiträge zu ihrer Beschreibung, Stuttgart 1968, S. 360.

KREUZER, Helmut / HELMES, Günter (Hrsg.), Expressionismus - Aktivismus - Exotismus. Studien zum literarischen Werk Robert Müllers (1887 - 1924), Göttingen 1981.

KREUZER, Helmut, "Vorwort", in: Expressionismus - Aktivismus - Exotismus, a.a.O., S. 9f.

KREUZER, Helmut, "Einleitung. Zur Rezeption Robert Müllers", in: Expressionismus - Aktivismus - Exotismus, a.a.O., S. 11-20.

KREUZER, Ingrid, "Robert Müllers Tropen. Fiktionsstrukturen, Rezeptionsdimensionen, Paradoxe Utopie", in: LiLi, Beiheft 8, Erzählforschung 3, Göttingen 1978, S. 193 - 222, wieder in: Expressionismus - Aktivismus - Exotismus, a.a.O., S. 101-145.

KRULL, Wilhelm, Prosa des Expressionismus (Sammlung Metzler Bd. 210), Stuttgart 1984, S. 3, 103.

KUCHER, Primus-Heinz, "Literarische Reflexionen auf die politische Wirklichkeit in Österreich in den 20er Jahren des 20. Jahrhunderts", in: Robert Musil und die kulturellen Tendenzen seiner Zeit, hrsg. von Josef Strutz, München 1983, S. 86ff., 90f.

LUDWIG, Emil, "Ein Österreicher über Preußen", in: Pester Lloyd 65, Nr. 190, Morgenblatt, Budapest 16.8.1918, wieder in: Expressionismus - Aktivismus - Exotismus, a.a.O., S. 283-286.

LUNZER, Heinz, Hofmannsthals politische Tätigkeit in den Jahren 1914 - 1917, Frankfurt/M., 1981, S. 164, 183.

LUX, Joseph Aug., "Über Robert Müller und den Aktivismus. Eine Vorbemerkung", in: Kunst- und Kulturrat. Weltanschauung / Dichtung / Graphik. Monatsblätter für die Persönlichkeit, H. 11 u. 12, hrsg. von Joseph Aug. Lux u.a., Gmain bei Reichenhall bzw. Großgmain bei Salzburg (für Österreich) 1920.

MAGILL, Daniela, Fremderfahrung und Frauenbild in Robert Müllers 'Das Inselmädchen' und Robert Musils 'Grigia', Magisterarbeit, Karlsruhe (Masch.) 1983.

MANN, Thomas, Tagebücher 1918 - 1921, hrsg. von Peter de Mendelssohn, Frankfurt/M. 1979, S. 416 (Eintragung vom 10.4.1920).

MANN, Thomas, + Brief an Efraim Frisch vom 17.2.1922.

MAY, Karl, + Brief an Oskar Neumann (1.3.1912), in Auszügen wieder in: Jahrbuch der Karl-May-Gesellschaft 1971, a.a.O., S. 245.

MAY, Klara, + Brief an Oskar Neumann (13.4.1912), in Auszügen wieder in: Jahrbuch der Karl-May-Gesellschaft 1971, a.a.O., S. 245.

MAY, Klara, + Brief an Oskar Neumann (22.5.1912), in Auszügen wieder in: Jahrbuch der Karl-May-Gesellschaft 1971, a.a.O., S. 245.

MENDELSSOHN, Peter de (Hg.), Thomas Mann, Tagebücher 1918 - 1921, Frankfurt/M. 1979, S. 748.

MIELKE-HOMANN, Der deutsche Roman des 19. und 20. Jahrhunderts, Dresden 1920^6, S. 492.

MIERENDORF, Carlo, + Rez. zu Robert Müller, Der Barbar, in: Das Tribunal 2, H. 4 - 7, Darmstadt 1920/21, S. 68.

MIERENDORF, Carlo, + Rez. zu Robert Müller, Bolschewik und Gentleman, in: Das Tribunal 2, H. 4 - 7, S. 68.

MÜLLER-FREIENFELS, R., "Ästhetik und Poetik", in: Jahresberichte Für Neuere Deutsche Literaturgeschichte, Bd. 25, Berlin 1914, S. 391.

MUHR, Adelbert, "Robert Müller schrieb für das 21. Jahrhundert", in: Die Pestsäule, 2. Folge, Nr. 12, 1974/75, S. 141-158.

MUSIL, Martha, + Brief an Annina Marcovaldi vom 7.4.1923, in: Robert Musil, Briefe 1901 - 1942, a.a.O., S. 289.

MUSIL, Martha, + Brief an Arne Laurin vom 30.8.1924, ebenda, S. 355f.

MUSIL, Robert, "Robert Müller schreibt uns aus eigener Werkstatt", in: Kunst- und Kulturrat. Weltanschauung / Dichtung / Graphik. Monatsblätter für die Persönlichkeit, H. 11 u. 12, hrsg. von Joseph Aug. Lux u.a., Gmain bei Reichenhall bzw. Großgmain bei Salzburg (für Österreich) 1920, S. 267f.

MUSIL, Robert, "Wiener Theatermesse", in: Prager Presse, 8.9.1921, wieder in: Ders., Theaterkritisches und Theoretisches, hrsg. von Marie-Louise Roth, Reinbek b. Hamburg 1965, S. 42-45.

MUSIL, Robert, + Brief an den Neuen Merkur vom 30.3.1921.

MUSIL, Robert, + Brief an Berthold Viertel vom 5.12.1920, in: Ders., Briefe 1901 - 1942, hrsg. von Adolf Frisé, Reinbek bei Hamburg 1981, S. 207.

MUSIL, Robert, + Brief an Alban Berg vom 2.3.1921, ebenda, S. 216.

MUSIL, Robert, + Brief an Arne Laurin vom 23.4.1921, ebenda, S. 229.

MUSIL, Robert, + Brief an Efraim Frisch vom 28.5.1921, ebenda, S. 231.

MUSIL, Robert, + Brief an Johannes von Allesch vom 1.6.1921, ebenda, S. 233.

MUSIL, Robert, + Brief an Arthur Schnitzler vom 11.9.1921, ebenda, S. 238.

MUSIL, Robert, + Brief an Franz Blei vom 3.1.1921, ebenda, S. 243.

MUSIL, Robert, + Brief an Andreas Thom vom ? (vor 8.5.1921) ebenda, S. 259.

MUSIL, Robert, + Brief an Arne Laurin vom 31.8.1924, ebenda, S. 356.

MUSIL, Robert, Tagebücher, hrsg. von Adolf Frisé, Reinbek bei Hamburg 1976, Heft 8: 1920, S. 373.

MUSIL, Robert, ebenda, S. 409.

MUSIL, Robert, ebenda, Heft 9: 1919/20, S. 428.

MUSIL, Robert, ebenda, S. 440f.

MUSIL, Robert, ebenda, Heft 10: 1918 - 1921 (1929, 1939), S. 494.

MUSIL, Robert, ebenda, Heft 21: 1920 - 1926, S. 590 (?).

MUSIL, Robert, ebenda, Heft 25: 1921 - 1923?, S. 652.

MUSIL, Robert, "Robert Müller", in: Prager Presse, 4. Jg., Nr. 244, Prag, 3.9.1924, S. 4-6 (Morgenausgabe), wieder in: Robert Musil, Tagebücher, Aphorismen, Essays und Reden, hrsg. von Adolf Frisé,

Hamburg 1955, S. 747 - 750 (vgl. dort auch S. 249), wieder in: Expressionismus - Aktivismus - Exotismus, a.a.O., S. 296-301.

MUSIL, Robert, "Robert Müller", in: Arbeiter-Zeitung, 36. Jg., Nr. 244, Wien 1924, S. 9f.

MUSIL, Robert, "Robert Müller", in: Das Tagebuch, 5. Jg., H. 37, Berlin 1924, S. 1300 - 1304.

NAGANOWSKI, Egon, "Vinzenz oder der Sinn des sinnvollen Unsinns", in: Vom 'Törless' zum 'Mann ohne Eigenschaften', Grazer Musil-Symposium, hrsg. von Uwe Bauer und Dietmar Goltschnigg, München-Salzburg 1973, S. 91.

N.N., + Rez. zu Robert Müller, Österreich und der Mensch, in: Die Frau 22, 1916, S. 444.

N.N., + Rez. zu Robert Müller, Europäische Wege, in: Die Aktion 7, 1917, S. 624.

N.N., + Rez. zu Robert Müller, Europäische Wege, in: Die Neue Zeit 36, I, Nr. 14, 1918, S. 336.

N.N., + Rez. zu Robert Müller, Europäische Wege, in: Donauland, 2. Halbjahr, 1917/18, S. 1096.

N.N., + Rez. zu Robert Müller, Europäische Wege, in: Das Junge Europa 9, H. 10, Berlin 1918, S. 78.

N.N., "Intellektuelle", in: Die Rettung 1, Nr. 6, Wien 1919.

N.N., (E.G.G.), + Rez. zu Der Anbruch, in: Aufschwung 1, Nr. 9/10, Wien 1919, S. 83.

N.N., (F1), "Rundschau", in: Der Neue Merkur 4, München 1920/21, S. 553.

N.N., + Rez. zu Robert Müller, Camera Obscura, in: Der Zwiebelfisch 13, H. 46, München 1922, S. 52.

N.N., + Rez. zu Robert Müller, Rassen, Städte, Physiognomien, in: Der Zwiebelfisch, München 1923, S. 88.

N.N. (Kr), + Rez. zu Robert Müller, Rassen, Städte, Physiognomien, in: Das Tagebuch, 28.4.1923, S. 614.

N.N. (Dr. E), + Rez. zu Robert Müller, Rassen, Städte, Physiognomien, in: Deutsche Handels-Warte, 2. Oktoberheft, Nr. 20, Nürnberg 1924, S. 605f., wieder in: Expressionismus - Aktivismus - Exotismus, a.a.O., S. 294f.

N.N. (Dr.E), + Rez. zu K.O. Piszk, Künstlerhilfe-Almanach, in: Deutsche Handels-Warte, 1924, S. 606.

N.N., "Nachrichten", in: Das literarische Echo 27, H. 1, 1924, S. 93f.

N.N., + Rez. zu Robert Müller, Macht, in: Pirnaer Anzeiger (?), wieder in: Aus der Werkstatt. Ein Tätigkeitsbericht des Verlags Hugo Schmidt München. 1912 - 1924/25, München 1925, S. 329.

N.N., + Hinweis auf Robert Müller, Was erwartet Österreich von seinem jungen Thronfolger?, in: Aus der Werkstatt. Ein Tätigkeitsbericht des Verlags Hugo Schmidt München. 1912 - 1924/25, München 1925, S. 329.

N.N., + Rez. zu Robert Müller, Tropen, in: Wiener Allgemeine Zeitung (?), wieder in: Aus der Werkstatt. Ein Tätigkeitsbericht des Verlags Hugo Schmidt München. 1912 - 1924/25, München 1925, S. 388 (Dort ist auch die Verlagsankündigung für diesen Roman wieder abgedruckt).

N.N. + Rez. zu Robert Müller, Rassen. Städte. Physiognomien, in: Die Sonne, N.F., 1, 1920, S. 164.

NOWAK, Heinrich, "(Für Robert Müller). 'Der Krieg' und 'Damenringkampf'", in: Ders., Die Tragische Gebärde. Gedichte, Heidelberg 1913, wieder in: Österreichische Avantgarde. 1910-1928. Ein unbekannter Aspekt, hrsg. von Werner J. Schweiger, Wien, 1976 und 1977, S. 149.

OBERLANDER, L.G., + Rez. zu Robert Müller, Irmelin Rose, in: Die schöne Literatur. Beilage zum Literarischen Zentralblatt für Deutschland 16, Nr. 25, Leipzig 1915, S. 350.

OLMI, Roberto, "Die Gegenwart Nietzsches", in: Beiträge zur Musil-Kritik, hrsg. von Gudrun Brokoph-Mauch, Bern 1983, S. 88, 106 (In Anmerkung 4 auf Seite 106 wird der Roman Tropen irrtümlicherweise auf das Jahr 1916 datiert und Robert Musil zugesprochen).

OVERSTEEGEN, J.J., "Spekulative Psychologie. Zu Robert Müllers Tropen", in: Expressionismus - Aktivismus - Exotismus, a.a.O., S. 146-168.

PAULSEN, Wolfgang, Deutsche Literatur des Expressionismus, Bern 1983, S. 107.

PERNERSTORFER, Engelbert, + Rez. zu Robert Müller, Tropen und Macht, in: Berliner Tageblatt 45, Nr. 120, Morgenausgabe, Berlin, 6.3.1916, wieder in: Expressionismus - Aktivismus - Exotismus, a.a.O., S. 276-278.

PETRY, Walther (Hg.), Humor der Nationen. Ausgewählte Prosa, Berlin 1925, S. 337.

PETZSOLD, Alfons, + Rez. zu Robert Müller, Camera obscura, in: Das literarische Echo 24, H. 18., Stuttgart und Berlin 1922, S. 1132.

PISZK, Karl Oskar, + Nachruf auf Robert Müller, in: Der Tag, 29.8.1924.

PÖRTNER, Paul (Hg.), Literaturrevolution 1910 - 1925. Band 1,'Zur Ästhetik und Poetik', Darmstadt 1960, S. 484.

REDLICH, Josef, + Brief an Hermann Bahr vom 13.3.1916, in: Dichter und Gelehrter, a.a.O., S. 161.

REDLICH, Josef, + Tagebuchnotiz vom 23.1.1916, in: Dichter und Gelehrter, a.a.O., S. 149.

REDLICH, Josef, + Brief an Hermann Bahr vom 18.7.1916, in: Dichter und Gelehrter, a.a.O., S. 182.

REDLICH, Josef, + Brief an Hermann Bahr vom 23.9.1920, in: Dichter und Gelehrter, a.a.O., S. 422f.

REDLICH, Josef, + Brief an Hermann Bahr vom 15.4.1923, in: Dichter und Gelehrter, a.a.O., S. 486.

REIF, Wolfgang, Zivilisationsflucht und literarische Wunschträume. Der exotistische Roman im ersten Viertel des 20. Jahrhunderts, Stuttgart 1975, S. 120-150, wieder in: Expressionismus - Aktivismus - Exotismus, a.a.O., S. 39-85.

REIF, Wolfgang, "Exotismus und Okkultismus", in: Deutsche Literatur. Eine Sozialgeschichte, Bd. 9, Weimarer Republik - Drittes Reich: Avantgardismus, Parteilichkeit, Exil, hrsg. von Alexander von Bormann und Horst Albert Glaser, Reinbek bei Hamburg 1983, S. 156.

REIN, Leo, + Rez. zu Robert Müller, Der Barbar, in: Feuerreiter 2, Berlin 1922, S. 30f.

+ REZ. zu Kreuzer/Helmes, Expressionismus - Aktivismus - Exotismus, in: Neue Zürcher Zeitung, 15./16.11.1981.

ROTH, Marie-Louise, Robert Musil. Ethik und Ästhetik. Zum theoretischen Werk des Dichters, München 1972, S. 166f., 168.

ROTHE, Wolfgang (Hg.), Der Aktivismus 1915 - 1920, München 1969, S. 14f.

ROTHE, Wolfgang, Der Expressionismus. Theologische, soziologische und anthropologische Aspekte einer Literatur, Frankfurt/M. 1977, S. 304.

RUTRA, Arthur Ernst, "Von neuen Büchern und Noten", in: Der Merker 7, H. 10, Wien 1916, S. 392.

RUTRA, Arthur Ernst, "Robert Müller", in: Frankfurter Zeitung 69, Nr. 662, Abendblatt, 4.9.1924, S. 1.

RUTRA, Arthur Ernst, "Robert Müller", in: Die Muskete, Nr. 5, Wien 15.9.1924, S. 50.

RUTRA, Arthur Ernst, "Robert Müller", in: Das Dreieck 1, H. 3, Berlin 1924, S. 95ff., wieder in: Expressionismus - Aktivismus - Exotismus, a.a.O., S. 302-311.

RUTRA, Arthur Ernst, "Robert Müller", in: Das Welttheater, Jg. 1924/25, Nr. 3, München 1924, S. 35f.

RUTRA, Arthur Ernst, "Gedenkrede auf Robert Müller", in: Neues Wiener Journal 33, Nr. 11330, Wien 1925, S. 13.

RUTRA, Arthur Ernst, Robert Müller. Denkrede, München 1925.

RUTRA, Arthur Ernst, "Pionier und Kamerad", in: Die Literarische Welt 3, Nr. 34, Berlin 1927, S. 1, wieder in: Expressionismus - Aktivismus - Exotismus, a.a.O., S. 314-318.

RUTRA, Arthur Ernst, "Robert Müller", in: Radio-Woche 7, H. 1, Wien 1930, S. 6.

RUTRA, Arthur Ernst, "Österreich, der Staat des Persönlichen", in: Monatsschrift für Kultur und Politik 2, H. 10, Wien 1937, S. 869-874.

RUTRA, Arthur Ernst, "Robert Müller", in: Neues Wiener Tagblatt 71, Nr. 299, Wien 1937, S. 11.

SAAS, Christa, Georg Trakl, Stuttgart 1974, S. 37, 42.

SALZER, Anselm, Illustrierte Geschichte der Deutschen Literatur, Band 4, 1. Teil, 2., neu bearbeitete Auflage, Regensburg 1931, S. 1792.

SAPPER, Theodor, "Die Expressionistendichtung Österreichs", in: Wort in der Zeit, 10, 1964, S. 10-26.

SAPPER, Theodor, Alle Glocken dieser Erde. Expressionistische Dichtungen aus dem Donauraum, Wien 1974, S. 109-113, 165.

SAPPER, Theodor, "Faszinierendes Vorläufertum", in: Die Pestsäule, 2. Folge, H. 12, 1974/75, S. 169-172.

SAUERMANN, Eberhard, "Die Widmungen Georg Trakls", in: Salzburger Trakl-Symposion, hrsg. von Walter Weiss und Hans Weichselbaum, Salzburg 1978, S. 97.

SAUERMANN, Eberhard, "Zum Lyrik-Verständnis Ludwig von Fickers", in: Untersuchungen zum "Brenner". Festschrift für Ignaz Zangerle zum 75. Geburtstag, hrsg. von Walter Methlagl, Eberhard Sauermann und Sigurd Paul Scheichl, Salzburg 1981, S. 153, 157 (Anm. 32).

SCHEICHL, Sigurd Paul, "Aspekte des Judentums im Brenner (1910-1937), in: Untersuchungen zum "Brenner". Festschrift für Ignaz Zangerle zum 75. Geburtstag, hrsg. von Walter Mehtlagl, Eberhard Sauermann und Sigurd Paul Scheichl, Salzburg 1981, S. 74, 82.

SCHIELE, Egon, + Zeichnungen von Robert Müller, in: Agathon. Almanach an das Jahr 46, Wien 1946.

SCHIFFELS, Walter, Estermann, Alfred, "Nichtfiktionale deutsche Prosa 1870 - 1918", in: Neues Handbuch der Literaturwissenschaft. Jahrhundertende - Jahrhundertwende I, hrsg. von Helmut Kreuzer, Wiesbaden 1976, S. 227.

SCHMIDT, Conrad, + Rez. zu Robert Müller, Tropen, in: Das literarische Echo 18, H. 16, Berlin 1916, S. 1019f., wieder in: Expressionismus - Aktivismus - Exotismus, a.a.O., S. 274f.

SCHMITZ, Oskar U.H., "Dostojewskij und der Bolschewismus", in: Hochland, Bd. 2, 1923, S. 170f.

SCHNITZLER, Arthur, Tagebuch 1913 - 1916, hrsg. von der Kommission für literarische Gebrauchsformen der österreichischen Akademie der Wissenschaften, Wien 1983, S. 112.

SCHÖFFLER, Heinz, "Karl Otten, Ego und Eros. Ein Nachwort in zwei Teilen", in: Ego und Eros. Meistererzählungen des Expressionismus, hrsg. von Karl Otten, Darmstadt 1963, S. 484.

SCHRAMKE, Jürgen, Zur Theorie des modernen Romans, München 1974, S. 8.

SCHÜRER, Ernst, "Die nachexpressionistische Komödie", in: Die deutsche Literatur in der Weimarer Republik, hrsg. von Wolfgang Rothe, Stuttgart 1974, S. 48.

SCHÜTZ, Erhard / VOGT, Jochen u.a., Einführung in die deutsche Literatur des 20. Jahrhunderts, Bd. 1, Kaiserreich, Opladen 1977, S. 206, 211.

SCHWABE, Toni, + Rez. zu Robert Müller, Die Politiker des Geistes, in: Das Landhaus 3, Jena 1918, S. 164f.

SCHWEIGER, Werner J., "Biographischer Abriß", in: Die Pestsäule, 2. Folge, H. 12, 1974/75, S. 137-140.

SCHWEIGER, Werner J., "Robert Müller", in: Österreichische Avantgarde 1910 - 1928. Ein unbekannter Aspekt, hrsg. von Werner J. Schweiger, Wien 1976 und 1977, S. 139.

SCHWEIGER, Werner J., "Einleitung", in: Robert Müller, Flibustier, wieder hrsg. von Werner J. Schweiger, Wien 1984.

SOKEL, Walter H., "Die Prosa des Expressionismus", in: Expressionismus als Literatur, hrsg. von Wolfgang Rothe, Bern 1969, S. 164f.

STARK, Michael, Für und wider den Expressionismus. Die Entstehung der Intellektuellendebatte in der deutschen Literaturgeschichte, Stuttgart 1983, S. 149, 186, 194, 198f., 202, 221.

STERN, Guy, War, Weimar, and Literature. The Story of the "Neue Merkur" 1914 - 1925, Pennsylvania State University Press 1971, S. 2, 32f., 47, 54f., 60, 64f., 115, 121, 187.

STERNBERG, Tobias, "Offene Antwort an Robert Müller", in: Aufschwung 1, H. 7, Wien 1919, S. 29f.

STIEG, Gerald, Der 'Brenner' und die 'Fackel'. Ein Beitrag zur Wirkungsgeschichte von Karl Kraus, Salzburg 1976, besonders S. 302f.

STIEG, Gerald, "Georg Trakl und Karl Kraus", in: Salzburger Trakl-Symposion, a.a.O., S. 55.

STRUTZ, Josef, Politik und Literatur in Musil 'Mann ohne Eigenschaften', Königstein/Ts. 1981, S. 60.

Der Tag, Nr. 629, Wien, 28.8.1924, S. 3.

Der Tag, Nr. 632, Wien, 31.8.1924, S. 9.

ULLMANN, Ludwig, "Ein intellektueller Sensualist", in: Die Pestsäule, 2. Folge, H. 12, 1974/75, S. 167f.

UTZINGER, Rudolf, "Robert Müller", in: Neue Badische Landeszeitung, 568, Sept. 1925.

WACHE, Karl, Der österreichische Roman seit dem Neubarock, Leipzig 1930, S. 290ff.

WIEGLER, Paul, Geschichte der deutschen Literatur. Von der Romantik bis zur Gegenwart, Berlin 1930, S. 853.

WILLEMSEN, Roger, "Claudine und Gilles - Die Latenz des Verbrechens in Robert Musils Novelle Die Vollendung der Liebe, in: Robert Musil und die kulturellen Tendenzen seiner Zeit, hrsg. von Josef Strutz, München 1983, S. 55.

WILLEMSEN, Roger, "Die sentimentale Gesellschaft. Zur Begründung einer aktivistischen Literaturtheorie im Werk Robert Musils und Robert Müllers", in: DVjs. 58, 1984, S. 289 - 316.

WILLEMSEN, Roger, Das Existenzrecht der Dichtung. Zur Rekonstruktion einer systematischen Literaturtheorie im Werk Robert Musils, München 1984, S. 222 - 226, 281 - 283 (und zahlreichen weiteren Stellen).

WOLLSCHLÄGER, Hans, "Sieg - großer Sieg - Karl May und der Akademische Verband für Literatur und Musik", in: Jahrbuch der Karl-May-Gesellschaft 1970, hrsg. von Claus Roxin, Hamburg 1970, S. 95ff.

In dem Drehbuch zu dem Film Karl May (1974) von Hans Jürgen Syberberg erscheint Robert Müller auf Seite 83f. Müller wird im Film von André Heller dargestellt.

TEIL III

SONSTIGE LITERATUR

ADORNO, Theodor W., "Der Essay als Form", in: Ders., <u>Noten zur Literatur I</u>, Berlin und Frankfurt/M. 1958^2, S. 9 - 49.

ALBRECHT, Friedrich, <u>Deutsche Schriftsteller in der Entscheidung</u>, Berlin und Weimar 1970.

ALLEN, Roy F., <u>Literary Life in German Expressionism and the Berlin Circles</u>, Göppingen 1974.

ANZ, Thomas, <u>Literatur der Existenz. Literarische Psychopathographie und ihre soziale Bedeutung im Frühexpressionismus</u>, Stuttgart 1977.

ANZ, Thomas / STARK, Michael (Hg.), <u>Expressionismus. Manifeste und Dokumente zur deutschen Literatur 1910 - 1920</u>, Stuttgart 1982.

ARNDT, J.R. / OLSON, May E. (Hg.), <u>Die deutschsprachige Presse in Amerika</u>, Bd. 1, 3. verbesserte Auflage, München 1976, Bd. 2, München 1973.

ARNOLD, Armin, <u>Die Literatur des Expressionismus. Sprachliche und thematische Quellen</u>, Stuttgart, Berlin, Köln, Mainz 1971^2.

BACHMANN, Dieter, <u>Essay und Essayismus. Benjamin, Broch, Kassner, H. Mann, Musil, Rychner</u>, Stuttgart 1969.

BALD, Detlev, "Imperialismus", in: <u>Handlexikon zur Politikwissenschaft</u>, Bd. 1, hrsg. von Axel Görlitz, München 1972, S. 160-163.

BEHRMANN, Günter C., "Elite", in: <u>Handlexikon der Politikwissenschaft</u>, a.a.O., S. 83-88.

BENSE, Max, "Über den Essay und seine Prosa", in: Ders., Plakatwelt. Vier Essays, Stuttgart 1952, S. 27-37.

BERCHTHOLD, Klaus (Hg.), Österreichische Parteiprogramme 1868 - 1966, Wien 1967.

BLOCH, Ernst, "Der Expressionismus, jetzt erblickt", in: Ders., Erbschaft dieser Zeit, Frankfurt/M. 1973, S. 255-263.

BLOCH, Ernst, "Diskussion über Expressionismus", in: Ders., Erbschaft dieser Zeit, a.a.O., S. 264-275.

BRINKMANN, Richard, Expressionismus. Forschungsprobleme 1952-1960, Stuttgart 1961.

BRINKMANN, Richard, Expressionismus. Internationale Forschung zu einem internationalen Phänomen, Stuttgart 1980.

DANIELS, Karlheinz, "Expressionismus und Technik", in: Expressionismus als Literatur, hrsg. von Wolfgang Rothe, Bern 1969, S. 171-193.

DILTHEY, Wilhelm, Der Aufbau der geschichtlichen Welt in den Geisteswissenschaften, hrsg. und eingeleitet von Manfred Riedel, Frankfurt/M. 1970.

EMRICH, Wilhelm, "Die Literaturrevolution und die moderne Gesellschaft", in: Ders., Protest und Verheißung. Studien zur klassischen und modernen Dichtung, Frankfurt/M. und Bonn 1968^3, S. 135-147.

EMRICH, Wilhelm, "Literaturrevolution 1910-1925", in: Ders., Protest und Verheißung, a.a.O., S. 148-154.

EYKMAN, Christoph, Denk- und Stilformen des Expressionismus, München 1974.

FALK, Walter, Der kollektive Traum vom Krieg, Epochale Strukturen der deutschen Literatur zwischen "Naturalismus" und "Expressionismus", Heidelberg 1977.

GREß, Franz, "Faschismus", in: Handlexikon der Politikwissenschaft, Bd. 2, hrsg. von Axel Görlitz, München 1972, S. 107-111.

GREß, Franz, "Nationalsozialismus", in: Handlexikon der Politikwissenschaft, Bd. 2, a.a.O., S. 263-269.

HAAS, Gerhard, Essay (Sammlung Metzler Bd. 83), Stuttgart 1969.

HABERMAS, Jürgen, Strukturwandel der Öffentlichkeit, Neuwied und Berlin 1971.

HAMANN, Richard / HERMAND, Jost, Epochen deutscher Kultur von 1870 bis zur Gegenwart. Band 5, Expressionismus, München 1976.

HENNECKE, Hans, "Die vierte literarische Gattung. Reflexionen über den Essay", in: Ders., Kritik. Gesammelte Essays zur modernen Literatur, Gütersloh 1958, S. 7 - 10.

HERMAND, Jost, "Über Nutzen und Nachteil literarischer Epochenbegriffe", in: Monatshefte, Vol. LVIII, No. 4, Madison, Wisconsin 1966, S. 289-309.

HERMAND, Jost, "Germania germanicissima. Zum präfaschistischen Arierkult um 1900", in: Ders., Der Schein des schönen Lebens. Studien zur Jahrhundertwende, Frankfurt/M., S. 39-54.

HILLER, Kurt, Die Weisheit der Langeweile, 2 Bde., Leipzig 1913.

HILLER, Kurt, "Philosophie des Ziels", in: Das Ziel. Aufrufe zum Tätigen Geist, hrsg. von Kurt Hiller, München und Berlin 1916, S. 187-217.

HILLER, Kurt, "Die Neue Volkstümlichkeit", in: Tätiger Geist! Zweites der Ziel-Jahrbücher, hrsg. von Kurt Hiller, München und Berlin 1918, S. 324-329.

HILLER, Kurt, "Für Tendenz", in: Das Flugblatt, Nr. 5, Wien 1918, S. 10f.

HILLER, Kurt, Ein Deutsches Herrenhaus, Leipzig 1918.

HILLER, Kurt, Gustav Wyneken's Erziehungslehre und der Aktivismus, Hannover 1918.

HILLER, Kurt, "Clarté", in: Die Erde 1, H. 22/23, Dez. 1919, S. 661-664.

HILLER, Kurt, + Vorbemerkung zu Robert Müller, "Die Geist-Rasse", in: Das Ziel. Jahrbücher für geistige Politik, Bd. 4, hrsg. von Kurt Hiller, München und Berlin 1920, S. 49.

HILLER, Kurt, "Logokratie oder Ein Weltbund des Geistes", in: Das Ziel, Bd. 4, a.a.O., S. 217-247.

HILLER, Kurt, "Eudämonie und Evolution", in: Der Neue Merkur 4, H. 2/3, München 1920, S. 104-110.

HILLER, Kurt, Verwirklichung des Geistes im Staat. Beiträge zu einem System des logokratischen Aktivismus, Leipzig 1925.

HILLER, Kurt, "Mussolini und unsereins", in: Die Weltbühne 22, Bd. 1, Berlin 1926, S. 45-48.

HILLER, Kurt, "Das Ziel entscheidet", in: Die Weltbühne 23, Bd. 2, Berlin 1927, S. 45-47.

HILLER, Kurt, "Die Neuen Nationalisten", in: Die Weltbühne 23, Bd. 2, Berlin 1927, S. 436-441.

HILLER, Kurt, "Fatale Fatalisten", in: Die Weltbühne 23, Bd. 2, Berlin 1927, S. 629-631.

HILLER, Kurt, Köpfe und Tröpfe, Hamburg und Stuttgart 1950.

HILLER, Kurt, Ratioaktiv. Reden 1914-1964, Wiesbaden 1966.

HILLER, Kurt, Leben gegen die Zeit (Logos), Reinbek bei Hamburg 1969.

HOHENDAHL, Peter Uwe, Das Bild der bürgerlichen Welt im expressionistischen Drama, Heidelberg 1967.

JAEGGI, Urs, Die gesellschaftliche Elite. Eine Studie zum Problem der sozialen Macht, Bern und Stuttgart 1960.

KAES, Anton (Hg.), Weimarer Republik. Manifeste und Dokumente zur deutschen Literatur 1918 - 1933, Stuttgart 1983.

KLAUS, Georg / BUHR, Manfred, Philosophisches Wörterbuch, 2 Bde., 8., berichtigte Auflage, Berlin 1972.

KNOPF, Jan, "'Expressionismus' - kritische Marginalien zur neueren Forschung", in: Expressionismus und Kulturkrise, hrsg. von Bernd Hüppauf, Heidelberg 1983, S. 55-84.

KOHLSCHMIDT, Werner, "Zu den soziologischen Voraussetzungen des literarischen Expressionismus in Deutschland", in: Ders., Konturen und Übergänge. Zwölf Essays zur Literatur unseres Jahrhunderts, Bern 1977, S. 147-165.

KOLINSKY, Eva, Engagierter Expressionismus. Politik und Literatur zwischen Weltkrieg und Weimarer Republik. Eine Analyse expressionistischer Zeitschriften, Stuttgart 1970.

KONSTANTINOVIĆ, Zoran (Hg.), "Expressionismus" im Europäischen Zwischenfeld, Innsbruck 1978.

KREUZER, Helmut, Die Boheme. Beiträge zu ihrer Beschreibung, Stuttgart 1968.

KREUZER, Helmut, "Zur Periodisierung der 'modernen' deutschen Literatur", in: Reinhold Grimm / Jost Hermand (Hg.), Basis II, Frankfurt/M. 1971, S. 7-22.

KRULL, Wilhelm, Politische Prosa des Expressionismus. Rekonstruktion und Kritik, Frankfurt/M. 1982.

KRULL, Wilhelm, Prosa des Expressionismus (Sammlung Metzler 210), Stuttgart 1984.

LEHNERT, Herbert, "Satirische Botschaft an den Leser. Das Ende des Jugendstils", in: Helmut Kreuzer (Hg.), Gestaltungsgeschichte und Gesellschaftsgeschichte. Literatur-, kunst- und musikwissenschaftliche Studien, Stuttgart 1969.

LENIN, Materialismus und Empiriokritizismus, Werke Bd. 14, Berlin 1970[4].

LENK, Kurt, Volk und Staat. Strukturwandel politischer Ideologien im 19. und 20. Jahrhundert, Stuttgart 1971.

LÜBBE, Hermann, Politische Philosophie in Deutschland. Studien zu ihrer Geschichte, Basel / Stuttgart 1963.

LUKÁCS, Georg, "Über Wesen und Form des Essays", in: Ders., Die Seele und die Formen, 1911.

LUKÁCS, Georg, "'Größe und Verfall' des Expressionismus", in: Fritz J. Raddaz (Hg.), Marxismus und Literatur. Eine Dokumentation in drei Bänden, Reinbek bei Hamburg 1969, Bd. 2, S. 7-42.

LUKÁCS, Georg, Die Zerstörung der Vernunft, Bd. 2, Irrationalismus und Imperialismus, Darmstadt und Neuwied 1980[2].

LUKÁCS, Georg, Die Zerstörung der Vernunft, Bd. 3, Irrationalismus und Soziologie, Darmstadt und Neuwied 1981[2].

LUKÁCS, Georg, "Es geht um den Realismus", in: Hans-Jürgen Schmidt (Hg.), Die Expressionismusdebatte, Frankfurt/M. 1973, S. 192-230.

MAGRIS, Claudio, Der habsburgische Mythos in der österreichischen Literatur, Salzburg 1966.

MAHRHOLZ, Werner, Deutsche Literatur der Gegenwart. Probleme, Ergebnisse, Gestalten, durchgesehen und erweitert von Max Wieser, Berlin 1930.

MANN, Heinrich, Essays, Hamburg 1960.

MANN, Thomas, "Der Taugenichts", in: Die Neue Rundschau 27, Berlin 1916.

MARTENS, Gunter, Vitalismus und Expressionismus. Ein Beitrag zur Genese und Deutung expressionistischer Stilstrukturen und Motive, Stuttgart, Berlin, Köln, Mainz 1971.

MARTENS, Gunter, "Nietzsches Wirkung im Expressionismus", in: Nietzsche und die deutsche Literatur. II. Forschungsergebnisse, hrsg. von Bruno Hillebrand, Tübingen 1978, S. 35-81.

MARTINI, Fritz, "Der Expressionismus als dichterische Bewegung", in: Hans Gerd Rötzer (Hg.), Begriffsbestimmung des literarischen Expressionismus, Darmstadt 1976, S. 137-179.

MEIXNER, Horst / VIETTA, Silvio (Hg.), Expressionismus - Sozialer Wandel und künstlerische Erfahrung. Mannheimer Kolloquium, München 1982.

MOHLER, Armin, Die konservative Revolution in Deutschland 1918 - 1932. Grundriß ihrer Weltanschauungen, Stuttgart 1950.

MÖRCHEN, Helmut, Schriftsteller in der Massengesellschaft. Zur politischen Essayistik und Publizistik Heinrich und Thomas Manns, Kurt Tucholskys und Ernst Jüngers während der Zwanziger Jahre, Stuttgart 1973.

NIETZSCHE, Friedrich, Jenseits von Gut und Böse, in: Ders., Werke, hrsg. von Giorgio Colli und Mazzino Montinari, 6. Abteilung, 2. Band, Berlin 1969, S. 3-255.

NIETZSCHE, Friedrich, Götzendämmerung, ebenda, 6. Abteilung, 3. Band, S. 51-157.

NIETZSCHE, Friedrich, Antichrist, ebenda, 6. Abteilung, 3. Band, S. 162-252.

NIETZSCHE, Friedrich, Ecce homo, ebenda, 6. Abteilung, 3. Band, S. 253-372.

PAULSEN, Wolfgang, Expressionismus und Aktivismus. Eine typologische Untersuchung, Bern-Leipzig 1935.

PAULSEN, Wolfgang, "Die deutsche expressionistische Dichtung des 20. Jahrhunderts und ihre Erforschung", in: Hans Gerd Rötzer (Hg.), Begriffsbestimmung des literarischen Expressionismus, a.a.O., S. 227-240.

PETER, Lothar, Literarische Intelligenz und Klassenkampf. "Die Aktion" 1911 - 1932, Köln 1972.

PÖRTNER, Paul (Hg.), Literatur-Revolution 1910 - 1925. Dokumente, Manifeste, Programme. Bd. 1: Zur Poetik und Ästhetik. Bd. 2: Zur Begriffsbestimmung der Ismen, Darmstadt u.a. 1960 bzw. Berlin und Neuwied 1961.

RAABE, Paul, Index Expressionismus. Bibliographie der Beiträge in den Zeitschriften und Jahrbüchern des literarischen Expressionismus 1910 - 1923, 18. Bde., Nendeln / Lichtenstein 1972.

RAABE, Paul (Hg.), Ich schneide die Zeit aus. Expressionismus und Politik in Franz Pfemferts "Aktion" 1911 - 1918, München 1964.

RAABE, Paul, Die Zeitschriften und Sammlungen des literarischen Expressionismus. Repertorium der Zeitschriften, Jahrbücher, Anthologien, Sammelwerke, Schriftenreihen und Almanache 1910 - 1921, Stuttgart 1964.

RAABE, Paul, "Der Expressionismus als historisches Phänomen", in: Begriffsbestimmung des literarischen Expressionismus, hrsg. von Hans Gerd Rötzer, Darmstadt 1976, S. 241-262.

RASCH, Wolfdietrich, "Was ist Expressionismus?", in: Begriffsbestimmung des literarischen Expressionismus, a.a.O., S. 221-227.

RIEDEL, Manfred, "Einleitung", in: Ders. (Hg.), Wilhelm Dilthey, Der Aufbau der geschichtlichen Welt in den Geisteswissenschaften, Frankfurt/M. 1970, S. 9-80.

ROHNER, Ludwig, Der deutsche Essay. Materialien zur Geschichte und Ästhetik einer literarischen Gattung, Neuwied und Berlin 1966.

ROHNER, Ludwig (Hg.), Deutsche Essays. Prosa aus zwei Jahrhunderten, 4 Bde., Neuwied und Berlin 1968.

ROTHE, Wolfgang (Hg.), Der Aktivismus 1915 - 1920, München 1969.

ROTHE, Wolfgang, Der Expressionismus. Theologische, soziologische und anthropologische Aspekte einer Literatur, Frankfurt/M. 1977.

SOKEL, Walter H., The Writer in Extremis, Stanford University Press 1959.

SPENGLER, Oswald, Preußentum und Sozialismus, München 1920.

STUYVER, Wilhelmina, Deutsche Expressionistische Dichtung im Lichte der Philosophie der Gegenwart, Amsterdam 1939.

THOMAS, R. Hinton, "Das Ich und die Welt: Expressionismus und Gesellschaft", in: Expressionismus als Literatur, hrsg. von Wolfgang Rothe, Bern 1969, S. 19-36.

VAJDA, György M., "Outline of the Philosophic Backgrounds of Expressionism", in: Expressionism as an International Literary Phenomenon, hrsg. von Ulrich Weisstein, Paris - Budapest 1973, S. 45 - 58.

VIETTA, Silvio, KEMPER, Hans-Georg, Expressionismus, München 1975.

WANDRUSZKA, Adam, "Österreichs politische Struktur. Die Entwicklung der Parteien und politischen Bewegungen", in: Geschichte der Republik Österreich, hrsg. von Heinrich Benedigt, München 1977, S. 289-486.

WANDRUSZKA, Adam, "Deutschliberale und deutschnationale Strömungen", in: Quellen und Studien zur österreichischen Geistesgeschichte im 19. und 20. Jahrhundert, hrsg. von Peter Heinzel. Norbert Leser, Gerald Stourzh und Adam Wandruszka, Bd. 1, Das geistige Leben Wiens in der Zwischenkriegszeit, Wien 1981, S. 28-33.

WEHLER, Hans-Ulrich, Das Deutsche Kaiserreich 1871 - 1918, Göttingen 1970^2.

WEISBACH, Reinhard, Wir und der Expressionismus. Studien zur Auseinandersetzung marxistisch-leninistischer Literaturwissenschaft mit dem Expressionismus; Berlin 1972.

WILPERT, Gero v., Sachwörterbuch der Literatur, 5., verbesserte und erweiterte Auflage, Stuttgart 1969.

FORSCHUNGEN ZUR LITERATUR- UND KULTURGESCHICHTE

Herausgegeben von Helmut Kreuzer und Karl Riha

Band 1 Bernd Fischer: Literatur und Politik – Die 'Novellensammlung von 1812' und das 'Landhausleben' von Achim von Arnim. 1983.

Band 2 Sandra Frieden: Autobiography: Self into Form. German-Language Autobiographical Writings of the 1970's. 1983.

Band 3 Ute Brandes: Zitat und Montage in der neueren DDR-Prosa. 1984.

Band 4 Hajo Steinert: Das Schreiben über den Tod. Von Thomas Bernhards 'Verstörung' zur Erzählprosa der siebziger Jahre. 1984.

Band 5 Volker Hage: Collagen in der deutschen Literatur. Zur Praxis und Theorie eines Schreibverfahrens. 1984.

Band 6 Maria Kurzeja: Dr. Markus Welby und seine Kollegen. Eine empirische Untersuchung zur Arztserie im Fernsehen der Bundesrepublik Deutschland. 1984.

Band 7 Eckhard Schinkel: *süßer Traum der Poeten*: der Freiballon. Zu den Möglichkeiten und Grenzen der Motivuntersuchung. 1985.

Band 8 Ulrich Pongs: Heinrich Heine: Sein Bild der Aufklärung und dessen romantische Quellen. 1985.

Band 9 Ulrich von Felbert: China und Japan als Impuls und Exempel. Fernöstliche Ideen und Motive bei Alfred Döblin, Bertolt Brecht und Egon Erwin Kisch. 1986.

Band 10 Jürgen Grimm: Unterhaltung - zwischen Utopie und Alltag. Methode und praktische Anwendung der Inhaltsanalyse am Beispiel von Kriminalheftromanen. 1986.

Band 11 Günter Helmes: Robert Müller: Themen und Tendenzen seiner publizistischen Schriften (1912 - 1924). Mit Exkursen zur Biographie und zur Interpretation der fiktionalen Texte. 1986.